知行 财经类专业规划教材

金融学

第二版

韩 颖 ◎ 主 编
霍 芬 ◎ 副主编

F I N A N C E

上海财经大学出版社
SHANGHAI UNIVERSITY OF FINANCE & ECONOMICS PRESS
上海学术·经济学出版中心

图书在版编目(CIP)数据

金融学 / 韩颖主编. -- 2 版. -- 上海 : 上海财经大学出版社, 2025. 1. -- (知行·财经类专业规划教材). -- ISBN 978-7-5642-4552-8

Ⅰ. F830

中国国家版本馆 CIP 数据核字第 202452QQ95 号

□ 责任编辑　徐　超
□ 联系信箱　1050102606@qq.com
□ 封面设计　贺加贝

金融学
(第二版)
韩　颖　主　编
霍　芬　副主编

上海财经大学出版社出版发行
(上海市中山北一路 369 号　邮编 200083)
网　　址：http://www.sufep.com
电子邮箱：webmaster @ sufep.com
全国新华书店经销
上海新文印刷厂有限公司印刷装订
2025 年 1 月第 2 版　2025 年 1 月第 1 次印刷

787mm×1092mm　1/16　18.25 印张　467 千字
印数：6 301—9 300　定价：55.00 元

前　言

金融学(Finance)，是以融通货币资金的经济活动为研究对象的课程。、课程，最早形成于西方，叫“货币银行学”。随着金融市场的迅速发展，这门课、渐扩大，名称改为“金融学”。金融无处不在并已形成一个庞大体系，金融学涉及非常广，如货币、证券、银行、保险、资本市场、衍生交易、投资理财、基金、国际收支风险管理等。因此，这门课程是经济管理专业的专业基础课，为学生普及各个金融知识，为后续相关专业课的学习奠定基础。

本教材共分为三篇十五章，第一篇是金融基础，包括第一章到第三章，分别是货币制度，信用、利息与利率，外汇与汇率。第二篇是微观金融，包括第四章到第十二章，分别融市场概述、货币市场、资本市场、金融衍生市场、互联网金融、金融机构概述、中央银行、商银行、其他金融机构。第三篇是宏观金融，包括第十三章到第十五章，分别是货币供求与通膨胀，货币政策，金融创新、金融危机与金融监管。其中，第一到六章以及第八章由霍芬老师编写，第七章以及第九章到第十五章由韩颖老师编写。

本书的第一个特色是在微观金融部分按照金融市场与金融机构两大分支进行介绍。金融功能是由金融中介和金融市场的运作来实现的。在现实世界中，一个国家的金融体系必然同时包括这两个部分。但在不同的国家，在一个国家的不同历史时期，这两者的重要性却不尽相同。例如，目前美国的金融体系中，资本市场非常发达，而在欧洲大陆很多国家，比如德国和法国，则是大银行在金融体系中占据主导地位。近年来，金融市场发展强劲，而商业银行却好像步履蹒跚。本书对金融市场与金融中介都进行了详细的介绍，既没有像传统金融学教材那样偏重于金融中介的介绍，也没有像现在有些金融学教材那样偏重于金融市场的介绍，而是均衡地介绍这两大金融领域。

本书的第二个特色是全面介绍了金融领域的新成员——互联网金融。不只在章节中单独设置了一章介绍互联网金融(第八章)，详细地讨论了互联网金融的本质、特征、范围及其发展；还在第一章货币与货币制度、第十一章商业银行、第十三章货币供求与通货膨胀、第十四章货币政策中都分别探讨了互联网金融的出现对货币形式、货币层次划分、货币供求、货币政策、商业银行造成的影响。

本教材的编写参考了国内外大量相关教材与书籍，在总结多年授课经验的基础上，引入了本人校级教改课题“‘互联网+’背景下宏观金融课程群的教学内容与教学方法改革”的研究成果，结合考虑了我国金融业的实际现状，逻辑清晰，结构完整，实用性强。为了让使用者对金融学的知识点有充分的感性认识，还在教材中增加了大量的补充阅读和习题。

最后感谢本书的编辑。感谢本书编写过程中参考的一些国内外优秀的教材的作者。对于书中存在的错误和不足，敬请指正。

韩　颖
2024 年 10 月

目　录

第一篇　金融基础

第二篇 微观金融

第三篇 宏观金融

第一篇

金融基础

第一章　货币与货币制度

【学习目标】

1. 认识货币在经济社会中的重要性。
2. 了解货币形式的演变与发展。
3. 理解货币与货币职能的内涵。
4. 明确不同层次货币供给量的含义。
5. 描述货币制度的演变。

【思政目标】

货币发行者的信誉是金融市场繁荣和稳定的最终保障。不管是金银本位、物资本位，还是现代信用货币制度，想要得到群众的长期支持和政府金融事业的顺利发展，货币发行者信誉的建立是重中之重。

我们党的金融工作经验是在困境和尝试中逐渐锤炼和积累起来的，红军在遵义短短十二天就获得了百姓的拥护与爱戴，稳定了民心和促进了人民对党领导金融工作的信心。“红军票”不仅是长征途中一个重要的金融举措，更是长征精神的重要象征。它体现了红军在面对困难时的创新精神和金融工作在革命中的重要作用，为后来的革命斗争和社会主义建设提供了宝贵的经验和启示。

“红军票”的发行与流通

第一节　货　币

一、货币的起源

人类社会在地球上已有百万余年或更长的历史，货币却是几千年以前才开始出现在人类社会之中。货币的出现是与交换联系在一起的。根据史料的记载和考古的发掘，在世界各地，交换都经过了两个发展阶段：先是物物直接交换，然后是通过媒介的交换。在古埃及的壁画中可以看到物物交换的情景：有用瓦罐换鱼的，有用一捆葱换一把扇子的。中国古书中有这样的记载:神农氏的时候,“日中为市,致天下之民,聚天下之货,交易而退,各得其所”。这也是指物物交换。

在物物交换不断发展的进程中,逐渐出现了通过媒介的交换,即先把自己的物品换成作为媒介的物品,然后再用所获得的媒介物品去交换自己所需要的物品。在世界上,牲畜曾在很多地区成为这种媒介;在中国最早的比较定型的媒介是“贝”。这种出现在交换之中的媒介就是货币。

货币广为使用以后,货币是怎么产生的问题一直吸引着人们进行探究。古今中外众多学者从不同的角度进行了研究,形成了不同的货币起源学说。

（一）古代货币起源说

中国古代的货币起源学说主要从两个角度解释了货币的产生。一个是先王制币说,认为货币是圣王先贤为解决民间交换困难而创造出来的;另一种是交换需要说,认为货币是用来沟通产品交换的手段,就是为适应商品交换的需要而自然产生的。

西方早期关于货币起源的学说大致有三种:一是创造发明说,认为货币是由国家或先哲创造出来的,主要代表人物如公元2—3世纪的古罗马法学家J.鲍鲁斯;二是便于交换说,认为货币是为解决直接物物交换的困难而产生的,主要代表人物如英国经济学家亚当·斯密;三是保存财富说,认为货币是为保存财富而产生的,主要代表人物如法国经济学家J.西斯蒙第等。

（二）马克思的货币起源说

马克思是从商品和商品交换着手分析货币起源的。在远古的原始共同体中,劳动产品归整个共同体所有,并由共同体统一分配。此时,既不存在商品,也不存在货币。随着社会分工和私有制的出现,每个生产者只从事某种特定的具体劳动,生产一种或有限几种产品,而整个社会的需求则是靠所有生产者用各种不同的具体劳动所生产的多种多样的产品来满足。

社会分工条件下生产者的劳动是具有社会意义的劳动,简称社会劳动。但是,生产什么、生产多少和怎样生产都由每个生产者自己决定,而且生产出来的产品属于私人所有。因此,社会分工条件下私人生产者的劳动直接是对私人有意义的劳动,简称私人劳动。这样,就产生了社会劳动同私人劳动的矛盾。

劳动的私人性质决定产品归私人所有,可是产品主要是供其他社会成员消费,所以私人的产品必须纳入社会总产品中进行分配。这就是说,私人劳动要求社会承认它具有社会意义并转化为社会劳动。由于每个专门从事某一种社会分工劳动的生产者也需要别人的劳动产品,所以,又要求在私人劳动转化为社会劳动的过程中,必须同时取得从社会总产品中分配一定份额的权利。解决此矛盾的唯一途径就是交换,也就是用自己所生产的产品来交换别人所生产的产品。产品交换出去了,说明私人劳动转化为社会劳动,同时取得了从社会总产品中分得一定份额的权利。当产品的交换成为具有普遍意义的经济行为时,产品生产的性质变了,这种为交换而生产的劳动产品构成了一个新的经济范畴,即政治经济学中所说的商品。

商品之间的交换比例应该是互不吃亏,但不同商品的使用价值千差万别、无法比较。比较的根据只能是各种商品都具有的共同的东西。这个共同的东西便是凝结在商品中的一般的、抽象的劳动,就是政治经济学中所说的价值。但是,价值的实际,即人类的一般劳动耗费,既看不见,也摸不着,因此无法通过单个商品窥探其价值。价值既然只存在于商品交换的关系中,那么也只有在交换关系中才能得到表现。所以,价值表现的过程也就是私人劳动向社会劳动转化的过程,而起等价物作用的商品则成为社会劳动的具体体现者。通过交换,价值取得了可以感受的外在形式,这就是价值形式问题。

商品价值的形式随着交换的发展而不断发展。在原始公社阶段,由于生产力低下,交换的发生非常偶然。不过，只要发生交换，就会有价值表现的问题。比如发生了一只羊与两把斧头相交换的事件，羊的价值便用斧头表现出来了：一只羊值两把斧头，斧头成为羊的等价物；同理，一把斧头值半只羊，羊成为斧头的等价物。由于在这种情况下价值的表现纯属偶然，所以马克思把这个阶段的价值形式称为简单的、偶然的价值形式。

随着社会分工的出现，交换发展成为经常的现象。一种物品经常与其他的多种物品相交换，于是，一种物品的价值就会由许多种其他物品表现出来。比如一只羊值多少，不仅可由两把斧头表明，而且也可由其他物品表明。马克思将这种情况称为扩大的价值形式。

物物的直接交换具有极大的局限性，价值难于实现、劳动难于得到社会承认。由于进入交换领域的物品越来越多，物物交换矛盾日益凸显。在此过程中，必然会有某种物品进入交换的次数较多。当各种物品都频繁地要求用这种物品表现自身价值时，这种物品就成为所有其他物品价值的表现材料，成为所有物品的等价物；而这种物品一旦成为所有其他物品用来表现价值的等价物，那么它就具有了可以与所有物品直接交换的能力。这样，直接的物物交换就让位于通过媒介的间接交换：这个用来表现所有物品价值的媒介，马克思称之为一般等价物；用一般等价物表现所有物品价值，马克思称之为一般价值形式。

随着价值形式过渡到一般价值形式阶段，为交换而生产的关系，也就是商品生产关系便告确立。随着商品生产的继续发展，从交替地充当一般等价物的几种商品中必然会分离出一种商品经常起着一般等价物的作用。这种充当一般等价物的特殊商品便成了货币商品。当价值都用货币来表现时，马克思称之为价值的货币形式。

总体上来看，各种货币起源学说都承认货币的产生与交换的发展有密切的关系，货币是为了解决交换中的难题而产生的。

现代西方经济学家更侧重于从交易成本的角度研究货币的存在及其意义，通过分析物物直接交换与货币交换在交易成本上的差别，得出货币在交易中的成本优势是货币存在和货币形式发展的重要推动因素。

二、货币的形式

几千年来，货币形式随着商品交换和商品经济的发展在不断发展变化。从总的趋势来看，货币形式随着商品生产流通的发展，随着经济发展程度的提高，不断从低级向高级发展演变，这个过程大致可以分为四个阶段：实物货币—金属货币—纸币—虚拟货币。需要说明的是，虽然币材总体上是沿着这样的历史顺序发展演变，但在一些时期也出现过几种货币并存的现象。如中国唐代的钱帛兼行，就是金属货币和实物货币同时使用，而纸质货币出现在金属货币流通时期也体现了这一特点。

（一）实物货币

实物货币是指以自然界存在的某种物品或人们生产的某种物品来充当货币。能否作为实物货币，主要取决于两个要素：一是罕见或相对珍贵而受大家喜爱，这样才能作为一般等价物被广泛接受；二是容易转让，以便能够在交易中作为媒介而转手。古代的实物货币种类很多，如外国曾用牛、羊、烟草、可可豆、盐等作为实物货币；我国古代的贝、刀、铲、纺轮、弓、箭、皮、帛、牛、马、羊、猪、盐等都曾经在不同的地域充当过交易的媒介，其中使用时间较长、影响较大的一类是贝币，另一类是谷帛，它们基本具备上述实物货币的两个要素。

实物货币之所以随着商品经济的发展逐渐退出货币历史舞台，根本原因在于实物货币都有其无法消除的缺陷。它们或体积笨重，不便携带；或质地不匀，难以分割；或容易腐烂，不易储存；或大小不一，难于比较。随着商品交换和贸易的发展，大宗交易成为日益普遍的经济现象时，实物货币被金属货币所替代也就成为必然。

（二）金属货币

以金属如铜、银、金等作为材料的货币称为金属货币。与实物货币相比，金属货币具有价值稳定、易于分割、易于储藏等优势，更适宜于充当货币。以贵金属作为币材是货币发展史上的重要演进。中国是最早使用金属货币的国家，从殷商时代开始，金属货币就成为中国货币的主要形式。但是在中国历史上，流通中的铸币主要是由铁、铜等贱金属铸造的，金、银主要是作为衡量价值和贮藏财富的工具。西方国家使用金银作为金属货币的历史比较久远。金属充当货币材料采用过两种形式：一是称量货币，二是铸币。

称量货币是指以金属条块的形式按重量流通的金属货币。这种金属条块在使用时每次都要称重量，鉴定成色，所以称为称量货币。称量货币在中国历史上使用的时间很长，典型的形态是银两制度。从汉代开始实行银两制度，一直到 1933 年，国民党政府实行“废两改元”，才从法律上废止了这种落后的货币形式。

铸币是铸成一定形状并由国家印记证明其重量和成色的金属货币。铸币的出现，克服了称量货币使用时的种种不便，便利了商品交易。铸币最初形态各异，如中国历史上铸币的形状有模仿贝币而铸造的铜贝、银贝、金贝，有仿造工具铸造的刀币、布币等。最后铸币的形态逐渐过渡统一到圆形，因为圆形便于携带，不易磨损。中国最早的圆形铸币是战国中期的圜钱（亦称环钱），流通全国的则是秦始皇为统一中国货币而铸造的秦半两，这种铸币为圆形，中间有方孔，一直沿用到清末，因为设有方孔，所以，历史上称钱为“孔方兄”。西方国家金属铸币采用的是圆形无孔的形式，币面通常铸有统治者的头像。清朝末年，受流入我国的外国银元的影响，方孔铸币被圆形无孔铸币所代替。

金属作为货币材料，特别是当流通中的货币是十足的金属铸币时，货币的价值比较稳定，能够为交换和生产提供一个稳定的货币环境，有利于交换和借贷活动的发展。但是金属货币也有难以克服的弊端，面对日益增长的待交换商品量和保存财富的需求来说，货币的数量很难保持同步的增长，因为金属货币的数量受金属的贮藏、开采和稀缺性的限制，因此在经济急速发展时期，大量商品却往往由于货币的短缺而难以销售或价格下跌，引发萧条。同时“当当响，滚滚流”的金属货币在进行大额交易时不便携带，也影响了金属货币的广泛使用。

（三）纸质货币

纸质货币简称纸币，包括了国家发行的纸质货币符号、商人发行的兑换券和银行发行的纸质信用货币等。中国是世界上使用纸币最早的国家，马可·波罗在其游记中所提到的中国古代的纸币，就是由当时的商人发行的纸质的兑换券。资本主义银行体系产生以后，为了弥补流通中金属铸币的不足，商业银行便开始发行银行券。银行券是通过银行的存贷款等信用业务发行的，并以随时可兑现成金属货币为保证的票据。后因各银行的发行量和保证兑现的能力不同，引起银行券流通的混乱。中央银行产生以后，银行券集中由中央银行垄断发行。随着金属货币制度的崩溃，中央银行发行的银行券从不完全兑现金属货币到完全不能兑现为金属货币，成为纯粹的信用货币。信用货币即以信用作为担保，通过信用程序发行和创造的货币。在现代中央银行体制下，各国流通中使用的货币现钞几乎全都是由中央银行发行的纸质信用货币。

世界最早的纸币——北宋交子

由政府直接发行的纸币不能通过兑现金属货币流回到发行机构，而是通过收缴税收等其他形式回笼。历史上政府发行纸币主要是为了弥补财政赤字，由于缺乏硬约束往往会过量发行而造成通货膨胀，因此，人们经常把政府发行的纸币和通货膨胀联系起来。

随着信用制度的发展，在纸币的基础上又出现了存款货币。存款货币是指能够发挥货币交易媒介和资产职能的银行存款，包括可以直接进行转账支付的活期存款和企业定期存款、居民储蓄存款等。现代银行的一项重要业务是为客户办理结算业务，充当支付中介。人们先把一部分款项存入银行，设立活期存款账户，客户根据存款余额可签发支票，凭支票进行转账结算，通过存款账户间存款的转移来完成支付行为，在这个过程中，可签发支票的存款同银行券一样发挥着货币的作用。用存款货币取代现金进行支付，具有快速、安全、方便的优点，特别是在大额异地交易中，很难用现金进行即时交易。因此在发达的商品经济中，转账结算是一种重要的支付方式，绝大部分的交易都通过存款货币的转移实现支付。

（四）虚拟货币

伴随技术的发展和金融的创新，无实体的“货币”种类越来越多，各自之间的划分和界限也不甚明晰，并且有多种叫法，如虚拟货币、数字货币、电子货币等。这些概念的共性，都指不存在实体的、在某些领域执行货币职能的价值代表物。电子货币是指以金融电子化网络为基础，通过计算机网络系统，以传输电子信息的方式实现支付功能的电子数据。电子货币的使用基于持有人的存款或贷款。电子货币被视为货币的一种无形存在形式，属于虚拟货币的一种。虚拟货币与实体货币相对应，包含前述的电子货币。

欧洲中央银行将虚拟货币定义为非货币当局、非信贷机构发行的数字化价值代表物，在某些领域执行货币职能。欧洲中央银行的定义相对狭窄，其排除了电子货币，也排除了一些中央银行正在设计的央行“数字货币”。

数字货币分为央行发行的数字货币（即法定数字货币）和私人发行的数字货币。央行发行的数字货币，指的是中央银行发行的以代表具体金额的加密数字串为表现形式的法定货币（姚前等，2017）。加密货币指的是采用密码学技术的数字货币。私人发行的数字货币由开发者发行和控制，不受政府监管，在两个虚拟社区的成员间流通。数字货币更强调价值以数字形式表现。虚拟货币更强调价值以虚拟形式存在，而非以实物形式存在。当它们的发行和交易确认使用到密码学时，则被称为加密货币（姚前和汤莹玮，2017）。由这些定义可知，虚拟货币包含的范围有电子货币、数字货币等，其比数字货币范围更大。

货币的创新

三、货币的界定

货币是现代金融理论和经济学中最常见、最重要的概念，也是最容易引起混淆、最难以理解的一个概念。萨缪尔森在其名著《经济学》有关货币的章节中，引用了金·哈伯特的一句名言：“在一万人中只有一人懂得通货问题，而我们每天都碰到它。”由此看来，货币貌似简单，实际上却极其复杂。

（一）货币的概念及本质

货币在日常生活中的运用非常广泛，然而要给货币下一个精确的定义却相当困难。

大多数西方经济学家根据货币的功能来下定义。认为货币是指在购买商品和劳务或清偿债务时被普遍接受的任何物体或东西。通货，包括纸币和硬币，都符合这个定义，因而是货币的一种，也是大多数人所说的货币。支票在购物付款时被广泛接受，所以支票存款也被看成是货币。此外，储蓄存款、借记卡等信用工具，也能迅速方便地转变为通货或支票存款，用来支付货款，发挥货币的功能。由此可见，货币的定义包含一系列资产，而不只是某一种特定的资产。

这样的看法为大多数人所接受。

关于货币的本质也有多种解释。一种是以马克思为代表的传统观点。马克思在《资本论》中指出，货币是固定地充当一般等价物的特殊商品。其中，货币的本质是一般等价物，即货币可以与任何商品和劳务相交换。货币为何可充当一般等价物呢？因为马克思所处年代的货币是可以与金银兑换的，即货币本身是有真实价值保障的。而现代货币是“不兑换金银”的，那么如何理解货币的本质呢？

第二种是货币债务论的观点。货币债务论认为货币本质上是持有者对发行者的一种债权，持有货币者无一例外地成为债权人，而发行货币者便成为债务人。这种解释部分地说明了债务货币的形成。例如，流通中的每一美元，都是一张债务欠条。它解决了无商品价值的纸币和商品的交换问题，即回答了为何纸币可以购买商品的问题。在信用货币时代，货币本身已不具有真实价值，而是作为一种反映债权债务关系的凭证。但是纸币虽然和借条有一定的相似性，两者却存在本质的区别。例如，作为借条，借出方总是希望借入方尽快偿还物品，如果纸币是借条，那么纸币的拥有者就会希望尽快从市场买入实物，即把钱用掉。这和经济学中一个普遍的现象“流动性偏好”相矛盾，即在市场稳定的情况下，人们通常更喜欢持有货币而不是实物商品（如果年终奖是万元现金或价值万元的大米，你会选哪个呢）。

第三种是现代货币契约论的观点。货币契约论认为货币的本质是一种所有者与市场关于交换权的契约。货币是一种契约，体现的是人们在经济活动中的一种合作关系，货币是所有者相互之间的约定。货币是人类在长期的物物交换过程中为解决供给与需求的非匹配性问题而产生的约定，即约定某一特定的物品作为共同的交换媒介。由于社会分工不同，人们的资源禀赋与需求和自己生产的物品并不一致，人们需要相互交换物品来满足自己的需求。在以物易物的时代，可以想象人们由于持有的物品不同，每人需要的物品不一样，更重要的是对各物品的评价也不同，因此造成了极大的交易费用。人们发现用一种大家都认同的物品作为一般等价物时极大方便了交易，交易费用大大减少。注意并不是每个人对一般等价物都是一样认同的（如一个拥有大量贝壳的成员可能更愿等价物是贝壳而非烟草），但其作为普遍认同的等价物，作为经济社会中的一员，即使对该等价物不认同的成员也会发现，有这种等价物强于没有。由此可见，货币制度可以看成是人们的一种合作安排以及人们在经济活动中的一种隐形契约。这种契约没有明确的规定，不是人们不想明确规定，而是没有办法做出明确的规定。

货币所体现的这种契约的性质不同于经济活动中的其他契约，如各种买卖合同。后者需要规定具体的条款，且只用于特定的任务，其实施需要很大的成本（寻找签订契约的人，拟定具体条款并执行等），且契约涉及成员的有限性限制了市场的范围，这严重阻碍了经济发展与社会进步。而奇妙的货币是存在于所有成员间的一种契约，它极大地减少了交易费用，能使所有的市场连为一体。有了这个契约，交换就从自然状态进入市场状态，从割裂和无序状态进入统一和规范状态。卖家由于交换而丧失的，是他所出售物品的所有权或者用于交换的某项权利本身，而他所获得的，乃是市场的接纳以及对于他所拥有的货币的交换权。故货币本质上是一种契约，并且是关于交换权的契约。吾以吾之所有予市场，换吾之所需，货币就是这一过程的约定。一般等价物、贵金属货币与纸币都是这种契约的具体形式。

货币契约论对货币职能的解释：货币被约定作为一种共同的交换媒介，那它就必然与交换的物品有一个比率。这就使得不同的物品可以相互比较，货币因此有价值尺度的功能。货币的使用不限定时间，这就意味着人们可以累积这种权利，因而货币便有了价值储存的功能。货币的交换功能和价值储存功能意味着，我们可以在某一时段集中购买劳动力和其他生产资料，这极大地促进了生产的规模化，从而通过延期支付方式，使货币具备组织生产的功能进而可转化为资本，由此为现代经济中最重要的单位——企业的诞生提供了基础。

（二）货币材料的必要条件

那么，从形式上讲，一个物体怎样才能被称为货币呢？一般而言，作为货币的理想材料应具有如下特性。

1. 价值稳定性

任何物体要充当货币，其本身的价值必须是相对稳定的，具有价值稳定的特性。正如要丈量布匹长度的尺子，尺子本身的刻度必须是稳定的；要称出鸡蛋重量的秤，秤本身的刻度也必须是稳定的。历史上曾经以牛、羊等牲畜作为货币来使用，由于其价值不稳定，必然在后来失去充当货币的资格。

2. 普遍接受性

普通接受性，是指货币在购买商品和劳务以及债务清偿时能够被人们认可且接受。任何物体只要具备了这一特点，就可以在一定范围内充当交换的媒介。如乘坐出租车时，乘客可以向司机支付纸币，却不能将蔬菜作为货币向其支付，其原因正是人们不能认可蔬菜是一种普遍接受的货币形式。与之相反，第二次世界大战期间，香烟曾以其普遍接受性，成为当时流通于纳粹战俘集中营的特殊货币。

纳粹集中营里的货币

3. 可分割性

可分割性，是指货币材料必须能分割成不同的等份，以满足不同规模、不同层次的商品和劳务交换。随着商品交换规模的发展，要求充当货币的物体必须是均质的，易于分割成标准化的等份，以实现不同规模的商品或劳务交换，并且分割不会导致价值下降。例如，纸币流通条件下的币种在设计上有元、角、分，即是为了满足不同层次商品和劳务交换的便利性。

4. 易于辨认与携带

充当货币的材料必须易于辨别真伪，不容易被人仿制，同时，随着商品生产向外延伸，货币材料也必须易于运输与携带。因此，随着商品交换范围的扩展和商品经济复杂性的加剧，那些笨重的、易仿制的货币材料就逐步让位于轻便易携、易辨真伪的材料，如支票存款的广泛应用。

5. 供给富有弹性

一种优良的货币，其货币材料的供给必须富有弹性，以满足商品生产和交换增减变动的需要。金银货币先后退出历史舞台的原因之一，就是金属资源的有限性使其供给缺乏弹性，不能适应全球经济迅速发展的需要。

（三）货币与其他相关概念的区别

货币一词经常出现在人们的日常交流中，因此它可以意味着很多事情。为了更清楚地理解货币的定义，我们有必要澄清经济学家或宏观经济学中所说的货币与人们日常用法中的一些类似概念的区别。

1. 货币与通货

通货是指处于流通中的现实货币，包括纸币和硬币，俗称“现钞”。显然，它符合经济学家给出的货币定义，是货币的一种。大多数人在谈及“货币”时，所说的就是通货。但是，如果将货币仅仅定义为“通货”，就将经济学家定义的货币范围大大缩小了。如前所述，支票也能用来偿还债务、支付货款，发挥货币的功能。所以，经济学家所说的货币，并不仅仅指通货，而是指一个更广泛的资产系列。

2. 货币与财富

财富是由各种资产所构成的,包括实物资产和金融资产。其中,金融资产又包括货币性金融资产和非货币性金融资产,前者如通货、支票存款等,后者如国库券、股票等。因此,货币只是财富的一部分。但是,使事情更为复杂的是,货币一词常常被用作财富的同义词。财富不仅包括货币,还包括债券、股票、艺术品、土地、家具和房屋等有价资产。显然,如果将货币等同财富,又扩大了经济学家定义的货币范畴。因为,货币仅是财富的一部分, 如果把货币当作财富而追逐,容易沉沦为“ 金钱万能”的“拜金主义”。

3. 货币与收入

人们也常常将货币一词作为收入的同义词。收入与货币也是有区别的。首先,不可否认,在商品经济时代,人们的收入大多表现为货币,但是在特殊情况下,也存在其他形式的收入。例如,股份制企业会发放股权对员工进行激励,发放的股权即可视为一种收入。其次,收入是某一时间单位的货币额,是一个流量概念,如月薪、年薪等;而货币是一个存量概念,也称为货币供给量,是指一国(或地区)在某一时点上为社会经济运转服务的货币存量,如第一季度末的货币余额。

4. 货币与流动性

进入 21 世纪,在报纸杂志和人们的日常用语中,另一个替代货币的名词经常出现,即流动性,如 2008 年金融危机之后频繁出现于报端的“流动性不足”。所谓“流动性”,泛指一种资产在不损失价值的前提下转换为现实购买力的能力,它由变现的便利程度和交易成本所决定。变现越便利或交易成本越小,则流动性越强;反之,流动性越弱。由于货币不需要转换为别的资产就可以直接用于支付或清偿,因此货币被认为是流动性最强的资产。所以,在一般的宏观经济分析中, 流动性常常用来分析货币现象。例如,“流动性过剩”简单地说,就是货币当局货币发行过多,货币量增长过快,银行机构资金来源充沛。在宏观经济上,它表现为货币增长率超过 GDP 增长率;就银行系统而言,则表现为存款增速大大快于贷款增速。反之,则是“流动性不足”。

当然,流动性工具包括银行的存款,还包括范围广泛的其他金融中介机构的短期负债。在金融机构和金融工具不断创新的大背景下,流动性的含义远大于货币的含义。

四、货币的职能

现代经济中,货币一般被认为具有四个职能:价值尺度、流通手段、价值储藏和支付手段。其中,价值尺度和流通手段是货币最基本的职能。

(一)价值尺度

价值尺度是指货币是衡量和表现其他一切商品和劳务价值大小的工具。价值尺度是货币最基本、最重要的职能。货币出现以后,人们用货币测量商品和劳务的价值,就如同人们用秤来称重量一样。正是由于货币的价值尺度功能,所有商品的价格都可以用特定数量的货币单位来表示,而无须确定每两种商品之间的交换比例,即交换价格。

1. 货币执行价值尺度职能的特点

(1)货币执行价值尺度时不需要现实的货币。人们给商品或劳务标价的过程就是货币发挥价值尺度功能的过程,因此价值尺度表现为价格标签。这意味着货币执行价值尺度这一职能只需要以想象中的或是观念上的形式存在就可以了。例如,当给某商品标价 100 元时,只需在标签上写上 100 元/个,而不必在旁边放上 100 元。

(2)价值尺度职能的技术规定——价格标准。为了用货币来衡量和比较各种商品或劳务的价值,货币自身的量必须能够计量。为此,人们在技术上就需要规定一种固定的货币计量单位,即价格标准。所谓价格标准,是指人为规定的货币单位名称及所包含(或代表)的价值量。

最初的货币单位同衡量货币商品使用价值的自然单位如头、匹、斤、两等是统一的。例如,中国秦代铸造过“半两”铜钱,汉代铸造过“五铢”铜钱,上面分别铸有半两、五铢字样。史书说,这些铜钱“重如其文”,即含铜重量与钱面上的文字相符。

后来,货币单位与自然单位逐渐分离。现代社会的货币单位主要有两种表示方法:一种是货币单位名称与其自然单位名称完全脱节,而采取了另外的名称。一般以“元”表示货币单位,在货币单位“元”前面加上“国名”即得到该国货币的名称,如“美元”“ 新加坡元”“ 加拿大元”等。另一种是货币单位名称仍然是重量名称,但由于种种原因,实际含有的重量已与名称完全脱节。如早在1816年英国正式采用金本位制时就规定,每盎司黄金合金币3.893 75镑,从重量上说,12盎司为1磅,即1磅重量的黄金相当于金币46.725(=12×3.893 75)镑。现在英国的货币价格“镑”仍然保留了重量单位的痕迹。

2. 价值尺度的作用

(1)减少了商品交换中的价格数目,提高了交换的效率。如果没有货币,一种商品的价值只能通过它所交换到的另一种商品的数量相对地表示出来,即要用这两种商品之间的交换比率或交换价格来表示。随着参加交易的商品数量的增多,所需要讨价还价确定的相对价格会增加得更多。设有 n 种商品,在物物交换下,交换价格的数目就为组合数 $C_n^2=n(n-1)/2$。假如有1万种商品要交易,为了使这些商品彼此能够交换,就需要标出 $C_{10\,000}^2=10\,000\times(10\,000-1)/2\approx5\,000$ 万个交换价格。这样的交换何等不易!要想判断两种商品哪一种便宜,那是相当困难的。

引入货币后,每种商品的价值都可以通过货币的尺度来衡量,上面的价格数目就变成 n 了。这意味着1万种商品只有1万个以货币单位标价的价格,而不再是近5 000万个了,由此大大降低了交易成本,提高了交换效率。

(2)使商品内在价值外在地表现为价格,从而出现了“购买力”这一概念。商品价值,本来是由凝结在该商品中的社会必要劳动时间来测量的。商品中包含的社会必要劳动时间越多,它的价值便越大。但是,由于商品价值是内在的,只有生产企业才能判断其生产的商品价值的大小,所以必须通过某工具将其外在地表现出来,才能顺利地实现交换。

这一工具就是货币。因此,劳动时间是商品的内在价值尺度,而货币则是商品的外在价值尺度。商品价值的货币表现就是价格。

有了商品价格,就引入了另一个非常重要的概念,即货币的购买力,它是指一般物价指数的倒数。物价越高,货币购买力低;反之,货币购买力高。但是必须注意,货币购买力是对所有商品而言的,它不是某一商品价格的倒数,而是所有商品价格的倒数,即商品价格指数的倒数。

货币购买力的计算公式为:

$$货币购买力指数=1/CPI$$

例1—1　报纸上说,今年物价指数稳中有升,如果物价指数上升了25%,货币购买力下降了多少呢?

解:假设去年的货币购买力指数为“1”,即货币购买力指数=1/CPI=1,则:

$$今年的货币购买力指数=1/[CPI(1+25\%)]=1/125\%=0.8$$

$$(1-0.8)/1=20\%$$

因此今年货币购买力下降了20%。

（二）流通手段

流通手段，也称交易媒介，是指货币充当商品交换的中介或媒介的职能。即在商品交易中，人们首先将自己的产品转换成货币（出售商品），再用货币去购买自己需要的产品，货币成为商品交易的桥梁或中介。

在几乎所有的经济交易中，货币都以通货或支票的形式充当交易的媒介，用来对商品和劳务进行支付。可见，作为交易媒介的不能是观念上的货币，而必须是实实在在的货币。任何一个商家绝不会允许有人用空话来拿走他的商品。例如，在前述的例子中，用100元购买该商品必须实际交付100元，才能得到该商品。

货币流通手段的作用表现在以下3点。

1. 克服了物物交换下“需求的双重巧合”难题，提高了经济效率

让我们看看物物交易的情况吧。假如张某是经济学教授，他的专长是提供非常精彩的经济学课程。当他需要食品时，他必须找到这样一个农场主：不仅生产他需要的食品，而且也渴望听经济学课程。可以想象，这样的寻找过程是多么费时和艰难！结果可能是，张教授不得不放弃经济学演讲而去自己种植农作物，或者被饥饿折磨至死！这就是物物交换条件下“需求的双重巧合”难题。通常，花费在商品或劳务交易过程中的成本被称为交易成本。上述描述表明，物物交换的交易成本非常高，而引入货币后就可以大大降低交易成本。因为货币可以帮助人们节约时间，无须再费力去刻意追求双重巧合的实现。即张教授可以向任何愿意支付货币听课的人讲经济学课程，然后去市场用讲课得来的收入购买他所需要的任何食品。由于节约了交易时间，张教授也可以专心从事他所擅长的经济学教学，从而提高了工作效率。因此，货币可以节约交易时间而给当事人带来效用，可使人们专门从事自己最擅长的工作，鼓励了专业化和社会分工，从而提高了经济效率。

2. 使简单的物物交换发展为商品交换

货币作为交易媒介，是“用商品换货币，用货币换商品”，商品所有者先把自己的商品换成货币，然后再用货币去交换其他的商品。在这里，商品和货币同时出现在交易的两端，属于“一手交钱，一手交货”的交易模式。

这种用货币作媒介的交换就是商品交换，不同于“用商品换商品”的物物交易。以货币为媒介的商品交换形式的出现，是商品交换过程的革命，它解决了物物交换的困难，突破了交换的双重巧合限制。

3. 隐含了经济危机的可能性

由物物交换过渡到商品交换，意味着商品经济的内在矛盾有了进一步的发展。因为在这里，“买”与“卖”被分成了两个独立的过程：一个是卖，取得货币；另一个是买，用货币换回商品。如果卖出商品的人不立刻去购买其他商品就会使另一些人的商品卖不出去，使商品库存积压。也就是说，货币作为流通手段的职能隐含了经济危机的可能性。

（三）贮藏手段

贮藏手段是货币退出流通领域被人们当作独立的价值形态和社会财富的一般代表保存起来的职能。贮藏手段职能是在价值尺度和流通手段职能的基础上产生的。价值尺度功能使货币成为其他一切商品的价值代表，流通手段职能使人们可以用货币购买其他一切商品，因此货币才能作为社会财富的一般代表，才具有了贮藏的价值。世界上财富的形式多种多样，财富贮藏和积累的形式也多种多样，货币作为一种贮藏形式，贮藏费用最低，因此货币产生以后，人们

便开始利用货币进行贮藏。

货币贮藏的最初阶段是马克思所说的“朴素的货币贮藏形式”，这时，人们贮藏货币是利用货币来保存自己的剩余产品。随着商品经济的发展，货币贮藏变成了商品生产顺利进行的必要条件。因为厂家不一定在它的商品卖出去以后，马上就用这笔货款支付别的费用，同样，他也不能保证每当他需要购买或支付时，都有相当的商品能卖出去，从而得到需要的货款。因此，商品生产者就必须贮藏一定量的货币，以便在需要时使用。商品经济越发展，货币发挥的作用范围越广，货币的权力也就越大，货币不仅能够使人得到各种物质财富，还能影响人们的社会地位、信誉乃至命运。货币似乎无所不能，人们就像崇拜偶像一样崇拜货币，于是一些人就开始贪婪地积累货币，为贮藏而贮藏货币。

货币产生至今，其形式已发生了不少变化，从足值货币发展到现在的信用货币，货币贮藏的形式也在变化，从以足值货币金银的形式贮藏价值到现今以信用货币——价值符号的替身作为价值贮藏的典型形态。金银的价值高，性质稳定，不会因贮藏时间长而减少价值，因此即使现在金银已经不再是货币了，人们仍用贮藏金银的形式贮藏价值。马克思认为，在金属货币与货币符号同时流通的情况下，货币符号没有贮藏的职能，因为货币符号只有作为流通手段才有价值，一旦退出流通就一钱不值了。现在的情况和马克思当时所描述的时代背景不同，流通中已经没有金属货币，而是以银行券、存款货币为主的信用货币作为一般等价物的代表，发挥货币的各种作用。因此，人们便以银行券和存款货币的形式来贮藏价值，这也是货币形式发展的结果。当然，信用货币执行这一职能是有条件的，即必须以币值稳定为前提，否则，它就会被重新投入流通，以价值稳定或急需的物品顶替它，继续充当价值贮藏的载体。

（四）支付手段

支付手段，是指在以延期付款形式买卖商品时，货币作为独立的价值形式单方面运动时所执行的职能。货币作为支付手段，开始是由商品的赊购、预付引起的，后来才慢慢扩展到商品流通领域之外。在商品交换和信用事业发达的经济社会里，货币充当交换价值的独立存在形式日益成为普遍的交易方式，如财政收支、银行信贷、工资、佣金、房租、地租、水电费等领域。

1. 货币作为支付手段的特点

与流通手段相比，货币执行支付手段职能时具有以下特点。

(1)货币的支付手段职能一般发生在赊买赊卖的商品交易中。由于一些商品生产过程的季节性和地域上的差别，在客观上要求商品的出售与商品价值的实现在时间上分离，从而出现了延期付款或预付款等商业信用现象。当货币用来偿还赊买商品的货款时，它已不再作为交易媒介，而是充当支付手段发挥作用。此时，货币作为价值形式独立存在，单方面发生转移。

而货币作为交易媒介一般发生在一手交钱，一手交货的即期交易中。

(2)货币作为支付手段，使买卖双方的关系从简单的买卖关系发展为复杂的信用关系。

货币作为支付手段不是简单的交换媒介，它虽然仍反映交易双方的买卖关系，但更多地反映了他们之间的债权债务关系，即信用关系。所谓信用，是指以偿还和付息为条件的特殊的价值运动形式。信用关系涉及债权人和债务人。提供资金或赊销商品的一方是信用的提供者，即债权人；借用资金或赊买的一方是信用的接受者，即债务人。授信过程是债权人提供一定的有价物给债务人并约定时间，债务人将有价物归还并支付一定利息的过程。有价物可以是商品、劳务、货币或某种金融要求权(如股票或债券)。无论是何种信用，通常都可以用货币偿付。在货币履行支付手段的领域，如“工资”体现的是员工与雇主之间的“类似债权债务关系”，员工付出了劳动，但并未立即得到工资，而是等待一段时间之后才得到工资。一旦雇主拖欠工资，双方的纠纷和矛盾就产生了。因此,信用关系之所以复杂,是因为在信用到期时,债务人不一定能偿还足额的款项给债权人,易出现债务纠纷问题。例如,企业之间拖欠货款所形成的连锁债务关系,通常是由甲企业欠乙企业的债,乙企业欠丙企业的债,丙企业又欠甲企业的债,以及与此类似的债务关系等,甚至形成越滚越大的三角债现象。从这一角度讲,货币充当支付手段隐藏着支付危机的可能性。

2. 货币作为支付手段的作用

(1)货币作为支付手段,使商品交换的时空范围扩大。在货币执行流通手段职能时,出卖自己的商品先于购买别人的商品。当货币执行支付手段职能时,购买别人的商品先于出卖自己的商品。突破了交换的时空限制,商品交换可以在不同时间、地点进行,为商品生产和商品交换的进一步发展创造了条件。

(2)货币执行支付手段职能时,潜藏着使社会再生产过程发生中断的可能性。如上所述,在赊买赊卖的情况下,许多商品生产者之间都发生了债权债务关系,如果其中有人到期不能支付,就会引起系列的连锁反应,"牵一发而动全身",使整个信用关系遭到破坏。例如其中某个人在规定期限内没有卖掉自己的商品,他就不能按时偿债,支付链条上某一环节的中断,就可能引起信用危机甚至货币危机。货币作为支付手段以后,经济危机的可能性也进一步加大了。

以上四种职能都有各自的内涵和作用,同时相互之间又紧密相连。其中,价值尺度和流通手段是货币的基本职能。也就是说,当这两个最基本的职能可以同时由一种商品来满足时,这种商品就取得了货币的资格。而价值储藏和支付手段则是货币的派生职能。

五、货币量层次划分

(一)划分货币层次的必要性

当代各国流通的都是由现金和存款货币构成的信用货币。其中,现金包括了中央银行发行的现钞与金属硬币。在商业银行支付业务十分发达的现代社会,现金的使用量在整个社会的交易额中所占的份额很小,存款货币占主体。现金和各种存款货币都代表了一定的购买力,但是它们在购买能力上是有区别的。现金和活期存款是可以直接用于交易支付的现实购买力,而其他存款要成为现实购买力还必须经过提现或转换存款种类的程序,并且中央银行对现金、活期存款和其他存款的控制和影响能力也不同。因此,在进行货币量统计时,既要考虑货币量统计的全面性和准确性,又要兼顾中央银行调控货币量的需要,就必须对货币量划分层次进行统计分析。所谓货币量的层次划分,是指对流通中各种货币形式按不同的统计口径划分为不同的层次。目前在我国,中国人民银行会定期向社会发布三个层次的货币量统计数据。世界上绝大多数国家在统计货币量时,也都划分为不同的层次分别进行统计分析。

(二)货币层次划分的依据

目前,各国中央银行在对货币进行层次划分时,都以"流动性"作为依据和标准。各种资产虽然都有流动性,但金融资产的流动性远远大于实物资产。不同的金融资产流动性强弱也不同。例如,现金就是流动性最强的金融资产,具有直接的现实购买力;定期存款则需要经过提现或者转成活期存款才能成为现实购买力,故流动性较弱。由于交换媒介职能是货币最基本的职能,流动性实质上反映了货币发挥交换媒介职能的能力。流动性程度不同的金融资产在流通中周转的便利程度不同,形成的购买力强弱不同,从而对商品流通和其他各种经济活动的影响程度也就不同。因此,按流动性的强弱对不同形式、不同特性的货币划分不同的层次,是科学统计货币数量、客观分析货币流通状况、正确制定实施货币政策和及时有效地进行宏观调控的必要基础。

（三）货币层次的一般划分

根据流动性这一标准，人们将多种货币资产划分为不同的层次，货币供应量也就相应有了多重口径。归纳起来，货币供应量一般划分为以下几个层次。

第一层次：狭义货币 $M1=C+D$

上式中，C 表示通货，即流通中的货币，包括纸币和硬币，是指存款类金融机构以外的现金，也就是公众手中的现金；D 表示活期存款或支票存款，是指非银行客户在存款类金融机构账户上可以签发支票的活期存款类别；$M1$ 是狭义货币供应量，它代表了现实购买力，反映了居民和企业资金的松紧变化，是经济周期波动的先行指标。

第二层次：广义货币 $M2=M1+S+T$

上式中，S 表示居民储蓄存款；T 表示单位定期存款。广义货币 $M2$ 扩大了货币的范围，不仅反映现实购买力，还反映潜在购买力。$M2$ 流动性偏弱，但反映的是社会总需求的变化和未来通货膨胀的压力状况。

广义货币与狭义货币之差即居民储蓄存款和单位定期存款，相对于现金和支票存款而言，其流动性较差，但经过一段时间也能转化为现金或支票存款，可看作一种潜在的购买力。因此，国际货币基金组织（IMF）称其为“准货币”。

第三层次：$M3=M2+D\mathrm{n}$

上式中，$D\mathrm{n}$ 表示非存款类金融机构的存款，在现代货币经济社会中，商业银行之外还存在着各种专业银行和接受其他存款的其他金融机构，如信用合作社、邮政储蓄机构等。这些非存款类金融机构不能接受支票存款，但能收受储蓄存款和定期存款。这些金融机构的存款与商业银行的定期存款和储蓄存款没有本质的区别，它们都具有较高的货币性，只是前者流动性更差些，货币供应量因此扩大为 $M3$。

第四层次：$M4=M3+L$

上式中，L 表示银行与非银行金融机构以外的所有短期信用工具。在金融市场高度发达的情况下，各种短期的流动资产如国库券、人寿保险公司保单、承兑票据等，在金融市场上贴现和变现的机会很多，都具有相当程度的流动性，与 $M1$ 只有程度的区别，没有本质的区别。因此，其也应纳入货币供应量之中，由此得到 $M4$。

迄今为止，关于货币供应量的层次划分并无定论，但根据资产的流动性来划分货币供应量层次，已为大多数国家政府所接受。各国政府对货币供应量的监控重点，也逐渐由 $M1$ 转向 $M2$ 或更高层次的范围。

（四）中国货币层次的划分

1949—1978 年，我国的货币流通研究工作一直局限于现金流通方面，即货币供应量就是流通中的现金量，一般称作：$M0=C$。1979 年经济体制改革后，货币流通范围逐渐扩大，不仅现金、支票存款算作货币，还出现了一些新的货币流通形式。为了更有效地实施金融宏观调控，合理地控制货币供应量，我国于 1984 年开始对货币供应量进行层次划分，由于当时划分过于简单，不能准确反映各层次的货币差异，1994 年《中国人民银行货币供应量统计和公布暂行办法》发布，将货币根据流动性强弱划分为四个层次，中国人民银行（以下简称央行）于 1994 年第三季度开始按季公布我国的货币供应量指标。1994 年后，随着我国经济的发展，货币供应量的划分也在逐步完善。2001 年 6 月，由于股票市场发展，证券公司客户保证金规模增加，央行将证券公司客户保证金计入 $M2$。2002 年，中国加入 WTO 后外资金融机构开始入华，央行将在中国的外资、合资金融机构的人民币存款，分别计入不同层次货币供应量。2011 年 10 月，鉴于非存款类金融机构在存款类金融机构的存款和住房公积金存款规模较大并已对货币供应量造成影响，央行将上述两类存款纳入 $M2$ 的统计范围。2018 年 1 月，央行完善货币供应量中货币市场基金部分的统计方法，用非存款机构部门持有的货币市场基金取代货币市场基金存款。自 2022 年 12 月起，流通中数字人民币被纳入流通中货币（$M0$）的统计范围，当年 12 月末流通中数字人民币余额为 136.1 亿元。2024 年 12 月，央行发布公告，决定自统计 2025 年 1 月份数据起，启用新修订的狭义货币（$M1$）统计口径。修订后的 $M1$ 包括：流通中货币（$M0$）、单位活期存款、个人活期存款、非银行支付机构客户备付金。

现阶段划分如下：

$M0$＝流通中的现金＋流通中数字人民币

$M1$＝$M0$＋单位活期存款＋个人活期存款＋非银行支付机构客户备付金

$M2$＝$M1$＋准货币（储蓄存款＋定期存款＋其他存款＋证券公司客户保证金＋非存款机构部门持有的货币市场基金）

$M3$＝$M2$＋金融债券＋商业票据＋大额可转让定期存单等

我国习惯将 $M0$ 称为流通中的现金，即居民手中的现钞和企业单位的备用金，以及流通中数字人民币，不包括商业银行的库存现金。这部分货币可随时作为交易媒介，具有最强的购买力。与国际通用表述一样，这里的 $M1$ 是通常所说的狭义货币，流动性强；$M2$ 是广义货币，$M2$ 和 $M1$ 的差额是准货币；$M3$ 目前暂不测算。

（五）美国、日本的货币层次划分

关于货币层次的划分各国有各自的划分标准，不同时期的货币层次划分也可能不相同。

1. 美国

美国货币层次划分的口径变动较为频繁，仅 1971 年 4 月至 1986 年 3 月，就作了大约八次调整。2009 年 6 月的划分口径是：

$M1$＝银行体系外的通货＋旅行支票＋活期存款＋其他支票性存款

$M2$＝$M1$＋小面额定期存款＋储蓄存款＋货币市场存款账户＋货币市场互助基金份额＋隔日回购协议＋隔夜欧洲美元

$M3$＝$M2$＋大额定期存款＋长于隔夜期限的回购协议＋定期欧洲美元

L＝$M3$＋短期国库券＋商业票据＋储蓄债券＋银行承兑票据等

2. 日本

日本的货币层次划分为四个：

$M1$＝现金＋活期存款（包括企业活期存款、活期储蓄存款、通知即付存款、特别存款和通知纳税存款）

$M2$＝$M1$＋非活期性存款＋可转让性存款（CD）

$M3$＝$M2$＋邮局、农协、鱼协、信用组织和劳动金库的存款＋货币信托和贷放信托存款

L＝$M3$＋回购协议债券、金融债券、国家债券、投资信托和外国债券

（六）各国货币层次划分的特点

从我国及其他国家货币层次划分状况来看，货币层次划分具有以下几个特点：

（1）随着流动性强弱的变化，货币的范围也在变化。流动性越强，所包括的货币的范围越小，如大部分国家流动性最强的货币只有现金。随着流动性的减弱，货币包括的范围在扩大。

(2)金融制度越发达,金融产品越丰富的国家,货币层次也就越多。经济发达国家的货币层次一般都多于经济欠发达的国家。

(3)不同国家各个货币层次所包含的内容不同。这是由于各个国家都有各自独特的金融产品,无论是产品的名称还是产品的功能都有差异,因此即使是两个国家流动性相同的货币层次,实际所包含的具体内容也有很大的差别。

(4)货币层次的划分不是固定不变的,随着金融产品的创新,经济环境的改变,原有的货币层次可能就无法准确地反映货币的构成状况,需要对货币层次进行重新划分。金融产品创新速度越快,金融体制的变化越大,对货币层次进行修订的必要性也就越大,例如,美国、英国等国家的货币层次划分的变动就很频繁。

(5)货币层次的划分及计量只能在一定程度上反映货币流通的状况。随着金融创新的加速,新的金融产品层出不穷,许多金融工具都不同程度地具有"货币性"。有的能够直接作为货币发挥作用,有的略加转化就能发挥交换手段和支付手段职能,要想十分清晰地划分货币层次越来越困难,货币层次及其计量也只能做到相对精确。

第二节　货币制度

一、货币制度的定义

货币制度,也称货币本位制度,简称"币制",是一国政府为了适应经济发展的需要,以法律或法令形式对货币的发行与流通所做的一系列规定的总称。货币制度是货币运动的规范和准则。典型的货币制度的内容主要包括货币材料,货币单位,货币的铸造、发行和流通程序以及发行准备制度等内容的规定。

二、货币制度的构成要素

(一)规定本位货币材料

规定货币材料,是指规定一国本位货币用什么材料制成。不同的本位货币材料形成了不同的货币制度。当然,使用哪种物品作为本位币材料不是国家随心所欲指定的,而是由客观经济条件所决定的。比如,在2008年美国金融危机发生时,一些人士建议各国恢复金本位制,以保证货币的稳定。但是,现代商品经济已经得到了空前的发展,世界商品交易规模已远远超过了世界黄金存量规模,如果再坚持用黄金作为货币材料,必然会阻碍商品经济的发展。

(二)规定货币单位

货币单位是指货币计量单位。货币单位的规定主要有两个方面:

(1)规定货币单位的名称。货币单位的名称最早与商品货币的自然单位或重量单位相一致,如两、磅。后来由于铸造和兑现等原因,货币单位与自然单位、重量单位逐渐相脱离,有的沿用旧名,有的重立新名。按国际惯例,往往加上该国简称,如美元、英镑、日元等。

(2)规定货币单位的值。在金属货币条件下,货币单位的值就是每一货币单位所包含的金属重量和成色;在不兑现的信用货币尚未完全脱离金属货币制度时,确定货币单位的值主要是确定每单位货币的含金量;当黄金非货币化后,纯粹信用货币制度一般不再硬性规定货币单位的值,货币单位的值主要体现在为维持本国货币币值稳定而采用的一些措施上,如规定中央银行对币值稳定的责任与权力等。

(三)规定流通中的货币种类

规定货币种类主要是指规定主币和辅币。

(1)主币,就是本位币,是一个国家流通中的基本通货,一般作为该国法定的价格标准,主币的最小规格通常是1个货币单位。在金属货币制度下,主币是指用金属材料按照国家规定的货币单位铸造的货币;在信用货币制度下,主币的发行权集中于中央银行或政府指定的发行银行。

(2)辅币,是本位货币单位以下的小面额货币,它是本位币的等分,主要解决商品流通中不足1个货币单位的小额货币支付问题。在金属货币流通条件下,为节约流通费用,辅币多由贱金属铸造,是一种不足值的货币,故铸造权由国家垄断并强制流通,但铸造数量一般都有限制,铸造收益归国家所有。由于辅币的实际价值低于名义价值,国家以法律形式规定其按名义价值流通,并规定其与主币的兑换比例。金属货币退出流通后,辅币制度仍然保留下来,在当代不兑现的信用货币制度下,辅币的发行权一般都集中于中央银行或政府机构。

(四)规定货币的法定支付能力

货币的支付偿还能力有两种:无限法偿和有限法偿。

(1)无限法偿是指不论支付数额多大,不论属于何种性质的支付(买东西、还账、缴税等),对方都不能拒绝接受。在金属货币制度下,本位币通常具有无限法偿的能力;在不兑现的信用货币流通下,中央银行发行的纸质货币具有无限法偿能力,而流通中的存款货币,在经济生活中是被普遍接受的,但大多数国家并未明确做出其是否具有无限法偿能力的规定。

(2)有限法偿是指在一次支付中若超过规定的数额,收款人有权拒收,但在法定限额内不能拒收。在金属货币制度下,不足值辅币通常为有限法偿,但是信用货币制度下则没有明确的规定。例如,我国目前仍然实行现金管理,国家对现金和非现金流通规定了适用范围和数量,但对本位币人民币“元”和辅币“角”“分”未作明确的无限法偿或有限法偿的区分,只是规定它们都是法定货币,都具有法偿能力。

(五)规定货币铸造发行的流通程序

(1)自由铸造与限制铸造。这种规定是金属货币制度的内容之一。自由铸造即公民有权把法令规定的金属币材送到国家造币厂铸成金属货币,公民也有权把铸币熔化,还原为金属。限制铸造是指只能由国家来铸造金属货币,特别是不足值的辅币必须由国家铸造,其他机构和个人不得铸造。

(2)分散发行与垄断发行。信用货币出现后货币制度必须对发行权作出规定,分散发行是指允许私人部门按照规定的条件发行信用货币;垄断发行是指信用货币只能由中央银行或指定机构发行。例如,早期的银行券允许各商业银行分散发行,但后来为了解决银行券分散发行带来的混乱问题,各国逐渐通过法律把银行券的发行权收归中央银行。在当代不兑现的信用货币制度下,各国的信用货币的发行权都集中在中央银行或指定机构。

三、货币制度的演变

从货币形式演变史我们已粗略了解了古代货币制度。近代货币制度从资本主义发展初期开始,经历了从金属货币制度发展为不兑现的信用货币制度的演变过程,大致的演变顺序是:银本位制→金银复本位制→金本位制→不兑现的信用货币制度。

（一）银本位制

早在中世纪，许多国家就采用过银本位货币制度。银本位制是指以白银作为本位币的一种货币制度。银本位制又分为银两本位制和银币本位制两种形式。银两本位制度是以白银的重量单位——“两”作为价格标准，实行银块流通的货币制度。银币本位制度则是以一定重量和成色的白银铸币流通的货币制度。

银本位制的基本内容包括：以白银作为本位币币材，银币为无限法偿货币，具有强制流通的能力；本位币的名义价值与本位币所含的一定成色、重量的白银相等，银币可以自由铸造、自由熔化，银行券可以自由兑现银币或等量白银；白银和银币可以自由输出输入。银本位制在16 世纪以后开始盛行，至 19 世纪末期被大部分国家放弃。

我国用白银作为货币的时间很长，唐宋时期白银已普遍流通，宋仁宗景祐年间（1034～1037 年）银锭正式取得货币地位。金、元、明时期确立了银两制度，白银是法定的主币。清宣统二年（1910 年）4 月政府颁布了《币制则例》，宣布实行银本位制，实际是银圆和银两并行。

1933 年 4 月，国民党政府废两改元，颁布《银本位铸造条例》，1935 年 11 月实行法币改革，在我国废止了银本位制。

废两改元与法币改革

（二）金银复本位制

金银复本位制，是指同时以黄金、白银为币材，铸造两种本位货币同时流通使用的货币制度。这种本位货币制度是资本主义发展初期的典型货币制度，随着时间的演变先后经历了三种不同的形式。

1. 平行本位制

平行本位制，是指金银各按其所含金属的实际价值任意流通的一种复本位货币制度。在这种货币制度下，国家对金银的兑换比例不加固定，而由市场自发形成。

平行本位制的特点是：①金币和银币都是一国的本位货币。②二者均具有无限法偿能力。③二者都可以自由铸造和熔化。④金币与银币之间的交换比率完全由金银的市场价格决定。

平行本位制的以上特点也决定了其存在的致命缺点，即金币与银币之间的交换比率随金银市场价格的变化而频繁变动，导致这种货币制度极不稳定。如果两国之间的金银币比价不同，那么金币就会流向金价较高的国家，而使该国逐渐变为金本位制度；白银则流向银价较高的国家，而使该国逐渐变为银本位制。这种交替进行的过程最终导致了平行本位制的解体。

2. 双本位制与劣币驱逐良币现象

双本位制是为了矫正平行本位制的缺陷而出现的，是典型的金银复本位制。双本位制，是指金银两种货币按法定比价流通的一种复本位货币制度。双本位货币制度的特点可归纳如下：①金币与银币都是一国的本位货币。②二者都具有无限法偿能力。③二者均可自由铸造和熔化。④金币与银币之间的交换比率以法律形式予以规定。如美国 1792 年货币条例规定，金币、银币的法定比价 1∶15，1834 年改为 1∶16。这就避免了在平行本位制下，金币与银币的交换比率随金银市场价格变化而变化所导致的价值尺度不稳定性问题。因此，双本位制的重要作用在于对平行本位制的矫正。但是，这一货币制度也隐含着缺陷。当金币与银币的法定比价与金银的市场价格不一致时，市场价格高于法定比价的金属货币会被人们熔化，从而退出流通领域；而市场价格低于法定比价的金属货币则充斥市场，继续充当货币，这就是劣币驱逐良币现象，通称格雷欣法则。它是指两种实际价值不同而法定价值相同的货币同时流通时，实际价值高于法定价值的货币（良币）被收藏熔化退出流通，实际价值低于法定价值的货币（劣币）则充斥市场的现象。所以，在双本位制下，虽然国家规定金银同时充当货币材料，金币和银币同时都是本位币，但在流通过程中，实际上只有一种货币发挥本位币的作用，而另一种货币则变成了普通商品。因此，双本位制也是一种不稳定的货币制度。

3. 跛行本位制

跛行本位制，是指金币可以自由铸造，而银币不能自由铸造，金币与银币的比价固定的货币制度。跛行本位制的特点是：①金币和银币都是一国的本位货币。②二者均具有无限法偿能力。③金币可以自由铸造，银币不得自由铸造，银币的铸造权完全收归政府。④金币与银币之间的比价由政府以法律形式加以规定。跛行本位制的出现，主要是由于19世纪70年代世界银价的暴跌。为了维持银本位货币的地位和金银之间的法定比价，法国和美国决定停止银币的自由铸造，由双本位制改为跛行本位制。这是一种残缺不全的金银复本位制。形象地说，金银的自由铸造特性好比人的两条腿，银这条腿不健全了(不能自由铸造)，因此这种货币制度运转起来，就像瘸腿的人走路。实际上，银币已降为金币的附属。所以，跛行本位制只是复本位制向金本位制的过渡形式。

(三)金本位制

金本位制，是指以黄金为本位币币材的货币制度。其主要形式有金币本位制、金块本位制和金汇兑本位制三种，其中金币本位制是最典型的金本位制形式。金块本位制和金汇兑本位制是在金币本位制的稳定性因素受到破坏后出现的两种不健全的金本位制。

1. 金币本位制

金币本位制是19世纪中叶到20世纪初主要资本主义国家实行的货币制度。金币本位制的基本特征如下。①金币可以自由铸造、自由熔化。这样可以自发调节流通中的货币量，使金币的价值保持稳定，从而保证了商品交换的顺利进行和经济的平稳运行。②金币可以自由流通，流通中的辅币和银行券可以自由兑换金币。这样流通中的价值符号，如纸币、银行券等，就有了充足的黄金保证，从而保证了辅币和其他价值符号的稳定，同时也节约了黄金。③黄金可以自由输出与输入。由于黄金可以自由输出与输入，从而保证了两国货币之间汇率的稳定，从而促进国际贸易和国际投资的发展。

2. 金块本位制

第一次世界大战后，一些资本主义国家经济受到通货膨胀、物价上涨的影响，加之黄金分配的极不均衡，已经难以继续实行金币本位制。1922年意大利热那亚城召开的世界货币会议决定采用“节约黄金”的原则，实行金块本位制和金汇兑本位制。金块本位制，又称生金本位制，是指没有金币的铸造和流通，而由中央银行发行以金块为准备的纸币流通的一种金本位货币制度。相较于金币本位制，这种货币制度的特点是：第一，以纸币或银行券作为流通货币，不再铸造、流通金币，但纸币和银行券规定有含金量。第二，居民可在本位币的含金量达到一定数额后兑换金块，故称这种货币制度为“富人本位制”。第三，黄金集中存储于本国中央银行。中央银行保持一定数量的黄金储备，以维持黄金与货币之间的联系。同时，中央银行掌管黄金的输出和输入，禁止私人输出黄金。金块本位制度既节省了货币性黄金的使用，又减少了黄金发行准备量的要求和黄金外流，在一定程度上缓解了黄金短缺和商品经济发展的矛盾，但也使黄金的货币职能逐步缩小了范围。

3. 金汇兑本位制

金汇兑本位制，又称虚金本位制，是指没有金币的铸造和流通，而以中央银行发行的纸币或银行券作为流通货币，通过外汇间接兑换黄金的一种金本位制度。

金汇兑本位制与金块本位制有相同之处：货币单位都规定有含金量，国内流通纸币，没有金币流通。但是，金汇兑本位制规定纸币不能兑换黄金，但可兑换外汇。本国中央银行将黄金与外汇存于另一个实行金本位制的国家，允许以外汇间接兑换黄金，并规定本国货币与该国货币的法定比率，通过买卖外汇维持固定比率。纸币的发行以存入本国或外国中央银行的黄金及外汇作为发行准备。

实行金汇兑本位制的国家，实际上是使本国货币依附在一些经济实力雄厚的外国货币上，在对外贸易和货币政策上必然受到与其相联系的国家的控制。所以，金汇兑本位制实质上是一种附庸的货币制度，一般由殖民地和附属国采用。第一次世界大战之前，殖民地国家如印度、菲律宾等实行过这种货币制度。第一次世界大战后，法国、意大利、奥地利、波兰等也推行了这种货币制度。

第二次世界大战结束前夕，在美国新罕布什尔州布雷顿森林召开的国际货币会议确立的“布雷顿森林体系”实际上是一种变相的金汇兑本位制度。这一体系规定的“各国货币与美元挂钩，美元与黄金挂钩”的双挂钩制度建立了以美元为中心的世界货币体系，把各国货币都变成了美国货币的依附货币。直到 1973 年，由于美国宣布美元与黄金脱钩，金汇兑本位制才正式退出历史舞台。

(四)不兑现的信用货币制度

不兑现的信用货币制度，是指以不兑换黄金的纸币或银行券为本位币的货币制度。不兑现的纸币一般由中央银行发行，国家法律赋予其无限法偿能力。20 世纪 70 年代布雷顿森林体系彻底崩溃后，各国货币与黄金脱钩，意味着金属货币制度已完全退出历史舞台，取而代之的是不兑现的信用货币制度。

信用货币制度的主要内容如下。

(1)纸币发行权由国家垄断，在中央银行制度建立后，一般由国家授权中央银行发行，以保证发行纸币的收入归国家所有。

(2)中央银行发行的纸币是法定货币，由国家法律规定在一国范围内强制流通，成为无限法偿货币和最后支付手段。

(3)纸币不能兑现黄金。黄金退出流通，切断了纸币与黄金的联系。1973 年以前，西方国家的纸币都规定有含金量；1973 年以后，各国都不再规定纸币的含金量，纸币已不能兑换黄金。

(4)在纸币本位制度下，纸币通过银行信贷渠道投入流通，通过存款货币进行转账结算，非现金流通成为货币流通的主体。

四、中国的货币制度

我国现行的货币制度较为特殊。由于我国目前实行“一国两制”的方针，1997 年、1999 年香港和澳门回归祖国以后，继续维持原有的货币金融体制，从而形成了“一国多币”的特殊货币制度。目前不同地区各有自己的法定货币：人民币是内地的法定货币，港元是香港地区的法定货币，澳门元是澳门地区的法定货币，新台币是台湾地区的法定货币。各种货币各限于本地区流通，人民币与港元、澳门元之间按以市场供求为基础决定的汇价进行兑换，澳门元与港元直接挂钩，新台币主要与美元挂钩。

人民币是我国内地的法定货币，由中国人民银行于 1948 年 12 月 1 日开始发行。人民币主币的“元”是我国经济生活中法定计价、结算的货币单位，目前流通中的第五套人民币主币有 1 元、5 元、10 元、20 元、50 元、100 元 6 种券别；辅币有 1 角、5 角 2 种券别。人民币的符号为“¥”，取人民币单位“元”字的汉语拼音“Yuan”的第一字母 Y 加两横，读音同“元”。

人民币不规定含金量，是不兑现的信用货币。人民币以现金和存款货币两种形式存在，现金由中国人民银行统一发行，存款货币由银行体系通过业务活动进入流通，中国人民银行依法实施货币政策，对人民币总量和结构进行管理和调控。

【课后习题】

一、名词解释

1. 货币
2. 信用货币
3. 实物货币
4. 准货币
5. 货币购买力
6. 货币制度
7. 无限法偿
8. 有限法偿
9. 格雷欣法则
10. 跛行本位制
11. 平行本位制
12. 双本位制
13. 金汇兑本位制
14. 金块本位制
15. 流动性
16. 本位币(主币)
17. 辅币
18. $M1/M2$

二、问答题

1. 如何理解货币的定义？它与日常生活中的通货、财富和收入概念有何不同？

2. 什么是货币的本质特征？它在商品经济中发挥着哪些主要职能？

3. 简述货币形式的演变过程。

4. 试分析金属货币时代，为什么主币可以自由铸造，辅币必须限制铸造？

5. 什么是货币量层次划分？货币层次划分的依据是什么？请分别阐述我国和国际货币基金组织建议的货币层次划分。

6. 什么是货币制度？其主要构成要素有哪些？

7. 什么是“劣币驱逐良币”规律？试举例说明之。

8. 请阐述货币制度的演变过程。

第二章　信用、利息与利率

【学习目标】

1. 了解信用的概念、作用，理解信用的产生及发展。
2. 理解高利贷信用和现代信用形式。
3. 了解利息与利率的基本概念及应用。
4. 掌握利息、现值及到期收益率的计算方法。
5. 会列举和描述影响利率的主要因素，会运用利率决定理论分析利率的决定与变动。
6. 掌握利率风险结构理论、利率期限结构理论的主要内容。

【思政目标】

在2017年全国金融工作会议的讲话中，习近平总书记明确了金融工作的重要原则之一，即要以服务于经济社会发展为最高使命。他强调金融应将服务实体经济作为出发点和落脚点，全面提升服务效率和水平，将更多的金融资源配置到经济社会发展的重点领域和薄弱环节，以更好地满足人民群众和实体经济多样化的金融需求。为实现这一目标，深化利率市场化改革、提升金融市场优化资源配置的能力任重道远。

利率管制与利率市场化

第一节　信用与信用形式

一、信用的含义

信用一词，在现代社会中具有极高的使用频率。而各种与信用相关的词汇，诸如各类信用形式、信用管理体系、信用缺失、信用危机等，也在各类媒体中较为常见。信用之于现代经济的重要性，是不言而喻的。不难想象，一家企业如果失去了信用，其经营会受到怎样的影响。某人若被贴上“不守信用”的标签，其未来的生活和发展也会有诸多不便。而对于像银行、证券、保险公司这类以信用为生命线的金融机构，丧失信用的后果就更加难以想象。在以上各种语境中，虽然讲的都是信用，但其内涵却是有所差异的。大体上可以将其区分为两个相对独立但又具有密切联系的信用范畴：道德范畴的信用和经济范畴的信用。

（一）道德范畴的信用

道德范畴的信用主要是指诚信，即通过诚实履行自己的承诺而取得他人的信任。古人云："言必信，行必果。"这个"信"指的就是诚信。在日常生活中评论某个人是否守信，也是指这个人是否说到做到，能否言出必行。在英文中，信用也具有相信、信任和信誉的内涵。

（二）经济范畴的信用

经济范畴的信用是指以还本付息为条件的借贷活动。也就是说，信用这种经济行为是以收回本金并获得利息为条件的贷出，或以偿还本金并支付利息为前提的借入，它代表着一种债权债务关系。

（三）两种信用范畴之间的关系

经济范畴的信用是以还本付息为条件的价值单方面让渡，与"一手交钱，一手交货"的商品买卖具有本质区别。正是这种价值单方面让渡与未来还本付息承诺的组合，使得我们不得不关注借款人的诚信问题，这必然涉及道德范畴的信用。因为对借款人而言，未来能否兑现还本付息的承诺，除去借款人不可控的风险因素，在很大程度上要取决于其是否具有信守承诺的意愿。可见，道德范畴的信用是经济范畴信用的基础。

二、信用的产生与发展

信用是随着人类社会分工的深化和市场的扩大，随着货币的产生与演化、交易方式与规模的变化而产生的。在原始社会末期和奴隶社会初期，出现了贫富的差别，产生了私有制家庭和阶级。在私有制下，贫困家庭缺少生产资料和生活资料，为了维持生产和生活被迫向富裕家庭借债，这样就产生了信用。因此，剩余产品的出现和贫富差别是信用产生的前提条件。

在商品经济社会，商品和货币在各个所有者之间分布是不均衡的。一方面，生产者要出卖商品；另一方面，购买者买进商品后因为贫穷或没有货币，不可避免地产生借贷的需要，这样商品经济的产生和发展就成为信用产生的社会基础。

信用和货币一样是一个很古老的经济范畴。信用的出现发展了货币的支付手段职能，使货币能在更大的范围内流通。货币因信用而发展了其形式，信用货币就是以信用活动为基础而产生的一种货币形式。信用和货币自古以来就存在着紧密的联系。

借贷活动自产生以来一直采取实物借贷和货币借贷两种形式存在。随着经济发展和社会分工的专业化，货币借贷逐渐成为居于主导地位的信用形式。

实物借贷是以实物为标的进行的借贷活动，即贷者将一定数量的实物贷给借者，借者在约定时间内以多于初始借入数量的实物归还，其中多出部分为实物借贷的利息。在旧中国的农村，"春借一斗，秋还三斗"描述的就是当时粮食借贷的情形。即使是改革开放以后，实物借贷在广大农村地区也是常见的。在商品货币关系尚未普及、自然经济占主导的时期，生产力相对落后，社会分工不充分，产品种类非常有限，实物借贷双方在生产和生活方式上具有很大的雷同性，亲属和邻里之间通过实物借贷方式调剂生产和生活中的余缺，也就成为非常平常的事情。

随着经济发展和社会分工的专业化，商品种类变得极为丰富，人们的需求范围也不断扩大，要想通过实物借贷方式满足自身需求并用自产物品加以偿还，已经变得不那么容易。随着经济发展和社会分工的专业化，通过货币购买所需商品已成为常态的情况下，货币借贷也就逐渐成了调剂余缺的主要方式。此时，实物借贷尽管仍然存在，但无论就其存在范围还是规模而言，都在逐渐缩减并变得微不足道。

三、信用的构成要素

信用交易或信用活动包括三个基本的要素，即信用主体、信用工具和时间间隔。信用主体是参与经济活动的市场主体，包括政府、企业、银行和个人等。信用工具可以从不同的角度进行划分，按形式可分为商业信用工具、银行信用工具、国家信用工具；按期限可分为短期、长期和不定期信用工具；按所运用的市场交易范围可分为货币市场类、资本市场类、金融衍生品类和其他类信用工具。时间间隔即承诺与兑现承诺的时间差。正是因为信用具有这种时间间隔，才使得信用活动具有天然的风险性，才需要对信用进行科学的管理。

四、信用的经济功能

现代经济是信用经济。信用的经济功能主要体现在以下方面。

(一)促进社会资源的有效配置

在市场经济条件下，各个经济社会主体(政府、企业、单位、家庭或个人等)在某一时期的资金收支状况是不同的，有的收大于支，而有的收入满足不了支出的需要，这样资金余缺现象就产生了。对这种资金余缺的调剂，信用是较为有效的方式。通过借贷活动，暂时闲置的货币收入和货币资金就流向那些效益较好、有还款保证的企业和投资项目，从而满足经济发展对资金的需要。

(二)节约流通费用，提高资金的使用效率

信用的这一功能主要表现在：(1)现代信用货币特别是其中的存款货币的使用，尤其是信用活动中创造出的各种信用工具的使用，大大节约了与货币流通有关的各项费用。而且，随着电子货币的流通，商品、货币流通的速度将进一步加快，流通费用将进一步节约。(2)由于现代信用及其结算方式缩短了商品销售过程，在节约货币流通费用的同时，还节约了商品流通费用，从而有利于提高社会资金的使用效率和效益。

(三)调节经济总量及其结构

信用是市场经济体制下政府实施经济调控的重要手段，信用的这种经济调节功能既表现在总量上，又表现在结构上。例如，政府通过信用活动调节各层次的货币供应量，在经济增长速度过快时，通过减缓货币供应量的增长速度给过热的经济降温；在有效需求不足，经济增长过慢时，又通过信用扩张以刺激经济增长。同时，政府还通过信用活动调节产业结构、产品结构。如通过对国民经济发展中的瓶颈部门、朝阳行业和供不应求的产品多供给资金，对长线部门、夕阳行业和滞销产品减少资金供应，以实现产业结构、产品结构的调整、优化。

五、最古老的信用——高利贷

信用的历史，可以追溯至私有制出现的远古时代。高利贷作为最古老的信用形式，无论在东方还是西方，在前资本主义社会以自然经济和小生产为主导的旧生产方式中，都一直是居于主导地位的信用形式。

(一)高利贷的特点

高利贷是以极高的利率为基本特征的借贷活动。例如，旧时盛行于广东一带的“大耳窿”，

放贷有“九出十三归”之说，亦即借款100元，借款者实得90元，而在1个月后需要还本付息130元。再如，旧中国华北一带流行的“驴打滚”，多在高利贷者与农民之间进行，借贷期一般为1个月，月息4～5分，到期不还则利息翻番，并将利息计入下月本金，这使得本金逐月增加、利息成倍增长，就像驴打滚样。此外，“印子钱”“羊羔息”“坐地抽一”等都是旧中国常见的高利贷形式。

高利贷始于原始社会末期，在奴隶社会和封建社会则成了最基本的信用形式。历史上高利贷名目繁多，最初主要采取实物借贷的形式，如在中国历史上曾经出现的谷利、油利、牛利、猪利、布利、盐利、青苗利等，就是以实物方式开展的高利贷活动。但随着分工的深入以及商品货币关系的发展，高利贷也逐渐转向货币借贷的形式。

高利贷除了具有利率极高的特征之外，利率不稳定且差异极大则是其另外一个重要的特征。高利贷者确定的利率水平，往往会因借款人的偿还能力、与其关系的亲疏远近而有很大的差异。此外，地区差异和时间季节因素也是影响贷款利息的重要因素。由于借款人通常居于弱势地位，高利贷者在确定利息时不仅具有绝对的话语权，往往还具有很大的随意性。

（二）高利贷之“高利”的原因

高利贷之所以具有极高的利率，则是由以下几个方面因素决定的：

1. 借贷资金的供求状况

供求关系决定价格的基本经济学规律，也同样适用于高利贷这古老的信用形式。高利贷盛行时期的一个典型特征，就是自然经济占主导地位，生产力水平低下，商品货币关系不甚发达。在这样的经济环境中，绝大多数普通民众都不会有多少积蓄以备不时之需，其抗风险能力非常差，在遭遇自然灾害或意外变故时，他们不得不通过借款来解决再生产乃至生存的问题。这也使得借贷需求非常普遍且具有极大的刚性，而能够用于借贷的实物和货币数量则非常短缺，借贷资产严重供不应求，必然导致极高的利率。

2. 贷者的垄断地位

经济学在对市场结构的分析中，有这样一个结论：“卖方垄断通常会导致高的价格，而买方垄断则会导致低的价格。”在高利贷盛行时期，借贷供求具有如下的显著特征：就需求而言，不仅借贷需求非常旺盛，而且借款者高度分散；而借贷资产的供给不仅数量有限，经营借贷业务的主体还高度集中，他们要么是少数巨富，要么就是与宗教相关的机构，如寺院、庙宇、教堂、修道院等。受制于交通不便和信息传递的闭塞，再加上贷方对风险的顾虑，借贷双方的空间距离通常不可能太远，借贷行为具有很强的地域性，而这也进一步增强了贷方所处的垄断地位。因此，在这样一个典型的卖方垄断市场中，贷方具有绝对话语权和定价权，而借方则处于毫无议价能力的弱势地位，极高的借贷利率也就成了非常自然的事情。

3. 风险与成本的补偿

在当时，高利贷市场的借方大体可以区分为两类：一类是农民和小手工业者，另一类是奴隶主和封建主。对于前者，选择高利贷主要是由于伤病和婚丧嫁娶，不借钱就无法办事，或者遇到天灾兵乱，不借钱就无法维持简单再生产及家庭成员的生存。此时，明知债息极高、负担沉重也不得不借。而对于后者，借钱要么是为了维持其统治的需要，如汉初长安的列侯封君向无盐氏借款3个月、本利合计高达10倍的高利借贷，就关系到其生死存亡，再高的利息也得借；要么是为了挥霍享受，借钱时根本没有考虑成本以及将来偿还的问题。无论是上述哪一种情况，贷方都要面临着极高的本金无法偿还的风险，只有高利率才能补偿这种风险损失并有所盈利。同样由于这种高利率和高风险，高利贷者在收回债务本息时需要具有极强的威慑能力，他们通常需要出钱豢养众多彪悍的逼债人员，而这会大大增加高利贷者的经营成本，而这一成本也会通过增加利息的方式转嫁给借款者。因此，高风险和高运营成本也是高利贷之所以“高利”的重要原因之一。

（三）历史上反对高利贷的斗争

1. 中外关于“高利贷”的不同观点

自高利贷产生以来，就存在诸多关于“高利贷”的不同观点。在中国古代，对高利贷主要存在两种态度。一类是将高利贷视为一种正常的经营行为，因而无可厚非。其代表者如司马迁，他认为应将放债与冶铁、煮盐、种田、畜牧、酿造、经商等同等看待。包括以上提到的向列侯封君放贷的无盐氏，都不是靠做官或犯法致富，而是审时度势，甘冒高风险以获取高额利润。另一类则是揭批高利贷的压榨行为，但也并不主张将其取缔。如西汉景帝时期的御史大夫晁错的言论就极具代表性。他说农民勤苦而负担很重，遇灾害和重税则只能低价卖粮，无粮则不得不借“取一偿二”的高利贷，最后有些人落到了卖田地、房子，甚至子孙来偿还债务的地步。

在古代的西方国家，由于受宗教教义的影响，不仅对高的利率，甚至对利息本身都有彻底否定的倾向。其主流观点是在道德上视利息为罪恶，政策上加以取缔。如圣经《旧约·利未记》中就有“借给人钱，不可取利；借人以粮，不可多要”的表述。在伊斯兰教和婆罗门教的教义中，也有不得向同胞兄弟收取利息的禁律。尽管如此，这些禁律也未能改变这些国家高利贷长期存在甚至盛行于古代的事实。

极具讽刺意味的是，尽管古代教会通常将反高利贷作为一项重要的政策主张，其自身却是高利贷的主要贷放者之一。虔诚的教徒会将大量的贵金属器皿捐献给寺院，而寺院则将这些器皿熔化后向造币厂兑换铸币用于贷放。中国的寺庙庵观也会用施主布施的银钱放债取息。

2. 资产阶级的反高利贷斗争

在奴隶社会和封建社会时期，自然经济占统治地位的旧生产方式，决定了借贷资金严重供不应求的局面无法改变，高利贷活动一直具有存在和发展的坚实基础。高利贷的残酷剥削，尽管也招致了民众的强烈反抗，但却无法改变其在信用活动领域的统治地位。只有在资本主义生产方式确立之后，高利贷才逐步失去了在信用活动中的统治地位。

在封建社会向资本主义社会过渡期间，高利贷的作用具有两重性。一方面，高利贷者通过高利借贷活动积累了大量的货币财富，有可能将其投资于产业领域，成为资本原始积累的重要来源之一。同时，高利贷也导致广大农民和手工业者破产，使其成为资本主义发展的产业后备军。因此，高利贷对于资本主义发展的促进作用，在于它能够为资本主义生产方式提供原始资本积累和雇佣工人队伍。但另一方面，资本主义生产方式的发展，又会侵蚀高利贷赖以存在的经济基础，即自然经济和小生产占优势的旧生产方式。而这种生产方式，恰恰是高利贷者要极力加以维护的，这也必然决定了高利贷具有阻碍高利贷资本向生产资本转化的保守性。此外，高额利息也制约了资本主义的发展，资本家通过高息借贷方式发展实业基本上是无利可图的。

随着资本主义的发展，最早是在 17 世纪的荷兰，随后是 18 世纪的整个欧洲，新兴资产阶级展开了反对高利贷的斗争。在这场斗争中，资产阶级并不反对一般的借贷关系，他们所反对的是超出产业资本承受能力的高利率。他们需要将利率降到产业资本家所能承受的范围之内，让生息资本能够为资本主义生产方式服务。在资产阶级夺取政权以后，他们开始通过包括教会力量、国家权力以及法律在内的多种方式惩罚和限制高利贷。但总体而言，在资本主义生产方式确立之前，这些做法没能动摇高利贷的垄断地位，只是使高利贷活动从地上转入地下。各种限制和惩罚还增加了高利贷的运营成本，在某种程度上反而加剧了借贷资金的供求矛盾。

真正动摇高利贷垄断地位的，则是资本主义生产方式的确立以及现代银行和信用货币体系的建立。资本主义生产方式确立后，商品货币关系得到了极大发展。专业化分工和社会化大生产极大地推动了生产力的发展，财富创造和积累的速度空前提高，人民变得富裕，借贷资本的供给也变得相对充裕。而现代银行体系和信用货币制度的建立，其意义不仅在于其具有聚集闲余资金的强大能力，而且在于其创造的信用流通工具本身就具有货币特性并被逐步纳入货币统计口径。这也使得整个货币体系逐步突破了金属货币制度下货币供给数量的限制，借贷资本的供给能力空前提高，供给主体也随银行业的扩张而快速增加。此时，高利贷赖以存在的基础条件——借贷资本不足以及贷者的垄断地位都变得不复存在，高利贷的垄断地位也就随之被彻底摧毁。

需要说明的是，高利贷垄断地位的丧失并不意味着这种信用形式将不复存在。相反，不仅在落后的国度或一国的落后地区，高利贷活动仍十分猖獗，即使是在发达国家或发达地区，在特定时期和特定领域，高利贷活动仍会由于资金供给趋紧而死灰复燃。甚至在当今世界上金融业极发达的金融之都纽约和东京，高利贷暴力逼债甚至逼死债务人的事件也时有发生。

六、现代信用形式

现代信用是借贷资本的运动形态，首先借贷资本是资本，服从于资本运动的核心要求，即追求回报。其次，它与用于生产、流通、服务等过程的实体（real）资本有别：实体资本是通过资本在实体经济过程中的运作获得名为“利润”的回报；而借贷资本并不参与实体资本的运作过程，其回报称为“利息”。处于货币形态的借贷资本，只需把货币贷出，并不需要营运，却可坐享利息的回报，就好像货币与生俱来有一种自我增值的天然属性，如同果树能自己结出果实一样。但在市场经济中，借入的核心目的是为了营运，为了赚取利润，而利润则构成支付利息的真实来源。

各国的现代信用形式主要有以下五种：

（一）商业信用

1. 商业信用及其特征

商业信用是指工商企业之间以赊销商品和预付货款等形式提供的信用。赊销商品是典型的商业信用形式。比如一家工厂，它所生产的产品需要通过商业网进行销售，当销售其产品的商店缺乏购买这部分产品所需的货币资本时，就可以采取赊销方式，即约定经过一定期限，如3个月、半年等，由该商店归还赊销的货款。赊销是商业信用中最典型的形式。作为在工商企业间经常采用的一种延期付款的销售方式，它在促进商品销售和生产方面都扮演了极重要的角色。

在典型的商业信用中，实际上包含着两种同时发生的经济行为：商品买卖与货币借贷。它等同于商品买卖完成的同时，买方因无法实时支付货款而对卖方承担了相应的债务。在买卖完成的同时，商品的所有权由卖方转移给了买方，就如同现款交易一样。而在此之后，就如同买方向卖方借款一样，买卖双方只存在相应货币金额的债权债务关系，而且这种关系并不会因为买方通过赊销方式购入的商品能否顺利销售而有任何变化。

商业信用的良性发展，对商品流通和经济发展起着重要的促进作用。在企业之间建立稳定顺畅的联系，是商品生产正常进行的必然要求，也是经济发展的内在要求。但在现实经济运行的过程中，这种联系往往会由于种种原因而受到影响。比如说，产品具有良好销售前景的企业可能因为缺少现款而不能购买原材料，具有强大销售能力的商业企业也可能由于缺少现款而无法购进适销的商品。没有商业信用,上下游企业之间的这种联系就会中断,原材料企业无法出售原材料,商品生产企业无法开工,销售企业无法购进适销商品,最终消费者的福利也因此受到损失。而商业信用的介入,则能够使以上中断的商业链条重新链接起来,促进生产和流通的顺畅进行。

尽管如此,商业信用也存在一定的局限性。首先,商业信用在规模上存在局限性。商业信用以商品买卖为基础,其规模会受到商品买卖数量的限制,而且生产企业也不可能超出所售商品量向对方提供商业信用,这也决定了商业信用在规模上的界限。其次,商业信用存在方向上的局限性。商业信用通常是由卖方提供给买方,由生产原材料的上游企业提供给需要原材料的下游企业,一般很难逆向提供;而在那些相互之间没有买卖关系的生产企业之间,则更不容易发生商业信用。最后,商业信用在期限上也存在局限性。其期限一般较短,会受到企业生产周转时间的限制,通常只能用来解决短期资金融通的需要。商业信用的以上局限性,也同时决定了其流通范围的局限性,而且每张商业票据在支付金额、支付期限以及债务人的信用等级上存在的巨大差异,也使得其作为支付凭证时会受到一定的限制。

2. 商业信用在我国的发展

新中国成立初期,商业信用在我国企业融资活动中占有相当大的比重。据统计,1953—1954 年我国商业信用的规模占企业流动资金的 10%～20%。但在“一五”期间,随着国家大规模经济建设的推进,提出了资金集中管理和计划分配的要求,国家决定取消商业信用,集中信用于国家银行,我国商业信用的发展也因此出现了停滞和断层。

改革开放后,我国商业信用逐步得到恢复,银行也开始对商业信用的发展给予支持。1982 年上海市首先恢复票据贴现业务,此后中国人民银行于 1984 年发布了《商业票据承兑贴现暂行办法》,决定于 1985 年 4 月在全国推广,允许银行之间办理转贴现,中国人民银行办理再贴现。1995 年《中华人民共和国票据法》(简称《票据法》)的颁布,为商业信用发展提供了法律依据。商业信用的发展,对加速我国企业资金周转、减少资金占用发挥了积极作用。但相对而言由于历史原因导致的商业信用断层,再加上我国社会信用环境欠佳等原因,目前我国商业信用依然存在规模偏小、范围狭窄、规范性弱、失信欺诈严重、管理效率低下等问题。

在我国的很多场合,不规范的商业信用通常会使之沦为“代销”,将销售和降价风险转嫁给了卖方。通常以“挂账”形式存在的商业信用,使得债权债务凭证的流动性丧失,更谈不上背书转让的问题。以上这些现象,都大大降低了卖方提供商业信用的积极性,使得商业信用的发展相对迟缓。但随着我国社会信用环境的改善和市场化程度的提高,相信商业信用在我国将会有广阔的发展空间。

(二)银行信用

1. 银行信用及其特征

银行信用是银行或其他金融机构以货币形态提供的信用。银行信用是伴随着现代资本主义银行的产生,在商业信用基础上发展起来的。与作为直接融资范畴的商业信用不同,银行信用属于间接融资的范畴,银行在其中扮演着信用中介的角色。

与其他信用形式相比,银行信用具有三个突出特点:第一,银行信用的资金来源于社会各部门暂时闲置的资金,银行通过吸收存款的方式将其积聚为巨额的可贷资金,银行的资金贷放因而可以达到非常大的规模。第二,银行信用是以货币形态提供的,因此它可以独立于商品买卖活动,具有广泛的授信对象。第三,作为银行信用的存贷款在数量和期限上都具有相对的灵活性,可以满足存贷款人在数量和期限上的多样化需求。

2. 银行信用与商业信用

商业信用的出现虽然先于银行信用，但其局限性使其难以满足资本主义社会化大生产的需要。银行信用及其内在特性，则使其克服了商业信用的局限性。

首先，在资金提供规模方面，银行通过吸收存款汇集成的巨额货币资金，不仅能够满足小额资金的需求，而且能够满足大额信贷资金的需要。

其次，在信贷资金提供的方向性问题上，所有拥有闲余资金的主体都能够将其存入银行，所有需要资金的企业，只要符合信贷条件都可以获得银行的贷款支持。以银行为中介，资金供求双方被联系起来，他们完全不必受商业信用中上下游关系的限制，可以是毫不相干的企业或个人。

最后，就银行信用的期限而言，银行吸收的存款可以是短期的也可以是长期的，其贷款也是如此，既有长期贷款又有短期贷款。由于银行在存续期内储户不可能同时提取存款，再加上银行具有吸收短期存款、发放长期贷款的"续短为长"的功能，也使得银行信用克服了商业信用在期限上的局限性。

由于银行信用在资金提供规模、资金流向与范围、借贷期限三个方面都克服了商业信用的固有局限，因而也就成为现代经济中最基本、占主导地位的信用形式。

尽管相对于商业信用而言，银行信用具有诸多优势，但银行信用的发展却不会排斥商业信用。恰恰相反，银行信用通常与商业信用有着极密切的联系，前者通常是在后者的基础上产生和发展起来的。在银行信用发展的初期，银行通常是通过办理商业票据贴现和抵押贷款、为商业汇票提供承兑服务等业务介入商业信用领域的，此举不仅促进了商业信用的发展，也为银行信用的良性发展奠定了坚实的基础。即使是银行信贷业务独立发展且规模日趋庞大的今天，上述与商业信用密切相关的银行信用也仍然是银行最重要的核心业务之一。

在资本主义发展的早期，银行信用的意义主要在于它能够突破商业信用的诸多局限，为企业提供更加灵活多样的融资形式。在现代经济中，尽管金融市场十分发达，融资工具品种极为丰富，各种原生和衍生金融工具为企业融资提供了广阔的选择空间，但银行信用仍然是最重要的融资形式。即便是金融市场和直接融资最发达的美国，在企业外源融资的资金来源中，金融机构提供的贷款占比也是最大的。

3. 我国经济中的银行信用

在我国，银行信用一直居于主导地位。在高度集中的计划经济时期，我国为集中资金的支配权，曾经取消了其他信用形式，将信用集中于银行，银行信用也就成为经济社会中唯一的信用形式。改革开放以后，随着金融市场的恢复与发展，各种信用形式都得到了不同程度的发展，但总体而言，银行信用仍然是我国最主要的信用形式。

（三）政府信用

1. 政府信用的含义

政府信用是以国家和地方政府作为债权人或者债务人的信用活动。政府信用是一种很古老的信用形式。在我国历史上就有过许多关于政府借贷活动的记载。如《史记》记载，汉景帝三年国内爆发"七国之乱"，因缺乏经费，长安将领在出征平乱时向子钱家（放债取息者）借款，因战局成败未定无人肯借，唯有无盐氏果断贷出了大笔钱款，但收取 10 倍利息。3 个月后"七国之乱"即告平定，无盐氏 1 年中竟收息 10 倍，一下子成为关中巨富。

在历史上，政府除作为债务人从民间借款外，也会作为债权人发放贷款。如《周礼》中记载的泉府，就曾办理一种期限随用途而定的赊贷业务：如借款用作祭礼，只准借款 10 天；如果用作丧事，则能赊借3个月。政府放贷收取的利息，可以用作政府的开支。以后的历代统治者也都曾举办过类似的政府贷款。

在现代经济活动中，政府信用主要表现为政府作为债务人而形成的负债。这是因为政府在现代经济中的职能得到了空前强化，政府不仅本身作为最重要的经济部门参与经济活动，而且作为宏观经济的调控者对经济进行干预。在政府履行经济职能的过程中，当财政收入无法满足财政支出的需要时，就需要借助政府信用来筹集资金，特别是当政府通过财政政策干预经济时，它通常会主动利用政府信用筹集资金，以增强政府干预经济的力量。

2. 政府信用的形式

在现代经济中，政府信用的形式主要有内债和外债两种。内债是对国内的负债，外债则是对其他国家的负债。在现代社会，政府信用主要包括中央政府债券、地方政府债券和政府担保债券三种形式。

中央政府债券亦称国债，是一国中央政府为弥补财政赤字或筹措建设资金而发行的债券。根据期限的不同，国债可被区分为短期国债和中长期国债。以美国为例，短期国债又称国库券，是指期限在1年或者1年以下的国债，这类国债一般采取贴现的方式发行。中央政府发行国库券的主要目的，是调节年度内的财政收支不平衡。中长期国债是指期限超过1年的国债，一般按照固定的面值发行，在市场利率波动较大时，也可以溢价或折价发行。中长期国债一般附有固定的息票，每半年付息一次。中央政府发行中长期国债的目的，是缓解长期财政赤字的压力，或者是为了公共建设的需要而筹集资金。

地方政府债券是由地方政府发行的债券，在美国也被称为市政债券。由于购买市政债券的利息所得通常会享有免缴地方所得税的优惠，这使得市政债券对那些边际税率较高的投资者而言，通常会具有很大的吸引力，即使它所提供的利率相对较低，也仍会受到这类投资者的欢迎。

政府担保债券是指政府作为担保人而由其他主体发行的债券。政府担保的主体通常是政府所属的企业或者那些与政府相关的部门。政府担保债券的信用等级仅次于中央政府债券，因为其发行人一旦失去了偿还能力，则由中央政府代其偿还债券的本息。其利率水平一般与市政债券相当，但不享受利息免税的优惠。

3. 我国政府信用的发展

新中国成立之后，我国充分运用了政府信用的形式。我国的国债发行可分为三个阶段：第一阶段是新中国刚刚成立的1950年，发行了“人民胜利折实公债”等，主要用于恢复国民经济。第二阶段是1954—1958年，发行了“国家经济建设公债”等（1959—1979年停止发行公债）。第三阶段是1981年开始，每年发行国债，仅2018年一年财政部就发行国债36 010.97亿元。国家信用已经成为财政政策的重要工具，对于调节我国的经济总量与经济结构发挥了重要作用。

（四）消费信用

1. 消费信用及其主要形式

消费信用，又称消费者信用，是工商企业、银行和其他金融机构提供给消费者用于消费支出的一种信用形式。随着生产力快速发展和人民生活水平的提高，市场消费品的供给结构在不断发生变化，大量价格昂贵的耐用消费品逐步进入居民生活必需品的行列。对那些当前财富积累水平或收入水平不高的居民和家庭而言，往往很难在短期内靠自身的收入满足用于购买耐用消费品的资金需要，而对兼有投资品和消费品双重属性的住房则更是如此。如果仅依靠居民当前的收入和财富积累水平全款购买，则只会有很少一部分居民和家庭具有购买能力，整个社会的购买力会大幅下降。为提高居民部门对高价格耐用消费品的购买能力以及对住房的消费和投资能力，消费信贷应运而生，并已经发展成为提高居民部门当期消费能力的重要手段。

目前，消费信用主要包括如下几种形式：

第一，分期付款。分期付款是指消费者购买消费品或享受相关服务时，只需支付一部分货款，然后按合同条款分期支付其余货款的本金和利息。一般来说，分期付款方式多用于购买房屋、汽车或各种高档耐用消费品，属中长期消费信用。

第二，消费贷款。消费贷款是银行及其他金融机构采用信用放款或抵押放款方式对消费者发放的贷款。消费贷款的期限一般比较长，最长可达30年，属于长期消费信用。按照接受贷款的对象不同，消费贷款又可以区分为买方信贷和卖方信贷两种方式。买方信贷是指对购买消费品的消费者直接发放的贷款；卖方信贷则是以分期付款单作抵押，对销售消费品的工商企业发放贷款，或者由银行与以信用方式出售消费品的企业签订合同，将货款直接支付给企业，再由购买商品的消费者逐步向银行还款。

在西方发达国家，对一般的消费信用多通过信用卡发放，即由银行或其他信用卡发行机构向其客户发行信用卡，消费者可凭信用卡在信用额度内购买商品或作其他支付，也可以在一定额度内提现。向客户提供商品或者服务的商户在每天营业终了时向发卡机构索偿款项，发卡机构再与持卡人定期结算清偿。

2. 消费信用的作用

消费信用的发展，能在很大程度上有效解决耐用消费品供给快速增加与居民当期购买能力相对不足的矛盾。这对于促进耐用消费品生产、帮助居民提前实现较高的生活水准、促进现代科技发展和生产力水平的提高、促进产品更新换代等，都具有非常重要的作用。在宏观层面，消费信用的重要意义集中体现在其对宏观经济的调节作用；在微观层面，消费信用则是帮助个人实现生命周期内财务安排的最有效途径。

需要说明的是，尽管消费信用具有诸多好处和便利，但其发展也需要遵循信贷的基本规律，如果盲目发展，也会给正常经济生活带来不利影响。

其一，消费信用的过度发展，会倾向于掩盖消费品的供求矛盾，容易导致虚假需求，向生产者传递错误信息，导致某些消费品的生产盲目发展，严重时可能导致产能过剩和产品的大量积压。

其二，过量发展消费信用很容易导致信用膨胀。由于消费信贷是基于未来的收入预期，是将未来的收入拿到当期来集中消费，如果对消费信贷发放的规模和节奏控制不当，很容易导致某一时期信贷投放规模过大，从而导致通货膨胀的压力，这在经济繁荣时期尤其如此。

其三，由于消费信用是对未来购买力的预支，如果消费信贷的借款人对未来预期收入发生严重的误判，则会使得借款人的债务负担过重，甚至会导致其生活水平下降，从而增加社会的不稳定因素。当前人们所普遍关注的房奴和卡奴问题，正是这一问题的真实写照。

（五）国际信用

1. 国际信用的内涵

国际信用是指一切跨国的借贷关系和借贷活动。国际信用体现的是国与国之间的债权和债务关系，直接表现为资本在各国间的流动，是国际经济联系的一个重要方面。对债权国来说，国际信用意味着资本的流出；而对债务国而言，国际信用则意味着资本的流入，流入的资本被称为“外资”，由此形成的对外债务则被称为“外债”。

一般来说，西方发达国家在国际信用中往往扮演着债权国的角色，而发展中国家往往是引进外资的债务国。但随着某些发展中国家经济的快速发展，它们在大量利用外资的同时，也拥有了大量的对外债权，某些发展中国家甚至出现了对外的净债权。例如中国，近些年随着出口竞争力增强，出口创汇能力大幅提高，中国外汇储备和对外债权的总规模已经远远高于其对外债务的总规模，即已由过去的净债务国转化为净债权国。

2. 国际信用的主要形式

国际信用大体上可以划分为两大类：国外借贷和国际直接投资。

(1)国外借贷。国外借贷是指一国与该国之外的经济主体之间进行的借贷活动，其基本特征是在国内经济主体与国外经济主体之间形成债权债务关系。国外借贷主要包括：出口信贷、国际商业银行贷款、外国政府贷款、国际金融机构贷款、国际资本市场融资、国际融资租赁等。

①出口信贷。出口信贷是出口国政府为支持和扩大本国产品的出口，提高产品的国际竞争力，通过提供利息补贴和信贷担保的方式，鼓励本国银行向本国出口商或购买本国商品的外国进口商提供中长期信贷。出口信贷包括卖方信贷和买方信贷两种具体方式。卖方信贷是指出口方银行向本国出口商(卖方)提供贷款，出口商得到了银行贷款后向进口商提供延期付款的信用。买方信贷则是出口方银行向国外进口商或进口方银行提供贷款，国外进口商用该笔款项购买出口方银行所在国的出口商提供的商品。

②国际商业银行贷款。国际商业银行贷款是指一些大商业银行向外国政府及其所属部门、私营工商企业或者银行提供的中长期贷款。这种贷款利率较高，一般在伦敦银行同业拆放利率(London Interbank Offered Rate，LIBOR)之上另加一定的附加利率，期限大多为3～5年。这种贷款通常没有采购限制，也不限定用途。国际商业银行贷款的主要方式有独家银行贷款和银团贷款两种。银团贷款也称辛迪加贷款，是指一家银行牵头，由多家银行组成贷款银团，共同向特定客户发放的贷款。

③外国政府贷款。外国政府贷款是他国政府利用国库资金向本国政府提供的贷款，这种贷款一般带有援助的性质，具有利率低、期限长的特征，但通常要附加一定的采购限制或指定的用途。外国政府贷款的利率水平通常要远远低于国际商业银行贷款利率，平均为2.5%～3%，最高一般不超过4%，有时甚至为无息贷款，通常还会包含无偿赠与的部分。其平均偿还期限为30年，最长可达50年。政府贷款在提供上述优惠贷款条件的同时，一般都会要求接受贷款的国家必须将贷款的一部分或者全部用于购买贷款发放国的设备和物资。

④国际金融机构贷款。国际金融机构贷款是国际金融机构对成员国政府提供的贷款，主要包括国际货币基金组织、世界银行及其附属机构以及一些地区性国际金融机构提供的贷款。这些机构提供的贷款大多条件优惠，主要目的是改善成员国的国际收支状况并促进其经济长期健康发展。

⑤国际资本市场融资。国际资本市场融资主要是指在国际资本市场上通过发行债券、股票及其他有价证券的方式向外国投资者筹集资金。

⑥国际融资租赁。根据《国际融资租赁公约》的规定，融资租赁交易是指出租人根据承租人的规格要求及其所同意的条件同供货人缔结一项供货协议，据此，出租人取得工厂资本货物或其他设备，并同承租人缔结一项租赁协议，授予承租人使用该设备的权利，以补偿其所付的租金。在出租合同到期后，出租人可以根据合同条款将设备赠与承租人，或者以一个象征性的低价将设备所有权转让给承租人。由此可见，融资租赁实质上是一种以承租物为载体，以“融物”形式进行的中长期融资活动。国际融资租赁中，参与融资租赁活动的出租人和承租人

必须为不同国家的经济主体。

(2)国际直接投资。国际直接投资也称对外直接投资，是指一国居民、企业等直接对另一个国家的企业进行生产性投资，并由此获得对投资企业的管理与控制权。

国际直接投资主要采取以下几种方式：(1)在国外开办独资企业，包括设立分支机构、子公司等；(2)收购或合并国外企业，包括建立附属机构；(3)与东道国企业合资开办企业；(4)对国外企业进行一定比例的股权投资；(5)利用直接投资的利润在当地进行再投资。

3. 我国利用国际信用的情况

我国在改革开放之前，一直实行计划经济和封闭经济。除银行信用以外，禁止一切形式的信用活动，在"既无内债、又无外债"方针的指导下，实行严格的资本管制，禁止任何形式的国际资本流动。改革开放以后，我国逐渐将利用外资作为发展经济、促进技术进步的重要手段之一，对国际信用也从先前的全盘否定，转变为适度发展和合理利用。这主要表现在对不同形态的国际信用进行区别对待和分类管理上：在严格控制外债规模和结构的同时，对国际直接投资则采取鼓励的态度；对资本市场的对外开放也一直秉承审慎的态度，通过积极有序地推进资本市场的对外开放，有效地防范了国际资本流动可能对我国经济产生的冲击。近些年随着出口竞争力的增强，我国已经由过去的净债务国转变为净债权国，且我国对外净债权的规模近些年出现了快速增长。

第二节 利 息

一、利息的概念及本质

(一)利息的概念

利息是借贷关系中债务人支付给债权人的报酬，是在特定时期内使用借贷资本所付出的代价。根据现代西方经济学的基本观点，利息是投资者让渡资本使用权而索取的补偿。这种补偿由两部分组成：一是对机会成本的补偿，资本供给者将资本贷给借款者使用，即失去了现在投资获益的机会，因此需要得到补偿；二是对违约风险的补偿，如果借款者投资失败将导致其无法偿还本息，由此给资本供给者带来了风险，也需要由借款者给予补偿。因此，利息＝机会成本补偿＋违约风险补偿。

(二)利息的本质

利息的存在，使人们对于货币产生了一种神秘的感觉：似乎货币可以自行增值。这是涉及利息来源，或者说利息本质的问题。如何认识利息的来源和本质，经济学家提出了不同的观点。

马克思针对资本主义经济中的利息指出："贷出者和借入者双方都是把同一货币额作为资本支出的，但它只有在后者手中才执行资本的职能。同一货币额作为资本对两个人来说取得了双重的存在，这并不会使利润增加一倍。它之所以对于双方都能作为资本执行职能，只是由于利润的分割。其中归贷出者的部分叫作利息。"由此可见，马克思认为利息本质上是利润的一部分，是利润在借贷双方之间的分割，体现了借贷资本家和职能资本家共同剥削雇佣工人的关系，也体现了借贷资本家和职能资本家间瓜分剩余价值的关系。

西方经济学家关于利息的来源与本质提出了不同的见解，主要有以下几种观点。

(1)利息报酬论，由英国古典政治经济学创始人威廉·配第(1623—1687)提出，是古典经济学中颇有影响的一种理论。他认为利息是所有者暂时放弃货币使用权而获得的报酬，因为这给贷出货币者带来不便。这一理论描述了借贷现象，但是没有真正理解利息的本质。

(2)利息租金论，又称“资本租金论”。古典经济学家达德利·诺斯(1641—1691)指出，贷出货币所收取的利息可看成是地主收取的租金。他认为资本的余缺产生了利息，有的人拥有资本但不愿或不能从事贸易，而想从事贸易的人手中又缺乏资本。“资本所有者常常出借他们的资金，像出租土地一样。他们从中得到叫作利息的东西，所谓利息不过是资本的租金罢了。”

(3)节欲论，又称“节欲等待论”，由经济学家西尼尔(1790—1864)提出。他认为利息是牺牲眼前消费，等待将来消费而获得的报酬，或对节欲的报酬。他还认为资本来自储蓄，要储蓄就必须节制当前的消费和享受；利息来自对未来享受的等待，是为积累资本而牺牲现在消费的一种报酬，是资本家节欲行为的报酬。

(4)时差利息论，又称“时间偏好论”，是奥地利经济学家庞巴维克(1851—1914)提出的关于利息来自价值时差的一种理论。时差利息论将物品分为现在物品和未来物品，认为利息来自人们对现在物品的评价大于对未来物品的评价，利息是价值时差的贴水。

(5)流动性偏好论，是经济学家凯恩斯(1883—1946)提出的著名理论。他认为利息是人们在一个特定的时期内放弃货币周转灵活性的报酬，是对人们放弃流动性偏好，即不持有货币进行储蓄的一种报酬。利息率并不取决于储蓄和投资，而取决于货币存量的供求和人们对流动性偏好的强弱。

(6)人性不耐论。美国经济学家欧文·费雪(1867—1947)在其《利息理论》中提出了“人性不耐”概念。他在该著作中借鉴了庞巴维克的时间偏好理论，认为即使人们已经有了高度的时间观念以及对未来的估计，还是倾向于“过好”现在而不是同样地为未来着想。利息是人们宁愿现在获得财富，而不愿等将来获得财富的不耐心的结果。

一般的表述是，利息的本质具体表现为：第一，货币资本所有权和使用权的分离是利息产生的经济基础；第二，利息是借用货币资本使用权付出的代价；第三，利息是剩余价值的转化形式，实质上是利润的一部分。

二、利息概念的应用

利息概念存在的重要性在于它在现实经济生活中的广泛应用：一是产生了“将利息作为收益的一般形态”现象；二是存在着“收益的资本化”现象。

(一)利息转化为收益的一般形态

根据利息的概念可知，利息是资本所有者由于贷出资本而取得的报酬，显然，没有借贷便没有利息。但在现实生活中，利息已经被人们看成是收益的一般形态，即无论资本是否贷出，利息都被看作资本所有者理所当然的收入。与此相对应，无论是否借入资本，企业主也总是把自己所得的利润分割为利息与企业主收入两部分，似乎只有扣除利息所余下的利润才是企业的经营所得，即收益＝利息＋企业主利润。于是，利息率就成为判断投资机会的一个尺度：如果投资回报率不大于利息率，则认为该投资不可行。

(二)收益的资本化

由于利息已转化为收益的一般形态，对于任何有收益的事物，即使它并不是贷放出去的货币，甚至不是实实在在的资本，也可以通过收益与利率的对比倒算出它相当于多大的资本金额，这种现象被称为收益的资本化。

在一般的货币贷放中，贷放的货币金额通常被称为本金，与利息收益和利息率的关系如下：

$$I=P\times r$$

式中，I 代表收益；P 代表本金；r 代表利率，即货币资本的价格。当我们知道 P 和 r 时，很容易计算出 I；同样，当我们知道 I 和 r 时，P 也不难求得，即 $P=I/r$。

例如，假定一笔1年期贷款的年利息收益是50元，市场年平均利率为5%，那么就可以计算出该笔贷款的本金为1 000(=50÷0.05)元。

正是基于这种关系，有些本身很难决定其相当于多大资本的事物，也可以取得具有一定金额的资本的资格；甚至有些本来不是资本的东西也因此可以视为资本。如：

(1)土地的价格。土地尤其是"生地"，本身不是劳动产品，没有价值，从而也无决定其价格大小的内在根据。但土地可以为所有者带来收益，因而认为其有价格，从而可以买卖。相应地，地价=土地年收益/年利率。

例如，一块土地每亩的平均年收益为100元，假定年利率为5%，则这块土地就可以以每亩2 000(=100÷0.05)元的价格买卖。

(2)劳动力的价格。劳动力本身不是资本，但可以按工资的资本化来计算其价格，即人力资本价格=年薪÷年利率。

例如，某NBA球星的年薪为20万美元，年利率为2.5%，则他的身价为800万(=200 000÷0.025)美元，这一价格通常被看作该球星转会的市场价格。

(3)有价证券的价格。有价证券是虚拟资本，其价格也可以由其年收益和市场平均利率决定。一般公式是：有价证券价格=年收益÷市场利率。

例如，如果某公司股票每股能为投资者带来0.5元的年收益，当前的市场利率为8%，则该股票的市场价格为6.25(=0.5÷0.08)元。

三、利息的计算及运用

(一)单利与复利

利息有两种基本的计算方法，即单利和复利。所谓单利，是指仅按本金和时间的长短计算利息，对利息不再计息。例如，本金为1 000元，年利率为10%，期限为3年，三年后的利息为300(=1 000×10%×3)元。其计算公式为：

$$I=P\times r\times n$$

$$S=P\ (1+r\times n)$$

式中：I 代表利息额；P 代表本金；r 代表利率；n 代表借贷期限；S 为本金和利息之和，即本利和。

复利，俗称"利滚利"，不仅对本金计息，而且对利息也要计息的一种计算方法。复利的计算是在每一期期末结息一次，即将利息并入本金作为下一期计算利息的基础。如按年计息，第一年按本金计息；第一年末所得的利息并入本金，第二年则按第一年末的本利和计息；如此类推，直至期满。其计算公式为：

$$S=P(1+r)^n$$

$$I=S-P$$

(二)零存整取与整存零取的计算

在我国银行储蓄业务中，有零存整取，还有整存零取。前者是每月(或每周、每年)按同样的金额存入，到约定的期限本利和一次取出。其公式是：

$$S=a\times\left[\frac{(1+r)^{n+1}-1}{r}-1\right]$$

由以下算式推导而来：

$$S=a(1+r)^{n}+a(1+r)^{n-1}+\cdots+a(1+r)^{2}+a(1+r)$$

式中，a 为每月（或每周、每年）存入的金额；n 为依次存入的次数。

假如预计 10 年之后需要支用 2 万元，估计月利率比如说为 0.8%，那么每月存入 100 元即可达到这个数量（确切数字为 20 181.92 元）。

后一种整存零取是一次存入若干金额的货币，在以后的预定期限内，每月（或每周、每年）提取同样金额的货币，当达到最后期限的一次提取时，本利全部取清。其公式是：

$$S=a\times\frac{(1+r)^{n}-1}{r(1+r)^{n}}=a\times\frac{1-(1+r)^{-n}}{r}$$

由以下算式推导而来：

$$S=\frac{a}{1+r}+\frac{a}{(1+r)^{2}}+\cdots+\frac{a}{(1+r)^{n-1}}+\frac{a}{(1+r)^{n}}$$

式中，a 为每月（或每周、每年）提取的金额；n 为依次提取的次数。

假如希望在 10 年内每月提取 100 元作为生活费，估计月利率比如说也是 0.8%，那么现在只需要存入 7 700 元（确切数字为 7 695.52 元）即可。

这两个算式有很广泛的用途。比如在消费信贷中还款的安排，通常是在贷款实施之后至约定的到期之间，如多少年，分月按同等金额支付，期满还清。这属于定期定额还清贷款的方式，很显然要采用"整存零取"的算式设计。中国历史上高利贷中的"印子钱"，也是属于定期定额还清贷款的。至于在类如养老年金的设计中，前者是典型的年金终值计算公式，而后者则是典型的年金现值计算公式。此外，在设计折旧提存方案等诸多方面，或需要利用其中某一算式，或需要两个算式结合运用。

（三）现值与终值

对于任何一笔货币金额，都可根据利率计算出在未来某一时点上的本利和，通常称其为终值。把这个过程倒转过来，对于在未来某一时点上一定金额的货币，只要把它看作现时点一定金额的本利和，就可按现行利率计算出能取得这样一定金额的本利和现在所必须具备的本金。这个逆算出来的本金称为现值。

用 FV 表示终值，PV 表示现值，r 为年利率，n 为期限，则：

$$FV=PV(1+r)^{n}$$

例 2—1　如果年利率为 10%，现有 10 000 元，在 2 年后的终值可按复利计算公式计算：

$$10\ 000\times(1+10\%)^{2}=12\ 100(元)$$

例 2—2　设 2 年后期望取得 10 000 元的货币，假如利率不变，现在应有本金为：

$$10\ 000\div(1+10\%)^{2}=8\ 264(元)$$

现值的概念是基于这样一个众所周知的想法：1 年以后的 1 元钱小于现在的 1 元钱。因为可以将现在的 1 元钱存入银行，获得利息收入，1 年以后的确超过 1 元钱。

现值的概念非常有用，给定利率 i 时，可以计算某种金融工具的现值。此外，如果已知债务工具的现时点的市场价格，可以求债务工具市场价格所隐含的到期收益率。

现代银行有一项极其重要的业务，即收买票据的业务，其收买的价格就是根据票据金额和利率倒算出来的现值。这项业务叫“贴现”，现值又称贴现值。现值的计算方法不仅可用于银行贴现票据等类似业务方面，而且还有很广泛的运用领域。例如，用来比较各种投资方案时，现值的计算是不可缺少的。在现实生活中，一个项目的投资很少是一次性的，大多是连续多年陆续投资。不同方案不仅投资总额不同，而且投资在年度之间的分配比例也不同。如果不运用求现值方法，把不同时间、不同金额的投资换算为统一时点的值，则根本无法比较。

第三节 利率的概念及种类

一、利率的概念

利息率，通常简称利率，是指借贷期满所形成的利息与所贷出的本金的比率。西方的经济著述中也称之为到期回报率、报酬率。

现实生活中的利率都是以某种具体形式存在的，如 3 个月期的贷款利率、1 年期的储蓄存款利率、6 个月期的短期公债利率、隔夜拆借的债券回购利率等。随着金融活动的日益发展、金融活动方式的日益多样化，利率的种类也日益繁多。其中包括多种中国人民银行基准利率、各种金融机构法定存贷款利率、各种全国统一同业拆借市场利率、各种外汇存贷款利率等。至于国债、金融债、公司债、可转债等，还有许许多多种利率。目前，中国市场上的利率品种已达千种以上。国外发达市场经济国家的利率种类更为繁多。

二、利率与收益率

在涉及利率问题的分析中，通常还会遇到收益率这一被广泛使用的概念。收益率或回报率概念常与利率并行使用，因为从本质上讲，收益率实质上就是利率，有的收益率直接表现为利率（如存款）。但在实际投资的过程中，由于利率被定义为利息与本金的比率，是反映本金的名义收益，但不能准确衡量投资者在一定时期内的全部收益状况，而真正能够准确衡量一定时期内投资人获得收益多少的指标则是收益率。

收益率不仅受利息支付额和投资额的影响，而且会受到计息期间、利息支付周期以及投资标的市场价格变动等因素的影响，这也使得投资人的收益率与利率之间通常会存在差异。

常见的衡量收益率的指标有以下几种：

（一）名义收益率

名义收益率即证券的票面收益与票面金额的比率。计算公式为：

$$i_n=\frac{C}{F}\times 100\%$$

式中，i_n 为名义收益率；C 为票面收益（年利息）；F 为票面金额。

（二）当期收益率

当期收益率即证券的票面收益与其当期市场价格的比率。计算公式为：

$$i_c=\frac{C}{P}\times 100\%$$

式中，i_c 为当期收益率；C 为票面收益（年利息）；P 为当前市场价格。

（三）实际收益率

实际收益率是指证券持有期利息收入与证券价格变动的总和与购买价格之比，即出售金额与购买价格之差（也称为“资本利得”）加上利息收入后与购买价格之间的比。计算公式为：

$$i_r=\frac{C+\dfrac{P_1-P_0}{T}}{P_0}\times 100\%$$

式中，i_r 为实际收益率；P_1 为证券的卖出价格；P_0 为证券的买入价；T 为证券的持有期（以年计算）。

例如，某债券的票面金额为 100 元，10 年还本，每年利息为 7 元，其名义收益率就是 7%。若发行价格是 95 元，则当期收益率就是 7.368%（=7/95×100%）。某人以 95 元买入该债券，并在 2 年后以 98 元的价格将其出售，则其实际收益率为 8.95%（=[7+(98−95)/2]/95×100%）。

（四）到期收益率

在金融市场上，存在着各种各样的债务工具，这些债务工具的计息方式各不相同。人们在生活中大多使用实际收益率来衡量其收益情况，但通过其计算公式可以发现，实际收益率的计算并没有准确考虑货币的时间价值。

为了便于比较，需要引入一个衡量利率更为精准的计算指标，这类指标很多，其中最常用和最重要的指标就是到期收益率。例如，在利率期限结构理论中（见本章第七节相关内容），收益曲线就是描述到期收益率与时间的关系，尽管人们会简化为利率与时间的关系。

到期收益率是指在投资者购买金融工具并持有到期的前提下，未来各期利息收入、到期本金收入的现值之和等于其购买价格时的贴现率。

到期收益率是衡量债券投资收益的最常用指标，其计算公式为：

$$P=\sum_{t=1}^{n}\frac{C}{(1+r)^t}+\frac{F}{(1+r)^t}$$

其中，C 为该债券每年定期支付的利息；P 表示债券的购买价格；F 为到期应该支付的面值；r 表示该债券的到期收益率；n 表示该债券的到期年限。在已知 P、C、F 和 n 的情况下，就可以运用财务计算器计算出该债券的到期年收益率 r。

三、利率的种类

（一）基准利率与非基准利率

基准利率和非基准利率在整个利率体系中产生的影响不同。

在讨论利率水平问题时，经常可以见到“基准利率”的概念。顾名思义，基准利率应是指在多种利率并存的条件下起决定作用的利率，是指带动和影响其他利率的利率，也叫中心利率。因此，了解这种关键性利率水平的变化趋势，也就可以了解全部利率体系的变化趋势。

基准利率的概念在实际生活中有多种叫法。在美国基准利率主要指联邦储备系统确定“联邦基金利率”。该系统也同时发布贴现率，不过象征意义大于实际意义。在西方其他国家主要表现为中央银行的再贴现利率。现在已有变化，各国不尽相同。我国的基准利率在中央银行以直接手段调控经济时，表现为中央银行的再贷款利率。在利率尚未真正市场化的情况下，中央银行规定的商业银行的存贷款利率也被称为基准利率。随着货币政策调控向间接调控转换，中央银行的再贴现利率或同业拆借利率将逐步成为我国利率体系的基准利率。货币当局发布的这些利率，对于诱导市场利率的形成有关键意义。

LPR是什么

变动基准利率是货币政策的主要手段之一。一方面，中央银行改变基准利率，直接影响商业银行借款成本的高低，从而对信贷起着限制或鼓励的作用，并影响其他金融市场的利率水平；另一方面，基准利率的改变还会在某种程度上影响人们的预期，即所谓的告示效应。

非基准利率是相对于基准利率而言的，基准利率以外的利率均被称之为非基准利率。如金融市场上买卖各种有价证券的利率。

（二）名义利率与实际利率

名义利率和实际利率是两个重要的利率概念。

名义利率是指没有剔除通货膨胀因素的利率。通常报纸杂志上所公布的利率、借贷合同中规定的利率就是名义利率，本书不强调时都是指名义利率。

实际利率是指从名义利率中剔除通货膨胀因素的利率水平。它根据预期物价水平的变动（即预期通货膨胀）做出调整，因而能够更准确地反映真实的借款成本或投资收益。区分名义利率和实际利率非常重要，原因在于实际利率反映了真实的借款成本或投资收益。

在预期不发生通货膨胀的条件下，名义利率与实际利率相等；预期发生通货膨胀时，名义利率与预期通货膨胀率之差就是实际利率，即实际利率＝名义利率－预期通货膨胀率。

经济学家欧文·费雪给出了关于名义利率的更准确的定义：名义利率等于实际利率和通货膨胀预期之和。名义利率、实际利率和通货膨胀预期的关系用公式表示为：

$$1+r=(1+i)(1+p)$$

式中，r 为名义利率；i 为实际利率；p 为预期通货膨胀率。这一公式被称为费雪方程式，也就是人们所说的费雪效应。整理后可简化得出名义利率与实际利率之间的换算公式为：

$$r=i+p$$

例如，某公司债券的票面利率为 4%，期限为 1 年，如果预期当年通货膨胀率为 5%，则该公司债券的实际利率为－1%。债券的实际利率为负值，显然会降低该债券的吸引力。

（三）固定利率与浮动利率

固定利率与浮动利率也是两个重要的利率概念。

固定利率是指在借贷期限内固定且不随借贷供求状况而变动的利率，它具有简便易行、易于计算等优点。在借贷期限短或市场利率变化不大的条件下，可采用固定利率；但是当借贷期限较长或市场利率波动较为剧烈时，借款者或贷款者可能就要承担利率变化的风险。因此，对于中长期贷款，借贷双方一般都倾向于选择浮动利率。

浮动利率是指在融资期限内随市场利率的变化而定期调整的利率。调整期限的长短以及以何种利率作为调整时的参照利率，都由借贷双方在借款时商定。实行浮动利率，借款人计算借款成本的难度要加大，利息负担也可能加重。但是，借贷双方承担的利率风险较小，因为利率的高低与资金供求状况紧密相连。在我国浮动利率还有另一种含义，即金融机构在中央银行规定的浮动幅度内，以基准利率为基础自行确定的利率，如存款利率的上浮或贷款利率的下浮。

（四）市场利率、官方利率、行业利率

在市场机制下可以自由变动的利率就是市场利率。由政府金融管理部门或者中央银行确定的利率，通常称为官方利率或官定利率，又称法定利率，是国家为了实现政策目标的一种经济手段。它反映了非市场的强制力量对利率形成的干预。由非政府部门的民间金融组织，如银行公会等，为了维护公平竞争所确定的利率属于行业自律性质的利率。这种利率对其行业成员也有一定的约束性。官定利率与行业利率常常是只规定利率的上限或下限，在上限之下、下限之上由市场机制调节。

在2015年10月24日以前，我国金融机构的存贷款利率，尤其存款利率以官定利率为主，即由中国人民银行制定、报国务院批准后执行。其中，一部分是规定一个确定的值，不允许自行变动；一部分是在确定值的上下规定允许的浮动幅度。我国也存在市场利率，主要是在同业拆借、民间借贷等领域。发达的市场经济国家以市场利率为主，同时有官定利率、行业利率，但官定利率与市场利率无显著脱节现象。至于发展中国家和地区的情况，基本介于上述两类情况之间，既有较大范围的官定利率和行业利率，也有一定规模的市场利率，两者的对比状况在各国之间也有较大差异。

（五）年率、月率、日率

年率、月率和日率是按计算利息的期限单位划分的。年率是以年为单位计算利息；月率是以月为单位计算利息；日率是以日为单位计算利息。按日计息，多用于金融业之间的拆借，习惯叫“拆息”（call money interest）或“日拆”。

中国传统的习惯，不论是年率、月率、日拆利率都用“厘”作单位，如年息5厘、月息4厘、拆息2厘等。虽然都叫“厘”，但差别极大。年率的1厘是指1%，5厘即为5%。比如贷出1万元，1年的利息为500元。月率的1厘是指0.1%，5厘即为0.5%。比如贷出1万元，则1个月的利息为50元，不计复利，1年为600元。日拆利率的厘是指0.01%，5厘即为0.05%。比如贷出1万元，每日利息为5元；不计复利，每月按30天计，利息为150元；全年可收利息1 800元。过去和现在的民间，也常用“分”作为利率的单位。分是厘的10倍，如旧中国习惯用以作为利率高低分界的“3分息”就是指月息3%。

年率、月率、日率这三种利率在经济生活中都有广泛使用的领域。西方工业化国家习惯以年率作为主要的标示形式。中国过去习惯以月率为主，现在已正式采用年率标示。

第四节　利率决定与影响因素

利率水平是国家运用利率杠杆调节经济的关键环节。然而利率水平的确定并不是人们的单纯主观行为，必须遵循客观经济规律的要求，综合考虑影响利率变动的各种因素，并根据经济发展和资金供求状况灵活调整。影响利率的因素极为复杂，人们在研究各种因素对利率水平的影响中形成了多种利率决定理论。

在整个利率理论中，利率的决定无疑是最基本的内容。下面介绍五种主要的利率决定理论，包括马克思的利率决定论、古典利率理论、流动性偏好理论、可贷资金理论和 $IS-LM$ 模型的利率决定理论。

一、马克思的利率决定论

马克思的利率决定论是以剩余价值在不同资本家之间的分割作为起点的。前面指出，马克思认为，利息是贷出资本的资本家从借入资本的资本家那里分割来的一部分剩余价值。剩余价值表现为利润，因此，利息的多少取决于利润总额，利率取决于平均利润率。“因为利息只是利润的一部……所以，利润本身就成为利息的最高界限，达到这个最高界限，归执行职能的资本家的部分就会等于零。”利息不可以为零，否则有资本而未营运的资本家就不会把资本贷出。因此,利率的变化范围是在"零"与平均利润率之间。当然,并不排除利率超出平均利润率或事实上成为负数的特殊情况。

利润率决定利率,从而使利率具有以下特点:(1)随着技术发展和资本有机构成的提高,平均利润率有下降的趋势,因而也影响平均利率有同方向变化的趋势。(2)平均利润率虽有下降趋势,但这是一个非常缓慢的过程。而就任一个阶段来考察,每个国家的平均利润率则是一个相当稳定的量。相应地,平均利率也具有相对的稳定性。(3)由于利率的高低取决于两类资本家对利润分割的结果,因而使利率的决定具有很大的偶然性,如同"一个股份公司的共同利润在不同股东之间按百分比分配一样,纯粹是经验的、属于偶然性事情"。这就是说,平均利率无法由任何规律决定;相反,传统习惯、法律规定、竞争等因素,在利率的确定上都可直接起作用。

在现实生活中,人们面对的都是市场利率,而非平均利率。平均利率是一个理论概念,在一定阶段内应具有相对稳定的特点。而市场利率则是多变的,但不论它的变化如何频繁,在任一时点上总是表现为一个确定的量。

二、古典利率决定理论

古典利率理论是对19世纪末至20世纪30年代西方国家各种不同利率理论的一种总称。该理论严格遵循古典经济学重视实际因素的传统,主要从生产消费等实际经济领域探求影响资本供求进而决定利率的因素,因而它是一种实际利率理论,也被称为储蓄投资利率理论。

古典利率理论认为,利率由两种力量决定:一是可供利用的储蓄,即资本供给,主要由家庭提供;二是资本需求,主要来源于商业部门的投资需求。其主要思想有:

(一)资本供给来自社会储蓄,储蓄是利率的增函数

古典学派认为,资本供给主要来自社会储蓄,储蓄取决于人们对消费的时间偏好。古典理论假定个人对当期消费有着特别的偏好,因此鼓励个人和家庭多储蓄的唯一途径就是对人们牺牲当期消费予以补偿,这种补偿就是利息。也就是说,利息是对等待或者延期消费的报酬。利率越高,意味着对这种等待的补偿也就越多,储蓄也会相应增加。由此得出,一般情况下,储蓄是利率的增函数。如图2-1中所示。

(二)资本需求来自社会投资,投资是利率的减函数

古典学派认为,资本需求来自投资。各个企业在做投资决策时,一般会考虑两个因素;一是投资的预期收益,即资本的边际回报率;二是资本市场上的筹资成本,即融资利率。只要资本的边际回报率高于融资利率,投资就有利可图,促使企业进行借贷和投资。而当利率降低时,预期回报率大于利率的可能性增大,投资需求就会不断增加,即投资是利率的减函数。如图2-1所示,投资随利率的上升而下降。

(三)均衡利率是储蓄与投资相等时的利率

古典学派认为,利率由储蓄和投资的相互作用所决定,只有当储蓄者愿意提供的资金与投资者愿意借入的资金相等时,利率才达到均衡水平。

图2-1中,II 为投资曲线,SS 为储蓄曲线。II 曲线向下倾斜,表明投资流量是利率的减函数;SS 向上倾斜,表明储蓄流量是利率的增函数。投资曲线和储蓄曲线的交点意味投资流量和储蓄流量正好相等,对应的利率水平为均衡利率 r_0。在投资需求不变的情况下,储蓄意愿增强会导致 SS 曲线右移至 $S'S'$,新的均衡利率随之下降为 r_1;在储蓄意愿不变的情况下,如果投资需求增加,则会导致 II 曲线上移至 $I'I'$,新的均衡利率也随之提高至 r_2。

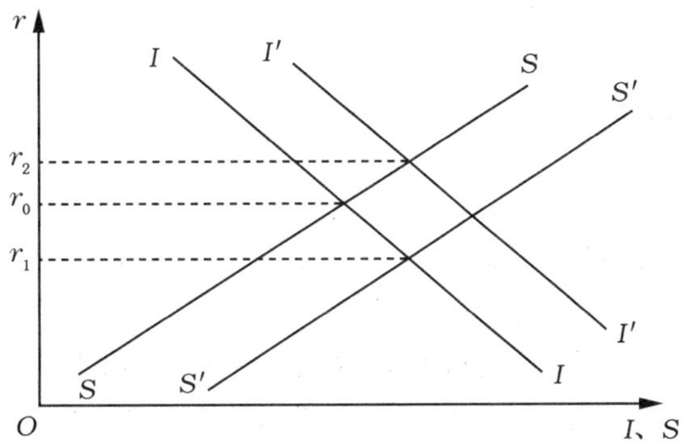

图 2—1 古典利率理论

三、凯恩斯理论的利率决定

凯恩斯的流动性偏好理论更加重视货币因素对利率决定的影响。凯恩斯认为，利率取决于货币供求数量的对比，货币供给量由货币当局决定，而货币需求取决于人们的流动性偏好。在货币供给不变的情况下，人们的流动性偏好增强，意愿持有的货币数量(即货币需求)随之上升，利率也会随之走高；反之，人们的流动性偏好减弱，会导致意愿持有的货币数量下降，利率也会随之走低。

如图 2—2 所示，货币供给曲线是由货币当局决定的外生变量，它是一条垂直于横轴的直线，货币供给增加会导致供给曲线右移和均衡利率走低，货币供给减少则会导致供给曲线左移和均衡利率走高。流动性偏好曲线即货币需求曲线，它是一条向右下方倾斜的曲线，流动性偏好增强会导致货币需求曲线上移和均衡利率走高，流动性偏好减弱则会导致货币需求曲线下移和均衡利率走低。凯恩斯认为，随着利率不断下降至非常低的位置，以至于不可能再下降时，人们就会产生利率将会上升、债券价格将会下跌的预期，人们对流动性的偏好就会趋于无穷，货币需求的利率弹性也会变得无限大，此时无论增加多少货币供给，都会被人们储存起来，这就是著名的流动性陷阱假说。图 2—2 中流动性偏好曲线右方趋于平行的部分即为“流动性陷阱”，此时供给再多的货币也无法使利率进一步下降。

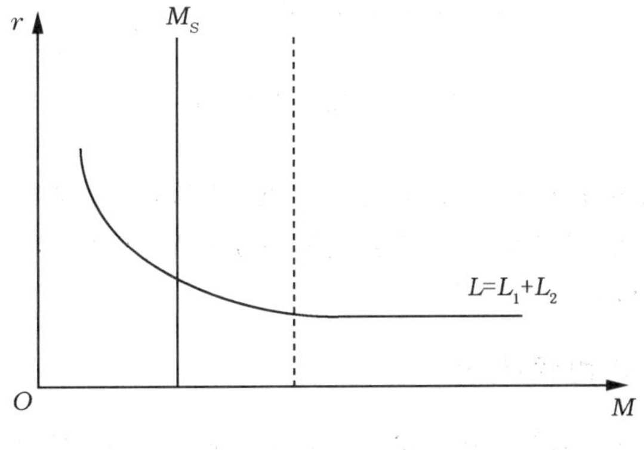

图 2—2 凯恩斯的流动性偏好理论

与实际利率理论关注投资和储蓄的角度不同，流动性偏好利率论是从货币供求对比的视角来分析利率的变化趋势。由于货币供求受短期因素的扰动较大，该理论在分析短期利率走势的变化时更具说服力。

四、可贷资金利率理论

凯恩斯的利率理论在学术界曾引起争论，反对方的典型代表是英国的罗伯逊与瑞典的俄林，他们提出了"可贷资金理论"。可贷资金利率理论是在批判并综合实际利率理论和流动性偏好理论的基础上提出来的。该理论认同实际利率理论提出的储蓄和投资决定利率的观点，但认为完全忽视货币因素是不当的。同时认为凯恩斯指出货币因素对利率决定的影响是可取的，但完全否定实际因素却是错误的。可贷资金利率理论试图在实际利率理论的框架内，纳入货币供求变动的因素，在利率决定问题上，同时考虑货币因素和实际因素的影响。

该理论认为，利率是由可贷资金的供给和需求的均衡点所决定的。可贷资金的供给主要有两个来源：一是当前的储蓄 S；二是实际货币供给量的变动，即新增发的货币 ΔM。可贷资金的供给是利率的增函数。可贷资金的需求有两个方面：一是当前的投资需求 I；二是货币贮藏的需求即净窖藏 ΔH。可贷资金的需求是利率的减函数。

可贷资金需求：$L_d = I + \Delta H$

可贷资金供给：$L_s = S + \Delta M$

均衡表达式为：$S + \Delta M = I + \Delta H$

这样，利率的决定便建立在可贷资金供求均衡的基础之上。如果投资与储蓄这一对实际因素的力量对比不变，按照这一理论，则货币供需力量对比的变化就足以改变利率，因此，利率在一定程度上是货币现象，如图 2—3 所示。

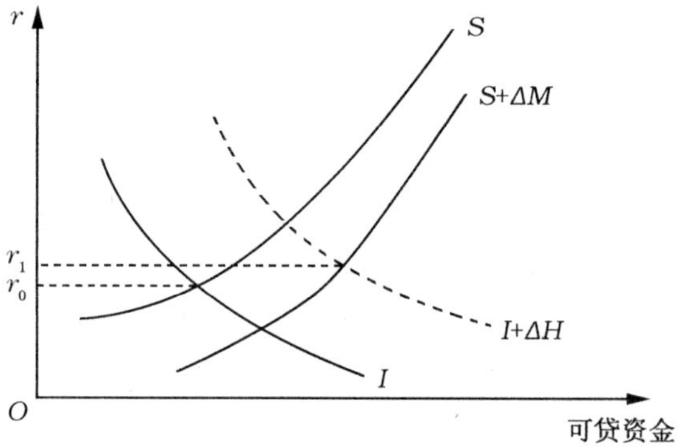

图 2—3　可贷资金理论

可贷资金理论从流量的角度研究借贷资金的供求和利率的决定，可以直接用于金融市场的利率分析。特别是资金流量分析方法及资金流量统计建立之后，用可贷资金理论对利率决定做实证研究和预测分析，有其实用价值。

五、*IS*—*LM* 模型与利率决定

IS—*LM* 模型是由英国经济学家约翰·希克斯根据凯恩斯宏观经济理论框架创建，后经美国经济学家汉森加以完善和发展的一个经济模型，也称希克斯—汉森模型。

IS—*LM* 模型将市场划分为商品市场和货币市场，认为国民经济均衡是商品市场和货币

市场同时出现均衡。该模型在进行利率分析时，加入了国民收入这一重要因素，认为利率是在既定的国民收入下由商品市场和货币市场共同决定的。

如图 2－4 所示，*IS* 曲线是商品市场均衡时利率 r 与收入 Y 的组合，由于利率与市场需求呈负相关，从而 r 与 Y 负相关。*LM* 曲线为货币市场均衡时利率 r 与收入 Y 的组合。货币需求与 Y 正相关，与 r 负相关，在货币供给为外生变量的假设前提下，必须使 Y 和 r 同向变动才能保持货币市场的均衡，亦即在 *LM* 曲线上 r 与 Y 正相关。

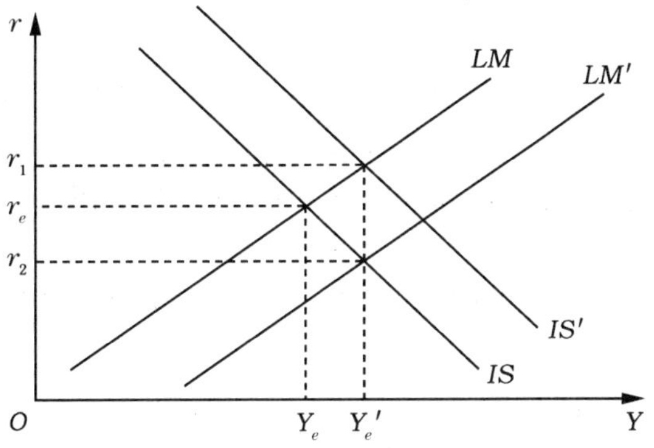

图 2－4　新古典综合派的 *IS*－*LM* 模型

将 *IS* 曲线和 *LM* 曲线放到同一图上，二者的交点即为商品市场和货币市场同时达到均衡时的利率和收入水平，这对宏观经济问题的分析具有非常重要的意义。当 *IS* 曲线和 *LM* 曲线发生移动时，均衡利率也必然会发生变动。由于 *IS* 曲线的移动是由投资和储蓄变动引起的，*LM* 曲线的移动是由货币供求的变化引起的，因此这些变量的变动都将改变均衡利率的位置，并引起均衡收入的变化。

六、影响利率变动的主要因素

通过对以上利率决定理论的分析可知，影响利率的因素极为复杂，从宏观的角度来看，决定利率水平的因素主要有以下几个。

（一）平均利润率

平均利润率是影响利率水平的基本因素。在市场经济条件下，资金可以自由流动，会从低利润率的行业流向高利润率的行业。企业之间的这种竞争，最终使各行业的利润率趋于均衡，形成平均利润率。企业不可能把得到的利润全部付给债权人，因此企业借款利率不会高出其平均利润率。通常情况下，利率也不会低于零。所以，从理论上讲，利率在平均利润率与零之间波动。

（二）借贷资本的供求

借贷资本的供求是影响利率变动的重要因素。如上所述，从理论上看，利率的取值介于零和平均利润率之间；但在利率水平的具体确定上，借贷资本的供求起着决定性作用。因为利率是资金的价格，一般来说，当借贷资本供不应求时，利率上升；反之，当供过于求时，利率下降。

（三）物价水平

物价水平对利率变动有直接影响。物价上涨，货币就会贬值。如果存款利率低于物价上涨率，就意味着客户存款的购买力不但没有增加，反而减少了；如果贷款利率低于物价上涨率，则意味着银行贷款的实际收益不但没有增加，反而减少了。所以，为保持实际利率水平不变，名义利率是跟踪物价的（如费雪效应所示）。利率与物价的变动具有同向运动趋势，物价上涨时，利率上升；物价下跌时，利率下降。

（四）中央银行的贴现率

中央银行的贴现率通常是各国利率体系中的基准利率，它的变动会对利率水平产生决定性影响。中央银行提高贴现率，相应提高了商业银行的借贷资金成本，市场利率会因此而提高；反之，中央银行降低贴现率，就会降低市场利率。

（五）经济周期

经济周期对利率变动具有重大影响。社会经济发展存在明显的运行周期，主要包括危机、萧条、复苏和繁荣四个阶段，它对利率波动有很大影响。在危机阶段，往往出现“现金为王”的现象，大家一般不愿贷出资金。此时，利率急剧上升，达到最高限度。在萧条阶段，央行为刺激宏观经济，会实行宽松的货币政策，导致利率迅速下降，达到最低程度。在复苏阶段，利率比较平稳。在繁荣阶段，由于实体经济向好，企业资金需求旺盛，利率会逐渐上升。

（六）国家经济政策

国家经济政策对利率起着调控作用。国家在一定时期制定的经济发展战略决定了资金的需求状况以及对资金流向的要求。政府可以利用财政政策和货币政策对利率水平和利率结构进行调控。

除了上述影响利率的主要因素外，还有不少其他因素直接影响着利率水平的波动。如利率的风险结构、利率的期限结构、利率的管制等，这些将在后文内容中详细分析。

第五节　利率的作用

一、利率在宏观经济中的作用

利率作为宏观政策调控的重要经济杠杆之一，其调控作用归纳如下。

（一）利率变动的储蓄效应

利率变动的储蓄效应，是指利率变动通过影响储蓄来影响经济运行。利率对储蓄的作用取决于利率对储蓄的替代效应与收入效应的对比结果。

所谓利率对储蓄的替代效应，是指储蓄随利率的提高而增加的现象，反映人们有较强的通过增加利息收入而增加财富积累的偏好。因为利率提高时，人们会认为减少当前消费，增加将来消费比较有利，从而鼓励其增加储蓄。所谓利率对储蓄的收入效应，是指储蓄随利率的提高而降低的现象，反映人们在利息收入随利率提高时希望进一步改善生活水准的偏好。因为利率提高时，储蓄者将来的利息收入增加，会使其认为自己较为富有，从而增加当前消费，可能反而会减少储蓄。因此，当替代效应大于收入效应时，储蓄利率弹性大于零，储蓄随利率变动同方向变动；当替代效应小于收入效应时，储蓄利率弹性小于零，储蓄随利率变动反方向变动；当替代效应等于收入效应时，储蓄利率弹性等于零，利率变动不能影响储蓄变动。

因此，利率如何影响储蓄，进而影响消费，须视替代效应与收入效应之总和而定。就低收入者而言，利率提高，主要会发生替代效应（因为他们没有太多的钱可存款收取利息，利率提高也不会增加将来的收入），故利率提高会增加储蓄，减少当前消费。就高收入者而言，利率提高，主要会发生收入效应，从而可能会减少储蓄。就全社会而言，利率的提高究竟会增加还是减少储蓄，则由这些人增加和减少储蓄的加总净额来决定。如果用 i、S、C、AD、Y 分别表示利率、储蓄、消费、社会总需求和国民经济产出水平，则利率变动的作用过程如下所示：

$i\uparrow \rightarrow S\uparrow \rightarrow C\downarrow \rightarrow AD\downarrow \rightarrow Y\downarrow$（储蓄的替代效应）

$i\uparrow \rightarrow S\downarrow \rightarrow C\uparrow \rightarrow AD\uparrow \rightarrow Y\uparrow$（储蓄的收入效应）

（二）利率对投资的影响作用

投资可分为实质性投资和证券投资。利率对实质性投资和证券投资的影响是不一样的。实质性投资是指对生产流通领域进行的投资活动。实质性投资与利率的高低有着密切的关系。一般理论认为，低利率对实质性投资有刺激作用，高利率则不利于投资规模的扩大。低利率有利于投资，是因为在其他条件不变的情况下，低利率减少了企业生产成本中的利息支出，从而增加企业盈利，使得企业更加有利可图，于是刺激企业扩大投资，扩大生产。但低利率刺激投资有一定的条件限制，既要看利率是否受管制，还要看这个国家的资金供求状况。在发展中国家，由于投资需求旺盛，资金严重短缺，实行低利率政策，不但不会使实质性投资增加，反而会造成一些不良后果。证券投资是指人们对金融工具或金融商品的购买和持有。在正常的经济情况下，利率与证券价格成反方向变化，即当市场利率下跌时，资金更多地流向证券市场，证券价格会上升。市场利率变化是影响证券行情的一个重要因素。

布伦纳和梅尔泽认为，利率通过投资对经济发挥作用的传递机制为：

$Ms\uparrow \rightarrow i\downarrow \rightarrow P_{证券}\uparrow \rightarrow$银行出售证券→银行超额准备金（$ER$）$\uparrow \rightarrow$贷款$\uparrow \rightarrow i\downarrow \rightarrow$真实资本价格$\uparrow \rightarrow$新产品开发$\uparrow \rightarrow I\uparrow \rightarrow$新产品市场扩大$\rightarrow Y\uparrow$

不同学派对利率如何通过投资对经济发挥作用的传递机制的共同点是：在通常情况下，降低利率会增加投资，从而有利于经济增长；提高利率会减少投资，从而不利于经济增长。

（三）调节功能

利率变化能引起社会经济多方面的变化，这就是利率的宏观调节功能，主要表现在以下两个方面。首先是调节国民经济结构的功能。利率引导资金流向的功能会使信贷资金从效益差的企业流向效益好的企业，从而优化了生产结构。如果某些部门和项目的贷款利率高，其贷款额就会减少；反之，贷款额就会增加。利率引起借贷资金在社会生产各部门之间的自由流动，从而调节了社会生产比例和国民经济结构。其次是调节货币供求的功能。各国中央银行都将稳定货币价值作为其货币政策的最终目标之一，而稳定币值的前提是货币供求的基本平衡。在各国中央银行运用货币政策工具对信贷规模进行间接调控时，利率是货币政策的主要中间变量。调节利率成为货币政策对经济产生作用和影响的有效途径。

（四）抑制通货膨胀的功能

在一个市场化程度较高的社会中，利率可作为预防和调节通货膨胀的重要手段之一。运用高利率可抑制投资的过度增长，从而防止通货膨胀的发生；当经济萧条时，通过降低利率，则可防止通货紧缩的发生。利率的这一功能已被西方国家反复使用。2004—2006 年 7 月美国联邦储备体系（简称美联储）连续 17 次上调联邦基金利率以防止通货膨胀的发生就是一个佐证。

（五）平衡国际收支的功能

利率平衡国际收支的功能，是指利率变动通过影响一国的对外经济活动，从而影响宏观经济的运行和实现国际收支的基本平衡。这表现在两个方面：一是对进出口的影响，二是对资本输出输入的影响。当利率水平提高时，企业生产成本增加，产品价格提高，出口竞争力下降，出口量减少，从而会引起一国对外贸易的逆差；相反，降低利率会增加出口生产企业的竞争力，改善一国的对外贸易收支状况。从资本输出输入看，在高利率的诱惑下，外国资本会迅速地流入，特别是短期套利资本，可以暂时改善一国的国际收支状况。

总之，利率是重要的经济杠杆，对宏微观经济运行都发挥着重要的调节作用。

二、利率发挥作用的条件

在发达的市场经济中，利率的作用之所以大，基本原因在于对于每个可以独立决策的经济行为主体来说，利润最大化、效益最大化是基本的准则，而利率的高低直接关系到其收益。在利益约束机制下，利率也就有了广泛而突出的作用。因此，这表明要使利率充分发挥杠杆作用，对经济起到有效的调节，必须具备一些基本的条件，主要有如下方面。

（一）经济的商品化、货币化、信用化已达到相当高的程度

利率本身属于货币与信用的范畴，是通过调节货币与信用的关系来调节价值与利益的关系，进而调节微观经济活动和宏观经济总量的。因此，只有在经济的信用化达到一定程度，连接价值利益关系的主要枢纽成为货币与信用后，利率才能充分发挥对经济的调节作用。

（二）微观经济主体的独立性程度及其对利率的敏感程度

这就要求资金借贷双方都是自主经营、自负盈亏的法人主体。只有当资金的借贷双方是具有健全的利益驱动和风险约束机制的法人主体时，利率变化才能影响到经济主体的经营和投资行为，从而对经济发挥调节作用。

（三）市场化的利率决定机制

利率作为资金价格，以金融市场的存在为前提。只有在发育程度较高的金融市场上，金融资产的种类和数量有了一定的规模，利率才有其形成和存在的基础。

（四）健全和完善的金融机构体系

当一国存在众多拥有利率自主权的商业性金融机构时，它们会根据中央银行基准利率和资金供求变化，相应调整自己的利率水平，进一步影响到企业、居民的经济行为，从而改变社会总需求，实现既定的货币政策目标。

（五）中央银行运用间接手段调控经济

中央银行在货币政策操作中，将利率作为宏观经济调控的重要手段之一。通过对利率的调整控制投资、通货膨胀及失业率等，继而影响经济增长。

第六节　利率管理体制

利率管理体制是利率政策的一个重要内容，利率杠杆的功能能否发挥出来，发挥得怎样，与利率管理体制有很大关系。

一、利率管理体制类型

利率管理体制是一国经济管理体制的组成部分，它规定了金融管理当局或中央银行的利率管理权限、范围和程度。

世界各国采取的利率管理体制大致可以分为三种类型：(1) 国家集中管理。(2)市场自由决定。(3) 国家管理与市场决定相结合。大多数国家在相当长的时间内采取了最后一种利率

管理体制，即国家管理与市场决定相结合的利率管理体制，但国家管理的程度和方式各有不同。从20世纪70年代开始，西方大多数国家逐步放松了利率管制，金融市场的利率更多地由市场决定，呈现出一种利率市场化的趋势。

二、利率管制

利率管制是由政府有关部门直接制定利率或利率变动的界限。在一国经济的非常时期或在经济不发达的国度中，利率管制也是直接影响利率水平的重要因素。

由于利率管制具有高度行政干预和法律约束的力量，排斥各类经济因素对利率的直接影响，因此，尽管许多发达的市场经济国家也实行管制利率，但范围有限。一旦非常时期结束即行解除管制。相比之下，大多数发展中国家的利率主要为管制利率。形成这种局面的原因主要有：(1)经济贫困和资本严重不足，迫使政府实行管制利率，期望促成经济发展和防止过高的利率给经济带来不良影响；(2)实行管制利率以抑制比较严重的通货膨胀；(3)为配合全面的经济控制，如对贸易、物价、投资、生产、外汇等方面的控制，需要对利率实行管制；(4)不发达的金融市场与数量不多的金融机构容易形成垄断利率及贷款的垄断分配，并发展为利率管制；(5)在实行计划经济的国家中，管制利率是配合实现生产、流通与分配计划的一个重要组成部分，以保证实现计划目标及财政信贷的综合平衡等。利率管制与提高资金效率存在着极大的矛盾，减弱对利率的管制往往是发展中国家实施经济改革的主要内容。

三、利率市场化

利率市场化是指国家控制基准利率，其他利率基本放开，由市场决定。即将利率的决策权交给金融机构，由金融机构自己根据资金状况和对金融市场动向的判断来自主调节利率水平，最终形成以中央银行基准利率为基础，由市场供求决定金融机构存贷款利率的市场利率体系和利率形成机制。在利率市场化的条件下，如果市场竞争充分，则任何单一的市场主体都不能成为利率的单方面决定者。

(一)利率市场化的必要性

1. 利率市场化是优化资金配置的需要

优化资金配置是利率主要的功能。过去，我国利率的这些功能没有很好发挥，其中一个重要的原因是不能真正反映信贷资金的供求状况。利率市场化使利率真正成为信贷资金的价格，从而引导资金由效益低的部门流向效益高的部门，实现资金资源的合理配置，最终促进经济的发展。

2. 利率市场化是顺利实施货币政策目标的内在要求

中央银行货币政策工具与最终目标之间需要一个中介目标，而市场化的利率则是中央银行货币政策中介目标的理想选择。

(二)利率市场化的制约因素

1. 微观经济主体缺乏利益的约束机制

一方面，国有企业仍然具有"预算软约束"特征，资金需求弹性很小，不怕利率高，只怕借不到钱。国有企业连本金都可以不还，利息的约束自然就很小了。另一方面，我国利率市场化后，贷款利率必然有较大幅度的上升，必然会有相当一部分国有企业出现亏损甚至破产，这使国家、银行以及国有企业职工难以承受。

2. 金融机构对利率的调控及反应不灵敏

金融机构特别是国有股份为主的商业银行还不是真正自主经营、自担风险、自负盈亏、自我约束的金融企业，对利率信号反应不灵敏，利率市场化缺乏一个良好的微观金融制度基础。

3. 中央银行宏观调控手段不健全

我国中央银行过去主要运用直接的、行政的手段来进行宏观调控。近年来，逐渐摸索着使用间接的、经济的宏观调控手段，但还不成熟，如公开市场业务开办时间还不长，再贴现业务量还不是很大，存款准备金手段在我国的作用还不太突出，如 2007 年，连续 10 次上调存款准备金比率，但是效果相对不太显著，这些都可能制约着利率市场化的推进。

4. 金融市场特别是货币市场发展不完善

利率市场化需要一个比较发达和完善的金融市场。目前，我国统一的银行间拆借市场虽然开始形成，但仍然不够完善，票据市场、国债市场及其他金融市场还在发展中，不利于市场利率的最终形成，也影响了利率调节的有效性和准确性。尽管我国利率市场化还存在一些制约因素，但总的来讲，我国利率市场化改革的时机已基本成熟。

四、中国的利率管理体制

自 1949 年新中国成立以来，在计划经济体制下，我国的利率属于管制利率类型：利率由国务院统一制定，由中国人民银行统一管理。在改革进程不断推进的基础上，1995 年通过的《中华人民共和国中国人民银行法》规定，利率是由中国人民银行做出决定，报国务院批准后执行。我国利率管理体制的形成有其特殊的历史背景。新中国成立初期，由于严重的通货膨胀、猖獗的投机倒把和高利贷活动，政府采取了一系列严格管制经济的措施，其中也包括利率管制。物价基本稳定后，中国人民银行总行统一规定各种贷款利率的最高限，但要求利率的制定不可以脱离市场情况；同时，对不同所有制性质的企业实行不同的存贷款利率，以配合所有制的社会主义改造。在这段时期，我国的利率管制政策对于迅速制止金融物价领域的混乱局面和配合私营工商业的所有制改造等方面，均收到了有力的效果。

随着生产资料所有制社会主义改造的基本完成和高度集中的中央计划经济管理体制的建立，管制利率的做法进一步强化。此时的利率管理有这样几个特点：利率档次少，利率水平低，存贷利差小，管理权限高度集中。利率档次少和水平低的特点在"十年动乱"时期发展到了顶点。直到实行经济体制改革与开放政策之后，这种局面才有所改变。

我国长期以来一直实行低利率政策是有原因的。在高度集中的计划管理体制下，生产、销售、分配和资金供求基本取决于国民经济计划，利率的高低，如同价格、利润等其他市场调节杠杆一样，起不了多大作用，从而促成了利率的下调。

20 世纪 70 年代末改革开放政策开始推行之后，利率体制的改革问题立即提了出来。首先要求解决的是提高利率水平。由于对企业放权、放开市场以及利益机制进入企业等，为了提高资金使用效益和经济效益需要运用利率杠杆，先是银行储蓄存款利率的调高，随后是调高银行贷款利率。后来，在金融体制改革中，各类金融机构为了扩大资金来源和提高贷款效益，也提出提高利率的要求等。到了 80 年代中期之后，通货膨胀成为决定利率水平变动的主要因素。

如果说在 20 世纪 90 年代中期以前，对利率的争论还主要集中在利率是高是低、调整利率能对经济进程发挥多大作用等方面，那么随着我国市场建设的不断推进，高度集中的利率管制与频频变化的物价水平及其他顺应市场规律灵活变动的经济变量之间，开始出现越来越多的不协调。另外，自改革开放以来，事实存在着规避管制的"不合法"的利率。这类"不合法"的利率，曾以各种半隐蔽的方式，在相当广阔的领域(包括国有经济和国家机关)调节着货币资金的借贷行为。直至 20 世纪的最后几年，这类“不合法”的利率才在整顿金融秩序的过程中作为“非法”的利率严格予以禁止。但是，如果利率机制的市场化得不到解决，只要管制利率不适应经济发展本身的要求，规避管制的利率必然是禁而不绝。因此，相应放开利率管理体制，使市场机制在利率形成方面的作用日益与经济体制的改革进程相匹配，无疑是必要的。因此，自 1996 年开始，我国的利率市场化改革逐步推进。历经二十多年的持续推进，中国利率市场化改革取得了显著成效，逐渐形成了较为完善的市场化利率体系。

中国利率市场化改革进程

第七节　利率结构理论

前面我们分析了单一利率的决定机制，这似乎给人一种印象，那就是市场上好像只有一种利率。如果你真的这么认为，那就大错特错了。事实上，金融市场上的利率可以说是多如牛毛，各种不同种类、期限的债券，其利率往往各不相同。我们前面的讨论忽略了这些差异，目的是集中探讨利率的总体走势是由哪些因素决定的。但是，正如人们在进行股票投资时既要有大势分析，又要有个股分析一样，仅仅了解利率的总体走势是不够的，我们还必须了解各种债券利率之间的关系，也就是利率结构，而这正是本节所要讨论的内容。我们将首先考察期限相同的各债券利率之间的关系，即利率的风险结构；然后再考察风险相同而期限不同的各债券利率之间的关系，即利率的期限结构。

一、利率的风险结构

利率的风险结构，是指期限相同的各种债券因风险不同而产生的利率差异。造成这种利率差异的原因主要有以下几方面。

(一)违约风险

违约风险，也称“信用风险”，是指当债券到期时债券发行人无力或不愿意兑现债券本息而给投资者带来损失的可能性。不同公司发行的债券，违约风险不尽相同，因而利率水平自然就会有差异。

1. 违约风险主要取决于发行人的信誉

比如一个面临巨额亏损的公司，其违约风险相当大；相反，政府债券通常被认为没有违约风险，因为政府能够通过增加税收来保证其偿还能力。因此，政府债券被称为无风险债券。一般来说，公司债券的违约风险大于政府债券。

要了解债券的信用风险，有一种方法就是了解该债券的信用等级。信用等级是证券评级机构对债券发行人的信用、偿还能力进行客观评价的反映。投资者根据债券信用等级，可以迅速判断出其信用风险程度的高低，降低投资风险。对于企业而言，信用等级与筹资成本和筹资效果密切相关，信用等级高的企业可以以较低的融资成本筹集资金，节约发行费用。

在美国，公募的债券需要经过诸如标准普尔公司、穆迪投资者服务公司这样的信用评级机构评级，并申报证券交易委员会(SEC)，经批准后才能发行。这几家证券评级机构是投资界公认的最具权威性的信用评级机构。标准普尔公司信用等级标准从高到低可划分为 AAA 级、AA 级、A 级、BBB 级、BB 级、B 级、CCC 级、CC 级、C 级和 D 级。穆迪投资者服务公司的信用等级标准从高到低可划分为 Aaa 级、Aa 级、A 级、Baa 级、Ba 级、B 级、Caa 级、Ca 级和 C 级。由此可见，两家机构的划分大同小异，前四个级别的债券信誉高，违约风险小，是“投资级”债券，从第五级开始的债券信誉低，是“投机级”债券或“垃圾债券”，具有很高的违约风险和投机性。

2. 违约风险影响债券利率的原因——风险溢价

通常，将违约风险债券与无违约风险债券的利率之间的差额称为风险溢价或风险升水，它表明投资者承担风险的额外收益。违约风险越大，风险溢价越高。为了说明违约风险如何影响债券利率，我们以无风险的政府债券与高风险的公司债券作为研究对象加以说明。由此得出结论，具有违约风险的债券总是有一个正的风险溢价，而且违约风险越高，风险溢价越高，从而其利率也就越高。

下面用债券市场的供求分析方法来解释具有违约风险的债券风险溢价为正的原因，以及为何违约风险越高，风险溢价就越大，如图 2—5 所示。

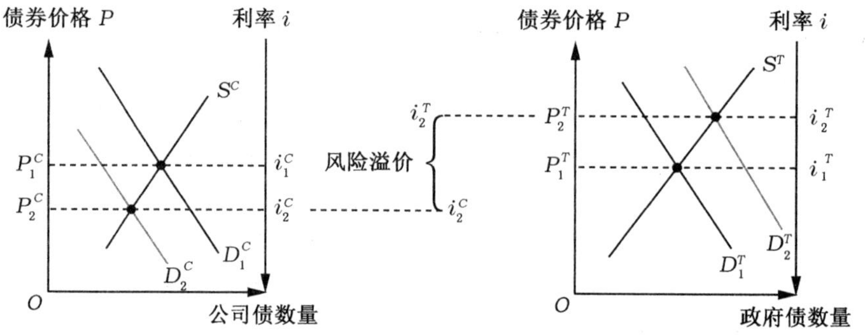

图 2—5 公司债券违约风险产生的原因

为便于理解，假定最初公司债券与政府债券的违约风险相同，在这种情况下，两种债券具有相同的特征（即风险与期限相同）。因此，它们的均衡价格与利率都相等，即 $p_1^C=p_1^T$，公司债券的风险溢价（$i_1^C-i_1^T$）为零。

现在，假定由于公司受到重大损失而导致违约的可能性大增，公司债券的违约风险提高，预期回报率下降。此时，公司债券的需求下降，导致公司债券的需求曲线左移至 D_2^C。在其他条件不变的情况下，公司债券的价格下降至 P_2^C。由于债券价格与利率负相关，公司债券的均衡利率上升至 i_2^C。与此同时，相对于公司债券，无违约风险的政府债变得更受欢迎，需求曲线右移至 D_2^T，价格上升至 P_2^T，政府债均衡利率下降至 i_2^T。结果，公司债券与无违约风险的国债的利差从零上升至（$i_2^C-i_2^T$）。由此得出结论，具有违约风险的债券的风险溢价总为正，且风险溢价随着违约风险的上升而增加。

（二）流动性

影响利率风险结构的第二个因素是流动性。资产的流动性是指能够迅速转换为现实购买力而不受损失的能力。一些债券的还本付息可能不成问题，但却缺乏流动性。也就是说，在到期日之前，持有者很难将它转让出去以获得现金，这也会影响到债券的需求，从而影响债券利率。

1. 流动性不同的债券具有不同的利率

由于人们总是偏好流动性较高的资产（假定其他条件相同的话），因此资产的流动性越强，在市场上受欢迎的程度就越高，需求就越大，价格就越高，从而利率就越低；反之，流动性越低的债券，其利率就越高。由于政府债券交易广泛、最容易出手且交易费用低廉，所以政府债券是流动性最强的资产，利率也就最低。公司债券的交易量要远远小于政府债券，在紧急情况下可能难以找到公司债券的买主，出售费用会相对较高，其流动性就小于政府债券，利率就高。

2. 流动性因素影响利率的原因——流动性升水

流动性升水是指由于流动性风险而产生的利率差额。比如，公司债券的流动性较差，当投资者需要资金时很难将其迅速出售，由此会给投资者带来一定的损失。因此，对于流动性差的公司债券，为了吸引投资者购买，就必须对投资者给予一定的补偿。这种补偿就是流动性升水，具体表现为公司债券与政府债券的利率差额。通常，流动性越高，债券价格越高，债券利率就越低。相应地，由于政府债券流动性高，其债券需求增加，导致政府债券价格上升，利率下降。

二、利率的期限结构理论

在债券的违约风险、流动性及税收因素相同的情况下，不同期限的债券利率差异又是如何形成的呢？这就是利率的期限结构理论所要回答的问题。

利率的期限结构是指具有相同风险结构的债券，其利率由于距离到期日的时间长短不同而呈现的差异，反映风险相同但期限不同的债券到期收益率（或利率）与期限之间关系的曲线称为收益曲线。收益曲线通常有水平型、渐升型和渐降型三种典型的类型，如图 2—6 所示。

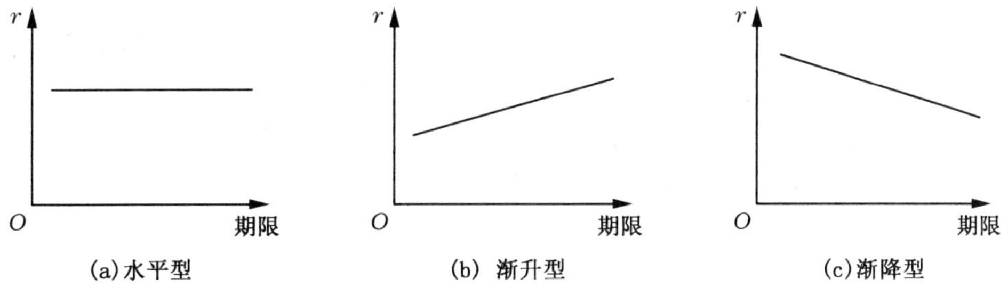

图 2—6　三种典型的收益曲线

根据图 2—6，如果收益曲线向上倾斜，表明随着期限的延长，利率提高，即长期利率高于短期利率；如果收益曲线呈水平状，表明长期利率等于短期利率；如果收益曲线向下倾斜，则表明长期利率低于短期利率。当然，收益曲线也可以有更为复杂的形式，如凸起型或凹陷型等。经济学家在对这些不同形状的收益曲线分析解释的过程中形成了各自不同的利率期限结构理论。此外，利率的期限结构理论还必须解释以下三个重要的经验事实。

第一个事实：不同到期期限的债券的利率随时间一起波动。即长期利率上升，短期利率也随之上升；短期利率上升，长期利率也随之上升。

第二个事实：短期利率较低时，收益曲线倾向于向上倾斜；短期利率较高时，收益曲线倾向于向下倾斜。

第三个事实：收益曲线几乎总是向上倾斜的。

究竟是什么因素决定了收益曲线的形状或者利率的期限结构呢？经济学家给出了多种假说，这里介绍三种：纯粹预期假说、市场分割假说、流动性升水假说。纯粹预期假说虽然能够很好地解释上述三个事实中的前两个，但却不能说明第三个事实；市场分割假说可以解释第三个事实，却无法很好地解释前两个事实。由于前两种理论都有它们的优势与局限，所以正确理解利率期限结构的方法是将两种理论的特点结合起来，从而得到能够解释上述三个事实的流动性升水假说。

（一）纯粹预期假说

1. 长期利率与短期利率的关系

纯粹预期假说是利率期限结构理论中最主要的理论。言其“纯粹”，是因为它假定人们对于特定期限没有任何偏好，投资者仅仅关心债券的预期收益。换句话说，对投资者而言，只要某种债券的预期收益率更高，投资者就会毫不犹豫地转向持有该债券，而不管其期限的长短。

同时还假设金融市场是有效率的，人们在不同期限的债券之间进行套利没有转换成本。这样，充分套利的结果必然是任何有利可图的机会将会被消除，当市场均衡时，长期利率是该期限内预期的短期利率的平均值。

为了证明上述结论，我们进行一个简单的分析。假设现在有 1 元钱，欲进行 2 年的投资，将有两种投资策略。

第一，短期策略：投资 1 年期债券，到期后取出本息再投资 1 年期债券。

第二，长期策略：投资 2 年期债券，并持有至到期。

设 i_t 为 1 年期债券利率（短期利率）；i_{t+1}^e 为预期 1 年后的 1 年期债券利率（预期的短期利率）；i_{2t} 为 2 年期债券利率（长期利率）。

按复利计算，短期投资策略的利息收入为 $(1+i_t)(1+i_{t+1}^e)-1$，长期投资策略的利息收入为 $(1+i_{2t})^2-1$。在金融市场存在广泛套利投机活动的情况下，追求利润最大化的市场参与者会根据收益高低不断地进行套利活动，这将有助于消除不合理的利率差别。当市场均衡时，无论选择一次性长期投资还是多次连续性短期投资，预期收益相同。即：

$$(1+i_{2t})^2=(1+i_t)(1+i_{t+1}^e)$$

因此，$i_{2t}=\sqrt{(1+i_t)(1+i_{t+1}^e)}-1$

更一般地，$i_{nt}=\sqrt[n]{(1+i_t)(1+i_{t+1}^e)\cdots(1+i_{t+(n-1)}^e)}-1$

由于这一计算方法较为烦琐、不够直观，所以在一般的分析中，往往借助于算术平均法来简化计算，思路如下。

仍以两期为例，首先将均衡条件 $(1+i_{2t})^2-1=(1+i_t)(1+i_{t+i}^e)-1$ 展开，可得：

$$1+i_t+i_{t+1}^e+i_t i_{t+1}^e=1+2i_{2t}+i_{2t}^2$$

鉴于利率的数值往往很小（百分之几），而两个如此之小的数值的乘积就会更小，因此在不严格的分析之中，往往将 $i_t i_{t+1}^e$ 和 i_{2t}^2 忽略掉，从而上式可简化为：

$$i_{2t}=\frac{i_t+i_{t+1}^e}{2}$$

更一般地，$i_{nt}=\dfrac{i_t+i_{t+1}^e+i_{t+2}^e+\cdots+i_{t+(n-1)}^e}{n}$

即长期利率等于债券到期日前预期的短期利率的算术平均值。

例如，在当前市场上 1 年期债券的利率是 6%，预期下一年的 1 年期债券的利率是 6.25%，再下一年的 1 年期债券的利率是 7%，那么当前市场上 3 年期债券的利率就为 6.42%（=(6%+6.25%+7%)÷3）。

2. 解释收益曲线的形状

有了以上对长短期利率关系的解释，就可以对收益曲线的形状进行解释了。该假说认为，利率的期限结构取决于人们对未来短期利率的预期。基本结论有以下三条。

第一，如果预期未来短期利率上升，则长期利率就会高于短期利率，收益曲线向上倾斜。

第二，如果预期未来短期利率下降，则长期利率就会低于短期利率，收益曲线向下倾斜。

第三，如果预期未来短期利率保持不变，则长期利率就会等于短期利率，收益曲线呈水平状。

纯粹预期假说可以解释前述第一个事实：不同期限债券的利率随时间一起波动。一般来说，短期利率具有今天上升、明天进一步上升的特点。因此，短期利率上升将提高人们对未来短期利率上升的预期。由于长期利率与未来短期利率预期的平均值相关，所以短期利率上升也将促使长期利率上升，使得短期利率与长期利率同方向变动。

纯粹预期假说也可以解释前述第二个事实：如果现在短期利率低，则收益曲线向上倾斜；如果现在短期利率高，则收益曲线向下倾斜。因为如果现在短期利率低，人们预期它将升至某个正常水平，这会导致未来短期利率预期平均值上升，长期利率将大大高于当前的短期利率，收益曲线因此向上倾斜。相反，如果现在短期利率高，人们预期它将回落，未来短期利率预期平均值将低于现在的短期利率，长期利率将降至短期利率以下，收益曲线因此向下倾斜。

由于预期理论对利率的期限结构行为提供了一个简洁的解释，所以它非常具有吸引力，然而令人遗憾的是，它存在一个严重的缺陷：无法解释第三个事实，即收益率曲线通常是向上倾斜的。这种典型的向上倾斜的收益率曲线意味着人们一般预期未来的短期利率将会提高。在实际中，短期利率既可能上升，也可能下降。

（二）市场分割假说

纯粹预期假说假定投资者没有严格的期限偏好，对此，市场分割假说提出了完全不同的假设。它假定市场由具有不同投资期限偏好的投资者组成，每种投资者都偏好或只投资于某个特定品种的债券。所以，不同期限的债券完全不可相互替代，一种期限债券的预期回报率对另一种期限债券的需求没有任何影响，从而各种期限债券的利率只是由该种债券的供求决定。也就是说，市场是分割的。

1. 市场分割的原因

造成市场分割的原因有很多，这里主要从风险角度进行解释。

假设投资者是风险厌恶者，个人或机构为避免未来遭遇不愿承受的风险和损失，就不会选择偏离自己未来用款计划的期限。不同的投资者有不同的支出计划，就会形成不同期限债券各自的市场。短期内有用款计划的，就会偏好短期债券；长期内有用款计划的，就会偏好长期债券。但相对来说，长期的支出计划总是更难早做筹划，所以对短期债券的需求更多一些。类似的道理，不同的金融机构也有可能偏好不同期限的债券市场。商业银行出于流动性管理的需要，会偏好持有期限较短的债券，特别是政府债券，以便在有资金需求时可以顺利变现。但人寿保险公司没有迫切保持流动性的需要，所以它更倾向于持有期限较长的债券，以便获得更理想的收益。

从债券发行者看，它们也会按照自己的业务特点，选择发行合适期限的债券。

2. 市场分割假说对收益曲线形状的解释

根据市场分割假说，收益曲线的不同形状是由不同期限债券的市场供求差异决定的。

如果在长期债券市场出现供给大于需求的同时，短期债券市场却出现供给小于需求的情形，长期债券价格会下降，导致长期利率上升，而短期债券价格会上升，导致短期利率下降，就有可能出现长期利率高于短期利率的现象，收益曲线向上倾斜；反之，就会出现短期利率高于长期利率的现象，收益曲线向下倾斜。

市场分割假说可以解释前述第三个事实，即典型的收益曲线总是向上倾斜的。在现实经济中，人们更偏好期限较短、风险较小的债券，因而对短期债券的需求相对于长期债券而言较旺盛。而债券发行者一般倾向于发行长期债券以满足经济发展之需，因而短期债券的供给相对于长期债券要少得多，使得一般的短期债券价格较高、利率较低，长期债券价格较低、利率较高。因此，收益曲线向上倾斜。

但是，它无法解释第一个事实和第二个事实。因为它将不同期限的债券市场看成完全分割的市场，所以一种期限债券的利率上升不会影响其他期限债券的利率。例如，当长期债券供给增加而需求不变时，其价格下跌，长期利率上升，但短期债券投资者并不会因此转向购买长期债券，长期债券的利率变动也就不会对短期债券的利率造成影响。所以，长期债券的供求关系只决定其本身的利率水平。同样，短期债券的供求关系也只决定其本身的利率水平，因此不能解释为什么不同期限债券的利率是一起波动的。该理论也不能确定长期债券能否随短期债券供求而变化，而第二个事实恰恰是短期利率较低时收益曲线向上倾斜，短期利率较高时收益曲线向下倾斜。

鉴于纯粹预期假说和市场分割假说都只能解释利率现象的部分，却不能解释全部利率现象，必须将二者结合起来，这就推导出了流动性升水假说。

（三）流动性升水假说

1. 流动性升水假说的内容

流动性升水假说认为，不同期限债券可以互相替代，这就决定了一种期限债券的预期回报率可以影响其他期限债券的预期回报率。同时，该理论也承认投资者对不同期限债券的偏好。

换句话说，不同期限债券可以相互替代，但不是完全替代。由于投资者倾向于投资期限较短的债券，这些债券的利率风险相对较小，因此只有当正的流动性升水存在时，投资者才愿意投资期限较长的债券。

流动性升水假说认为，长期债券的利率等于债券到期日前预期短期利率的平均值加上该债券随供求条件而变化的流动性升水。借助于纯粹预期假说的结论，考虑流动性升水之后的长期利率与短期利率的关系可以表示为：

$$i_{nt}=\sqrt[n]{(1+i_t)(1+i_{t+1}^e)\cdots(1+i_{t+n-1}^e)}-1+L_{nt}$$

进一步简写为：

$$i_{nt}=\frac{i_t+i_{t+1}^e+\cdots+i_{t+(n-1)}^e}{n}+L_{nt}$$

式中，L_{nt} 为 n 年期债券的流动性升水，它是时间的递增函数，具有期限越长，数值越大的基本特点，即 $0=L_{1t}<L_{2t}<\cdots<L_{nt}$。因此，债券期限越长，流动性越差；流动性升水越高，利率水平就会越高。

我们可以用简单的例子来说明流动性升水假说的含义。例如，假定在今后 5 年内，预期 1 年期利率分别为 5%、6%、7%、8%和 9%，由于投资者偏好持有短期债券，设 1 年期至 5 年期债券的流动性升水分别为 0、0.25%、0.5%、0.75%和 1%。于是，

2 年期债券的利率为：(5%+6%)/2+0.25%=5.75%

3 年期债券的利率为：(5%+6%+7%)/3+0.5%=6.5%

4 年期债券的利率为：(5%+6%+7%+8%)/4+0.75%=7.25%

5 年期债券的利率为：(5%+6%+7%+8%+9%)/5+1%=8%

因此，1 年期至 5 年期的利率分别为 5%、5.75%、6.5%、7.25%和 8%，此时，收益曲线是向上倾斜的。

2. 对收益曲线形状的解释

流动性升水假说对收益曲线形状的解释如图 2—7 所示。在图 2—7a 中，如果预期未来短期利率上升，加上流动性升水，则使收益曲线陡峭地上升。在图 2—7b 中，如果预期未来短期利率不变，加上流动性升水，收益曲线也会轻微地上升，而不是如纯粹预期假说所解释的那样呈水平状。在图 2—7c 中，如果预期未来短期利率轻微下降，加上流动性升水，则收益曲线呈水平状，而不是如纯粹预期假说解释的那样呈下降形状。在图 2—7d 中，如果预期未来短期利率大幅下降，加上流动性升水，则收益曲线也只是平缓下降。

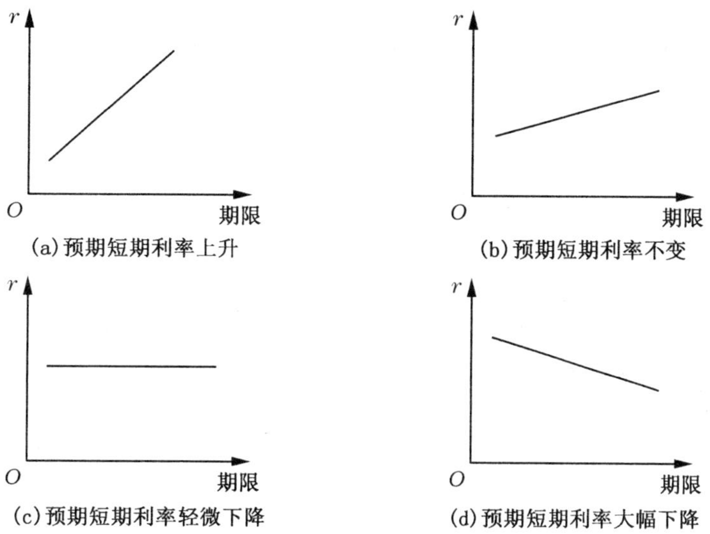

图 2—7 流动性升水假说对收益曲线的解释

根据流动性升水假说可以解释前述第一个事实。短期利率上升，会导致未来短期利率的平均值更高，长期利率随之上升，因而不同期限债券的利率随时间一起波动。

该假说也能对前述第二个事实做出解释。如果短期利率偏低，投资者通常预期它将升至某个正常水平，即预期未来短期利率上升，加上期限升水，长期利率将大大高于当前短期利率，因此收益曲线随之陡峭地向上倾斜；相反，如果短期利率偏高，人们通常预期其将大幅下降，使得短期利率的预期平均值大大低于当前短期利率，即使加上期限升水，长期利率仍然低于当前短期利率，收益曲线向下倾斜。

该假说还能解释前述第三个事实，即典型的收益曲线总是向上倾斜的。由于投资者偏好短期债券，故随着债券期限延长，期限补偿亦相应增加。即使未来短期利率的预期平均值保持不变，长期利率也将高于短期利率，从而使得收益曲线总是向上倾斜。

【课后习题】

一、名词解释

1. 信用　　2. 商业信用　　3. 银行信用

4. 政府信用
5. 消费信用
6. 国家信用
7. 分期付款
8. 消费信贷
9. 利息
10. 利率
11. 基准利率
12. 浮动利率
13. 固定利率
14. 法定利率
15. 市场利率
16. 名义利率
17. 实际利率
18. 利率市场化
19. 管制利率
20. 利率期限结构
21. 利率风险结构

二、问答题

1. 试阐述高利贷的特点及高利贷高利的原因。
2. 请分别阐述商业信用与银行信用的特点,并分析二者间的关系。
3. 简述消费信用的主要形式,并说明消费信用的作用。
4. 请分别阐述商业信用、银行信用、政府信用与消费信用的作用。
5. 试阐述利息的本质。
6. 试阐述并评价西方利率决定理论。
7. 试阐述并分析利率的影响因素。
8. 试阐述现代经济中利率的杠杆作用体现在哪些方面。
9. 简要阐述利率管理体制。
10. 试阐述利率风险结构理论。
11. 阐述并评价利率期限结构理论。
12. 试论述我国利率市场化改革的意义和发展过程。

第三章　外汇与汇率

【学习目标】

1. 理解外汇概念及范畴。
2. 了解汇率的标价方法及种类。
3. 描述汇率制度的主要种类。
4. 理解国际货币体系的内涵。

【思政目标】

“一带一路”倡议与人民币国际化战略，是中国在21世纪作为新兴大国提出的两个举世瞩目的重要规划，不仅符合中国国家利益，也为新兴大国提供必不可少的支撑力量，是对现行世界经济秩序和国际货币体系的进一步完善，体现了新兴大国的责任与担当。

“一带一路”倡议利于夯实人民币国际化基础

第一节　外汇与汇率概述

一、外汇的界定

各个经济体都有自己的货币。通常情况下，外国货币不能在本国流通，因而当需要清偿由国际经济交易引起的对外债权债务时，交易主体便需要把本国货币兑换成外币或把外币兑换成本币。

外汇就是货币，只不过是“外国”的货币。外汇不仅指外国的钞票和硬币，以外币履行支付义务的票据、银行的外币存款和以外币标示的有价证券，如外国政府的债券、外国公司的债券和股票等也是外汇。非钞票和硬币形态的外汇是外汇存在的主要形态。

现代经济生活中的外汇，主要是以外币标示的债权债务证明。外汇作为货币，与本币都是债权债务证明，这是没有区别的。如果要加以区分，那就是外汇还包括股票这类所有权证。而在论及国内货币时，所有权证则不包括在货币之内。债务凭证和所有权证统称金融资产。所以，也可以这样界定：外汇是以外币表示的金融资产，可用作国际结算的支付手段，并能兑换成其他形式的外币资产和支付手段。此外，在一定的口径中，黄金的集中储备也视为外汇。

中国现行的《中华人民共和国外汇管理条例》所称的外汇，是指下列以外币表示的可以用作国际清偿的支付手段和资产：①外国现钞，包括纸币、铸币；②外币支付凭证或者支付工具，包括票据、银行存款凭证、银行卡等；③外币有价证券，包括债券、股票等；④特别提款权；⑤其他外汇资产。

二、汇率的界定与分类

（一）汇率与汇率标价法

汇率（exchange rate）是国与国之间货币折算的比率。汇率的表现形式是以一国货币单位所表示的另一国货币单位的"价格"，因此又称汇价。一个国家通常要与许多国家发生贸易、非贸易等交往，所以，一国货币对许多种货币都要有一个汇率。不过，其中起主要作用的是对美元、欧元、日元等货币的汇率。

如第一章所述，币值是一个常用的概念，泛指货币具有的购买能力，以国内物价来反映时称为货币的对内价值。在引入汇率概念后，本币的币值还可以用外币来表示，又称货币的对外价值。从理论上说，货币的对内价值与对外价值应该是一致的，这是两种货币之所以能相互兑换的基础，也是决定兑换比率的依据。但由于汇率不仅仅取决于货币对内价值，还要受外汇市场上供求状况变化的影响，货币对内价值与对外价值有可能在较长时间内存在较大幅度的偏离。

因折算汇率时确定以本币或是外币作为标准的不同，产生了汇率的两种不同标价方法：直接标价法和间接标价法。

1. 直接标价法

直接标价法，即对一定基数（1 或 100 等）的外国货币单位，用相当于多少本国货币单位来表示。

在直接标价法下，外币的数额固定不变，本币的数额随外币或本币的币值变化而变化。汇率越高，表示单位外币能换取的本币越多，则本币价值越低；汇率越低，则本币价值越高。目前，大多数国家包括中国采用直接标价法。

2. 间接标价法

与直接标价法相对的是间接标价法，这是以一定数量的本国货币单位为基准，用折合成多少外国货币单位来表示。在间接标价法下，本币汇率的升值、贬值方向与汇率的数值上升或下降的变化方向一致，如汇率越高，表示单位本币所能兑换的外币越多，意味着本币升值。英镑一直采用间接标价法，美元从 1978 年 9 月 1 日起也改用间接标价法，但美元兑英镑、欧元等少数货币则使用直接标价法。

（二）汇率的分类

按不同的标准，可以对汇率进行分类。

1. 基准汇率和套算汇率

按照制定方法的不同，可以分为基准汇率和套算汇率。

基准汇率是本币与对外经济交往中最常用的主要货币之间的汇率。由于外币种类繁多，要制定出本币与每一种外币之间的汇率有许多不便，因此，需要选定基准汇率。目前各经济体的货币一般以美元为基本外币来确定基准汇率。2006 年 8 月以后我国基准汇率有五种：人民币兑美元、欧元、日元、港元和英镑的汇率。

套算汇率又称交叉汇率，是根据本币基准汇率套算出本币兑非主要货币的其他外币的汇率或套算出其他外币之间的汇率。人民币兑美元、欧元、日元、港元、英镑以外的其他外币的汇率均为套算汇率。

2. 买入汇率和卖出汇率

按照银行买卖外汇的角度，可划分为买入汇率和卖出汇率。

买入汇率是外汇银行买进外汇(结汇)时所使用的汇率，也称买入价。卖出汇率是银行售出外汇(售汇)时所使用的汇率。买入汇率与卖出汇率间的差额即为银行买卖外汇的利润。由于汇率有两种标价方法，所以外汇银行挂牌的两种汇率的标示方法是不同的：在直接标价法下，买入汇率低于卖出汇率；在间接标价法下，买入汇率高于卖出汇率。

买入汇率和卖出汇率的算术平均数为中间汇率。目前我国外汇管理局公布的兑五种主要货币的基准汇率均为中间汇率。

此外，银行的外币现钞买入价通常低于现汇汇价，因为外币现钞不像其他种类的外汇资产那样可以生息，并需要运送到发行国或能流通之地，运送过程要支付一系列成本。汇率举例如表 3—1 所示。

表 3—1　　100 单位外币兑人民币的外汇牌价

(中国银行于 2019 年 7 月 12 日 10 时 57 分公布)

货币名称	现汇买入价	现钞买入价	现汇卖出价	现钞卖出价	中行折算价
美元	686.01	680.43	688.92	688.92	686.62
加拿大元	525.42	508.83	529.3	530.58	525.62
瑞士法郎	691.95	670.6	696.81	699.1	693.64
丹麦克朗	103.27	100.08	104.09	104.39	103.5
欧元	771.7	747.72	777.39	779.12	773.03
英镑	858.77	832.09	865.1	867.2	860.36
港币	87.69	86.99	88.04	88.04	87.78
日元	6.3208	6.1244	6.3673	6.3708	6.33
韩国元	0.5816	0.5611	0.5862	0.6075	0.5845
澳门元	85.28	82.42	85.62	88.36	85.39
挪威克朗	80.26	77.78	80.9	81.13	80.42
新西兰元	457.3	443.19	460.52	466.16	457.78
菲律宾比索	13.37	12.95	13.47	14.1	13.42
卢布	10.89	10.22	10.97	11.39	10.93
瑞典克朗	73.07	70.81	73.65	73.86	73.21
新加坡元	504.38	488.81	507.92	509.44	505.94
泰国铢	22.3	21.61	22.48	23.17	22.33

参考资料：中国银行官方网站(http://www.boc.cn)。

3. 即期汇率和远期汇率

按照外汇买卖的交割期限不同，可以划分为即期汇率和远期汇率。

即期汇率是买卖双方成交后，在两个营业日内办理交割时所使用的汇率。远期汇率是买卖双方事先约定的，据以在未来一定时期(或时点)进行外汇交割时所使用的汇率。远期汇率的存在，为国际贸易中的套期保值、规避汇率风险的操作提供了工具。

远期汇率和即期汇率之间的价差可以用绝对数或相对数表示。

远期汇率高于即期汇率叫升水(对于本币来说，在直接标价法下，升水意味着本币贬值，外币或外汇升值)，远期汇率低于即期汇率叫贴水，二者相等称为平价。

4. 电汇汇率、信汇汇率和票汇汇率

按照汇兑方式可分为电汇汇率、信汇汇率和票汇汇率。

电汇汇率是银行卖出外汇后，以电信方式通知国外行或代理行付款时所使用的一种汇率。目前国际支付大多以电信方式进行，所以电汇汇率是外汇市场的基准汇率，是其他汇率制定的基础。

信汇汇率是以信函解付的方式买卖外汇时所使用的汇率。信汇速度慢于电汇，银行可以占用汇兑资金生息，所以信汇汇率低于电汇汇率，二者差额相当于汇兑在途的外汇资金产生的利息。

票汇汇率是以票据作为支付工具进行外汇买卖时所使用的汇率。票汇汇率因其速度慢而低于电汇汇率。

5. 名义汇率与实际汇率

按照是否考虑货币所在经济体与其他经济体之间物价差异的因素可以分为名义汇率与实际汇率。

名义汇率是指在市场上观察到的挂牌交易使用的汇率。实际汇率是在名义汇率的基础上，考虑到货币所在经济体与其他经济体之间物价差异因素的汇率。实际汇率无法直接观察得到，需要测算。

6. 官方汇率和市场汇率

按照货币当局对汇率进行管理的角度可分为官方汇率和市场汇率。

官方汇率是一国的外汇管理当局制定并公布实行的汇率。市场汇率则是由外汇市场供求关系决定的汇率。

7. 开盘汇率和收盘汇率

按照外汇银行的营业时间可分为开盘汇率和收盘汇率

开盘汇率是外汇银行在一个营业日开始时进行首批外汇买卖时使用的汇率。收盘汇率是外汇银行在一个营业日结束时所使用的汇率。

第二节　汇率制度安排

一个国家、一个经济体或一个经济区域为了实现经济增长、就业增加、国际收支均衡和货币价值稳定的目标，通常要采用一系列经济政策和经济手段进行调控。汇率制度的选择、汇率水平的调节与管理是重要的调控手段之一。根据国际货币基金组织的规定，各国、各经济体可以根据自身的需要对汇率做出适当安排。这就使汇率制度安排成为各国、各经济体对外经济政策的重要组成部分。

一、汇率制度的概念和内容

汇率制度又称汇率安排，是指一国货币当局对本国汇率变动的基本方式所做的一系列安排或规定。

汇率制度的内容如下。

(1)确定汇率的原则和依据。例如，一个国家的汇率由官方决定还是由市场决定，其货币本身的价值以什么作为依据等。

(2)维持与调整汇率的办法。例如，一个国家对本国货币升值或贬值采取什么样的调整方法，是采用公开法定升值或贬值的办法，还是采取任其浮动或官方有限度干预的办法。

(3)管理汇率的法令、体制和政策等。例如，一个国家对汇率管理是采取严格还是松动或不干预的办法，以及其外汇管制中有关汇率及其适用范围的规定。

(4)制定、维持与管理汇率的机构。例如，一个国家把管理汇率的权责交给中央财政还是货币当局或专门机构等。

二、汇率制度的种类

汇率制度分类是研究汇率制度优劣性和汇率制度选择的基础，而对汇率制度与宏观经济关系的考察，首先在于对汇率制度如何分类。由于不同的分类可能会有不同的结论，导致汇率制度的选择成为宏观经济领域最具争议性的问题。

传统上，按照汇率变动的幅度，汇率制度分为两大基本类型：固定汇率制和浮动汇率制。

(一)固定汇率制度及其特点

固定汇率制是指以本位货币本身或法定含金量为确定汇率的基准，汇率比较稳定的一种汇率制度。固定汇率制度可以分为1880—1914年金本位体系下的固定汇率制和1944—1973年布雷顿森林体系下的固定汇率制(也称为以美元为中心的固定汇率制)两个阶段。

固定汇率制的主要特点是：由于汇率相对固定，避免了汇率频繁剧烈波动，给市场提供了一个明确的价格信号，稳定了预期，有利于对外贸易结算和资本的正常流动，减少了经济活动的不确定性。它通过发挥“政府主导市场”的作用，由政府来承担市场变化的风险。

但是，由于政府的担保，市场参与者丧失了风险意识和抵抗风险的能力，容易诱导短期资本大量流入。在资本大量流入的情况下，货币当局往往被迫对本国货币实行升值或贬值政策，引发金融动荡；同时，也使本国货币政策缺乏独立性，导致固定汇率有时会变得极不稳定，汇率水平会突然变化。如果一个国家迫于市场压力放弃原先的目标汇率而实行新的汇率，则称之为汇率的再安排。之所以实施汇率再安排，有时是为了解决长期性的经常项目赤字或盈余。汇率再安排可以是本币的升值，也可以是本币的贬值，但如果对汇率的再安排过于频繁，那么汇率制度将丧失可信性，也失去了固定汇率制度的内在优势。

(二)浮动汇率制度及其特点

一般来说，自1973年3月以后，全球金融体系中以美元为中心的固定汇率制度就不复存在，而被浮动汇率制度所代替。

浮动汇率制是指一国不规定本币与外币的黄金平价和汇率上下波动的界限，货币当局也不再承担维持汇率波动界限的义务，汇率随外汇市场供求关系变化而自由上下浮动的一种汇率制度。在浮动汇率制下，各国不再规定汇率上下波动的幅度，中央银行也不再承担维持波动上下限的义务，各国汇率根据外汇市场中的外汇供求状况自行浮动和调整。

1. 浮动汇率制度的分类

鉴于各国对浮动汇率的管理方式和宽松程度不一样，该制度又有诸多分类。

(1)按政府是否干预，可分为自由浮动及管理浮动。自由浮动，是指政府任凭外汇市场供求状况决定本国货币同外国货币的兑换比率，不采取任何措施；管理浮动，是指政府采取有限的干预措施，引导市场汇率向有利于本国利益的方向浮动。

(2)按浮动形式，可分为单独浮动和联合浮动。单独浮动，是指一国货币不与其他任何货币固定汇率，其汇率根据市场外汇供求关系来决定。目前，包括美国、英国、德国、法国、日本等在内的 30 多个国家实行单独浮动。联合浮动，是指国家集团对成员国内部货币实行固定汇率，对集团外货币则实行联合的浮动汇率。例如，欧盟(欧共体)8 国 1979 年成立了欧洲货币体系，设立了欧洲货币单位(ECU)，各国货币与之挂钩建立汇兑平价并构成平价网，各国货币的波动必须保持在规定的幅度之内，一旦超过汇率波动预警线，有关各国要共同干预外汇市场。

(3)按被钉住的货币不同，可分为钉住单一货币浮动以及钉住一揽子货币浮动。钉住单一货币，是指一国货币与另一种货币保持固定汇率，随后者的浮动而浮动。由于历史、地理等诸多方面原因，有些国家的对外贸易、金融往来主要集中于某一工业发达国家，或主要使用某一外国货币。为使这种贸易、金融关系得到稳定发展，免受相互间汇率频繁变动的不利影响，这些国家通常使本币钉住该工业发达国家的货币，如一些美洲国家的货币钉住美元浮动等。

货币局制度的表现——香港的联系汇率制

钉住一揽子货币浮动，是指一国货币与某种一揽子货币保持固定汇率，随后者的浮动而浮动。一揽子货币(也称篮子货币)通常由几种世界主要货币或由与本国经济联系最为密切的国家的货币组成。特别提款权是最有名的一揽子货币，由美元、欧元、人民币、日元、英镑这五种货币按不同的比例构成。其价格随着这些货币的汇率变化每日都进行调整，由国际货币基金组织逐日对外公布。钉住一揽子货币浮动这种浮动汇率制度有两个特点：一是保值；二是波动幅度小，汇率走势稳定。实行这种汇率制度的主要目的是避免本国货币受某一国货币的支配。2005 年 7 月 21 日，我国开始实行以市场供求为基础的钉住一揽子货币的有管理的浮动汇率制度。

2. 浮动汇率制的特点

浮动汇率制的主要特点是汇率波动频繁且幅度变化剧烈。在浮动汇率制度下，由于各国政府不再规定货币的法定比价和汇率界限，也不承担维持汇率稳定的义务，汇率完全由市场供求决定。其波动之频繁、波幅之大是固定汇率制度下所远不能比的。有时其一天波动幅度在5%以上，一周波动竟能在 10%以上。一遇政治、经济形势变动，其波幅更大。汇率的频繁剧烈波动，给国际经济秩序带来了不稳定的影响。但是，浮动汇率制可以发挥汇率杠杆对国际收支的自动调节作用，减少国际经济状况变化和外国经济政策对本国的影响，降低国际游资冲击的风险。它通过发挥“市场修正市场”的作用，让市场参与者自己承担风险。

三、汇率制度的选择

一般来讲，一个国家或地区在选择汇率制度时，应考虑以下因素。

(一)经济规模与开放程度

如果贸易额占 GDP 份额很大，那么货币不稳定的成本就会很高，最好采用固定汇率制度。

（二）通货膨胀率

如果一国的通货膨胀率比其贸易伙伴高，那么它的汇率必须浮动，以防止它的商品在国际市场上的竞争力下降；如果通货膨胀的差异适度，那么最好选用固定汇率制度。

（三）金融市场发育程度

金融市场发育不成熟的发展中国家选择自由浮动制度是不明智的，因为少量的外币交易就会引发市场行情的剧烈动荡。

（四）政策制定者的可信度

中央银行的声望越差，采用盯住汇率制来建立控制通货膨胀信心的情况就越普遍。

（五）资本流动性

一国经济对国际资本越开放，保持固定汇率制就越难，就越倾向于采用浮动汇率制。

第三节 国际货币制度

一、国际货币制度及其演变

（一）国际货币制度的内容

当货币制度问题超出国界时，就成为国际货币制度问题。国际货币制度亦称国际货币体系，是支配各国货币关系的规则以及各国间进行各种交易支付所依据的一套安排和惯例。国际货币制度通常是由参与的各国政府磋商而定，一旦商定，各参与国都应自觉遵守。

国际货币制度一般包括三个方面的内容：一是确定国际储备资产，即使用何种货币作为国际支付货币，哪些资产可用作国际储备资产；二是安排汇率制度，即采用何种汇率制度，是固定汇率制还是浮动汇率制；三是选择国际收支的调节方式，即出现国际收支不平衡时，各国政府应采取什么方法进行弥补，各国之间的政策措施如何协调等。理想的国际货币制度应该能够促进国际贸易和国际经济活动的发展，主要体现在国际货币秩序的稳定、能够提供足够的国际清偿能力并保持国际储备资产的信心、保证国际收支的失衡能够得到有效的调节。

迄今为止，国际货币制度经历了从国际金本位制到布雷顿森林体系再到牙买加体系的演变过程。

（二）国际金本位制

国际金本位制是指黄金充当国际货币，各国货币之间的汇率由它们各自的含金量比例即金平价决定，黄金可以在各国间自由输出输入，汇率相对平稳，国际收支具有自动调节的机制。因此国际金本位制下的汇率制度是一种较稳定的固定汇率制。其特征表现为：第一，汇率制度以黄金作为物质基础，保证了各国货币的对内价值和对外价值的稳定。第二，汇率具有自动稳定的机制，政府不加干预。第三，汇率制度有利于黄金拥有量更多的发达国家。1880—1914年的35年间是国际金本位制的黄金时代。由于1914年第一次世界大战爆发，各参战国纷纷禁止黄金输出，停止纸币兑换黄金，国际金本位制受到严重削弱，之后虽改行金块本位制或金汇兑本位制，但因其自身的不稳定性都未能持久。在1929—1933年的经济大危机冲击下国际金本位制终于瓦解，随后，国际货币制度一片混乱，直至1944年重建新的国际货币制度——布雷顿森林体系。

（三）布雷顿森林体系

布雷顿森林体系是第二次世界大战以后实行的以美元为中心的国际货币制度。1944 年 7 月，在美国新罕布什尔州的布雷顿森林召开了由 44 国参加的"联合国联盟国家国际货币金融会议"，建立了以美元为中心的国际货币制度。其主要内容是：①以黄金作为基础，以美元作为最主要的国际储备货币，实行"双挂钩"的国际货币体系，即美元与黄金直接挂钩，其他国家的货币与美元挂钩。美元与黄金挂钩是指，美国政府保证以 1934 年 1 月规定的 35 美元等于 1 盎司的黄金官价兑付其他国家政府或中央银行持有的美元。其他国家货币与美元挂钩是指，根据 35 美元等于 1 盎司黄金的价格确立美元的含金量，其他国家也以法律形式规定各自货币的含金量，而后通过含金量的比例，确定各国货币与美元的兑换比例。②实行固定汇率制。各国货币兑美元的汇率一般只能在平价上下 1% 的幅度内浮动，各国政府有义务在外汇市场上进行干预，以维持外汇行市的稳定。国际收支不平衡则采用多种方式调节。这个货币体系实际上是美元—黄金本位制，也是一个变相的国际金汇兑本位制。

布雷顿森林体系对第二次世界大战后资本主义经济发展起过积极作用，但是布雷顿森林体系自身具有不可克服的矛盾。1960 年，美国耶鲁大学教授特里芬在《黄金与美元危机》一书中，明确指出了布雷顿森林货币体系以一国货币作为最主要国际储备资产所具有的自身难以克服的矛盾。他认为："由于美元与黄金挂钩，而其他国家的货币与美元挂钩，虽然美元因此取得了国际核心货币的地位，但各国为了发展国际贸易，必须用美元作为结算与储备货币，这样就会导致流出美国的货币在海外不断沉淀，对美国来说就会发生长期贸易逆差；而美元作为国际货币核心的前提是必须保持美元币值的稳定与坚挺，这又要求美国必须是一个长期贸易顺差国。这两个要求互相矛盾，因此是一个悖论。" 人们将这一观点称作"特里芬悖论"，或称"特里芬难题"。

布雷顿森林体系实施的早期，这个矛盾并未完全显现。20 世纪 60 年代以后，美国政治、经济地位逐渐下降，特别是外汇收支逆差大量出现，使黄金储备大量外流，到 60 年代末出现黄金储备不足抵补短期外债的状况，导致美元危机不断发生，各国在国际金融市场大量抛售美元，抢购黄金，或用美元向美国挤兑黄金。进入 70 年代。美元危机更加严重。1971 年 8 月 15 日美国公开放弃金本位，各国也随后纷纷宣布放弃固定汇率，实行浮动汇率，不再承担维持美元汇率的义务。1974 年 4 月 1 日起，国际协定正式解除货币与黄金的固定关系，以美元为中心的布雷顿森林体系彻底瓦解，取而代之的是牙买加体系。

（四）牙买加体系

1976 年 1 月，国际货币基金组织在牙买加签署了《牙买加协定》，形成了新的国际货币制度——牙买加体系 。其主要内容包括：

(1)国际储备货币多元化。黄金完全非货币化，各国可自行选择国际储备货币。美元仍作为主要的国际货币，日元、德国马克等货币则随着本国经济实力的增强而成为重要的国际货币。

(2)汇率安排多样化。出现了以浮动汇率为主，盯住汇率并存的混合体系，亦称"无体制的体制"，各国可自行安排汇率。

(3)多种渠道调节国际收支。一是运用国内经济政策，通过改变国内的供求关系和经济状况，消除国际收支的失衡；二是运用汇率政策影响本币币值，通过增强本国出口商品的国际竞争力减少经常项目的逆差；三是通过国际融资平衡国际收支；四是通过加强国际协调来解决国际收支平衡问题；五是通过外汇储备的增减来调节国际收支失衡。

牙买加体系的实行，对于维持国际经济运转和推动世界经济发展发挥了积极的作用。多元化国际储备货币的结构为国际经济提供了多种清偿货币，摆脱了布雷顿森林体系下对一国货币——美元的过分依赖；多样化的汇率安排适应了多样化的、不同发展程度国家的需要，为各国维持经济发展提供了灵活性与独立性；灵活多样的调节机制，使国际收支的调节更为有效与及时。

需要指出的是，牙买加体系并非理想的国际货币制度，多年来的运行，其缺陷和不足也日益凸显，主要表现在：第一，牙买加体系下汇率的波动更加严重，这种过度的波动导致了多次货币危机，甚至是金融危机。第二，浮动汇率制并没有实现国际收支的自动调节机制，事实证明，国际收支经常项目的失衡并不能通过汇率的变动来自动调节，普遍的做法是用国际资本流入为经常项目赤字提供融资，其长期的结果可能导致债务危机。20 世纪 80 年代的国际债务危机充分反映了这一问题。第三，牙买加体系下，一国政府对宏观经济的调控难度加大。

二、欧洲货币制度

欧洲货币联盟从起源到完全实施经历了一个较长的阶段。最早是《罗马条约》，提出建立欧洲经济共同体的思想；而后是《德洛尔报告》，形成欧洲货币联盟的初步安排；第三步是《马斯特里赫特条约》，正式提出建立欧洲货币联盟和推出欧洲单一货币欧元的设想。1998 年，欧洲中央银行正式成立；1999 年，单位为“埃居”（ECU）的欧元开始使用；2002 年欧元纸币和硬币进入流通，全面取代原来欧元区各国的货币。

欧洲货币制度的建立是区域性货币一体化成功的首例。区域性货币一体化是指：一定区域内的国家和地区，在货币金融领域实施国际协调，并最终形成统一的货币体系。区域性货币一体化的理论依据是由罗伯特·蒙代尔所提出的最优货币区理论。这一理论的核心内容是：在具备一定条件的区域内，各国放弃本国货币，采取统一的区域货币，这样有利于安排汇率，以实现就业、稳定和国际收支平衡的宏观经济目标。

欧元的思路并非针对解决全球货币本位问题，但在西欧发达工业化国家这个领域中，在超国界的货币本位问题上进行了实验，取得了突破。无论如何，这对全球货币本位的讨论是一个很大的刺激。欧元的出现直接刺激了世界其他地区对于建立区域货币合作和建立货币区的关注。

【课后习题】

一、名词解释

1. 外汇
2. 汇率
3. 直接标价法
4. 间接标价法
5. 固定汇率制
6. 浮动汇率制
7. 布雷顿森林体系
8. 特里芬难题

二、问答题

1. 试阐述浮动汇率制度与固定汇率制度各自的利弊。
2. 试阐述国际金本位体系下的经济自动调节机制。
3. 试阐述布雷顿森林体系崩溃的原因。
4. 试阐述一国或地区在选择汇率制度时通常应考虑哪些因素。
5. 简述牙买加体系的优劣。

第二篇

微观金融

第四章　金融市场概述

【学习目标】

1. 掌握金融市场的概念与功能，理解不同主体参与金融市场的目的与作用。
2. 掌握金融市场的分类。
3. 了解金融市场发展的四个阶段，了解我国金融市场的发展历程。

【思政目标】

金融是国民经济的血脉，是国家核心竞争力的重要组成部分。金融具有二重性，作为现代市场经济的血液，必须尽力满足经济社会发展的合理融资需求；作为国民经济的一大支柱产业，本身就是支持经济稳定增长的重要力量。2023年10月底召开的中央金融工作会议明确提出“以深化金融供给侧结构性改革为主线”，并要求“做好科技金融、绿色金融、普惠金融、养老金融、数字金融五篇大文章”。这五篇大文章所涉及的领域，是推动经济提质升级的新动能，也是未来进一步深化金融供给侧结构性改革的落脚点，为金融服务经济社会高质量发展指明了方向。

推动中国金融市场高质量发展助力加快建设金融强国

第一节　金融市场的基本概念

一、金融市场的概念

市场是提供资源流动和资源配置的场所。在市场中，依靠价格信号，引领资源在不同部门之间流动并实现有效配置。一个好的市场可以帮助社会资源实现最佳配置。金融市场发达与否是一国经济、金融发达程度及制度选择取向的重要标志。

按照交易的产品类别划分，可以将市场分为两大类：一类是提供产品的市场，进行商品和服务的交易；另一类是提供生产要素的市场，进行劳动力和资本的交易。金融市场属于要素类市场，专门提供资本。在这个市场上进行资金融通，实现借贷资金的集中和分配，完成金融资源的配置过程。通过金融市场上对金融资产的交易，最终可以帮助实现社会实物资源的配置。从这个意义上说，金融市场与产品市场之间存在密切的联系。

一般来说，金融市场就是资金盈余部门向资金赤字部门融通资金的场所，这种资金的转移可以表现为货币资金的借贷，也可以表现为金融商品的买卖。因此金融市场的含义也有广义和狭义之分。

广义的金融市场应当包括所有的融资活动，包括银行以及非银行金融机构的借贷，包括企业通过发行债券、股票实现的融资，包括投资人通过购买债券、股票实现的投资，包括通过租赁、信托、保险种种途径所进行的资金的集中与分配，等等。在日常活动中，还有一种对于金融市场的理解，即将金融市场限定在有价证券交易的范围，比如股票市场、债券市场等。对于这种说法，可以看作对金融市场的狭义理解。

金融市场上借贷资金的集中和分配，将会帮助形成该市场的“价格”，即利率。

金融市场的交易目的主要体现为使用权而不是所有权的交易，这与商品市场有显著的区别。资金盈余单位以各种方式让渡一定时期一定数量资金的使用权，是为了获得利息或收益；而资金短缺单位则通过各种渠道获得一定时期一定数量资金的使用权，代价是要支付资金使用成本。

二、金融市场的构成要素

随着现代市场经济的发展，金融市场也在不断发展，它不仅和人们的生活发生着日益紧密的联系，而且处于现代市场体系的核心地位。与商品市场一样，一个完整的金融市场需要有一些必备的市场要素。金融市场有以下几个主要构成要素。

（一）交易的主体

目前，世界各地金融市场的参与者非常广泛，在开放的金融市场上，还应包括国外的金融交易参与者。金融市场的交易主体主要包括政府、金融机构、企业和居民。

1. 政府

政府在一国金融市场上主要充当资金需求者和金融市场管理者角色。作为筹资者，不管是中央政府还是地方政府，为了调节国库收支、建设公共工程、干预经济运行或弥补财政赤字，一般都需要通过发行公债方式筹措资金。因此，政府在金融市场上是最主要的筹资人之一。在货币市场上，政府通过发行国库券借入资金；在资本市场上，各国政府主要通过发行国债满足其对中长期资金的需求。

作为金融市场的管理者，中央银行是一国政府重要的宏观经济管理部门，为了实现政府的宏观经济目标，中央银行要根据货币流通状况，在金融市场上进行公开市场业务操作，通过有价证券的买卖，吞吐基础货币，以调节市场上的货币供应量。在参与金融市场运作过程中，中央银行不以营利为目的，而是以调控宏观经济运行以及实施宏观经济政策为己任。

2. 金融机构

在金融市场上，金融机构的作用较为特殊。首先，它是金融市场上最重要的中介机构，是储蓄转化为投资的重要渠道。其次，金融机构在金融市场上充当资金的供给者、需求者和中介人等多重角色，它既发行、创造金融工具，也在市场上购买各类金融工具；既是金融市场的中介人，也是金融市场的投资者、货币政策的传递者和承受者。金融机构作为机构投资者在金融市场具有支配性的作用。

3. 企业

企业是微观经济活动的主体，是股票和债券市场上的主要筹资者，也是货币市场的重要参与者。从总体上看，企业是金融市场上最大的资金需求者和金融工具的提供者；从结构上看，资金余缺的企业是并存的。企业的理财始终离不开金融市场，既用现金余款来进行短期投资，又利用货币市场融入短期资金以满足季节性、临时性的资金需求，还可以通过资本市场筹措长期资金，因而成为金融市场最活跃的主体。

4. 居民

居民是金融市场上主要的资金供给者。居民为了预防未来支出的不确定性或出于节俭等目的，将收入的一部分用于储蓄。不少居民动用储蓄资金投资于股票、债券、基金等资本市场工具，投资于保险市场或参与黄金市场交易，组合其金融资产，实现风险和收益的最佳匹配。居民投资者是金融市场供求均衡的重要力量。

（二）交易的对象

从本质上说，金融市场的交易对象就是货币资金，但由于货币资金之间不能直接进行交易，需要借助金融工具来进行，因此，金融工具就成为金融市场上进行交易的载体。

金融工具是指在金融活动中产生的能够证明金融交易金额、期限、价格的合法凭证，是一种具有法律效力的契约。交易双方的权利和义务受法律保护。既包括政府债券、公司股票和债券、商业票据、银行可转让大额定期存单，也包括金融期货、期权等衍生金融资产，这些金融工具是一定金额货币资金的载体。

金融工具最初称为信用工具，远在金融市场形成以前，信用工具便已产生。它是商业信用发展的产物。但是由于商业信用的局限性，这些信用工具只能存在于商品买卖双方，并不具有广泛的流动性。随着商品经济的进一步发展，在商业信用的基础上，又产生了银行信用和金融市场。银行信用和金融市场的产生和发展反过来又促进了商业信用的发展，使信用工具成为金融市场上的交易工具。

金融工具具有流动性、期限性、收益性、风险性等特征，一般来说，期限越长，流动性越差，收益越高，风险越大。

（三）交易的价格

金融市场的交易价格是交易对象货币资金的价格——利率。各种金融市场，均有自己的利率，如贴现市场利率，国库券市场利率，银行同业拆借市场利率等。但不同的利率之间有密切联系，通过市场机制作用，所有各种利率在一般情况下呈同方向的变化趋势。

（四）交易的组织形式

金融交易的组织方式是指组织金融工具交易时采用的方式。受市场本身的发育程度、交易技术的发达程度以及交易双方交易意愿的影响，金融交易主要有以下三种组织方式：一是有固定场所的有组织、有制度、集中进行交易的方式，如交易所交易方式；二是在各金融机构柜台上买卖双方进行面议的、分散交易的方式，如柜台交易方式；三是电信网络交易方式，即没有固定场所，交易双方也不直接接触，主要借助电子通信或互联网络手段来完成交易的方式。

现在的金融交易，既有具体的交易场所，也有无形的交易场所，伴随现代电子技术在金融领域的广泛运用，大量无形市场开始出现。

三、金融市场的功能

金融市场通过组织金融资产、金融工具的交易，发挥着重要的经济功能。

(一)融通资金功能

融通资金功能,即实现储蓄向投资转化的功能,这是金融市场最主要、最基本的功能。金融市场借助市场机制,聚集了众多交易主体,创造和提供了各种金融工具和融资平台,为投资者和筹资者开辟了广阔的投融资途径。在这个过程中,金融市场发挥着融通资金的"媒介器"作用。

金融市场这一功能的重要性在于,有多余资金的经济主体往往并不是有投资机会的主体。我们假设张某拥有 1 000 元的积蓄,可是找不到合适的投资机会,那么他就只能持有 1 000 元现金而无任何额外收益。假设李某有一个需要 1 000 元并能赚得年收益 200 元的投资机会。假定张某能与李某取得联系,将 1 000 元贷给他。李某支付 100 元的利息,自己也能获得 100 元的投资收益。这样,二人的获利都得到了提高。但是,在缺乏金融市场的情况下,张某与李某也许永远不会碰在一起。没有金融市场,很难实现资金从储蓄者向投资者的转移。

金融市场为资金供需双方提供了调节资金余缺的市场交易机制,从而促进储蓄向投资转化,进而促进经济发展。

(二)优化资源配置功能

优化资源配置功能,是指金融市场通过定价机制自动引导资金的合理配置,进而引导资源从低效益部门向高效益部门流动,从而实现资源的合理配置和有效利用。

假定金融市场上证券的交易价格能反映企业真实的内在价值(包括企业债务的价值和股东权益的价值),则通过金融市场的价格信号,就能引导资金流向最有发展前景、经济效益最好,并且能为投资者带来最大利益的行业和部门(因为此类公司的证券价格会一路走高,吸引人们购买),从而引导资金合理流动,实现资源的有效配置和合理利用。

(三)信息传递功能

信息传递功能,是指金融市场发挥经济信息集散中心的作用,成为一国经济、金融形势的"晴雨表"。首先,从微观角度看,金融市场能够为证券投资者提供信息。例如,通过上市公司公布的财务报表来了解企业的经营状况,从而为投资决策提供充分的依据。其次,从宏观角度看,金融市场交易形成的价格指数作为国民经济的"晴雨表",能直接或间接地反映出国家宏观经济运行状况。

(四)分散和转移风险功能

分散和转移风险功能,是指金融市场的各种金融工具在收益、风险及流动性方面存在差异,投资者可以很容易地采用各种证券组合来分散投资于单一金融资产所面临的非系统性风险,从而提高投资的安全性和盈利性。但需要明确的是,金融市场只能针对某个局部分散或转移风险,而非从总体上消除风险。同时,金融市场也发挥着提供流动性的功能,其中包括长短期资金的相互转换、小额资金和大额资金的相互转换和不同区域之间的相互转换。这种转换有利于灵活调度资金,为投资者和筹资者进行对冲交易、套期保值交易等提供便利,使其可以利用金融市场来转移和规避风险。

(五)经济调节功能

经济调节功能,是指金融市场为宏观管理当局实施宏观调控提供了场所。例如,金融市场能从总体趋势上反映国家货币供给量的变动趋势,中央银行可以根据金融市场上的信息反馈,通过公开市场业务、调整贴现率等手段来调节资金的供求关系,从而保持社会总供求的均衡。在中央银行货币政策工具中,以短期国债为主要交易工具的公开市场业务操作就需要借助货币市场平台。中央银行可以在该平台上影响商业银行的超额准备和同业拆借市场利率,进而影响金融机构的信用扩展能力。

第二节　金融市场分类

金融市场是一个大系统，这系统由许多具体的相互独立，但又有紧密关联的市场组成。可以按不同的划分标准进行分类。以下进行主要类型的介绍。

一、现货市场和期货市场

按照金融工具的交割时间要求不同可分为现货市场和期货市场。

现货市场一般是指在成交后1～3工作日内立即付款交割的市场。当然，由于技术原因，成交后不可能立即交割，在成交与交割之间存在一定的时间差，不同的市场对于交割期限有不同规定。

现货市场的主要特点是成交与交割的时间间隔很短，并且是实物交割，即卖方必须实实在在地向买方转移金融商品，同时，买方向卖方支付实际价款。

期货市场是指买卖双方就一个统一的标准合同即期货合约进行买卖并在未来的特定日期按双方事先约定的价格交割特定数量和品质商品的交易市场。期货合约对交易品种、质量、数量及期限进行了标准化的规定，以便买卖。

商品期货市场的产生已有100多年的历史，而金融期货市场则是20世纪70年代金融创新的产物。目前，世界金融期货交易的品种主要有外汇期货、利率期货和股票指数期货。

二、一级市场和二级市场

按照金融工具交易程序不同可划分为一级市场和二级市场。

一级市场是指筹集资金的公司或政府机构将其新发行的股票或债券等证券销售给最初购买者的金融市场。一级市场的主要功能是筹集资金。投资银行(证券公司)是一级市场上协助证券发行的重要金融机构。

二级市场是指交易已经发行的证券的金融市场。当一个人在二级市场上买入证券时，出售证券的人通过让渡证券获取了货币收入。但是，发行该证券的公司却并没有得到新的资金。公司只有其证券在一级市场上首次发行时才能获取资金。但无论如何，二级市场仍发挥着以下两个重要功能：一是流动性功能。二级市场使投资者可以更加容易和快捷地出售金融工具，提高了金融工具的流动性，也就增强了金融工具在金融市场上的接受度，从而使得发行公司在一级市场上的销售变得更加容易。二是价格发现功能。二级市场决定了发行公司在一级市场销售证券的价格，因为投资者在一级市场上购买证券的价格，不会高于其对二级市场上该证券价格的预期。二级市场上证券价格越高，发行公司在一级市场上销售证券的价格就越高，它们所筹集到的资金规模也就越大。

三、货币市场和资本市场

根据金融工具的期限不同可划分为货币市场和资本市场。

货币市场是指交易期限在1年及1年以下的短期资金融通的市场，包括银行同业拆借市场、短期国库券市场、大额定期存单市场、商业票据市场等子市场。这一市场的金融工具期限一般很短，流动性高，类似于货币，因此被称为货币市场。货币市场是金融机构调节流动性的重要场所，是中央银行货币政策操作的基础。

资本市场是指交易期限在1年以上的长期资金融通的市场，主要包括银行的长期借贷市场和有价证券市场，如股票市场、债券市场等。由于交易期限较长，流动性较低，资金主要用于实际资本的形成，所以被称为资本市场。其作用是满足工商企业的中长期投资需求和解决政府财政赤字的需要。

本书第五、第六章将按货币市场和资本市场的分类进行详细介绍。

四、票据市场、股票市场、债券市场、外汇市场、黄金市场

按具体的交易标的物不同划分为票据市场、股票市场、债券市场、外汇市场、黄金市场等。

票据市场是指各种票据进行交易的市场，包括商业票据市场和银行承兑汇票市场。票据市场是货币市场的重要组成部分。

股票市场是股份有限公司的股票发行和转让交易的市场。股份有限公司发行新股票的市场叫股票发行市场或股票初级市场，已发行股票的转让流通市场叫股票的二级市场。

债券市场包括政府债券、公司(企业)债券、金融债券等的发行和流通市场。

外汇市场有广义和狭义之分，狭义的外汇市场指的是银行间的外汇交易，包括外汇银行间的交易、中央银行与外汇银行的交易以及各国中央银行之间的外汇交易活动，通常被称为外汇批发市场。广义的外汇市场是指各国中央银行、外汇银行、外汇经纪人及客户组成的外汇买卖、经营活动的总和，包括上述的外汇批发市场以及银行同企业、个人之间进行外汇买卖的零售市场。

黄金市场是专门集中进行黄金买卖的交易中心或场所。黄金市场早在19世纪初就已形成，是最古老的金融市场。但是随着时代的发展，黄金非货币化的趋势越来越明显，黄金市场的地位也随之下降。由于目前黄金仍是国际储备资产之一，在国际支付中占据一定的地位，因此黄金市场仍被看作金融市场的组成部分。伦敦、纽约、苏黎世、芝加哥和香港的黄金市场被称为国际五大黄金市场。我国于2002年成立上海黄金交易所，黄金开始在有形交易市场上挂牌交易。

五、交易所市场和场外交易市场

根据交易场所的差别可划分为交易所市场和场外交易市场。

交易所市场一般指的是证券交易所等固定的交易场所。在证券交易所进行交易首先要开设账户，然后由投资人委托证券商买卖证券，证券商负责按投资者的要求进行操作。

场外交易市场又称柜台交易市场，证券经纪商通常在他们办公室的柜台上完成正常交易手续，支撑场外交易市场的通常是一个直接连接证券经纪商和客户的电话或数字通信网络。

六、原生金融市场和衍生金融市场

根据金融工具性质不同来分类可划分为原生金融市场和衍生金融市场。

原生金融工具是指在实际信用活动中出具的能证明债权债务关系或所有权关系的合法凭证。原生金融市场又称基础性金融市场，指一切基础性金融工具的交易市场，包括货币市场、资本市场、外汇市场等。

衍生金融工具是指一类价值依赖于原生性金融工具的金融产品，主要包括期货、期权、互换、远期合约等。衍生金融工具是与基础金融产品相对应的一个概念，指建立在基础产品或基础变量之上的派生金融产品。衍生金融市场是从基础金融市场派生出来的，以衍生金融工具

为交易对象的市场。

七、国内金融市场和国际金融市场

按金融市场活动的空间范围划分可以将金融市场分为国内金融市场和国际金融市场。实际上，国内金融市场与国际金融市场的划分在表面上表现为空间范围的不同，而其实质则在于市场制度的差异。

国内金融市场是处于一国范围内的金融商品交易场所及交易体系，包括众多的国内地方及区域金融市场。国内金融市场的交易主体是本国投资者，市场活动受到国界的限制，金融交易行为的直接后果只改变本国国民收入的分配状况，并由此影响资源重新配置。不同国家的国内金融市场保持相对独立性，受到本国政府的严格管理，并受本国货币政策的直接影响，在市场形式、交易制度及市场行情等方面存在显著差异。

国际金融市场是国际贸易和金融业发展的产物，是由国际性的资金借贷、结算以及证券、黄金和外汇买卖活动所形成的市场，包括国际性货币市场、资本市场、黄金市场和外汇市场。它同国内金融市场最重要的区别在于允许外国投资者参与交易，市场活动较少或不受所在国金融管理当局控制，市场交易活动的后果表现为资金在国际之间的流动，对参与国的外汇收支产生直接影响。

世界三大金融市场

在上述金融市场的分类中，第三类金融市场是最基本的金融市场分类。它既解决资金的长期需求与供给，也解决短期资金的需求与供给问题。一家企业、一国政府以至个人都要把资金划分为长短期两部分：一部分解决要求流动性较强的即期需求，以避免发生支付危机或信誉危机，解决短期生产、流通对资金的需求；一部分解决长期投资需求，以增加长期稳定收益。若完全追求长期高收益，资金投入不能回流，则可能导致即期支付困难，故长短期资金的搭配与平衡是经济运行中普遍的、重要的法则。

第三节　金融市场的发展

商品信用经济的发展，必然带来信用制度的发展，产生多种金融中介机构、信用形式和信用工具，而多种信用形式和信用工具的运用和流通，必然导致金融市场的形成与发展。换句话说，金融市场的形成得益于商品经济、信用制度和股份制经济的发展，而金融市场的存在与发展又是现代经济得以存在与发展的重要支柱之一。

一、金融市场的发展历程

金融市场自形成以来，已经有400多年的历史了。尤其是近半个世纪以来，由于IT技术和通信技术的应用，各种新的金融工具不断涌现，交易手段也日益多样化，金融市场进入了真正意义上的快速发展时期。

纵观金融市场的发展，大都经历了一个从低级到高级、从萧条到繁荣、从弱小到强大、从无形到有形、从分散到集中、从区域性到全国性、从国内到全球、从现货到期货、从投机性到投资性、从不完善到规范的发展过程，其发展历程大致可以分为以下几个阶段。

（一）第一阶段：15世纪中叶到19世纪中叶

这一阶段的特点是各国政府对金融市场的管理比较松散，资本可以完全自由流动。1540—

1640 年的第一次工业革命，推动了金融市场要素的形成与发展，主要表现为以下几个方面。

(1)推动了欧洲大陆金融体系的发展。14 世纪与 15 世纪之交，既是欧洲大陆银行业产生的年代，也是世界银行业产生的年代。此后，欧洲大陆，尤其是西欧各国银行业如雨后春笋般建立起来。

(2)推动了欧洲大陆金融工具的发展。与欧洲经济贸易发展相联系，票据这一结算工具开始率先在地中海沿岸使用，汇票便是这一时期意大利商人的一种发明；银行倒闭现象的频繁出现，促使了债券与股票的产生与流通。

(3)推动了欧洲大陆证券交易所的发展。16 世纪中叶，随着资本主义经济的发展，所有权和经营权相分离的生产经营方式——股份公司的涌现，使股票、公司债券及不动产抵押债券依次进入有价证券交易的行列。这一时期，各国的金融都是为本国的经济服务，因此表现出很强的区域性质。

(二)第二阶段：从 19 世纪中叶到 20 世纪初

在这一段时期，由于英国是资本主义经济制度建立最早的国家，加上其国内政治经济稳定，金融机构非常发达，金融制度比较完善，特别是伦敦的交通便利，使英国货币——英镑成为主要的国际结算和支付工具，英国因而成为国际金融市场的中心，世界各国的贸易清算和国际融资活动都集中在英国进行。在伦敦柴思胡同的“乔纳森咖啡馆”就是因有众多的经纪人在此交易而出名，英国的第一家证券交易所即在该咖啡馆成立，1802 年获得英国政府的正式批准，这家证券交易所即为现在伦敦证券交易所的前身。

到 19 世纪中叶，一些地方性证券市场也在英国兴起，铁路股票盛行。1897 年，英国、德国、美国、俄国和其他主要资本主义国家达成了将货币和黄金保持固定比价的协议，建立了国际金本位制度，从而提高了国际金融市场的稳定性。20 世纪初，英国证券市场以其独特的形式有效地促进了资本的积聚和集中。1901—1910 年建立的股份公司有 50 000 家，1911—1920 年建立了 64 000 家，1921—1930 年建立了 86 000 家，至此，英国 90%的资本都处于股份公司控制之下。与此同时，持股公司日益盛行，金融公司、投资银行、信托投资公司、证券公司等证券经营机构也获得了极大的发展。因此，这一阶段资本主义国家的金融市场以英国最为发达。

(三)第三阶段：20 世纪初到 20 世纪 60 年代

这一阶段的显著特点是经历了两次世界大战，使各国的经济和金融形势发生了很大的变化。由于英国遭受两次世界大战的创伤，经济实力大大削弱，其在国际金融市场的领导地位开始下降，而美国则利用两次世界大战中扩张起来的经济实力，逐步建立起以美元为中心的世界货币体系，成为资本主义国家最大的资金供应者和国际经济、金融领域的霸主。1944 年，随着布雷顿森林会议的召开，成立了国际货币基金组织(IMF)和世界银行，建立了以美元为中心的国际金汇兑本位制度，美元成为主要的国际储备货币和结算货币，美国成为世界经济霸主和最大的资金供应国，纽约金融市场迅速崛起，并成为世界的金融中心。与此同时，由于瑞士是两次世界大战的中立国，保存了一定的经济实力，其外汇和黄金市场比较发达。因此，这一阶段资本主义国家的金融市场出现了英国、美国、瑞士三足鼎立的局面。

(四)第四阶段：从 20 世纪 60 年代至今

这一阶段的显著特点是金融市场开始走向国际化和全球化。由于第二次世界大战后欧洲经济恢复的需要和严格的金融管制促使国际金融市场扩张，使欧洲货币市场得以发展和昌盛。之后还逐渐形成了许多新的国际金融中心。这个时期的国际金融市场不再以某一个或某几个国家为典型代表或轴心，而是明显地表现为多极化趋势，即便是发展中国家和地区也纷纷建立起了令世人瞩目的国际金融市场。

总之，在第一次世界大战以前，世界各国金融市场发展极不平衡，但是从世界整体来看，这一时期的金融市场仍是处于缓慢发展时期，荷兰、英国这些老牌资本主义国家先后成了世界金融市场的中心。经历了两次世界大战，金融市场发生了很大的变化，英国在生产和国际贸易上的头等地位被美国取代，各国在世界经济中的地位、格局发生了巨大的变化。战争期间，金融市场也遭遇了严峻的考验，如1914年开始的第一次世界大战使股票交易所关闭，1920年伦敦股票市场崩盘，1929年纽约股票市场大崩溃等。

第二次世界大战后，世界的政治经济格局发生了重大变化，形成了纽约、伦敦、东京三大国际金融中心，法兰克福、新加坡、中国香港等新的金融中心不断涌现，发展中国家的金融市场纷纷建立，金融全球化、一体化的趋势更加明显，现代金融市场正在向着资产证券化、金融国际化、金融自由化和金融工程化的方向发展。

二、我国金融市场的发展与展望

我国金融市场的产生是从封建社会开始的，经历了以银行业为起点，逐步从银行机构中分离出股票、债券、保险、外汇、衍生金融工具交易市场。

(一)改革开放前的金融市场

新中国成立初期，我国金融市场极度混乱，当时生产停顿、经济萧条、通货膨胀严重。为稳定经济和金融秩序，人民政府采取了很多措施来整顿金融市场，主要的措施包括将官僚资本主义金融机构收归国有、对私营金融机构进行社会主义改造、肃清国民党货币和在我国流通的外国货币、统一货币发行、禁止金银计价流通和私自买卖、国家统一管理和集中经营外汇，建立新中国的金融机构，遏制通货膨胀等。经过一段时间的整顿，金融市场秩序基本恢复正常。

在20世纪50年代末到70年代末，我国实行高度集中统一的计划经济体制和与之相适应的高度集中的金融体制。在这种体制下，金融市场无法发挥应有的作用，只能逐渐消亡。

(二)改革开放后的金融市场

1978年以后，中国进入改革开放的新的历史时期。随着社会主义市场经济体制作为社会经济发展模式的确立，金融市场作为市场经济体系重要组成部分的地位也得到确认。同时，随着经济结构的多元化发展和微观经济主体地位和利益的逐步确立，不仅社会经济得到长足发展、社会财富不断增加、经济货币化程度逐步提高，而且国民收入的分配格局和投融资结构也发生了重大变化，金融市场的作用相应加强。

当前我国各类金融市场逐步完善，市场参与主体不断扩大，市场基础建设不断增强，交易和监管机制不断完善。改革开放40多年来，我国金融市场已取得了长足发展，无论是对配置金融资源，还是在宏观调控中都发挥了重要作用。目前，我国已基本形成了货币市场、资本市场、外汇市场、黄金市场共存的金融市场体系。

当前我国的货币市场已发展为包括同业拆借市场、回购市场、商业票据市场、银行承兑汇票市场和货币基金市场等诸多子市场的市场体系。

我国债券市场已经形成以银行间债券市场为主、证券交易所市场为辅、商业银行柜台市场为补充的多层次债券市场体系，债券的品种包括国债、地方政府债、中央银行票据、金融债券、企业债券等。我国债券市场的发展有效地改善了我国社会融资结构，缓解了单一的银行贷款融资渠道对企业发展的制约，有利于促进民间投资增长。

我国股票市场已逐渐形成由沪深主板、创业板、科创板、北交所等构成的多层次资本市场体系，成为不同类型的市场主体融资和投资的平台。近年来，我国股票市场的融资规模、总市值、成交总额在国际市场上已位居前列。2023 年 2 月 17 日，中国证监会发布全面实行股票发行注册制相关制度规则，意味着将会大幅提高中小企业，特别是创新型企业的融资渠道，从而有助于落实创新型国家战略的建设目标。

我国的基金市场规模也正日渐扩大，品种逐渐增加。截至 2023 年 5 月底，我国境内共有基金管理公司 143 家，其中，外商投资基金管理公司 47 家(包括中外合资和外商独资)，内资基金管理公司 96 家；取得公募基金管理资格的证券公司或证券公司资产管理子公司 12 家、保险资产管理公司 1 家。基金的品种包括股票基金、指数基金、债券基金、货币市场基金、混合基金、保本基金、交易型开放式指数基金(ETF)、QDII 基金等，基金已成为我国证券市场重要的投资主体。

在当今世界经济中，国际贸易迅速发展，国际经济往来日益扩大，国际资本流动不断增加，外汇市场的作用也越来越大。我国外汇市场近年来取得了长足的发展。随着人民币汇率改革的不断深入，我国银行间外汇市场不断完善，外汇交易主体和交易品种也在不断增加，交易机制不断健全。外汇市场的发展又进一步推进了人民币汇率的市场化形成机制。

我国的黄金市场取得了长足的进步，除了传统的黄金饰品、金币、金条市场外，已成立黄金交易所，推出黄金现货交易、远期交易、延期交易和白银、铂金交易。上海期货交易所还推出黄金期货交易，黄金价格已实现市场化。

我国的衍生品市场取得初步发展。除了商品期货外，已有债券、利率、外汇远期交易、人民币互换交易、可转换债券、权证和少量的资产证券化品种。

可以确信，我国的金融市场还有很大的发展空间。随着我国金融市场的进一步发展成熟，其对经济发展的支持作用将进一步增强，在加大对工商企业的资金支持力度、促进我国居民消费增长、提高金融企业防范和化解风险的能力等方面发挥更大的作用。同时，金融市场自身也将进入新的发展阶段。

【课后习题】

一、名词解释

1. 金融市场　　2. 一级市场　　3. 二级市场
4. 直接融资　　5. 间接融资　　6. 金融工具
7. 现货市场　　8. 期货市场

二、问答题

1. 金融市场的构成要素有哪些?
2. 按交易金融工具的期限不同，可将金融市场分为哪几类?
3. 金融市场的分类有哪些?
4. 金融工具具有哪些特征? 请分析这些特征之间的联系。
5. 试阐述金融市场的功能。
6. 论述金融市场发展的四个阶段。

第五章　货币市场

【学习目标】

1. 掌握货币市场的特点与功能。
2. 理解票据市场的概念与分类，掌握其市场运行机制。
3. 理解国库券市场的概念与功能，掌握其市场运行机制。
4. 理解大额可转让定期存单的概念与功能，掌握其市场运行机制。
5. 理解同业拆借市场的概念与功能，了解同业拆借的期限与利率形成机制。
6. 理解回购协议市场的概念与功能，了解回购协议市场的期限与利率。

【思政目标】

货币市场既从微观上为银行、企业提供灵活的管理手段，使他们在对资金的安全性、流动性、盈利性相统一的管理上更方便灵活，又为中央银行实施货币政策以调控宏观经济提供手段，为保证金融市场的发展发挥巨大作用。

中国货币市场基金及其监管现状

第一节　货币市场概述

一、货币市场的特点

货币市场是指以期限在1年以内的金融工具为媒介进行短期资金融通的市场。总体来说，货币市场有以下几个特点。

（一）交易期限短

这是由金融工具的特点决定的。货币市场中的金融工具一般期限较短，最短的期限只有2小时，最长的不超过1年，这就决定了货币市场是短期资金融通市场，即筹资者只能在此市场中筹集短期临时性周转资金。之所以如此，又是因为货币市场上的资金主要来源于居民、企业和金融机构等暂时闲置的资金，调剂资金头寸是货币市场主要的功能之一。

(二)流动性强

此特点与货币市场的上一个特点紧密相连。我们知道,金融工具的流动性与其偿还期限成反比,偿还期越短,流动性越强。货币市场金融工具的短期性决定了其较强的流动性。此外,货币市场的二级市场交易相当活跃,这意味着金融工具首次发行后可以很容易地找到下一个购买者,从而进一步增强了货币市场的流动性。

(三)安全性高

货币市场是个安全性较高的市场,除了交易期限短、流动性强的原因外,更主要的原因在于货币市场金融工具发行主体的信用等级较高,只有具有高资信等级的企业或机构才有资格进入货币市场来筹集短期资金,也只有这样的企业或机构发行的短期金融工具才会被主要追求安全性和流动性的投资者所接受。

(四)交易额大

货币市场是一个批发市场,大多数交易的交易额都比较大,个人投资者难以直接参与市场交易。

二、货币市场的功能

一般认为,货币市场作为短期资金市场,其特有的功能主要体现在以下几个方面:

(一)货币市场是政府和企业调剂资金余缺、满足短期融资需要的市场

政府的国库收支经常面临先支后收的矛盾,解决这个矛盾的一个较好的方法就是政府在货币市场上发行短期政府债券——国库券,因而,国库券市场是货币市场的一个非常重要的子市场。流动资金快速周转的特征决定了短期融资是企业生产经营过程中最经常的融资需求,通过签发合格的商业票据,企业可以从货币市场及时、低成本地筹集大规模的短期资金满足这种需求。与此同时,流动资金暂时闲置的企业也可以通过购买国库券、商业票据等货币市场工具,实现合理的收益回报,达到安全性、流动性和收益性相统一的财务管理目的。

(二)货币市场是商业银行等金融机构进行流动性管理的市场

商业银行等金融机构的流动性是指其能够随时应付客户提取存款或满足必要的借款及对外支付要求的能力。由此可见,流动性管理是商业银行等金融机构资产负债管理的核心,流动性的缺乏意味着偿付能力的不足,有可能引发挤兑危机。商业银行等金融机构通过参与货币市场的交易活动可以保持业务经营所需的流动性。比如,遇到客户的大额提现需求,商业银行既可以通过在货币市场中从其他同业机构处及时借入资金来满足资金周转,也可以通过出售自己所持有的货币市场工具收回资金来应对头寸不足的困难。

(三)货币市场是一国中央银行进行宏观金融调控的场所

在市场经济国家,中央银行为调控宏观经济运行所进行的货币政策操作主要是在货币市场中进行的。例如,公开市场业务作为各国中央银行经常采用的一种货币政策操作,就是指中央银行在货币市场上向商业银行等金融机构买卖政府债券等货币市场工具,改变基础货币投放状况,用以影响商业银行等金融机构的可用资金额和货币市场利率水平,进而影响商业银行等金融机构的信贷规模和其他利率水平,最终引起全社会投资和消费的变动,实现中央银行货币政策操作的目的。

(四)货币市场是市场基准利率生成的场所

市场基准利率是一种市场化的无风险利率,被广泛用作各种利率型金融工具的定价标准,是名副其实的市场利率的风向标,货币市场交易的高安全性决定了其利率水平作为市场基准

利率的地位，发挥基准利率特有的功能。利率是联系宏观经济运行与微观经济活动的关键因素，基准利率不仅是中央银行重要的货币政策中介指标，也是决定和影响其他利率的基础变量。货币市场生成基准利率，表明其在一国宏观调控体系中的重要性。

第二节　票据市场

一、票据市场的概念与分类

我国《票据法》中规定的"票据"，是指由出票人签发的、约定自己或者委托付款人在见票时或指定的日期向收款人或持票人无条件支付一定金额的有价证券。

票据市场是票据发行和流通的场所。票据的种类很多，但是只有商业票据和银行承兑汇票能实现短期融资的需要，是投资者进行短期投资和金融机构进行流动性管理的重要工具，所以商业票据市场和银行承兑汇票市场成为货币市场中的票据市场里最主要的两个子市场。

（一）商业票据市场

货币市场中的商业票据这种金融工具本质上是短期融资性商业票据，起源于商业本票。最初的商业本票是建立在商业信用基础上的。在商业信用中，由出票人签发，承诺自己在见票时无条件支付确定金额给收款人或持票人的付款承诺书就是本票。本票按其出票人身份，可以分为银行本票和商业本票。前者是指银行或其他金融机构作为出票人签发的本票，后者是指以银行或其他金融机构以外的法人或自然人作为出票人签发的本票。

到了19世纪初，商业本票的性质出现了变化，许多美国的大企业发行纯粹融资性的本票，逐渐脱离了与商品交易的联系。这就是融通票据，也即创新的商业票据，或称金融票据，是指由资信好的大公司或金融公司等机构以融资为目的而开出的无担保的短期本票。在我国，由于本票只有银行本票，即不包括商业本票等，所以我国货币市场上无法由大企业发行这种纯粹融资性的本票。但是在西方发达国家，这种商业票据在金融市场中运行规模较大。

商业票据的历史

1. 商业票据市场的参与者

商业票据的发行者主要有金融性公司、非金融公司。金融性公司包括一些大型公司附属的金融公司和财务公司、银行控股公司以及独立的金融公司。它们发行商业票据的目的：或为自己，或为母公司增强支付信誉、提供灵活方便的结算方式。非金融性公司包括各类生产企业、服务企业、公用事业单位以及境外企业。这类公司从商业票据市场筹措资金，一般是为解决临时性的资金需要。当预计在近期内可以用一些即将收到的资金来偿付时，它们不必向银行以较高的利率借款，而通过商业票据市场筹措资金。因为商业票据的成本费用一般低于银行的短期借款，而且大公司发行商业票据可以筹措到大笔资金而不需要登记注册。当商业票据到期时，公司亦可以发行新票据来偿还，以保证连续地大量借款。

商业银行在商业票据市场上扮演着极其重要的角色，它们采取为发行者提供可循环使用的信贷额度，或者对票据持有者签发备用信用证等方式对商业票据发行提供担保，增强了商业票据的信用等级，极大地促进了商业票据的发行。同时，商业银行还开展代理发行商业票据、代为保管商业票据等业务，也为商业票据的流通提供了较为良好的市场环境。商业票据的主要投资者是保险公司、金融机构、银行信托部门、地方政府和养老基金等。

2. 商业票据的发行和流通

商业票据的发行方式通常有两种。第一种是发行公司直接发行，卖给购买者，这样可节省给中间商的费用，但手续较烦琐。第二种是委托交易商代售。非金融性公司的短期信用需求常具有季节性和临时性，建立自己的商业票据销售网络不经济，因此主要通过商业票据交易间接销售，为此发行者需按一定的比例向承销商支付手续费。

尽管投资者急需资金时可以到商业票据市场上变现，但商业票据市场的流动性并不高。这一方面是因为商业票据期限非常短，直接销售的票据的平均偿还期限为 20～40 天，间接销售的票据的平均偿还期限为 30～45 天，最长一般不会超过 270 天，购买者往往计划持有到期。另一方面是因为不同发行人的信用等级往往相差很大，商业票据在期限、面值和利率等方面都相差很大，所以商业票据是高度异质的，商业票据市场难以保持活跃。

3. 商业票据的信用评级

商业票据的风险是指票据发行人到期无法偿还借款，因而发行公司的信用等级评定就显得尤为重要。信用等级评定向潜在的投资者提供了发行公司是否有能力按期还款的信息，这有助于投资者甄别不同公司所发行的商业票据的风险程度。美国有几家有名的评级公司可以对商业票据进行评级，如穆迪投资服务公司、标准普尔公司、德莱8 费尔普斯信用评级公司和费奇投资公司等。几乎所有发行商业票据的公司都会至少获得一家评级机构的评定结果，许多公司都具有两家评级机构的评定结果。

商业票据信用评级等级越高，发行时所支付的利率就越低，也就越容易发行。达不到高等级的发行者通常会从商业银行获得一笔信用额度来为自己发行的票据提供担保，在这种情况下，一旦发行者无力按期清偿债务，银行会按照事前的约定向商亚票据的持有者付款。在其他一些情况下，商业票据发行者会与银行达成信用额度安排（一种贷款承诺），当商业票据到期无法偿还时，发行者会根据信用额度取款。

（二）银行承兑汇票市场

1. 银行承兑汇票市场的起源及发展

汇票是出票人签发的，委托付款人在见票时，或者在指定日期无条件支付确定的金额给收款人或者持票人的票据。银行承兑汇票最早起源于英国。19 世纪的伦敦已成为各国贸易和国际金融中心，世界各地的借款人汇集于此。由于许多外国借款人不被当地的投资者所认可，由他们签发的汇票很难转让。当时伦敦的私人银行虽然有熟练的资信鉴别技术，但苦于没有足够的资金，无力直接向外国借款人贷款。这时它们发现利用自己娴熟的资信鉴别技术，对外国借款人的汇票进行承兑，将自己的信用借给外国借款人，对其债务进行担保，即可收取一定的费用，取得收入。在这种情况下，银行承兑汇票得以产生。

谈及银行承兑汇票，首先要理解承兑这一行为。所谓承兑是指商业汇票到期前，汇票付款人或指定银行确认票据记明事项，承诺在汇票到期日支付汇票金额给汇票持有人并在汇票上签名盖章的行为。如果是银行在汇票上签名盖章，承诺在汇票到期日承担最后付款责任，则此汇票为银行承兑汇票。银行承兑汇票是货币市场中的一种重要金融工具。

伴随商业活动的发展，银行承兑汇票广泛应用于国际与国内贸易。以国内贸易为例，A 公司与 B 公司达成了商品交易合同，约定 3 个月后 A 公司向 B 公司支付 100 万元的货款。在此项商业信用中，为了规避风险，B 公司要求 A 公司开具银行承兑汇票，则 A 公司向其开户银行 C 银行申请开立以 A 公司为出票人、B 公司为收款人、C 银行为承兑人、票面金额为 100 万元人民币、期限为 3 个月的汇票。C 银行审查同意后，对汇票进行承兑。A 公司将此张经 C 银行承兑的汇票交付给B公司，B公司向A公司发货。汇票到期前，A公司应将100万元的货款交存C银行。汇票到期后，B公司向C银行提示付款，则C银行向B公司支付货款。如果汇票到期时A公司在C银行存款账户上的存款不足100万元，C银行也必须向B公司无条件地履行支付责任，并对其垫付的部分款项视同逾期贷款向A公司计收罚息，直至A公司还清为止。

由上面的例子可以看出，银行承兑汇票将购货商的企业信用转化为银行信用，从降低了商品销售方所承担的信用风险，有利于商品交易的达成。

2. 银行承兑汇票的贴现

银行承兑汇票可通过贴现、转贴现和再贴现三种方式将汇票提前变现，实现短期融资的功能。贴现，是指票据的持有人将未到期的承兑汇票转卖给银行，从而融通资金的交易活动。银行在买进承兑汇票时，会扣除自贴现日至汇票到期日的利息，将净款支付给持票人，即利息先付，其利率为贴现率。转贴现，是指贴现银行将已贴现但仍未到期的承兑汇票再向其他银行办理贴现的票据转让行为。再贴现，是指贴现商业银行将已贴现但仍未到期的承兑汇票向中央银行办理贴现的票据转让行为。

在贴现过程中，贴现利率及实际收益率的计算公式有：

发行价格＝票面面额－贴现利息

贴现利息＝票面面额×贴现率×期限/360

实际收益率＝贴现利息/发行价格×360/期限×100％

例5－1 某企业欲将3个月后到期、面额为50 000元的银行承兑汇票出售给银行，银行按照8％的年率贴现，贴息就为1 000(＝50 000×8％×3/12)元。因此，银行支付给持票人的金额就是49 000(＝50 000－1 000)元。

例5－2 如果投资者以97元的折扣价格购买期限为180天，价值为100元的银行承兑汇票，其贴现率和实际收益率分别是多少？

答：贴现率＝[(100－97)/100]×360/180×100％＝6％

实际收益率＝[(100－97)/97]×360/180×100％＝6.19％

因此，贴现率不等于票据的投资收益率。

二、我国票据市场的发展

我国票据市场伴随着社会经济的发展变化而循序发展，大体经历了四个阶段。

起步阶段(1979—1994年)：1979年，中国人民银行批准部分企业签发商业汇票，标志着票据市场的起步。1985年，中国人民银行颁布了《商业汇票承兑贴现暂行办法》。1986年，商业汇票的承兑、贴现、转贴现、再贴现业务全部开办起来。由于长期的计划经济体制所导致的信用观念缺失，整个社会的信用基础十分薄弱，票据市场中的违约行为相当严重，制约了市场的发展。

制度建设与培育发展阶段(1995—1999年)：1995年，《中华人民共和国票据法》的颁布标志着票据法制建设的开始。此后，中国人民银行发布了一系列规章制度，包括《商业汇票承兑、贴现与再贴现管理暂行办法》《票据管理实施办法》《支付结算办法》等。随着票据市场法规制度的颁布与执行，商业票据的使用范围扩大，票据市场进入一个新的发展时期，商业汇票承兑额、贴现额不断增加。

专业经营和快速发展阶段(2000—2008年)：2000年，中国工商银行成立我国首家票据专营机构，标志着票据业务的专业化和规模化发展。2005 年，中国外汇交易中心开通中国票据网，建立了“中国票据报价系统”，进一步推动了票据市场的电子化进程。

规范化与创新化发展阶段(2009 年至今)：2009 年，电子商业汇票系统的建成投入使用，开启了票据市场的电子化时代。2016 年，上海票据交易所成立，标志着全国统一的票据交易市场的形成。票据市场呈现出一种爆发性增长。

票据市场已经成为我国金融市场的重要组成部分，由于信用制度不完善，我国票据市场很大程度上依赖于银行信用，票据市场流通的主要是银行承兑汇票。随着金融科技的进步和监管政策的不断完善，票据市场将继续向规范化、创新化方向发展，服务实体经济的能力也将得到进一步提升。

第三节　短期国库券市场

一、短期国库券与短期国库券市场

1877 年，英国财政大臣诺司考特爵士求教于《经济学家》刊物主编巴佐特先生：政府筹措款项困难怎么办？巴佐特认为，政府拥有最佳信用，不妨仿照商业习惯发行短期政府债券来筹资。于是，在英国出现了世界上最早的、以贴现方式发行的国库券。

短期国库券是国家政府发行的期限在 1 年以内的短期政府债券。高安全性、高流动性是短期国库券的典型特征。由于有国家信用作支撑，二级市场发达，流通转让十分容易，投资者通常将短期国库券看作无风险债券。

短期国库券市场即发行、流通转让短期国库券的市场。在大多数发达国家，所有由政府(无论是中央政府还是地方政府)发行的债券统称为公债，以区别于非政府部门发行的“私债”，只有中央政府发行的 1 年期以内的债券才称为国库券。在我国改革开放初期，曾将所有由政府财政部门发行的政府债券都称为国库券，而不管其期限是在 1 年以内还是在 1 年以上。目前，这种称法已很少见到，更多的是将中央政府发行的所有期限的债券统称为国债，对国库券的界定也与国际社会相一致。

二、短期国库券的特点和功能

(一)特点

国库券具有以下特点：第一，低风险性，一般被认为没有信用风险，俗称“金边债券”；第二，高流动性，拥有非常发达的二级市场。

(二)功能

作为货币市场重要的子市场，短期国库券市场的作用体现在：第一，它是弥补国家财政赤字的重要场所；第二，它为商业银行的二级准备提供了优良的资产，因为它比现金资产等一级准备具有更高的收益；第三，它为中央银行宏观调控提供了平台，中央银行通过短期国库券的公开市场操作可以灵活地调控货币供给量；第四，增加了社会投资渠道，短期国库券信用好、流动性强、收益免税，是机构投资者和居民个人短期投资的理想工具。

三、短期国库券市场的运行机制

(一)短期国库券的发行

短期国库券的发行人是政府及政府的授权部门,尤以财政部为主。短期国库券的发行多采用贴现发行方式,即通常按面值折扣出售,到期按面额兑现。贴现利息(面值与发行价格之差)与面值之比被称为贴现率。根据前述商业票据贴现的公式可以推出短期国库券的发行价格公式:

发行价格＝面值×(1－贴现率×发行期限/360)

例如,投资人以 960 元的价格购买一张期限为 90 天,面值为 1 000 元的短期国库券。40 元就是政府支付给投资人的利息;贴现率是 16%(＝40÷1 000×360÷90)。但是,这个贴现率与投资人的实际收益率是不一样的,因为投资人的实际投资额是 960 元而不是 1 000 元,因此实际收益率应该是 16.67%(＝40÷960×360÷90)。

短期国库券的期限短,发行的频率也比较高。在许多国家,短期国库券是定期发行的,如确定每季度一次或每月一次。美国 3 个月和 6 个月的短期国库券是每周发行。短期国库券的发行一般采取拍卖的方式,由竞争性报价方式确定发行价格。

(二)短期国库券的流通

短期国库券流通市场的参与主体十分广泛,中央银行、商业银行、非银行金融机构、企业、个人及国外投资者等都广泛地参与到短期国库券市场的交易活动中。在这个市场中,还有一级交易商发挥做市商的职能,通过不断买入和卖出国库券活跃市场,保持市场交易的连续性、及时性和平稳性,提高市场的流动性。

各国法律大多规定,中央银行不能直接在发行市场上购买短期国库券,因此,中央银行参与短期国库券的买卖只能在流通市场上。中央银行买卖短期国库券的市场被专业化地称为“公开市场”。在这个市场上,中央银行仅与市场的一级交易商进行短期国库券的现券买卖和回购交易,用以影响金融机构的可用资金数量,可见,短期国库券的流通市场是中央银行进行货币政策操作的场所。

商业银行等金融机构也积极参与短期国库券市场的交易活动。它们投资短期国库券的主要目的在于实现安全性、收益性与流动性相统一的投资组合管理。短期国库券的高安全性、高流动性和税收优惠(各国通常规定来自短期国库券的收入免交所得税)特点使各类金融机构都将其作为投资组合中的一项重要的无风险资产。

非金融企业和居民个人大多通过金融中介机构参与短期国库券市场的交易活动。20 世纪 70 年代之后,货币市场基金成为居民个人参与短期国库券交易的主要渠道。

四、我国的短期国库券市场

我国的短期国库券市场不发达。为配合公开市场业务的启动,财政部 1994 年、1996 年曾分别发行过三次记账式短期国库券,期限为 3 个月和 6 个月,总金额为 417 亿元人民币。此后短期国库券迟迟没有再现,直到 2002 年,财政部又象征性地发行 355 亿元的短期国库券。我国短期国库券一般由国务院确定每年的发行额度,由财政部对国库券的面额、利率、期限等作出统一规定,并制定一整套严密的制度和管理规定,委托中国人民银行进行印制、发行、管理。

由于我国短期国库券的发行没有采用连续方式,基本不能形成有规模的交易市场。随着我国金融体系的不断完善,以及财政政策、货币政策协调配合关系的加强,政府债券期限结构的多样化是发展的趋势,真正的短期国库券市场必将得到充分发展。

第四节　大额可转让定期存单市场

大额可转让定期存单是由商业银行发行的具有固定面额、固定期限，可以流通转让的大额存款凭证。顾名思义，大额可转让定期存单市场就是发行与流通转让大额可转让定期存单的市场。

一、大额可转让定期存单市场的产生与发展

大额可转让定期存单市场首创于美国。1961 年 2 月，为了规避“Q 条例”对银行存款利率的限制，抑制银行活期存款数量因通货膨胀的发生而持续下降的局面，花旗银行开始向大公司和其他客户发行大额可转让定期存单。这种存单与普通定期存款的区别在于：存单面额大，通常在 10 万美元与 1 000 万美元之间；存单不记名，便于存单持有人在存单到期前在二级市场上将存单转让出去；存单的二级市场非常发达，交易活跃。由此可以看出，大额可转让定期存单将活期存款的流动性和定期存款的收益性合为一体，从而吸引了大批客户。

Q条例

1970 年，伴随着美国通货膨胀率的持续上涨，美国国会取消了对大额可转让定期存单的利率限制，进而使这种存单成为美国商业银行筹集信贷资金的重要工具。资料显示，至 1972 年，大额可转让定期存单占到美国全部银行存款的大约 40%。此后，许多国家纷纷效仿美国建立大额可转让定期存单市场，促进了此市场在全世界范围内的发展。

二、大额可转让定期存单市场的功能

商业银行等存款类金融机构是大额可转让定期存单市场的主要筹资者。商业银行通过发行大额可转让定期存单可以主动、灵活地以较低成本吸收数额庞大、期限稳定的资金，甚而改变了其经营管理理念。在大额可转让定期存单市场出现以前，商业银行通常认为其对于负债是无能为力的，存款人是否到银行存款、存多少取决于存款人的经济行为，商业银行处于被动地位，因而其流动性的保持主要依赖于持有数额巨大的流动性资产但这会影响其盈利性。

大额可转让定期存单市场诞生后，商业银行发现通过主动发行大额可转让定期存单增加负债也是其获取资金、满足流动性的一个良好途径，而不必再持有大量的、收益较低的流动性资产。于是，大额可转让定期存单市场便成为商业银行调整流动性的重要场所，商业银行的经营管理策略也在资产管理的基础上引入了负债管理的理念。

大额可转让定期存单市场的投资者种类众多，非金融性企业、非银行性金融机构、商业银行，甚至富裕个人都是这个市场的积极参与者。大额可转让定期存单到期前可以随时转让流通，具有与活期存款近似的流动性，但与此同时又拥有高于定期存款的收益水平，这种特性极好地满足了大宗短期闲置资金拥有者对流动性和收益性的双重要求，成为其闲置资金的重要投资去向。

三、大额可转让定期存单的种类

(一)固定利率存单和浮动利率存单

根据利率不同可分为固定利率存单和浮动利率存单。

(1)固定利率存单。市场上的存单主要为固定利率存单,固定利率存单的票面利率在存单期限内不随市场利率的变化而变化。

(2)浮动利率存单。浮动利率存单是指在存单期限内,存单的票面利率不是固定不变的,而是参照货币市场的利率的波动而波动。通常做法是在货币市场上找到某一期限相同的贷款或票据,以其利率作为参照利率,加上预先确定的浮动幅度来调整大额可转让定期存单的票面利率。

(二)国内存单、欧洲存单和外国存单

根据发行人不同可分为国内存单、欧洲存单和外国存单。

(1)国内存单。国内存单是指各国银行在本国货币市场上所发行的以本国货币为面值的大额可转让定期存单。

(2)欧洲存单。欧洲存单是由境外银行发行的以市场所在国以外的货币为面值的大额可转让定期存单。

(3)外国存单。外国存单是指由外国银行在存单货币所在国发行的存单。

四、大额可转让定期存单市场运行机制

(一)大额可转让定期存单的发行

1. 发行要素

发行大额可转让定期存单通常需要考虑以下几个要素:一是银行资产负债表的差额及期限结构。发行人要以保持合理的资产负债结构为原则,确定发行额度。二是利率风险。主要是根据利率走势的判断选择合适的存单期限。三是发行人的资信等级。一般资信等级越高,发行利率也就越低。四是金融监管。如不同国家对存单最低金额要求有所差异。

2. 发行价格的确定

大额可转让定期存单发行价格的确定,主要取决于以下几个因素:一是发行人资信等级;二是发行时市场利率水平;三是存单的期限;四是存单的流动性。

3. 发行方式的选择

大额可转让定期存单可选择由发行人直接发行,也可以选择委托承销商代为发行。

(二)大额可转让定期存单的流通

大额可转让定期存单在流通市场的交易相当活跃,由于大额可转让定期存单一般不记名,因此在发行市场购买存单的投资者在流通市场上交易转让时,直接交付给新的购买人即可,无须背书。

由于大额可转让定期存单多以平价发行,因此其流通价格和收益率主要由同期市场利率决定。其中,浮动利率大额可转让定期存单的转让价格视利率浮动幅度而定,固定利率大额可转让定期存单的转让价格可按下列公式计算:

$$\text{存单流通价格}=\frac{\text{面额}\times\left(1+\text{存单利率}\times\dfrac{\text{存单发行日至到期日的实际天数}}{360}\right)}{1+\text{市场利率}\times\dfrac{\text{存单买入日至到期日的实际天数}}{360}}$$

例 5—3 面额 10 万美元,利率 10%、期限为 60 天的可转让定期存单,投资者在发行 40 天后买入,当时市场利率为 8%,则:

$$存单流通价格=\frac{100\,000\times(1+10\%\times\frac{60}{360})}{1+8\%\times\frac{20}{360}}=101\,217(美元)$$

五、我国的大额可转让定期存单市场

我国的大额可转让定期存单市场产生于1986年。1986年下半年，中国银行和交通银行开始发行大额可转让定期存单，之后逐渐扩展到所有的商业银行。

1989年5月和11月，中国人民银行下发了两个文件：《大额可转让定期存单管理办法》和《关于大额可转让定期存单转让问题的通知》，分别对大额可转让定期存单的期限、面值、利率、计息办法和转让问题作了统一规定。

1990—1995年，每年各商业银行发行大额可转让定期存单总量约500亿元，均由中国人民银行实行指标管理，其利率可以比同期限的定期存款利率高5%～10%。此时我国的大额可转让定期存单市场有着不同于国外典型存单市场的独特特征：①面额小。我国的大额可转让定期存单个人购买的最低面额仅为500元，企业购买的最低面额也仅为1万元，远低于国外存单的最低面额。②存单的购买者绝大部分是城乡居民个人，少数为企业和事业单位。③由于存单的利率比同期限的定期存款利率高5%～10%，投资者购入存单后通常都持有到期，流动性很差，始终未能形成二级市场。可见，我国的大额可转让定期存单恰恰缺失了该类存单的典型特征：面额大，流动性强。大额可转让定期存单成为我国商业银行变相高息揽存的手段。于是，1996年中国人民银行下文停止了大额可转让定期存单的发行，大额可转让定期存单市场消失。

2004年，中国人民银行在第四季度《货币政策执行报告》中曾提出开展对大额可转让定期存单的研究工作，但一直未启动大额可转让定期存单的重新发行。直至2013年12月8日，中国人民银行发布《同业存单管理暂行办法》，允许金融机构在银行间市场发行大额可转让同业存单(NCD)，以市场化方式确定发行利率和价格。2015年6月，中国人民银行发布《大额存单管理暂行办法》，标志着我国大额可转让定期存单发行工作重新启动，意味着存款利率市场化又迈出了一大步。

第五节　同业拆借市场

一、同业拆借市场的含义

同业拆借市场是金融机构同业间进行短期资金融通的市场。其参与主体仅限于金融机构。金融机构以其信誉参与资金拆借活动，也就是说，同业拆借是在无担保的条件下进行的，是信用拆借，因此市场准入条件往往比较严格。在美国，只有在联邦储备银行开立准备金账户的商业银行才能参加联邦基金市场(同业拆借市场)的交易活动。我国同业拆借市场的主体目前包括所有类型的金融机构，但金融机构进入同业拆借市场必须经中国人民银行批准。

二、同业拆借市场的形成与功能

同业拆借市场的形成源于中央银行对商业银行法定存款准备金的要求。中央银行规定，商业银行吸收来的存款必须按照一定的比率缴存到其在中央银行开立的准备金账户上，用以保证商业银行的支付清偿能力(流动性)。如果商业银行缴存的准备金达不到中央银行规定的比率，则商业银行将受到中央银行的处罚；反之，如果商业银行缴存的准备金超过了中央银行规定的比率，对于超过部分的超额存款准备金，中央银行不付利息或仅支付极低的利息。于是，经过双方信息交换，准备金不足的银行从准备金盈余的银行拆入资金，以达到中央银行对法定存款准备金的要求，准备金盈余的银行也因资金的拆出而获得收益。拆出拆入银行间资金的划转通过它们在中央银行开设的准备金账户进行，拆借期限很短，最常见的是隔夜拆借，即拆入资金在交易后的第二天偿还。

由此可见，同业拆借市场上交易的主要是商业银行等存款类金融机构存放在中央银行存款账户上的超额准备金，其主要功能在于为商业银行提供准备金管理的场所，提高其资金使用效率。

在同业拆借市场的不断发展中，由于其交易期限的短期性、市场的高流动性和资金的快速周转性，该市场又成为商业银行等金融机构进行短期资产组合管理的场所。例如，如果一家银行预期紧缩性货币政策的实施会引起市场利率的上升，则该银行持有的短期货币市场工具的市场价值将会随着利率的上升而下降。为了规避风险，该银行可以选择暂时卖出其持有的短期货币市场证券，在利率上升之后再以更低的价格将证券买回来。卖出证券获得的资金可以投放到同业拆借市场上以获得相应的利息收益。

三、同业拆借市场的特点

同业拆借市场的特点归纳起来有以下几点。

(一)交易的同业性

同业拆借市场有着严格的市场准入条件，一般只在实力强、信誉好和经常有业务往来的金融机构之间进行。而非金融机构如工商企业、政府部门及个人或非指定的金融机构，不能进入拆借市场。

(二)融资期限的短期性

同业拆借的期限一般较短，以半天、1天、2天或7天为多，最短也可能只有几个小时或隔夜拆借，最长不超过1年。

(三)交易金额的大宗性和无担保性

同业拆借的金额较大，以英国伦敦同业拆借为例，交易数量最少为25万英镑，最高可达几百万英镑。而且，同业拆借市场一般不需要担保或抵押，完全是一种协议和信用交易，双方都以自己的信用担保。

(四)拆借利率的参考性和政策指导性

同业拆借的拆款按日计息，拆息额与拆借本金之比被称为拆息率。在国际货币市场上，比较典型的、有代表性的同业拆借利率有三种：伦敦银行同业拆借利率(LIBOR)、新加坡银行同业拆借利率(SIBOR)和香港银行同业拆借利率(HIBOR)。

同业拆借市场的利率是一种市场化程度很高的利率，能够充分灵敏地反映资金供求的状况及变化，从而成为货币市场的参考利率。同时，由于同业拆借市场交易量大，能敏感地反映资金供求关系和货币政策意图，影响货币市场利率，因此同业拆借利率也成为货币政策调控的主要对象。

（五）无形市场的交易便捷性

参与同业拆借的机构基本都在中央银行开立存款账户，资金拆借方式可以采取电话协商达成拆借协议，之后通过各自在中央银行的存款账户自动划账清算，也可以向资金交易中心提出供求和报价，由资金交易中心进行撮合成交，并进行资金划账。

四、同业拆借的期限与利率

（一）同业拆借的期限

同业拆借市场的拆借期限有隔夜、7天、14天、20天、30天、60天、90天、120天、6个月、9个月、1年等，其中最普遍的是隔夜拆借。

在中国人民银行2007年7月颁布的《同业拆借管理办法》中，不同类型金融机构可拆入资金的最长期限有很大的不同。如政策性银行、中资商业银行、中资商业银行授权的一级分支机构、外商独资银行、中外合资银行、外国银行分行、城市信用合作社、农村信用合作社县级联合社拆入资金的最长期限为1年；金融资产管理公司、金融租赁公司、汽车金融公司、保险公司拆入资金的最长期限为3个月，企业集团财务公司、信托公司、证券公司、保险资产管理公司拆入资金的最长期限为7天。

（二）同业拆借利率

同业拆借利率是一个竞争性的市场利率，同业拆借市场上资金供给与需求的力量对比决定了同业拆借利率的变动。同业拆借利率是货币市场的基准利率，在整个利率体系中处于相当重要的地位，它能够及时、灵敏、准确地反映货币市场的资金供求关系，对货币市场上其他金融工具的利率具有重要的导向和牵动作用。因此，它被视为观察市场利率变化趋势的风向标。

通常来说，中央银行对同业拆借市场利率具有重要的影响，影响机制是同业拆借市场上的资金供给，影响工具是货币政策工具，如法定存款准备金率和公开市场业务。如上所述，同业拆借市场上交易的主要是商业银行等存款类金融机构存放在中央银行存款账户上的超额准备金，如果中央银行提高了法定存款准备金率，则商业银行等金融机构持有的超额准备金减少，同业拆借市场上的资金供给相应降低，同业拆借市场利率随之上升。

上海银行间同业拆放利率

五、我国的同业拆借市场

1984年，中国人民银行专门行使中央银行职能后，确立了新的"统一计划、划分资金、实贷实存、相互融通"信贷资金管理体制，鼓励金融机构利用资金的行际差、地区差和时间差进行同业拆借。于是，一些地区的金融机构开始出现同业拆借活动，但拆借量很小，没有形成规模市场。

1986年是我国同业拆借市场真正启动的一年。1月，国务院颁布《中华人民共和国银行管理暂行条例》，对银行间资金的拆借做出了具体规定。从此，同业拆借在全国各地迅速开展起来。1988年，部分地区金融机构违反资金拆借的有关规定，超过自己承受能力大量拆入资金，致使拆借资金到期无法清偿，拆借市场秩序混乱，国务院决定对同业拆借市场秩序进行整顿。1990年，中国人民银行颁布了《同业拆借管理试行办法》，第一次用法规形式对同业拆借市场管理做了比较系统的规定。1992—1993年，受当时经济金融环境的影响，同业拆借市场又出现了严重的违规现象，影响了银行的正常运营，扰乱了金融秩序。1993年7月，中国人民银行根据国务院整顿拆借市场的要求，把规范拆借市场作为整顿金融秩序的一个突破口，出台了一系列措施，再次对拆借市场进行整顿，撤销了各商业银行及其他金融机构办理同业拆借业务的代理中介机构，规定了同业拆借的最高利率，拆借秩序开始好转。

1995 年，中国人民银行参考意大利屏幕市场模式，决定建立一个全国联网的拆借网络系统，以形成全国统一的同业拆借市场。1996 年 1 月，全国统一的同业拆借市场网络开始运行，标志着我国同业拆借市场进入一个新的规范发展时期。

1996 年 6 月，中国人民银行放开了对同业拆借利率的管制，拆借利率由拆借双方根据市场资金供求状况自行决定，由此形成了全国统一的同业拆借市场利率——CHIBOR。1998 年之后，中国人民银行不断增加全国银行间同业拆借市场的交易成员，保险公司、证券公司、财务公司等非银行金融机构陆续被允许进入银行间同业拆借市场进行交易，市场交易量不断扩大，拆借期限不断缩短，同业拆借市场已经成为金融机构管理流动性的重要场所。

2007 年 1 月 4 日上海银行间同业拆放利率（SHIBOR）的正式运行，标志着中国货币市场基准利率培育工作的全面启动。经过十几年建设，SHIBOR 逐渐成为中央银行着力培育的市场化基准利率，在反映市场资金供求状况、为金融产品定价提供基准参考标准、促进金融机构提高自主定价能力、完善货币政策传导机制等方面发挥了日益重要的作用。

第六节 回购协议市场

一、回购协议与回购协议市场

回购协议一词非常形象地描绘了这样一种资金交易行为：证券持有人在卖出一定数量证券的同时，与证券买入方签订协议，双方约定在将来某一日期由证券的出售方按约定的价格再将其出售的证券如数赎回。从表面上看，回购协议是一种证券买卖，但实际上是以证券为质押品而进行的一笔短期资金融通。证券的卖方以一定数量的证券进行质押借款，条件是一定时期内再购回证券，且购回价格高于卖出价格，两者的差额即为借款的利息。作为质押品的证券主要是国库券、政府债券或其他有担保债券，也可以是商业票据、大额可转让定期存单等其他货币市场工具。

回购协议市场就是指通过回购协议进行短期资金融通的市场。

二、回购协议市场特点

（1）流动性强。回购协议多以短期为主，流动性强。例如，上海交易所的国债回购交易品种共有 9 种：1 天、2 天、3 天、4 天、7 天、14 天、28 天、91 天和 182 天等品种。

（2）安全性高。回购协议一般期限较短，又有 100％的债券做抵押，所以投资者可以根据资金市场行情的变化，及时抽回资金，避免长期投资的风险。

（3）收益稳定并较银行存款收益高。回购利率是市场公开竞价的结果，一般可获得平均高于银行同期存款利率的收益。

（4）融资成本较低。银行通过回购交易融入资金，无须交纳存款准备金和存款保险费，因此融资成本较低。

三、回购协议市场的参与者及其目的

回购协议市场的参与者十分广泛，中央银行、商业银行等金融机构、非金融性企业都是这个市场的重要参与者，在美国等一些国家，甚至地方政府也参与这个市场的交易活动。

中央银行参与回购协议市场的目的是进行货币政策操作。回购协议是中央银行进行公开市场操作的主要工具。例如，为了刺激经济，中央银行通常要向市场投放更多的货币，而要达到这样的目的，中央银行可以通过直接买入政府债券来实现，也可以通过使用回购协议暂时性地买入政府债券来实现。后一种方式优于前一种方式的原因在于，其对债券市场的冲击要小于直接买卖债券对市场产生的冲击，而且由于回购协议是自动清偿的，因此当经济形势出现新的变动时可以使中央银行具有更强的灵活性。

商业银行等金融机构参与回购协议市场的目的是在保持良好流动性的基础上获得更高的收益。从上一节的内容可知，同业拆借通常是信用拆借，无担保的特性使得一些不知名的中小银行很难从同业拆借市场上及时拆入自己所需的临时性资金，而回购协议的证券质押特征则解决了这个问题。证券公司等非银行类金融机构是回购协议市场的重要参与者，它们既可以用所持有的证券作为担保来获得低成本的融资，也可以通过对市场利率的预期进行回购与逆回购的投资组合来获利。例如，如果某一证券公司预期未来利率会上升，则它可以通过持有期限较短的逆回购协议（融出资金）和期限较长的回购协议（融入资金）来获利。

表 5—1 显示出，2017 年、2018 年中资小型银行、证券业机构、保险公司、外资金融机构、其他金融机构通过银行间债券回购市场从中资大中型银行融入了巨额资金。

表 5—1　2017、2018 年金融机构回购、同业拆借资金净融出、净融入情况　单位：亿元

	回购市场		同业拆借	
	2018 年	2017 年	2018 年	2017 年
中资大型银行①	−1 669 110	−1 450 764	−290 833	−170 598
中资中型银行②	−920 274	−651 465	−134 766	−111 693
中资小型银行③	438 495	701 303	184 557	135 183
证券业机构④	692 711	465 915	201 362	199 990
保险业机构⑤	74 081	−8 761	930	77
外资银行	68 718	49 186	−18 563	2 295
其他金融机构及产品⑥	1 315 380	894 587	57 313	24 747

注：

①中资大型银行包括工商银行、农业银行、中国银行、建设银行、国家开发银行、交通银行、邮政储蓄银行。

②中资中型银行包括政策性银行、招商银行等 9 家股份制商业银行、北京银行、上海银行、江苏银行。

③中资小型银行包括恒丰银行、浙商银行、渤海银行、其他城市商业银行、农村商业银行和合作银行、民营银行、村镇银行。

④证券业机构包括证券公司、基金公司和期货公司。

⑤保险业机构包括保险公司和企业年金。

⑥其他金融机构及产品包括城市信用社、农村信用社、财务公司、信托投资公司、金融租赁公司、资产管理公司、社保基金、基金、理财产品、信托计划、其他投资产品等，其中部分金融机构和产品未参与同业拆借市场。

⑦负号表示净融出，正号表示净融入。

资料来源：《2018 年第四季度货币政策执行报告》。

非金融性企业参与回购协议市场的积极性很高，因为逆回购协议可以使它们暂时闲置的资金在保证安全的前提下获得高于银行存款利率的收益，而回购协议则可以使它们以持有的证券组合为担保获得急需的资金来源。

广泛的市场参与者使回购协议市场的交易量迅速扩大。以我国为例，1997 年 6 月银行间债券回购市场设立，当月市场交易额达 64.1 亿元，全年交易额达 307 亿元。此后，市场交易额呈几何级数增长，1998 年交易额达到 1 021 亿元，2018 年交易额增长到 722.7 万亿元，同年同业拆借市场累计成交 139.3 万亿元，回购市场远远高于同业拆借市场的交易额，债券回购市场成为我国货币市场的主体。

四、回购协议的期限与利率

回购协议的期限从 1 天到数月不等，期限只有 1 天的称为隔夜回购，1 天以上的称为期限回购协议。最常见的回购协议期限在 14 天之内。

在回购协议的交易中，回购利率是交易双方最关注的因素。约定的回购价格与售出价格之间的差额反映了借出资金者的利息收益，它取决于回购利率的水平。回购利率与证券本身的年利率无关，它与证券的流动性、回购的期限有密切关系。

完全担保的特点决定了回购利率通常低于同业拆借利率等其他货币市场利率。证券回购价格、售出价格与回购利率之间的关系可用下列公式表示：

$$\text{回购价格}=\text{售出价格}+\text{约定利息}$$

$$\text{回购利率}=\frac{\text{回购价格}-\text{售出价格}}{\text{售出价格}}\times\frac{360}{\text{距到期日天数}}\times 100\%$$

五、我国的回购协议市场

我国的回购业务始于 1991 年，时值上海证券交易所和全国证券交易自动报价系统成立不久。其后，随着国债发行规模的扩大，国债期货试点的推出以及国债现货市场的日趋活跃，国债回购业务有了长足的发展。2021 年上半年银行间市场债券回购累计成交 471.4 万亿元，日均成交 3.9 万亿元，隔夜回购成交量占回购总量的 83.6%；交易所债券回购累计成交 156.2 万亿元，同比上升 21.6%。至此，债券回购市场逐步成为我国货币市场乃至金融体系中最为活跃的部分。

我国证券回购的交易主体主要有商业银行和信托投资公司、证券公司等非银行类金融机构。回购交易品种主要有国库券、国家重点建设债券和金融债券，回购期限一般在一年期以下。回购交易采用两种交易方式：①场内交易，即在证券交易中心和交易所内会员单位之间进行的交易；②场外交易（柜台交易），即金融机构、非金融机构和个人在有形市场之外进行交易的市场。从回购资金的基本流向上看，主要是从银行系统和证券公司流入非银行类金融机构。

中央银行利用回购协议市场进行货币政策操作

【课后习题】

一、名词解释

1. 货币市场	2. 票据市场	3. 汇票
4. 本票	5. 银行承兑汇票	6. 国库券

7. 国库券市场　8. 同业拆借　9. 回购交易
10. 大额可转让定期存单

二、问答题

1. 请阐述货币市场的构成，并分析每种货币市场工具的特点。
2. 请比较可转让大额定期存单与普通定期存款的不同。
3. 简述同业拆借市场的特点和功能。
4. 简述回购协议市场的特点和功能。
5. 简述短期国库券的特点和功能。

第六章 资本市场

【学习目标】

1. 掌握资本市场的含义、特点与功能。
2. 掌握债券的概念、特征与分类,理解债券发行市场与流通市场的运行机制。
3. 掌握股票的概念、特征与分类,理解股票发行市场与流通市场的运行机制。
4. 掌握证券投资基金的概念、特征与分类,理解基金的收益与费用及相关计算。

【思政目标】

资本市场具有资源配置、风险缓释、政策传导、预期管理等方面的重要功能,在激发市场主体创新活力,助力夯实经济高质量发展上发挥着重要作用。在注册制改革的带动下,中国资本市场经历了一场系统性的制度机制重塑,市场结构、生态和功能出现了一系列可喜的变化:发行上市条件的包容性明显增强,新股发行定价的市场化程度大幅提高,多层次市场板块架构和功能更加完善,"零容忍"执法的威慑力正在显现,优胜劣汰的市场生态加速形成,对实体经济特别是科技创新的服务功能显著提升。

注册制改革是资本市场的深层次变革,又是"牵一发而动全身"的重大改革,必然有一个持续探索和完善的过程。这就需要市场各方珍惜改革成果,给予必要的理解和包容,积极参与、共同推动。

全面注册制:资本市场发展重大里程

第一节 资本市场概述

一、资本市场的含义

资本市场是指以期限在1年以上的金融工具为媒介进行长期性资金融通交易活动的场所,又称长期资金市场。广义的资本市场包括两大部分:一是银行中长期信贷市场,另一个是有价证券市场,包括中长期债券市场和股票市场;狭义的资本市场专指发行和流通股票、债券、基金等有价证券的市场,也称证券市场。本章重点介绍狭义的资本市场。

二、资本市场的特点

与其他市场相比，资本市场有以下四个特点：第一，交易工具的期限长。例如，长期债券的期限在 1 年以上；股票没有到期日，属于永久性证券；封闭式基金的存续期限一般都在 15～30 年。第二，筹资目的是满足投资性资金需要。在资本市场筹措的长期资金主要是用于补充固定资本，扩大生产能力，如开办新企业、更新改造或扩充厂房设备、国家长期建设性项目的投资等，具有很强的投资性。第三，筹资和交易的规模大。企业在资本市场初始发行或增资发行的规模一般都比较大，由于资金用于中长期投资，比起通过银行借贷筹措流动资金的规模明显要大。第四，二级市场交易的收益具有不确定性。作为资本市场交易工具的有价证券与短期金融工具相比，价格变动幅度大，收益较高但不确定，风险较大。

三、资本市场的功能

现代市场经济中资本市场之所以具有重要的地位与作用，是因为它具备并发挥着以下重要的功能：

（一）筹资与投资平台

资本市场是企业筹集中长期投资性资金的平台。对于股份有限公司而言，通过资本市场发行股票或债券可以筹集到投资所需的中长期资金，用以补充自有资金的不足，或开发新产品、新项目。通过发行上市或增资，可以迅速提升公司的资本金实力，为后续发展奠定基础。资本市场也是投资者进行金融资产配置组合的平台。资本市场上证券投资的平均回报率一般高于储蓄存款利息的收益率，对风险承受能力强的投资者具有吸引力。资本市场上资产价格波动频繁，股票、基金等的交易活跃，流动性强，资本买卖差价对投机者的吸引力更强。资本市场为金融证券投资者、市场投机者提供了资产组合、投机和套利的平台。

（二）资源有效配置的场所

资本市场的产生与发展适应了社会化商品经济发展的需要，同时也促进了社会化大生产的发展。从历史上看，现代大工业中产生的新兴产业以及为工业服务的基础产业部门，都极大地提高了生产社会化程度和资本集中规模，而单个资本既难以筹集现代大工业所需要的巨额投资，也无力承担巨额投资所带来的风险。在这种情况下，资本社会化就成为现代大工业发展的核心问题。如果资本社会化实现不了，那么现代大工业中的新兴产业及基础产业就难以发展，产业结构也将停留在原有水平上。资本市场为资本所有者自由选择投资方向和投资对象提供了十分便利的活动舞台，而资金需求者也冲破了自有资金的束缚和对银行等金融机构的依赖，有可能在社会范围内广泛筹集资金。

随着资本市场运作不断规范，其对产业结构调整的作用大大加强。因为在资本市场中企业产权的商品化、货币化、证券化，在很大程度上削弱了生产要素部门间转移的障碍。资产采取了有价证券的形式可以在资本市场上自由买卖，打破了实物资产的凝固和封闭状态，使资产具有最大的流动性。一些效益好、有发展前途的企业可根据社会需要，通过控股、参股方式实行兼并和重组，发展资产一体化企业集团，开辟新的经营领域。另外，在资本市场上，通过发行债券和股票广泛吸收社会资金，其资金来源不受个别资本数额的限制。这就打破了个别资本有限、难以进入一些产业部门的障碍，有条件也有可能筹措到进入某一产业部门最低限度的资金数额，从而有助于生产要素在部门间的转移和重组，实现资源的有效配置。

（三）促进并购与重组

资本市场建立和发展以后，企业介入资本市场，从各方筹集资金，必须要触及企业的产权关系，企业可以通过发行股票组建股份有限公司，也可以通过股份交易实现公司的重组，以调整公司的经营结构和治理结构。现代企业的兼并重组离不开资本市场。从我国来看，可以利用资本市场实现企业改制和产权结构的调整。例如，对国有企业进行股份制改造，由于投资人不同，形成国家、法人、个人共同持股的结构，从而形成对企业多层次的约束。这种多层次的约束机制，是建立在各投资主体对企业行为和利益的关联性基础之上的，因为各投资主体直接代表了各方的利益，各层次的相互约束能形成一个有机统一的制衡整体，有助于提高公司的经营效率和发展能力。

（四）促进产业结构优化升级

产业结构能否从低级向高级转化，是决定一个国家经济能否获得充分的增长后劲和强大的国际竞争力的关键因素。产业结构的优化升级有两个层次的含义：一是既定的产业结构发挥最优的产出效果；二是产业结构根据客观条件和环境的变化适时调整，实现产业的升级换代。资本市场能够促进一国的产业结构优化升级。一方面，资本市场是一个竞争性的市场，筹资者之间存在直接或间接的竞争关系，只有那些发展有前途且经营状况良好的企业才能在资本市场上立足。这样，资本市场就能筛选出效率较高的企业，同时也能激励所有的上市公司更加有效地改善经营管理。正是通过这种机制的作用，促成了资源的有效配置和有效利用，从而使产业结构得以优化。另一方面，在产业、行业周期性的发展、更迭过程中，高成长性的企业和行业通过资本市场上的外部直接融资，进行扩张与重组，得到充分而迅速的发展，率先实现并推动其他产业的升级换代。从现实情况看，只有资本市场才能为我国产业结构的高级化提供最佳的运作场所。我国的经济增长从劳动和资源密集型向技术和资本密集型转化意味着对资本的依赖性增强，资本市场在为产业结构的调整和优化提供资金支持的同时，还能提供资产重组所需的运作方式及制度安排方面的帮助。

四、中国资本市场的发展

1990 年 11 月和 1991 年 7 月，上海证券交易所和深圳证券交易所先后开业；2019 年 7 月 22 日，为科技创新企业"量身定制"的科创板开市；2021 年 9 月 3 日北京证券交易所（简称"北交所"）注册成立。经过 30 多年的改革和发展，中国已经形成了包括证券交易所、场外交易市场、证券中介机构和监管机构在内的资本市场体系，有关交易规则和监管办法也日益完善。截至 2024 年 6 月底，我国沪深两市及北交所共有 5 300 多家上市公司，总市值超过 73.62 万亿元，流通市值超过 66 万亿元。

除了股票市场的迅速发展以外，债券发行规模也在不断扩张，这也是推动中国金融资产规模扩张、改变金融资产结构的重要力量。1986 年开始发行企业债和金融债，1994 年以后，国债发行的绝对规模迅速攀升，1995 年新开辟了政策性金融债，形成了国债和政策性金融债共同主导债券市场的局面。1997 年起，银行间债券市场开办并逐渐成为市场主体。近年来，债券市场进一步发展，现券交易量增加，外资券商布局频繁，市场活跃度提升。交易所市场和银行间市场的融合也日益紧密。2023 年，债券市场共发行各类债券 71.0 万亿元，同比增长 14.8%。其中，银行间债券市场发行债券 61.4 万亿元，交易所市场发行债券 9.6 万亿元。

第二节 债券市场

一、债券的概念、特征与分类

(一)债券的概念

债券是债券发行人为了筹措资金向债券投资者出具的,承诺在未来按照约定的日期和利率支付利息,并按照约定的日期偿还本金的一种债务凭证。

从债券的概念可以看出,债券的本质是一种具有法律效力的债权和债务关系的书面凭证。债券发行人通过发行债券实现融资,因此债券发行人为债务人;而债券投资者支付了相应的资金并持有债券,因此,债券投资者为债权人。在债券的有效期内,由于债券发行人得到了资金使用权,因此债券发行人必须向债券持有人支付一定的利息,以补偿债券持有人放弃资金使用权所遭受的“损失”(资金的机会成本)。

(二)债券的特征

(1)偿还性。债券一般都规定有偿还期限,发行人必须按约定条件偿还本金并支付利息。债券的偿还性使得资金筹措者不能无限期地占用债券购买者的资金。

(2)流动性。债券持有人可以按自己的需要和市场的实际状况以及市场对转让所提供的便利程度,提前收回本金和实现投资收益。

(3)安全性。债券持有人的收益相对稳定,不随发行人经营收益的变动而变动,并且可以按期收回本金。在企业破产时,债券持有人享有优先于股票持有人对企业剩余财产的求偿权。

(4)收益性。债券的收益性可以表现为两种形式:一是利息收入,投资债券可以给投资者定期或不定期地带来利息收入;二是买卖价差,投资者可以利用债券价格的变动买卖债券以赚取价差。

(三)债券的分类

1. 政府债券、金融债券和公司债券

按债券发行主体性质不同可分为政府债券、金融债券和公司债券

(1)政府债券。政府债券是政府为了筹措资金而向债券投资者出具的,承诺在未来按照约定的日期和利率支付利息,并按照约定的日期偿还本金的一种债务凭证。根据政府债券发行人的不同,政府债券可进一步分为中央政府债券、地方政府债券和政府机构债券。

中央政府债券是由中央政府发行的债券,又被称为国债。由于国债是以中央政府的信用为担保,因此,国债一般不存在违约风险。根据债券期限的不同,国债可以分为短期国债、中期国债和长期国债。短期国债也被称为“国库券”,其期限在1年(含1年)以内;中期国债的期限在1～10年;长期国债的期限在10年以上。短期国债属于货币市场工具,而中长期国债才属于资本市场工具。

地方政府债券是由地方政府发行的债券。按照偿还资金来源的不同,地方政府债券可以分为普通债券和收益债券。普通债券是地方政府发行的,以自身的征税能力为偿债保证的债券。这种债券所筹措的资金往往用于地方的公共服务。而收益债券则是地方政府发行的,以某一项目建成后的运营收入为偿债保证的债券。这种债券所筹措的资金往往用于投资建设某一项目。

政府机构债券是由政府机构发行的债券。发行此种债券的目的通常是为了发展公共事业。一般情况下，政府会为政府机构债券提供一定的担保，因此，政府机构债券的违约风险相对较小。

(2)金融债券。金融债券是银行及非银行金融机构为了筹措资金而向投资者出具的，承诺在未来按照约定的日期和利率支付利息，并按照约定的日期偿还本金的一种债务凭证。广义的金融债券还应包括中央银行债券，但它是一种特殊的金融债券，它以国内金融机构为主要发行对象，期限较短，发行目的不在于筹措资金，而是为了运用市场机制以间接手段加强宏观调控，是公开市场业务的一个构成部分。一般金融债券以银行等金融机构为筹资对象，筹资目的是再投资于某种特殊用途或改变本身的资产负债结构。

(3)公司债券。公司债券是公司为了筹措资金而向投资者出具的，承诺在未来按照约定的日期和利率支付利息，并按照约定的日期偿还本金的一种债务凭证。公司债券的发行人一般是有限责任公司和股份公司。公司债券在发行前一般都要经过信用评级，信用等级越高的债券，不仅发行价格较高，而且容易销售。公司债券的利率一般高于国债和金融债券。

2. 信用债券和担保债券

按有无抵押担保可分为信用债券和担保债券。

(1)信用债券。信用债券是指仅凭发行人的信用能力而发行的债券，它没有特定的财产作为发债抵押。

(2)担保债券。担保债券是指以特定财产为抵押而发行的债券。具体又包括抵押债券、质押债券和保证债券。

3. 国内债券和国际债券

按债券发行主体国别不同可分为国内债券和国际债券

(1)国内债券。国内债券是指由本国政府或本国公司发行的债券。国内债券的主要特点是债券发行人与债券发行市场都在同一个国家或地区。一般情况下，债券发行市场上的债券主要是由国内债券构成的。

(2)国际债券。国际债券是指由国际机构、外国政府或外国公司发行的债券。其主要特点是债券发行人与债券发行市场不在同一个国家或地区。国际债券具体包括外国债券和欧洲债券两种。

①外国债券。外国债券指的是，由国际机构、外国政府或外国公司在某国债券市场上发行的，以该国货币作为计价货币的债券。比如，由美国以外的国际机构、外国政府或外国公司在美国市场上发行的以美元作为计价货币的债券就是一种外国债券，它被称为“扬基债券”。

②欧洲债券。欧洲债券指的是，由国际机构、外国政府或外国公司在某国债券市场上发行的，以第三国货币作为计价货币的债券，如德国的一家机构在日本债券市场上发行以美元作为计价货币的债券。与外国债券不同的是，欧洲债券的发行人、发行市场所在地以及计价货币分别属于3个不同的国家或地区。

4. 普通债券和含权债券

按债券是否存在选择权可分为普通债券和含权债券。

在这里，普通债券是指不具有任何选择权的债券，而含权债券则附有一定的选择权。以下简要介绍几种主要的含权债券。

(1)可转换公司债券。它是指在一定条件下可以按照一定的转股比例转换成债券发行人股票的债券。可转换公司债券是一种特殊的公司债券，它兼具债券的性质和股票期权的性质。

可转换公司债券具有债券的性质，是因为可转换公司债券与其他债券一样，也有规定的利率和期限，其持有者可以选择债券持有至到期，收取本金和利息；可转换公司债券又具有股票期权的性质，是因为可转换公司债券在一定条件下可以按照一定的比例转换成债券发行人的股票。

(2)可分离交易可转债。可分离交易可转债的全称是“认股权和债券分离交易的可转换公司债券”，这是一种特殊的可转换公司债券，它与普通的可转换公司债券的本质区别在于，其投资者在行使认股权利后，该债券依然存在，其持有者仍可将该债券持有到期后获取本金和利息收益，而普通的可转换公司债券的投资者一旦行使了认股权利，该债券就不存在了。

与普通可转换公司债券相比，可分离交易可转债具有“二次融资”的特点，即债券发行人可能因为发行可分离交易可转债而获得两次融资。这是因为，在可分离交易可转债发行时，投资者为了认购债券需要向债券发行人支付相应的款项。而在投资者想要按照行权价格认购股票时，则需要再次向债券发行人支付相应的款项。

(3)其他含权债券。除了上述两种常见的含权债券外，还有附有其他选择权的债券，如投资者具有向发行人回售债券选择权的债券、发行人具有向投资者赎回债券选择权的债券。通常情况下，对于投资者具有向发行人回售债券选择权的债券，其利率一般相对比较低；对于发行人具有向投资者赎回债券选择权的债券，其利率一般相对比较高。

二、债券的发行与流通

债券发行市场就是债券发行人向债券投资者发行债券的市场，也可以称为债券一级市场。另外，债券发行人向债券持有人支付利息、偿还本金以及特殊情况下的赎回和回售也属于债券发行市场的范围。

(一)债券的评级

债券的信用评级是指按一定的指标体系对准备发行债券的还本付息的可靠程度作出客观公正的评定。债券违约风险的大小与投资者的利益密切相关，也直接影响着发行者的筹资能力和成本。为了较客观地估计不同债券的违约风险，通常需要由中介机构进行评级。但评级是否具有权威性则取决于评级机构。目前最著名的两大评估机构是标准普尔公司和穆迪投资者服务公司。标准普尔的信用等级标准从高到低有：AAA级、AA级、A级、BBB级、BB级、B级、CCC级、CC级、C级和D级。穆迪投资服务公司的信用等级标准从高到低有：Aaa级、Aa级、A级、Baa级、Ba级、B级、Caa级、Ca级和C级。前4个级别的债券属于“投资级”债券；后面等级的债券属于“投机级”债券。

中国发展需要一个安全的国际信用环境，履行世界经济发展职责需要中国为国际信用体系安全做出应有的贡献。通过国际评级实践活动，向世界提供更客观、真实的评级资讯，推动建立一个超主权利益的国际信用评级体系，是中国评级机构参与国际评级的最主要目标。成为评级机构需要经过国家批准。国内有五大全牌照资信评级机构，分别为大公国际、中诚信、联合资信、东方金诚和上海新世纪。其中大公国际、上海新世纪、中诚信在信用评级市场的市场占有率方面占据重要地位。

(二)债券的发行价格

债券的发行价格即债券投资者认购新发行债券的价格。债券的发行价格可分为三种：一是按面值发行，称为平价发行，我国目前发行的债券大多数是这种形式；二是以低于面值的价格发行，称为折价发行；三是以高于面值的价格发行，称为溢价发行。债券的发行者可根据市场利率和市场供求状况来决定债券的发行价格。

（三）债券的发行方式

1. 私募发行和公募发行

按债券发行对象确定与否可分为私募发行和公募发行。

（1）公募发行，又称公开发行，是由承销商组织承销团将债券销售给不特定的投资者的发行方式。公募发行的优点是面向公众投资者，发行面广、投资者众多、筹集的资金量大、债券分散、不易被少数大债权人控制，发行后上市交易也很方便，流动性强。但公募发行的要求较高，手续复杂，需要承销商参与，发行时间长，费用较私募发行高。

（2）私募发行，又称定向发行或私下发行，即面向少数特定投资者发行债券。私募发行有时不需要承销商参与，由债券发行人与某些机构投资者，如人寿保险公司、养老基金、退休基金等直接接触，洽谈发行条件和其他具体事务。有时，承销商也参与私募发行的操作，为债券发行人寻找投资者。私募发行手续简便、发行时间短、效率高，投资者往往已事先确定，不必担心发行失败，因而对债券发行者比较有利。但私募发行的债券流动性比较差，所以投资者一般要求其提供比公募债券更高的收益率。

2. 代理发行、余额包销和金额包销

按债券承销机构对债券发行所承担的责任不同可分为代理发行、余额包销和全额包销。

（1）代理发行（即代销）是指债券承销机构按照债券募集说明书的发行条款，代理债券发行人推销债券。但是，并不对最终的债券销售量负责，更不向债券发行人承诺购买未销售完的债券，而是将未销售完的债券返还给债券发行人。对于债券承销机构来说，这种发行方式的承销风险较小，但是佣金收入也相对较少。

（2）余额包销是指债券承销机构按照债券募集说明书的发行条件，在销售截止日以内向投资者销售债券，如果在销售截止日债券的销售金额低于预先确定的金额，则由债券承销机构认购上述差额，并向债券发行人支付相应款项。对于债券承销机构来说，这种发行方式的承销风险较大，但是佣金收入也相应较多。

（3）全额包销是指债券承销机构先购买债券发行人发行的全部债券，之后再向投资者发售。对于这种发行方式来说，债券承销机构承担了全部的承销风险。值得注意的是，此时债券发行人与债券承销机构之间不再是委托代理关系，而是买卖关系。

（四）债券的交易方式

债券市场上具有多种交易方式，丰富的交易方式有利于提高债券的流动性。在此，将从债券的交易性质和债券的报价方式这两个角度分别介绍债券的交易方式。

1. 现券交易、期货交易和回购交易

按债券交易性质的不同可分为现券交易、期货交易和回购交易。

（1）现券交易。债券的现券交易，是指债券的买卖双方依据商定的付款方式，在较短的时间内进行交易清算。按照交割时间的安排，债券的现券交易可以分为三种：第一种是即时交割，即债券成交时可以立即办理交割；第二种是次日交割，即在债券成交后的第二个工作日可以办理交割；第三种是择日交割，即在债券成交后的若干个工作日内完成交割。

（2）期货交易。债券的期货交易，是指债券的买卖双方依据协议规定的价格和数量，在未来的某一日期进行交割清算。由于债券的价格会不断发生变化，因此，投资者可以通过期货交易的方式锁定债券的价格，从而规避价格风险。

（3）回购交易。债券的回购交易，是指债券的买卖双方在进行债券交易的同时，约定在未来的某一日期以约定的价格进行反向交易，这种交易方式在本质上可以被视为一种融资方式。

2. 全价交易和净价交易

按债券报价方式不同可分为全价交易和净价交易。

(1)全价交易。全价交易是指在债券交易中债券的价格包含债券的应计利息。在全价交易中，债券的交易价格不仅体现了债券本身的价格，还体现了债券应计利息。因此，作为含息价格，全价交易下的债券价格会随着计息时间的推移而不断变化，这不利于投资者对市场利率的判断。

(2)净价交易。净价交易是指在债券交易中债券的价格不包含债券的应计利息。在净价交易中，债券的交易价格剔除了债券应计利息的影响，只体现债券本身的价格。全价交易和净价交易的关系可以用一个等式来表示：

全价＝净价＋应计利息

第三节　股票市场

股票市场是专门对股票进行公开交易的市场，包括股票的发行和转让。

一、股票的概念、特征和分类

(一)股票的概念

股票是一种有价证券，是股份公司在筹集资本时向出资人发行的、用以证明出资人的股东身份和权利，并根据股票持有人所持有的股份数享有权益和承担义务的书面凭证。

股票一经认购不得退股，投资者无权要求公司返还其出资。但是，股东可以通过在流通市场上有偿转让股票来收回现金。

(二)股票的基本特征

1. 收益性

收益性是股票最基本的特征，它是指股票可以给持有人带来收益的特性。持有股票的目的在于获取收益，股票收益可以分为两类：一是股息、红利所得，其取决于股份公司的经营状况、盈利水平和股利政策等；二是资本利得，即股票持有者将持有的股票卖出，当股票的卖出价格高于买入价格时所赚取的价差收益。

2. 参与性

参与性是指股票持有者有权出席股东大会，选举公司董事会，参与公司重大决策等特性，体现了股票持有人对公司经营决策的参与权。股东参与公司重大决策的权力大小由所持有股份数量的多少决定。如果某股东持有的股份数量达到决策所需要的有效数量时，就能实质性地影响公司的经营方针。

3. 永久性

股票一经认购不得退股，股东只能在二级市场上转让，虽然转让股票的同时也转让了股东身份，但是并不会直接影响到公司筹集的资金数量。因此，股票的转让只是公司股东的改变，但是股份公司通过发行股票筹集到的资金却是一笔在公司存续期都不必偿还的资金，因此是永久性的。

4. 流动性

流动性是指股票可以在依法设立的证券交易所上市交易或转让的特性。由于股票持有人不能直接从股份公司退股,因此当股票持有人需要将股票变现时,就依赖在二级市场上将股票转让,从而形成了股票的流动性。另外,投资者在二级市场上的“低买高卖”行为也为标的股票提供了流动性。可见,二级市场是股票产生流动性的主要场所。

5. 风险性

风险性是指股票带来的预期经济利益所具有的不确定性。前面提到的股息和红利发放与否、发放多少,完全依赖于公司的经营状况、盈利水平和股利政策,而公司的经营状况和盈利水平是不确定的,因而股东能否获得股息红利、获得多少,也是一个未知数。另外,股票价格也随公司盈利水平、宏观经济形势、市场利率等多重因素的变化而波动,当股价下跌时,股票持有者就会因此而遭受损失。一般来说,股票的风险性与其收益性成正比,风险越大收益越大,风险越小收益也就越小。

(三)股票的分类

根据不同的标准,股票有不同的分类方法。

1. 普通股和优先股

按照股东享有的权利不同,股票可以分为普通股和优先股。

普通股是指在公司的经营管理、盈利以及财产分配上享有普通权利的股票,它构成公司资本的基础,是股票的一种基本形式,也是发行量最大、最为重要的股票。普通股股东分的股息一般称为红利,红利的大小取决于公司经营状况的好坏。因此,相对于优先股,普通股风险更大。

普通股股东是股份有限公司的基本股东,享有以下权利:

(1)企业经营参与权。普通股股东有出席股东会议、表决和选举的权利,可以选出公司的董事会或监事会,从而对公司的经营有一定的发言权。

(2)盈余分配权和资产分配权。普通股的股东在把公司红利分派给优先股股东之后,有权享有公司分派的红利;在公司解散或清算时,有权在公司支付了其他债权人和优先股股东的请求权之后,参与公司财产分配。

优先股是指股东享有某些优先权利的股票。同普通股一样,优先股股东也不可以要求退股(可赎回优先股除外)。但是,优先股一般不能上市流通,优先股股东无权干涉企业的经营,不具有参与公司经营的表决权。

优先股的优先主要表现在两个方面:其一,当公司派发红利的时候,优先股股东比普通股股东优先获得分红,而且能够享受固定数额的股息;其二,在公司宣布破产之后进入清算阶段的时候,优先股股东可以优先于普通股股东获得剩余财产的分配权。

2. 记名股票和无记名股票

按照是否记载股东姓名,股票可分为记名股票和无记名股票。

记名股票是指在股东名册上登记持有人的姓名或名称及住址,并在股票上也注明持有人姓名或名称的股票。记名股票不仅要求股东在购买股票时需要登记姓名或名称,而且要求股东转让股票时需向公司办理股票过户手续,除了记名股东外,任何人不得凭此对公司行使股东权利。

无记名股票是指在股票上不记载股东姓名或名称的股票。无记名股票的转让、继承无须办理过户手续,只要将股票转交给受让人,就可以发生转让效力。

3. 始发股和增发股

按照股票的发行时间不同可分为始发股和增发股。

始发股是公司设立时发行的股票，所谓增发股是公司增资时发行的股票。尽管始发股和增发股在发行条件、发行目的、发行价格等方面不尽相同，但是其股东享有的权利和承担的义务是一样的。

4. A 股、B 股、H 股等

按照上市地区的不同可分为 A 股、B 股、H 股、N 股、L 股、S 股等。

A 股是以人民币标明票面金额，由我国境内公司发行，在上海、深圳证券交易所上市，供境内(不包括我国港澳台地区)投资者和合格境外机构投资者以人民币认购交易的股票。

B 股原本是指人民币标明票面金额，由我国境内公司发行，在深圳、上海证券交易所上市，供境外或我国港澳台地区投资者以外币认购和交易的股票。但自 2001 年 2 月我国对境内居民个人开放 B 股市场之后，境内投资者也逐渐成为 B 股市场的重要投资者。

H 股、N 股、L 股、S 股等统称为境外上市外资股，是指在中国境内注册的公司向境外投资者发行的，在境外证券交易所上市的股份。H 股是指我国境内公司发行的，在香港地区上市的股票。以此类推，N 股是我国境内公司发行的，在纽约证券交易所上市的股票；L 股是我国境内公司发行的，在伦敦证券交易所上市的股票；S 股是我国境内公司发行的，在新加坡证券交易所上市的股票。

5. 国有股、法人股和社会公众股

按照投资主体的性质不同可分为国有股、法人股、社会公众股。

这是我国特有的一种股票分类方法。

国有股是指有权代表国家投资的部门或机构以国有资产身份向公司投资形成的股份，包括以公司现有国有资产折算成的股份。由于我国大部分股份制企业都是由国有大中型企业改制而来的，因此，国有股在上市公司股权中占有较大的比重。

法人股是指企业法人或具有法人资格的事业单位和社会团体以其依法可经营的资产向公司投资所形成的股份。

社会公众股是指我国境内个人和机构，以其合法财产向公司投资所形成的股份。

二、股票发行市场

股票发行市场又称为一级市场，它是指公司直接或通过中介机构向投资者出售新发行股票的市场。所谓新发行的股票包括初始发行和再发行的股票。

(一)股票发行制度与条件

1. 股票发行制度

股票发行制度实际就是指发行人在申请发行股票时遵循的一系列程序化的规范。从世界来看，股票发行制度一般分为核准制和注册制。

(1)核准制。核准制是指发行人在发行证券时，不仅要充分公开企业的真实信息，而且还必须符合有关法律和证券管理机构规定的必备条件。证券监管机构有权否决不符合规定的证券发行申请，发行人的发行权由审核机构以法定形式授予。发行人申请公开发行股票的，应当聘请具有保荐资格的机构担任保荐人，并且发行申请需由保荐人推荐和辅导，由发行审核委员会审核，证券监管机构批准。

(2)注册制。注册制是指发行人在准备发行证券时，必须将依法公开的各种资料完全、准确地向证券主管机关呈报并申请注册。证券主管机构的职责是依据信息公开原则对申请文件的全面性、真实性、准确性和及时性作形式审查，无权对证券发行行为及证券本身作出价值判断，发行人的发行权无须由主管部门授予。2023 年 2 月 17 日，中国开始全面实行股票发行注册制。

2. 股票发行条件

股票发行条件是指由各国法律法规规定的，股份公司在发行股票时必须达到的标准。根据我国《证券法》的规定，我国股票发行条件主要包括首次公开发行股票的条件、增发新股的条件、配股的条件等。这些条件作为股份公司发行股票的第一道门槛，避免了一些不符合条件的公司滥竽充数，可以起到保护投资者利益的作用。

(1)首次公开发行(IPO)。包括以募集方式新建股份公司时公开发行股票以及原有企业改组为股份公司首次公开发行股票两种。首次发行应当向中国证监会递交募集申请，经批准后方可发行。

(2)增发新股。这是上市公司在获得有关部门的批准后，以证券市场的全部投资者为发售对象再次发行股票筹资。

(3)配股发行。这是指上市公司在获得有关部门的批准后，向其现有股东提出配股建议，使现有股东可以按其所持股份的比例认购配售股份的行为。它是上市公司发行新股的一种方式，具有实施时间短、操作简单、成本低廉等优点，同时配股还是上市公司改善资本结构的有效手段。

(二)股票发行定价和股票估值方法

1. 股票发行价格

股票发行价格是指股份公司将股票公开发售给特定或非特定投资者所采用的价格。根据发行价格与票面金额的关系，发行价格可以分为平价发行、溢价发行和折价发行。我国《公司法》规定，股票不能以低于票面金额的价格发行，即只能平价发行或溢价发行。

2. 股票估值方法

确定股票发行价格的基础是进行股票估值，也就是确定股票的理论价值。股票估值的方法有很多种，主要有市盈率法、净资产倍率法、现金流量贴现法和竞价确定法等。

(1)市盈率法。市盈率法是指以公司股票的市盈率为依据，对股票进行估值，从而确定发行价格的一种方法。所谓市盈率(P/E)是指股票市场价格与每股净利润的比率。采用市盈率法确定股票发行价格的步骤如下：

①根据注册会计师审核后的盈利预测计算出发行公司的每股净利润，计算公式为：

$$\text{每股净利润}=\text{净利润}\div\text{发行以前的总股本数}$$

②根据二级市场的平均市盈率、发行公司所处行业的情况(同类行业公司股票的市盈率)、发行公司的经营状况及其成长性等拟定发行市盈率。

③根据每股净利润和发行市盈率来确定发行价格，计算公式为：

$$\text{发行价格}=\text{每股净利润}\times\text{发行市盈率}$$

(2)净资产倍率法。净资产倍率法又称资产现值法，是指通过资产评估和相关会计手段确定发行公司拟募股资产的每股净资产值，然后根据证券市场的状况将每股净资产乘以一定的倍率，以此确定股票发行价格的方法。净资产倍率法在国外常用于房地产公司或资产现值有重要商业利益的公司的股票发行。计算公式为：

$$\text{发行价格}=\text{每股净资产值}\times\text{溢价倍数}$$

(3)竞价确定法。竞价确定法是指投资者在指定时间内通过证券交易所的交易网络，以不低于发行底价的价格，按限购比例或数量进行申购委托。申购期满后，由交易所的交易系统将所有有效申购按照“价格优先、时间优先”的原则，将投资者的认购委托由高价位向低价位排序，并由高价位到低价位累计有效认购数量，当累计数量恰好达到或超过本次发行数量的价格，即为本次发行的价格。

(4)现金流量折现法。现金流量折现法是通过预测公司未来盈利能力，据此计算出公司净现值，并按一定的折扣率折算，从而确定股票发行价格的方法。该方法首先使用市场接受的会计手段预测公司每个项目未来若干年内每年的净现金流量，再按照市场公允的折现率，分别计算每个项目未来的净现金流量的净现值。公司的净现值除以公司股本数，即为每股净现值。发行价格通常再对上述每股净现值折让20%～30%。

(三)股票的发行方式

1. 公募发行和私募发行

股票按发行对象不同可分为公募发行和私募发行。

(1)私募发行。私募发行是指仅向少数特定投资者发行股票的一种方式。发行对象一般是与发行者有特定关系的投资者，如发行公司的内部职工或与发行人有密切关系的金融机构、公司等。私募发行手续比较简单，可节省发行费用。但私募发行的股票一般不允许上市流通，投资者数量有限，流动性较差。

(2)公募发行。公募发行是指向广泛的不特定的投资者公开发行股票的一种方式。为保证投资者合法权益，政府对股票的公募发行控制很严，要求发行人具备较高的条件。公募发行的股票可以上市流通，因而具有较高的流动性。同时，公募发行方式还有助于提高发行者在证券市场的知名度，扩大社会影响。不足之处是手续比较复杂，发行成本较高。

2. 直接发行和间接发行

按发行过程划分可分为直接发行和间接发行。

(1)直接发行。直接发行是指发行人不通过证券承销机构而自己发行股票的一种方式，私募发行多采用直接发行方式。

(2)间接发行。间接发行是指发行人委托一家或几家证券承销机构代为发行股票的一种方式。证券承销机构一般为投资银行、证券公司、信托公司等。

(四)股票的销售方式

股票发行的最后一环就是将其销售给投资者。销售方式主要有两种：一是自行销售，即自销；二是委托他人代为销售，即承销。一般情况下，公开发行以承销为主。具体来讲，承销是指将股票的销售业务委托给专门的股票承销机构销售，按照发行风险的承担、所筹资金的划拨以及手续费的高低等因素划分，承销方式又分为代销、余额包销和全额包销三种，这三种方式在前述债券发行市场中已经详细提到过，这里就不重复论述了。

三、股票流通市场

股票流通市场是已经发行的股票按市价进行转让、买卖和流通的市场。由于它是建立在股票发行市场之上的，因此，又被称为二级市场。股票流通市场旨在为股票发行市场提供流动性，从而可以使股票的持有者在需要的时候能够尽快卖出股票，收回投资。

(一)股票价格指数

二级市场中的股票价格指数变动能反映出整个社会的经济情况，通常股票价格指数被称为一国国民经济的“晴雨表”。这是因为在一个完善成熟的证券市场，股票价格能够反映市场上的所有信息。这样证券市场就能够完整地反映每一家上市企业的经营状况，就能通过股价变动提前预测一国经济发展状况。例如，在 2008 年金融危机的时候，美国经济整体都在下滑，失业率上升，整个美国股市也不好。而 2012 年美国劳工指标开始复苏后，美国股票价格指数也开始回升。2012 年 2 月 18 日，美国道琼斯指数回到金融危机前水平，纳斯达克指九创 11 年来新高。因此，要了解一国国民经济发展状况，就有必要关注一国股票价格指数。那么，什么是股票价格指数？世界上又主要有哪些关键的股票价格指数呢？

1. 股票价格指数的定义

股票价格指数，简称股价指数或股票指数，是由证券交易所或金融服务机构编制的表明股票行市变动的一种供参考的指示数字。由于股票价格起伏无常，投资者必然面临市场价格风险。对于具体某一种股票的价格变化，投资者容易了解；而对于多种股票的价格变化，要逐一了解，既不容易，也不胜其烦。为了适应这种情况和需要，一些金融服务机构就利用自己的业务知识和熟悉市场的优势，编制出股票价格指数公开发布，作为市场价格变动的指标。投资者就可以据此检验自己投资的效果，并用以预测股票市场的动向。同时，新闻界、公司经营者乃至政界领导人等也以此为参考指标，来观察、预测社会政治和经济发展形势。

2. 股票价格指数的计算方法

计算股票指数，要考虑三个因素：一是抽样，即在众多股票中抽取少数具有代表性的成分股；二是加权，按单价或总值加权平均，抑或不加权平均；三是计算程序，计算算术平均数、几何平均数，或兼顾价格与总值。

由于上市股票种类繁多，计算全部上市股票的价格平均数或指数的工作是艰巨而复杂的，因此人们常常从上市股票中选择若干种富有代表性的样本股票，并计算这些样本股票的价格平均数或指数，用以表示整个市场的股票价格总趋势及涨跌幅度。

衡量股票价格波动的这两种指标——股价平均数和股票价格指数，从两者对股市的实际作用而言，股价平均数是反映多种股票价格变动的一般水平，通常以算术平均数表示。人们通过对不同时期股价平均数的比较，可以认识多种股票价格变动水平。而股票价格指数是反映不同时期股价变动情况的相对指标，也就是将第一时期的股价平均数作为另一时期股价平均数基准的百分数。通过股票指数，人们可以了解股价的升降变化。由于股票指数是一个相对指标，因此就一个较长的时期来说，股票指数比股价平均数能更为精确地衡量股价的变动。

3. 我国的主要股价指数

由上海证券交易所编制并发布的上证指数系列，包括上证 180 指数、上证 50 指数、上证综合指数、A 股指数、B 股指数、分类指数、债券指数、基金指数等。这些指数从总体上和各个不同侧面反映了上海证券交易所上市的证券品种价格的变动情况，可以反映不同行业的景气状况及其价格整体变动状况，从而给投资者提供不同的投资组合分析参照系。其中，最早发布的上证综合指数，是以上海证券交易所挂牌上市的全部股票为计算范围，以发行量为权数的加权综合股价指数。这一指数自 1991 年 7 月 15 日起开始实时发布，基日定为 1990 年 12 月 19 日，基日指数定为 100 点。

综合反映深圳证券交易所全部 A 股和 B 股上市股票股价走势的深证综合指数，也是以发行量为权数的加权综合股价指数。这一指数以 1991 年 4 月 3 日为基日，基日指数定为 100 点。目前通常被用来描述深圳股市走势的深证成分股指数，是从深圳证券交易所上市的所有股票中抽取具有市场代表性的 40 家上市公司的股票作为计算对象，并以流通股为权数计算得出的加权股价指数，综合反映深圳证券交易所上市 A、B 股的股价走势。这一指数取 1994 年 7 月 20 日为基日，基日指数定为 100 点。成分股指数于 1995 年 1 月 23 日开始试发布，1995 年

5 月 5 日正式启用。

2005 年 4 月 8 日，中国股市诞生了首个跨市场指数沪深 300 指数。这一指数由上海和深圳证券市场中选取的 300 只 A 股作为样本编制而成，以 2004 年 12 月 31 日为基日，基日指数定为 100 点。

世界上几种著名的股票价格指数

上证、深证指数系列均采用派许加权综合股价指数公式，并进行“实时逐笔”计算。具体做法是，在每一交易日集合竞价结束后，用集合竞价产生的股票开盘价（无成交者取前一天收盘价）计算开盘指数，以后每有一笔新的成交，就重新计算一次指数，直至收盘，实时向外发布。

（二）股票流通市场的组织形式

股票流通市场的组织形式可分为场内交易、场外交易、第三市场和第四市场。

1. 场内交易

场内交易是指在证券交易所内进行的交易。证券交易所作为进行证券交易的场所，不仅设有固定的场所，备有各种服务设施，还配备了必要的管理和服务人员等。但是，证券交易所本身并不持有股票等有价证券，也不进行证券买卖，而主要是为参与交易的各方创造条件，并进行必要的监督。场内交易是股票流通市场的主要组织形式，而证券交易所则是场内交易的主要场所。

（1）证券交易所的组织形式。世界各国证券交易所的组织形式大致可分为两类：会员制证券交易所和公司制证券交易所。

①会员制证券交易所。会员制证券交易所是不以营利为目的，会员之间自治自律、互相约束，仅参与其中的会员才可以进行股票买卖与交割的交易场所。尽管这种交易所的佣金和上市费用比较低廉，但是，由于经营交易所的会员本身就是股票交易的参与者，因而在股票交易中难免出现交易的不公正性。同时，由于参与交易的买方和卖方只限于证券交易所的会员，新会员的加入一般要经过老会员的一致同意，这就形成了一种事实上的垄断，不利于提高服务质量。

②公司制证券交易所。公司制证券交易所是以营利为目的，提供交易场所和服务人员，以便于证券商的交易与交割的证券交易所。从股票交易实践可以看出，这种证券交易所通过收取发行公司的上市费用与证券成交的佣金来获取收入。另外，经营这种交易所的人员不能参与证券买卖，从而在一定程度上可以保证交易的公平性。由于公司制显而易见的优点，目前世界上越来越多的国家都开始设立公司制证券交易所。

（2）证券交易所交易制度。根据价格决定的特点，证券交易制度可以分为做市商交易制度和竞价交易制度。目前世界上大多数证券交易所都是实行混合的交易制度。

①做市商交易制度。做市商制度是做市商以其自有资金和证券与投资者进行双向交易，从而为市场提供及时性和流动性，并通过买卖价差获取利润。所谓做市商，是指在证券市场上，由具备一定实力和信誉的证券经营法人作为特许交易商，不断向公众投资者双向报出某些特定证券的买入价格和卖出价格，并在该价位上接受公众投资者的买卖要求，以其自有资金和证券与投资者进行证券交易，从而维持整个市场的流动性和价格连续性。

②竞价交易制度。竞价交易制度的特征是，开市价格由集合竞价形成，随后交易系统对不断进入的投资者交易指令，按价格优先与时间优先原则排序，将买卖指令配对竞价成交。

通过竞价方式，证券买卖双方能在同一市场上公开竞价，充分表达自己的投资意愿，最终直到双方都认为已经得到满意合理的价格才会最后成交。

（3）证券交易所的参与者。无论哪种组织形式的证券交易所，其交易均实行代理制，即普通投资者或没有席位的证券交易商不能在证券交易所内直接进行交易，而必须委托取得会员资格的证券经纪人代其在证券交易所内买卖证券。证券交易所内的参与者按其在交易市场上活动的性质可以分为四类。这里主要是依据纽约证券交易所内的参与者而进行的划分，具体到每个市场是有区别的。

第一，佣金经纪人，在证券交易所内专门负责接收和执行由本公司场外传来的客户委托。即代理客户进行证券买卖，充当交易双方的中介，并从中收取佣金。

第二，场内经纪人，专门负责帮助手中委托单过多而忙不过来的佣金经纪人执行委托，并从中获取佣金。

第三，场内交易商，是指在交易所内以自己的名义买卖证券，赚取价差的证券交易商。证券交易商的自营业务客观上起到了活跃证券市场，维护交易连续性的作用，但其"双刃剑"的特征也很明显。因为证券交易商资金雄厚，又有信息优势，极易操纵市场，造成证券价格的非正常波动。

第四，特种交易商，其有两个基本的职责：一是保管和执行各经纪人送来的条件委托单，并收取佣金。二是随时准备以自己的账户买进或卖出所负责的一种或数种股票，以维护市场的公正和有序。因此，特种交易商在证券交易所中起到做市商的作用。

(4)证券交易所的交易过程。投资者如果有买卖上市证券的需要，需在证券经纪人处开设账户，取得委托买卖证券的资格。其需要进行证券买卖时，须向证券经纪人发出指令；证券经纪人将客户的指令传递给在交易所的场内交易员；交易员则按指令要求进行交易，成交之后，由电脑自动进行证券的交割与过户。交割是指买方付款取货与卖方交货收款的手续。过户手续仅对股票购买方而言，如为记名股票，买方须到发行股票的公司或委托部门办理过户手续，方可成为该公司股东。投资者发出的委托指令通常有三种：市价委托、限价委托和停损委托。

第一，市价委托，是指委托人(投资者)只规定某种证券的名称、数量，对价格由证券经纪人随行就市，不做限定，而是要求证券经纪人在规定的时间期限内，按照市场上的最优价格进行交易的一种委托指令。市价委托由于不对价格做任何限制而可以迅速被执行，其目的在于迅速捕捉有利的交易机会。在一般情况下，市价委托在下跌的市场中的作用要比其在上升的市场中的作用更大，因为股票价格下跌的速度要比上升的速度快得多。因此，买进市价委托的数量要小于卖出市价委托的数量。

第二，限价委托，是指投资者指示证券经纪人在某一特定价位或者在比该价位更为有利的价位上买卖证券的一种交易指令。例如，委托人可能指示其证券经纪人，要求他在每股价格达到30元之上时，把手中的股票卖出去；或者指示他在每股价格达到15元之下时买入股票。限价委托的优点是能够按照比当前市价低的价格买进，按照比当前市价高的价格卖出。因此限价买进委托的价格通常在当前市场价格之下，而限价卖出委托的价格通常在当前市场价格之上。

第三，停损委托，是指投资者指示证券经纪人当价格朝不利的方向波动达到某一临界点时就立即买卖证券的一种交易指令。例如，委托人可能指示其证券经纪人，当价格下降到每股10元时，就把手中的股票卖出去，以避免进一步的损失；或者指示他在每股价格上升至15元时买入。

限价委托与停损委托被称为条件委托，即只有在证券价格达到一定范围时才会被执行。

2. 场外交易

场外交易是相对于证券交易所交易而言的，是指在证券交易所以外进行的证券交易。由于这种交易最早是在各券商的柜台上进行的，因此也被称为柜台交易。与场内交易相比，场外交易没有固定的交易场所，其交易是由做市商决定的，其价格是通过买卖双方协议达成的。场外交易的特点在于管制少，比较灵活。

3. 第三市场

第三市场是指在证券交易所外对已上市股票进行交易的市场。严格地讲，第三市场既是场外交易市场的一部分，又是交易所市场的一部分。由于第三市场的交易者很少或不需要交易所提供各种服务，因此可降低佣金支出和交易成本。

4. 第四市场

第四市场是指各种机构投资者和证券持有人完全绕开通常的证券经营机构，相互之间直接进行股票交易所形成的市场。利用第四市场进行交易的一般都是大企业、大公司，它们直接通过第四市场的电子计算机网络进行大宗股票交易，这样既可以使得交易较隐蔽，同时也可以降低交易成本。

（三）股票交易方式

1. 现货交易

股票的现货交易，是指股票的买卖双方依据商定的付款方式，在较短的时间内进行交易清算。按照交割时间的安排，股票的现券交易可以分为三种：第一种是即时交割，即股票成交时可以立即办理交割；第二种是次日交割，即在股票成交后的第二个工作日办理交割；第三种是择日交割，即在股票成交后的若干个工作日内完成交割。

现货交易有如下特点：第一，成交和交割基本上同时进行；第二，实物交易，即卖方必须实实在在向买方转移证券，没有对冲；第三，在交割时，购买者必须支付现款；第四，交易技术简单，易于操作，便于管理。

2. 期货交易

股票的期货交易，是指股票的买卖双方依据协议规定的价格和数量，在未来的某一日期进行交割清算。期货的交割期限一般为15～90天。由于股票的价格会不断发生变化，因此，投资者可以通过期货交易的方式锁定股票的价格，从而规避价格风险。当然，交易者可以在期货交易到期前反向交易进行对冲。

3. 保证金交易

保证金交易又称信用交易，是指证券交易的当事人在买卖证券时，只向证券公司支付一定的保证金，或者只向证券公司交付一定的证券，而由证券公司提供融资或融券进行交易。保证金交易又分为保证金买长交易和保证金卖短交易。

（1）保证金买长交易。我国称之为“融资交易”，是指投资者预期某种证券价格上涨时，支付一部分保证金，而向证券公司借入资金买入证券的交易，待价格涨到一定程度时再卖出证券，归还证券公司借款及相应利息。由于投资者主要以借入资金买进证券，而且要将买入证券作为抵押物抵押在证券公司账户中，投资者手中既无足够的资金也不持有证券，所以这种交易方式也被称为买空交易。

（2）保证金卖短交易。我国称之为“融券交易”，是指投资者预期某种证券价格下跌时，在支付一部分保证金后向证券公司借入证券以便卖出的交易，待价格跌到一定程度后再买回同样的证券归还证券公司，以谋取价差。由于投资者手里没有真正的证券，交易过程是先卖出后买回，而且卖出证券所得收益抵押在证券公司账户中，因此这种交易方式也被称为卖空。如果卖空的证券价格上涨，证券公司要向卖空客户追收增加的保证金，否则将以投资者的抵押金购回证券平仓。如果卖空证券跌到投资者预期的价格，投资者买回证券，并归还给证券公司。

第四节　证券投资基金市场

一、证券投资基金的概念、特点与分类

（一）证券投资基金的概念

证券投资基金，是指通过发售基金份额，将众多投资者的资金集中起来，形成独立资产由基金托管人托管、基金管理人管理，以投资组合的方式进行证券投资的一种利益共享、风险共担的集合投资方式。

（二）证券投资基金的特点

与其他投资工具相比，证券投资基金具有如下的特点。

1. 组合投资、分散风险

证券投资基金通过汇集众多中小投资者的小额资金，形成雄厚的资金实力，可以将资金分散投资到多种证券或资产上，通过有效组合，最大限度地降低非系统风险。

2. 集中管理、专业理财

基金资产由专业的基金管理公司负责管理，基金管理公司配备了大量的投资理财专业人员，他们不仅掌握了广博的投资分析和投资组合理论知识，而且在投资领域也积累了相当丰富的经验，可以更好地抓住资本市场的投资机会，创造更好的收益。

3. 利益共享、风险共担

证券投资基金实行"利益共享、风险共担"的投资原则。基金投资者是基金所有者，基金投资收益在扣除由基金承担的费用后的盈余全部归基金投资者所有，并依据各投资者所持有的基金份额比例进行分配。同样，投资风险也由基金投资者承担。为基金提供服务的基金管理人、基金托管人只能按规定收取一定的管理费、托管费，并不参与基金收益的分配。

二、证券投资基金的分类

（一）根据组织形态和法律地位不同分类

根据组织形态和法律地位的不同可分为契约型基金和公司型基金。

契约型基金是指根据一定的信托契约而组织起来的代理投资行为，投资者通过购买受益凭证的方式成为基金的受益人。目前我国公开发售的基金全部都是契约型基金。

公司型基金是指依据公司法组建、通过发行股票或受益凭证的方式来筹集资金并将资金投资于有价证券获取收益的股份公司，投资者通过购买该公司的股份而成为基金公司的股东并以股份比例来承担风险、享受收益。公司型基金主要存在于美国。

契约型基金和公司型基金最根本的区别在于公司型基金具有法人资格和民事行为能力，而契约型基金则没有法人资格。由于法律地位的不同，公司型基金可以对外融资，而契约型基金则不能对外融资。

（二）按投资运作和变现方式不同分类

按投资运作和变现方式的不同可分为封闭式基金和开放式基金。

开放式基金是指基金可以无限地向投资者追加发行基金份额，并且随时准备赎回发行在外的基金份额，因此基金份额总数是不固定的。而封闭式基金的基金份额总数固定，且规定封闭期

限，在封闭期限内投资者不得向基金管理公司提出赎回，而只能寻求在二级市场上挂牌转让。

（三）按投资目标的不同分类

按投资目标的不同可分为成长型基金、收入型基金、平衡型基金。

成长型基金是以追求资本的长期增值为目标的投资基金，主要投资于具有良好发展潜力，但目前盈利水平不高的企业股票，即主要投资于成长性较好的股票。其特点是风险较大，可以获取的收益也较大，适合能承受高风险的投资者。

收入型基金是指以追求稳定的经常性收入为目标的投资基金，它主要投资于盈利长期稳定、分红高的质优蓝筹股和公司债券、政府债券等稳定收益证券，适合较保守的投资者。

平衡型基金介于成长型基金与收入型基金之间，它将一部分资金投资于成长性好的股票，又将一部分资金投资于业绩长期稳定的质优蓝筹股和公司债券、政府债券，是既注重资本的长期增值，又注重当期收入的一类基金。

（四）按投资对象不同分类

按投资对象不同可分为股票基金、债券基金、货币市场基金、专门基金、衍生基金、对冲基金、套利基金等。

股票基金，即基金的投资对象是股票，这是基金最原始、最基本的品种之一。

债券基金，即投资对象是债券的基金，这是基金市场上规模仅次于股票基金的另一重要品种。

货币市场基金，即投资于短期票据、回购协议等货币市场工具的基金。

专门基金，是从股票基金发展而来的投资于单一行业股票的基金，也称次级股票基金。

衍生基金，即投资于衍生金融工具，包括期货、期权、互换等的基金。

对冲基金是在金融市场上进行套期保值交易，利用现货市场和衍生市场对冲的基金，这种基金能最大限度地避免和降低风险，因而也称避险基金。

套利基金是在不同的金融市场上利用其价格差异低买高卖进行套利的基金。

（五）按地域不同分类

按地域不同可分为国内基金、国家基金、区域基金和国际基金。

国内基金是把资金只投资于国内有价证券，且投资者主要是本国公民的一种投资基金。

国家基金是指在境外发行基金份额筹集资金，然后投资于某一特定国家或地区资本市场的投资基金。

区域基金是把资金投资于某一世界性区域的各个不同国家资本市场的投资基金。

国际基金是把资金分散投资于全世界各主要资本市场上，从而能最大限度地分散风险。

三、基金的收益与费用

（一）基金的收益

基金的收益是基金资产在运作过程中所产生的超过本金部分的价值。基金收益主要来源于基金投资所得的红利、股息、债券利息、买卖证券价差、银行存款利息以及其他收入。

（二）基金的费用

基金的运营费用主要包括管理费、托管费。

基金管理人是基金资产的管理者和运营者，对基金资产的保值和增值起着决定性的作用。基金管理费是支付给基金管理人的管理报酬，其数额一般按照基金资产净值的一定比例从基金资产中提取。这一比例的高低与基金规模、基金类别有关。一般而言，基金规模越大，基金管理费率越低；基金风险程度越高，基金管理费率也越高。

基金托管费是指基金托管人托管基金资产所收取的费用，通常按基金资产净值的一定比例逐日提取、按月支付。基金托管费收取的比例也与基金规模、基金类别有关。一般而言，基金规模越大，基金托管费率越低；基金风险程度越高，基金托管费率也越高。

四、基金净值与基金单位净值

基金净值也称为基金资产净值，是指某一时点上基金资产的总市值扣除负债后的余额，代表了基金持有人的权益。基金单位净值，是指每一基金单位（即每一基金份额）所代表的基金资产净值。计算公式为：

基金单位净值＝（总资产－总负债）÷基金总份数
＝基金资产净值÷基金总份数

其中，总资产指基金拥有的所有资产，包括股票、债券、银行存款和其他有价证券等；总负债指基金运作及融资时所形成的负债，包括应付给他人的各项费用、应付资金利息等；基金总份数是指当时发行在外的基金单位的总量。

基金单位净值表示了单位基金内含的价值，但基金单位净值的高低并不代表基金业绩的好坏，基金净值增长能力才是判断基金业绩的关键。

五、开放式基金的认购、申购与赎回

（一）认购

开放式基金的认购是指投资者在基金募集期内购买一定的基金份额。认购份额的计算公式如下：

认购份额＝认购金额×（1－认购费率）÷基金单位面值

（二）申购

开放式基金的申购是指投资者在基金募集期结束后购买基金份额的行为。基金购买股票、债券等有价证券后，基金的资产价值会随着这些有价证券的市场价格的变化而变化，而基金净值也发生变化。因此，申购份额的计算与认购份额的计算有所不同。基金申购份额的计算公式如下：

申购份额＝申购金额×（1－申购费率）÷申购日基金单位净值

（三）赎回

开放式基金的赎回是指投资者把手中持有的基金份额按规定的价格卖给基金管理人收回现金的过程，是与申购相对应的反向操作过程。基金持有人赎回基金份额时，采用未知价法，先以份额赎回，然后转换成相应的货币金额。赎回金额的计算公式为：

赎回金额＝（赎回份数×赎回日基金单位净值）×（1－赎回费率）

【课后习题】

一、名词解释

1. 资本市场　　2. 注册制　　3. 核准制
4. 公募　　5. 私募　　6. 折价发行
7. 溢价发行　　8. 场外交易（OTC）　　9. 场内交易

10. 优先股
11. 股票
12. A/B/H/N/L/S 股
13. 股票价格指数
14. 债券
15. 金融债券
16. 投资基金
17. 开放式基金/封闭式基金
18. 契约型基金/公司型基金
19. 可分离交易可转债
20. 可转换公司债券

二、问答题

1. 请阐述资本市场的构成,并分析每种资本市场工具的特点。
2. 简述投资基金的定义、特点及种类。
3. 试比较场内交易与场外交易。
4. 请比较股票与债券的不同。
5. 试比较普通股与优先股。
6. 请阐述影响股票价格的因素。
7. 请阐述货币市场与资本市场的特点,并比较其不同。
8. 请阐述公募与私募的区别。
9. 试比较注册制与核准制。
10. 试阐述金融工具的发行方式。
11. 金融市场交易的组织形式有哪些?

第七章　衍生金融市场

【学习目标】

1. 了解衍生金融工具产生的原因。
2. 掌握衍生金融工具的特点与作用。
3. 掌握各衍生金融工具的分类及其特点。

【思政目标】

“推动金融高质量发展、建设金融强国，要坚持法治和德治相结合，积极培育中国特色金融文化”。在省部级主要领导干部推动金融高质量发展专题研讨班开班式上，习近平总书记鲜明提出培育和弘扬中国特色金融文化这一重大课题，深刻阐明中国特色金融文化五个方面的实践要求，对于走好中国特色金融发展之路、推动金融高质量发展具有十分重要的指导意义。

衍生品交易信披迎新规

第一节　衍生金融工具概述

衍生金融市场是交易衍生金融工具的市场。衍生金融工具是指其价值依赖于基本标的物资产价格的金融工具，如金融远期合约、期货、期权、互换等。最开始衍生金融工具的交易目的是防范原生金融工具的风险，但是它的发展也促成巨大的金融投机活动。目前的金融投机活动主要使用的就是衍生金融工具。

一、衍生金融工具产生的原因

衍生金融工具的迅速发展始于 20 世纪 70 年代，其原因主要有以下几点。

（一）转移风险

20 世纪 70 年代以后，世界经济发生了巨大的变化，石油涨价，美元持续贬值，布雷顿森林体系解体，各国汇率制度从钉住美元的汇率制度转变为浮动汇率制度，国际金融市场上各国货币汇率开始剧烈波动，汇率风险急剧增加。美国经济陷于滞胀，通货膨胀风险与利率风险也急剧增大。不管是企业还是金融机构都需要能够规避风险、进行套期保值的金融工具，来转移自身的风险。

（二）应对竞争

金融自由化浪潮导致了金融市场的全球化，使得金融业的竞争日益加剧。金融机构不仅面临着国内金融机构的竞争，同时还面临着全球金融机构的竞争。衍生金融工具的高杠杆性和高收益性，使它成了金融机构应对全球化竞争的重要手段。

（三）技术进步

通信技术和信息处理技术的进步，大大降低了交易成本和套期保值等风险管理策略的成本，允许衍生金融工具进行复杂的结构设计以达到风险管理的目的，促进了衍生金融工具的发展。期权定价模型的出现，推动了衍生金融工具估价模型和技术的发展，便于市场参与者对衍生金融工具进行定价与风险管理，使得衍生金融工具有了巨大的发展空间。

二、衍生金融工具的特点

（一）跨期性

衍生金融工具是交易双方约定在未来某一时间按照约定条款进行交易或选择是否进行交易的合约，具有很典型的跨期性，即衍生金融工具的交易合约完成后，要隔一个时间段才会进行基本标的物的实际交割。但是这个时间段一般不会超过 1 年。

（二）杠杆性

衍生金融工具的产生以合约为基础，合约双方的权利和义务在签订合约之日起就基本确定，不需要或只需要少量的保证金就能达成交易。导致投资者可以用少量资金撬动大宗金融交易，形成高杠杆性特征，比如期货的保证金比率大部分都在 10%以下，投机资本往往可以支配 10 倍于自身的资本进行投机操作。

（三）高风险性

衍生金融工具的高杠杆性决定着它的高风险性。衍生金融工具的交易结果取决于市场参与者对基本标的物的未来价格的预测的准确程度。基本标的物的价格波动决定着衍生金融工具的风险性。衍生金融工具的跨期性越长，也导致基本标的物的价格波动的各种可能性越多，衍生金融工具的价值波动风险越大。

而高杠杆性放大了这些的风险性。在衍生金融交易中，一旦交易预测正确，能获得丰厚的更高倍数的收益；一旦交易预测错误，也会遭受更高倍数的损失。高杠杆的保证金交易制度放大了收益与风险。

三、衍生金融工具的分类

（一）按照基本标的物的不同分类

衍生金融工具是价值依赖于基本标的物资产价格的金融工具，按照基本标的物的不同，可以将金融衍生工具划分为多个种类。这里的基本标的物是一个相对概念，不仅包括现货金融产品（如债券、股票、大额存单等），也包括衍生金融工具本身，比如期货，同时还包括各种价格指数，甚至于通货膨胀率和天气（温度）指数等也可以成为衍生金融工具的基本标的物。

但是最常见的衍生金融工具主要有四类：股票衍生工具、利率衍生工具、货币衍生工具和商品衍生工具。股票衍生工具有股票期货、股票期权、股票价格指数期权、股票价格指数期货等；利率衍生工具有短期利率期货、债券期货、债券期权、利率互换、互换期权、远期利率协议等；货币衍生工具有远期外汇合约、外汇期货、外汇期权、货币互换等；商品衍生工具主要是各种商品远期交易和商品期货。

（二）按照交易场所的不同分类

按照衍生金融工具交易场所的不同，可以将其划分为场内衍生金融工具和场外衍生金融工具。场内衍生金融工具是在交易所内交易的衍生金融工具，主要是期货交易与期权交易。场外衍生金融工具是交易双方直接在场外进行交易的衍生金融工具，主要是互换交易与远期交易。

（三）按照交易方式的不同分类

按照交易方式的不同，可以将衍生金融工具划分为远期合约、期货合约、期权合约和互换合约四大类。这是最常见的衍生金融工具的分类方式，具体内容详见本章后面章节。

四、衍生金融工具的作用

（一）金融风险管理

衍生金融工具被创造出来的最初目的就是进行原生金融工具的风险管理。衍生金融工具可以帮助市场参与者分离各种风险并估值，使他们根据风险不同设计产品，有效地配置资金和控制风险。衍生金融工具的风险转移机制主要是通过套期保值实现的，通过风险承担者在两个市场进行对冲来锁定自己的风险或收益。衍生金融工具在风险管理中的应用如表 7—1 所示。

表 7—1　　衍生金融工具在风险管理中的应用

风险种类		衍生金融工具
市场风险	商品价格风险	商品期货
	股票价格风险	股指期货
	汇率风险	远期外汇合约、外汇期货
	利率风险	利率互换、利率期权、利率上/下限
信用风险		信用互换、信用期权、信用联系票据

据英国经济学家情报社的调查发现，企业使用最频繁的金融衍生工具就是与利率和货币相关的衍生业务，其目的大都是规避风险。1994 年，美联储主席格林斯潘向国会作证时说："本委员会认为，近几年来发展起来的一批衍生产品提高了经济效率。这些合约的经济功能便是使以前被绑在一起的风险分解在不同的部分，而把每部分风险转移给那些愿意承担和管理这些风险的人。"

只不过金融衍生工具的交易都具有杠杆性，高风险高收益，所以现在也大量被用来套利与投机。

（二）价格发现

价格发现（Price Discovery）是指买卖双方在给定的时间和地方对一种商品的质量和数量达成交易价格的过程。

由于衍生金融交易，特别是场内交易，集中了四面八方众多的交易者，所有的参与者集中到交易所，使寻找价格和交易对象的信息成本大大降低。交易者为了获利要从事信息收集和价格动向分析，而且以公开竞价达成协议，这种形式接近完全竞争市场，能够在相当程度上反映出交易者对金融工具价格走势的预期，使真正的未来价格得以发现。同时，衍生金融工具的出现增加了不同金融工具市场和不同国家市场间的联系，促进了各种套利行为（市场之间或不同金融工具之间的套利)，从而有利于减弱市场的不完善性，加强市场的竞争，缩小金融工具的买卖差价，消除或修正某些市场或金融工具的不正确定价。

衍生金融市场上形成的价格还具有较强的连续性。与反映若干间断时点的现货价格相比，衍生金融市场上形成的预期价格能够动态地反映不断变化的市场供求关系。因为在衍生金融市场上，交易合约买卖总是持续地进行，交易者可以不断地根据所获得的最新信息修正原先对市场的看法，形成新的成交价格。

事实证明，各种衍生金融工具在外汇市场、资金市场、股票市场上，对汇率、利率、股价的发现已经得到充分的体现。

被衍生市场发现的价格随时随地通过各种传播方式向各地发布，这就为相应的经济领域提供了信息的生产和传递功能，为广大的生产者和投资者提供了正确的价格信号，从而使生产者和投资者可以相应地制定生产与经营计划，使经济社会每一个成员都能更快更好地从远期价格预测中获益，促进资源的合理配置。

(三)丰富企业的投融资手段

衍生金融工具的出现，使企业的筹资更为容易。例如，利用货币互换业务，企业的筹资范围可以扩展到整个国际金融市场；利用认股权证，企业可以在市场状况不利的情况下通过发行债券顺利筹措资金等。衍生金融工具的出现，使得原生金融工具的风险有了转移的途径，增加了投资者购买和持有原生金融工具的意愿，这在一定程度上也方便了企业筹资。例如 1992 年，英国北海石油公司在北海开发新油田需要筹措资金时，由于风险太大而遇到困难，于是利用利率互换这种衍生金融工具锁定了成本，降低了风险，从而顺利完成了筹资。

衍生金融工具还能够帮助企业降低筹资成本。企业可以利用货币互换或利率互换等业务，充分发挥各自的相对比较优势。互换的出现，是由于资金市场存在“市场分割”和“信息不平衡”的现象，一些资信好的企业可获得低成本的资金，若与另一些资信稍低的企业进行利率互换，则可进一步降低成本。

企业还可以用衍生金融工具作为投资手段获取收益，也可以用它来调整投资组合。若企业欲在增加股票投资的同时减少债券投资，则可以在买入股票期货的同时卖出债券期货，待股票期货到期日履行合约时付出现金收回股票，在债券到期日履行合同时卖出债券收回现金，通过这种方法调整投资组合，可以减少费用成本。

(四)促进原生金融工具的发展

由于衍生金融工具可以套期保值，具备金融风险管理的功能，可以使投资者安心地参与原生金融工具市场的交易，增强了原生金融工具的流动性，对稳定、完善和发展原生金融工具交易市场具有重要作用。尽管新的资本一般并不从衍生金融工具市场筹集，但衍生交易市场的风险转移机制明显地增强了原生金融工具交易市场的流动性。例如 1977 年，纽约股票交易所的股票日交易量不过 2 200 万股，而推出股票指数期货后，交易量迅速达到 1987 年的日平均交易量 1.63 亿股。对比中国国债期货试点前后的国债现货市场，也可以发现国债期货交易对国债现货交易有明显带动作用。中国国债期货交易前，国债现货市场十分不活跃，价格多次跌破面值，发行需要强行摊派。引入国债期货后，现货交易十分活跃，从而使 1994 年和 1995 年两年的国债得以顺利发行。1995 年 5 月 18 日国债期货关闭后，国债发行又遇到了障碍。可见衍生金融工具市场对原生金融工具市场的流动性和稳定性的影响是巨大的。

第二节 远期合约

一、远期合约的概念

远期合约是指交易双方约定在未来某一确定时间，按确定的价格买卖一定数量的某种资产的合约，是一种较早出现的衍生金融工具，也是一种相对简单的衍生金融工具。

在远期合约中，双方约定在将来交易的资产称为标的资产。远期交易是场外交易，合约内容由交易双方约定，因此其能交易的标的资产范围很大，并不仅仅局限于金融资产，各种商品也可以进行远期交易。

远期交易允许交易双方提前固定未来的交易价格，可以帮助交易双方防范价格风险，消除未来资产交易的不确定性，是一种常见的保值工具。预测交易标的物价格上涨的交易者，会成为交易中的买方，在合约中约定在将来会按约定价格买入标的物，也称为多方(或多头)；预测交易标的物价格下降的交易者，会成为交易中的卖方，在合约中约定在未来会按约定价格卖出标的物，也称为空方(或空头)；合约中提前约定的标的物的未来交易价格称为交割价格。

远期合约的起源

由于远期交易是场外交易，因此交易双方都存在风险。但是远期交易中并无保证金要求，因此其违约风险较高。

二、远期合约分类

远期交易由于其可交易的标的物种类非常多，因此其品种也很多。但是常见的金融远期交易只有三类，分别是远期利率协议、远期外汇合约和远期股票合约。

(一)远期利率协议

远期利率协议是银行机构之间为了防范利率风险而签订的合同，买卖双方商定将来一定时间段的协议利率，并指定一种参照利率，在将来清算日按规定的期限和本金数额，由一方向另一方支付协议利率和届时参照利率之间差额利息的贴现金额。

【案例 7－1】

远期利率协议

A 商业银行发放了一笔金额为 1 000 万美元，期限为 6 个月，利率为 10%的贷款，前 3 个月的资金来源有利率为 8%的 1 000 万美元的存款支持，后 3 个月准备通过在同业市场拆借资金来支持。A 商业银行预期美元的市场利率不久会上升。所以，A 银行在市场上与 B 银行签订一份 3 个月对 6 个月的远期利率协议，协议利率为 8%，参照利率是 3 个月的 LIBOR。

到了结算日，如果市场利率上升，如参照利率 LIBOR 为 9%，那么 B 银行要向 A 银行支付协议利率和参照利率之间差额利息的贴现金额，补偿 A 银行因为市场利率上升受到的损失。其实理论上就是一方向另一方补利差。但是在实践中，通常是在交割日即潜在的贷款或存款的开始日就支付交割额，在这个例子里就是在 3 个月的时候就支付交割额。由于这笔钱比它需要时支付得早，它将可能用于投资以获取利息。为了调整这个时差，交割额将减去从清算日3个月的时候到到期日6个月的时候之间交割额可能被用作投资以获取的利息，所以在实际操作中，一方向另一方支付的都是贴现额。

（二）远期外汇合约

远期外汇交易，又叫作期汇交易，是指交易双方约定在未来某一时间，按约定的汇率水平交易约定数量的外汇的远期交易。远期外汇交易常常被用来规避外汇风险。它的交易场所并不固定，交易时间也不受限制，交易方式灵活，可以由交易双方自由协定。

【案例7－2】

远期外汇合约防范外汇风险

某中国出口公司将于3个月后收到100万美元货款，美元在持续贬值，目前汇率是1美元兑换6.7元人民币，100万美元相当于670万元人民币。

（1）不做远期外汇交易：3个月后美元贬值为1美元兑换6元人民币，则100万美元将兑换600万元人民币，亏损70万元人民币。由于在3个月内一直存在不确定的外汇汇率波动，所以该公司一直存在外汇风险。

（2）做远期外汇交易：在目前时点，购买一份远期外汇合约，约定3个月后按1美元兑换6.5元人民币的价格交易美元与人民币。3个月后，美元贬值为1美元兑换6元人民币，执行远期外汇合约，则100万美元可以兑换650万元人民币。在这3个月，由于3个月后的外汇交易价格是固定的，所以没有外汇风险。

（三）远期股票合约

远期股票合约是指在将来某一特定日期，按照约定价格交付一定数量单个股票或一揽子股票的协议。远期股票合约出现时间不长，总交易规模也不大。其合约条款一般包括：交易的股票名称、数量、交易的结算日期、交割价格、双方违约责任。

远期股票合约的风险

如果一家企业非常看好本公司未来的股价走势，会在制定股票回购协议时采取远期股票合约的形式，承诺在未来某个日期按某个约定价格回购本公司的股票，以此提升市场信心。但如果合约到期时公司股价低于约定价格，该企业也面临着远期股票合约的风险。

三、远期合约的特点

（一）协议非标准化，灵活性强

远期合约通常都是一对一地发生，它没有固定的交割时间、固定的交易金额、固定的交易标的资产、固定的交易场所等要求，所有要求都由交易双方协商决定，可以“量身定做”，灵活性强，是非标准化的合约。

（二）场外交易，交易成本较高

远期合约的交易市场比较松散，没有专门的交易场所，也没有集中的交易地点，一般都是场外交易。远期合约的场外交易导致交易对手比较分散，在交易中要寻找到与自己需求一致的交易对手比较困难，不管是自己搜寻还是求助于中介，都增加了交易成本。

（三）无保证金要求，违约风险高

远期交易最早出现是企业与企业进行交易，发展到后期多是银行与银行交易，或者银行与客户进行交易。交易双方互相认识，直接见面交易，因此，远期合约中并无缴纳保证金的要求，交易双方都存在违约风险。

（四）流动性差，实物交割

远期合约的非标准化，导致它难以像后面所讲述的期货交易那样进行对冲，也难以在二级市场上转让，因此远期合约的流动性较差，一般都是持有到期进行实物交割，所以远期合约交易中的投机性比期货交易小。

第三节　期货合约

一、期货的产生与概念

期货的起源

期货交易源于远期交易，远期合约由于协议非标准化，导致它很难对冲，因此，人们对远期合约进行了标准化处理，形成了期货。

期货合约是指协议双方同意在约定的将来某个日期按约定的条件（包括价格、交割地点、交割方式等）买入或卖出一定标准数量的某种标的资产的标准化协议。

二、期货的特点

（一）协议标准化

期货合约标准化表现在：交易对象标准化、交易单位标准化、收付期限标准化、交易价格统一化，统一由交易所公开竞价决定。期货合约中的交易标的物是能够标准化的商品或金融资产，因此期货的交易标的物品种较少。期货交易中的交易单位和交易数量都是标准化的，每种期货交易合约都规定了统一的、标准化的交易数量和单位。期货交易中买卖双方报价所允许的最小变动幅度也有统一规定，每次期货交易报价必须是这个最小变动价位的整数倍。期货交易中合约到期进行交割的收付期限也有统一规定，比如我国股指期货规定的交割期限是当月、下月和随后两个季月。

（二）以对冲结算为主

期货合约交易以投机为主，所以大部分期货合约并不持有到期，进行实物交割，而是进行对冲结算。在交易的过程中，全程都不需要持有期货合约中的标的资产，因此也被人称为“期货无货”。同时，期货合约没有固定的内在价值，其价值在于合约指定的资产的价格波动。

（三）场内交易，间接清算

为了便于期货的对冲交易，期货合约交易在集中的、固定的期货交易所内进行，将大量的交易者集中在交易所竞价交易，提高了交易效率。交易双方并不直接清算，而是各自与交易所的清算部门清算。

（四）保证金制度，每日结算

为了控制期货交易中的风险，期货合约交易中必须缴纳保证金，每日结算当天合约的盈亏、交易保证金及手续费等费用，也被称为逐日盯市制度。如果保证金有盈余，可以支取；如果保证金不足，交易者需要及时补充保证金，否则会被强行平仓。因此期货交易的违约风险较低，但是期货交易的保证金比率较低，一般在5%到10%左右，所以有很强的杠杆作用。

三、期货的分类

期货交易最常见的分类是将期货交易分为商品期货与金融期货。商品期货以商品为交易标的；金融期货以金融资产为交易标的，比较常见的金融期货主要是股指期货、外汇期货与利率期货。我国既有商品期货，也有金融期货交易，目前金融期货这块有股指期货与国债期货两种。

（一）商品期货

商品期货历史悠久，种类繁多，主要包括农副产品、金属产品和能源产品等基础商品。具体而言，农副产品约20种，包括玉米、大豆、小麦、燕麦、大麦、活猪、活牛、大豆粉、大豆油、咖啡、棉花、糖等，其中大豆、玉米和小麦是交易最多的三大农产品期货标的；金属产品包括金、银、铜、铝、铅、锌、镍等；原油是最重要的能源期货品种。

【案例7－3】

我国大连商品交易所上市交易的大豆期货

表7—2　　大豆期货中关于大豆的标准

交割等级	纯粮率最低指标%	种皮	杂质%	水分%	气味	色泽
三等黄大豆	91.0	标准品黄色混有异色粒	限度为5.0%	1.0	13.0	正常

表7—3　　大豆期货交易规则

交易品种	交易单位	最小变动价位	涨跌停板	交割月份	交易时间	交易保证金	交易手续费	交割方式	交易所
大豆	10吨/手	1元/吨	5%	1,3,5,7,9,11	周一至周五9:00—11:30,13:30—15:00	5%	4元/手	集中交割	大连商品交易所

（二）金融期货

金融期货的交易标的物不像商品期货那样是实物商品，而是传统的金融商品，比如股票、外汇、利率等。金融期货交易产生于20世纪70年代，美国芝加哥商业交易所的国际货币市场开始做国际货币的期货交易，形成金融期货。

【案例 7－4】

我国沪深 300 指数期货

表 7－4　　沪深 300 指数期货交易规则

合约标的	合约乘数	报价单位	涨跌停板	最小变动价位	交易时间	最低保证金	合约月份	交割方式	交易所
沪深 300 指数	每点 300 元	指数点	10%	0.2 点	周一至周五 9:00—11:30,13:00—15:00	12%	当月、下月及随后两个季月	现金交割	中国金融期货交易所

四、远期合约与期货合约的区别

（一）期货合约标准化，远期合约非标准化

期货交易的合约内容和形式都是标准化的，包括交易数量、交易单位、最小变动价位、交割期限等，其交易商品也有标准化要求，因此交易商品种类有限；而远期合约中的这些内容都是非标准化的，由交易双方自由协定，比较灵活，交易商品范围广。

（二）期货合约场内交易，远期合约场外交易

期货合约是在交易所集中交易，是场内交易，由交易所收缴交易者的保证金，违约风险较小；而远期合约是在场外分散地一对一交易，没有保证金的要求，违约风险较高。

（三）期货合约多对冲，远期合约多实物交割

期货合约的标准化与场内集中交易为对冲提供了便利，因此这个市场的交割方式以对冲为主；而远期合约的非标准化与场外交易导致交易对手难寻，因此这个市场的交割方式以持有到期实物交割为主。

（四）期货交易投机多，远期交易规避风险多

期货交易的对冲机制和保证金制度为投机提供了便利，因此期货交易市场上投机氛围浓厚，参与者多是企业、经纪人和投机商；而远期交易没有保证金制度，实物交割，导致这个市场上的交易者的交易目的以规避风险为主，参与者多是企业。

第四节 期权合约

期权是指买方向卖方支付一定数量的金额（即期权费）后，拥有的在未来规定期限内以双方事先规定好的价格（即执行价格）向卖方购买或出售一定数量的特定标的物的权利，但没有必须买进或卖出的义务。金融期权则是以原生金融工具或金融期货合约等金融资产为标的物的期权交易形式。期权交易的本质是一种权利的交易，这个权利可以是按协议价格买进约定的金融资产，也可以是按协议价格卖出约定的金融资产，即期权的买方可以是标的资产的买方，也可以是标的资产的卖方。

期权的产生

一、期权的构成要素

（一）期权的交易双方

期权的买方是支付期权费用的一方，他可以是购买未来按某价格买入某标的物的权利，叫买入买权，也可以是购买未来按某价格卖出某标的物的权利，叫买入卖权，这个权利可以执行，也可以不执行；期权的卖方是收取期权费用的一方，他可以是卖出未来按某价格买入某标的物的权利，叫卖出买权，也可以是卖出未来按某价格卖出某标的物的权利，叫卖出卖权。卖方一旦卖出这个权利，就必须在买方要求的时候承担相应履行合约的义务。

（二）期权的合约

期权的另一个构成要素就是期权的合约。期权的合约有四个构成要素。

1. 标的资产(Underlying Assets)

每一份期权合约都有一个标的资产，标的资产可以是众多的金融产品中的任何一种，如普通股票、股票价格指数、期货合约、债券、外汇、利率等等。通常，把标的资产为股票的期权称为股票期权，如此类推，股指期权的标的资产是股票价格指数，利率期权的标的资产是利率，商品期权的标的资产是商品，外汇期权的标的资产是外汇等。期权合约中应该指明标的资产的种类及数量。例如，一张标准的期权合约所买卖股票的数量为100股，但在一些交易所亦有例外，如在香港交易所交易的期权合约，其标的股票的数量等于该股票每手的买卖数量。

2. 有效期限(Expiration Date 或 Expiry Date)

每一份期权合约都有有效的行使期限，如果超过这一期限，期权合约即失效。一般来说，期权的行使时限为1、3、6、9个月不等，单个股票的期权合约的有效期至多为9个月。场外交易期权的到期日根据买卖双方的需要量身定制。但在期权交易所内，任何一只股票都要归入一个特定的有效周期，有效周期可分为这样几种：①1月、4月、7月、10月；②2月、5月、8月和11月；③3月、6月、9月和12月。它们分别称为1月周期、2月周期和3月周期。

3. 期权费(Premium)

期权费，也叫权利金，是期权的买方为了获得未来按约定价格买进或卖出某标的物的权利，而向卖方支付的费用。它是期权的交易价格，因此也被称为期权价格或期权价值。期权费一旦支付，不论期权的买方是选择执行权利还是放弃权利，卖方均不予退回。

4. 执行价格(Strike Price 或 Exercise Price)

期权的执行价格又称履约价格、敲定价格，是期权的买方行使期权权利时，对事先规定的标的物的买卖价格。执行价格在期权合约中都有明确的规定。一旦期权合约达成协议，在期权合约的有效期限内，无论期权合约中约定的标的资产价格如何波动，只要期权买方要求执行权利，期权卖方都必须按照事先约定的执行价格履约。

5. 权利类型

期权合约中必须约定期权的权利类型，即期权的买方在未来是按约定价格买进标的资产(即买权)，还是卖出标的资产(即卖权)。期权交易中，期权的买方并不能按照事先约定的价格随便买进或卖出，必须在期权合约中事先约定权利类型。期权买方会根据标的资产的价格预期来选择权利类型。比如，投资者预测标的资产价格会上涨，可以购买期权的买权。在期权的有效期限内，标的资产价格如果真的上涨，期权买方可以按事先约定的低于市场价格的执行价格购买标的资产；如果标的资产价格下降，低于执行价格，期权买方可以放弃执行期权。

二、期权的分类

由于期权交易方式、方向、标的物等方面的不同，产生了众多的期权品种。

(一)按照交割时间不同分类

按照期权的交割时间不同，可以将期权划分为美式期权和欧式期权两种类型。

美式期权是指期权的买方在期权合约规定的有效期限内任何一个营业日都可以行使权利的期权。欧式期权是指期权的买方只能在期权合约规定的到期日当天行使权利的期权，期权的买方在合约到期日之前不能行使权利，过了期限，合约则自动作废。

百慕大期权

欧式期权在大部分场外交易中被采用。美式期权多为场内交易所采用。欧式期权本少利大，但在获利的时间上不具有灵活性；美式期权虽然灵活，但付费十分昂贵。我国外汇期权交易大多采用欧式期权合同方式。但是在国际上美式期权的交易量远远大于欧式期权的交易量。

(二)按照合约上的标的资产不同分类

按照期权合约上的标的资产不同，可以将期权划分为股票期权、股指期权、利率期权、商品期权以及外汇期权等种类。

股票期权是指买方交付期权费后，获得在期权合约规定的期限内，以约定好的执行价格向卖方购买或出售一定数量指定股票的权利。利率期权是指买方交付期权费后，获得在期权合约规定的期限内，以约定好的执行价格(利率)向卖方购买或出售一定数量的债务工具的权利。外汇期权指买方交付期权费后，获得在期权合约规定的期限内，以约定好的执行价格向卖方购买或出售一定数量指定货币的权利。股指期权是指买方在交付期权费后，获得在期权合约规定的期限内，以约定好的执行价格向卖方购买或出售一定数量的某种基于股票价格指数的标的资产的权利，它是在股指期货的基础上产生的。商品期权是指标的物为实物商品的期权。

(三)按照交易地点不同分类

按照期权的交易地点不同，期权可以划分为交易所期权和柜台期权。

柜台期权是在交易所外进行交易的期权，是场外交易，是一种非标准化的期权合约。期权的柜台交易的卖方一般是银行，买方一般是银行的客户，银行根据客户的需要，设计期权，在有效期限、执行价格、交割方式等各方面考虑客户的需求，具有个性化特征。目前我国外汇期权交易大部分是柜台期权。

交易所期权是在交易所进行交易的期权，是场内交易，是一种标准化的期权合约。早期的期权是非标准化的，在场外进行交易。直到 1973 年 4 月 26 日美国芝加哥期权交易所开张，进行统一化和标准化的期权合约买卖，期权合约的有关条款，包括合约量、到期日、敲定价等都逐渐标准化。由于期权合约的标准化，期权合约可以方便地在交易所里转让给第三人，并且交易过程也变得非常简单，最后的履约也得到了交易所的担保，这样不但提高了交易效率，也降低了交易成本。期权合约上的其他要素，如执行价格、合约到期日、交易品种、交易金额、交易时间、交易地点等要素都是在合约中事先规定好的，是标准化的，而期权的价格则是由交易者在交易所里竞价得出的。

(四)按照权利类型的不同分类

按照期权的权利类型不同，可以将期权合约分成看涨期权和看跌期权两种类型。

1. 看涨期权

看涨期权(Call Options)是指期权的买方向期权的卖方支付一定数额的期权费后，拥有在期权合约的有效期内，按事先约定的价格向期权卖方买入一定数量的合约标的物的权利，但没有必须买进的义务。而期权卖方有义务在期权规定的有效期内，应期权买方的要求，以期权合约事先规定的价格卖出期权合约规定的标的物。

买入看涨期权的投资者，都是预测标的资产价格上涨的，所以这类期权叫作看涨期权。当投资者预测标的资产价格会上涨时，可以购入标的资产的看涨期权，在期权的有效期限内，标的资产价格上涨，高于标的资产的执行价格时，看涨期权的买方可以按事先约定的低于市场价格的执行价格购买标的资产，赚取差价；如果标的资产价格下降，低于执行价格，期权买方可以放弃执行期权，损失期权费。

【案例 7－5】

看涨期权举例

1 月 1 日，期权标的物是铜期货，它的期权执行价格为 1 850 美元/吨。A 买入看涨期权，付出 5 美元；B 卖出这个权利，收入 5 美元。

如果 2 月 1 日，铜期货价格上涨至 1 905 美元/吨，看涨期权的价格涨至 55 美元。A 可采取两个策略：

行使权利——A 有权按 1 850 美元/吨的价格从 B 手中买入铜期货；B 在 A 提出这个行使期权的要求后，必须予以满足，即便 B 手中没有铜，也只能以 1 905 美元/吨的市价在期货市场上买入而以 1 850 美元/吨的执行价卖给 A，而 A 可以 1 905 美元/吨的市价在期货市场上抛出，获利 50 美元/吨(1 905－1 850－5)。B 则损失 50 美元/吨(1 850－1 905＋5)。

售出权利——A 可以 55 美元的价格售出看涨期权，A 获利 50 美元/吨(55－5)。

如果铜价下跌，即铜期货市价低于敲定价格 1 850 美元/吨，A 就会放弃这个权利，只损失 5 美元权利金，B 则净赚 5 美元。

2. 看跌期权

看跌期权(Put Option)是指期权的买方向期权的卖方支付一定数额的期权费后，拥有在期权合约的有效期内，按事先约定的价格向期权卖方卖出一定数量的合约标的物的权利，但不负有必须卖出的义务。而期权卖方有义务在期权规定的有效期内，应期权买方的要求，以期权合约事先规定的价格买入期权合约规定的标的物。

买入看跌期权的投资者，都是预测标的资产价格下跌的，所以这类期权叫作看跌期权。当投资者预测标的资产价格会下跌时，可以购入标的资产的看跌期权，在期权的有效期限内，标的资产价格下跌，低于标的资产的执行价格时，看跌期权的买方可以按事先约定的高于市场价格的执行价格卖出标的资产，赚取差价；如果标的资产价格上涨，高于执行价格，期权买方可以放弃执行期权，损失期权费。

【案例 7－6】

看跌期权举例

1 月 1 日，铜期货的执行价格为 1 750 美元/吨，A 买入看跌期权，付出 5 美元；B 卖出这个权利，收入5美元。

如果2月1日，铜价跌至1 695美元/吨，看跌期权的价格涨至55美元。此时，A可采取两个策略：

行使权利——A可以按1 695美元/吨的价格从市场上买入铜，而以1 750美元/吨的价格卖给B，B必须接受，A从中获利50美元/吨(1 750—1 695—5)，B损失50美元/吨。

售出权利——A可以55美元的价格售出看跌期权，A获利50美元/吨(55—5)。

如果铜期货价格上涨，A就会放弃这个权利而损失5美元权利金，B则净赚5美元。

三、期权的特点

(一)损益结构非线性

与其他的金融工具相比，期权的与众不同之处在于其非线性的损益结构(图7—1显示了看涨期权的收益曲线)。正是期权的非线性的损益结构，才使期权在风险管理、投资组合方面具有了明显的优势。通过不同期权、期权与其他金融工具的组合，投资者可以构造出不同风险收益状况的投资组合。

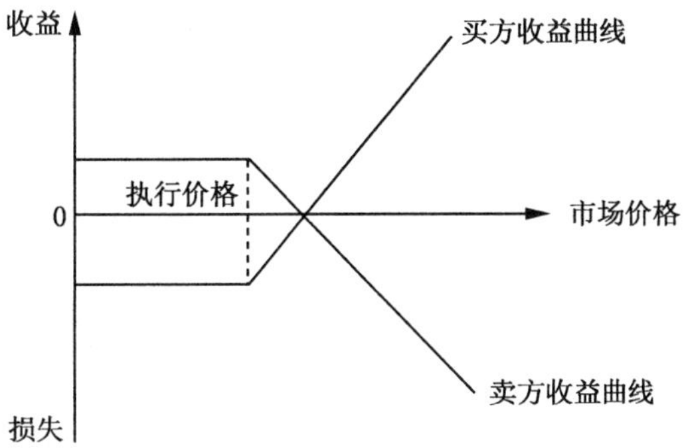

图7—1　看涨期权的收益曲线

(二)买方与卖方的权利义务非对称性

与其他的金融工具相比，期权另一与众不同之处是买方和卖方的权利和义务的非对称性。作为期权的买方(无论是看涨期权还是看跌期权)只有权利而无义务。作为期权的卖方(无论是看涨期权还是看跌期权)只有义务而无权利。

(三)买方与卖方的风险与盈利非对称性

由于期权的买方与卖方的权利和义务具有非对称性，导致期权买方的风险是有限的，即买方标的资产价格预测错误，可以放弃行使权利，亏损最大值为期权费用；但在理论上获利是无限的，即买方标的资产价格预测正确，行使权利，市场价格与执行价格差价越大获利越大。

期权的卖方在理论上风险是无限的，即买方标的资产价格预测正确要求行使权利，卖方有义务执行，买方获利越多，卖方亏损越多，这里零和博弈体现得非常明显；但卖方的收益是有限的，即买方标的资产价格预测错误，放弃行使权利，卖方获得收益最大值——期权费用。

(四)买方与卖方的保证金要求不对等

由于买方与卖方的权利义务和风险收益都具有不对称性，买方一旦对资产价格预测错误可以放弃行使权利，没有违约的可能，所以期权的买方无需支付保证金；卖方在理论上风险是无限的，一旦买方对资产价格预测正确要求行使权利，卖方必须满足买方的交易需求，即开始亏损，当卖方亏损过多就会有违约的可能，所以卖方必须支付保证金，以作为必须履行义务的财务担保。

（五）交易场所不固定

期权交易场所没有特定场所，可以在期货交易所内交易，也可以在专门的期权交易所内交易，还可以在证券交易所内交易与股权有关的期权交易。目前世界上最大的期权交易所是芝加哥期权交易所；欧洲最大期权交易所是欧洲期货与期权交易所（Eurex）；亚洲方面，韩国的期权市场发展迅速，并且其交易规模巨大，中国香港地区以及中国台湾地区都有期权交易。

四、期权与期货的区别

（一）交易对象不同

期货交易的对象是标准的期货合约，而期权交易的对象则是一种买卖的权利。期权的买方在买入权利后，便取得了选择权。在约定的期限内既可以行权买入或卖出标的资产，也可以放弃行使权利；当买方选择行权时，卖方必须履约。

（二）交易者的权利与义务不同

期权是单向合约，期权的买方在支付权利金后即取得履行或不履行买卖期权合约的权利，而不必承担义务，但期权的卖方则在获得权利金后，只有配合买方；期货合同则是双向合约，交易双方都要承担期货合约到期交割的义务。如果不愿实际交割，则必须在有效期内对冲。

（三）履约保证不同

在期权交易中，买方最大的风险限于已经支付的权利金，故不需要支付履约保证金。而卖方面临较大风险，因而必须缴纳保证金作为履约担保。而在期货交易中，期货合约的买卖双方都面临着较大风险，都有违约的可能，故都要交纳一定比例的保证金。

（四）盈亏的特点不同

期权交易是非线性盈亏状态，买方的收益随市场价格的波动而波动，其最大亏损只限于购买期权的权利金；卖方的亏损随着市场价格的波动而波动，最大收益（即买方的最大损失）是权利金。期货的交易是线性的盈亏状态，交易双方都面临着无限的盈利和无止境的亏损。

第五节　互换合约

一、互换合约的概念

互换合约是一种约定两个或两个以上的当事人，按照协议条件及在约定的时间内，交换一系列现金流的衍生金融工具。它是基于国际贸易理论中大卫·李嘉图提出的比较优势理论建立的。比较优势理论认为只要交易双方存在比较优势，就能从国际贸易中获得好处。互换交易的双方可以各自在自己有比较优势的金融领域做金融交易，然后通过互换来利益最大化。

互换曾被西方金融界誉为20世纪80年代以来最重要的金融创新，是一个典型的金融市场创新业务。第一份互换合约出现在1981年8月，发生在世界银行与IBM之间，由所罗门兄弟公司做中介牵线完成。从那以后，互换交易发展

第一份互换合约

迅速，目前相当多的大型银行和投资银行机构提供互换交易服务，其中交易规模非常大的互换交易市场是伦敦和纽约的国际金融市场。现在互换交易甚至还形成了互换市场的同业交易市场。互换交易也不只是被用来保值，还可以用来降低筹资成本。

二、互换合约的分类

按照互换合约中的交易标的物的不同，可以将互换合约分为货币互换与利率互换。简单来说，利率互换是相同货币债务间的调换，而货币互换则是不同货币债务间的调换。

(一)货币互换

货币互换(currency swap)，是指两笔金额相同、期限相同，但货币不同的债务资金之间的调换。货币互换双方互换的是货币，它们之间各自的债权债务关系并没有改变。初次互换的汇率以协定的即期汇率计算。货币互换的目的在于降低筹资成本及防止汇率变动风险造成的损失。货币互换的优点是，可以降低筹资成本，满足双方意愿，避免汇率风险；缺点是，也需要找到互换的另一方，同时存在违约或不履行合同的风险。

【案例 7－7】

货币互换

日本一银行需要借入 5 年期 6 000 万英镑，由于该银行曾经以 5.75%的利率大量发行过英镑债券且未偿还，所以目前无法再以该利率发行英镑债券筹资，但是它可以以 8.875%的利率发行欧洲美元债券；香港一银行需要借入美元，原借入美元的利率为 9.25%，但该银行能以 5%的利率发行 5 年期欧洲英镑债券。

显而易见，日本银行在美元筹资上有优势，香港银行在英镑筹资上有优势。现某投资银行愿意做中间人，按年度本金金额的 0.25%收手续费，帮助双方进行货币互换，即期汇率为 1 英镑＝1.3 美元。

期初：交换债券。日本银行在英国发行欧洲美元债券 7 800 万美元，香港银行发行欧洲英镑债券 6 000 万英镑，通过投资银行进行货币互换。

期内：交换利率。5 年中，由日本银行每年向香港银行支付 6 000 万英镑债券的利息，5%的年利率；香港银行每年向日本银行支付 7 800 万美元债券的利息，8.875%的年利率；投资银行各收 0.25%手续费。

期末：归还债券。期末，日本银行向投资者偿还 7 800 万美元，香港银行向投资者偿还 6 000 万英镑。

总的来说，日本银行的英镑筹资成本为 5.25%，香港银行的美元筹资成本为 9.125%，比不进行货币互换筹资时的成本低。

(二)利率互换

利率互换(interest rate swap)，也叫利率掉期，是一种互换合同，指两笔货币相同、债务额相同(本金相同)、期限相同的资金，但交易双方分别以固定利率和浮动利率借款，为了降低资金成本和利率风险，双方做固定利率与浮动利率的调换。合同双方以一定的名义本金为基础，将该本金产生的以一种利率计算的利息收入(支出)流与对方的以另一种利率计算的利息收入

（支出）流相交换。利率互换的目的是减少融资成本。如一方可以得到优惠的固定利率贷款，但希望以浮动利率筹集资金，而另一方可以得到浮动利率贷款，却希望以固定利率筹集资金，通过互换交易，双方均可获得希望的融资形式。利率互换可以有多种形式，最常见的利率互换是在固定利率与浮动利率之间进行转换。

利率互换市场开始于1982年，是适用于银行信贷和债券筹资的一种资金融通新技术，也是一种新型的避免风险的金融技巧，目前已在国际上被广泛采用，是场外衍生产品市场中规模居首位的交易品种。

在利率互换协议中，交易双方根据名义的本金金额交换利息（不同性质的利息）支付，但名义本金不发生交换，名义本金只是用来计算利息支付额的参照金额。最基本的利率互换交易是固定利率与浮动利率的互换。两个借款人在债券市场上以发行固定利率债券方式筹资和在商业银行借入浮动利率贷款时各有不同的筹资成本和比较优势，双方的筹资或借贷数额与货币品种一致，但双方希望得到的利息支付方式恰恰不是各自占有比较优势的融资方式。于是，双方借款人仍应以占有比较优势的方式融入资金，而后通过互换交易转换利息负担，即互换利息支付，并通过互换分享对方在另一市场中所能获得的好处。在这种互换中，期初和期末时均无需交换本金。

【案例7－8】

利率互换

假设A和B两家商业银行，A银行的信用级别高于B银行，因此B银行在固定利率和浮动利率市场上借款所需支付的利率要比A银行高。现在A、B两银行都希望借入期限为5年的1 000万美元，并提供了如表7—5所示的利率。

表7—5　A、B两银行的利率

银　行	信用级别	固定利率	浮动利率
A银行	AAA	10.00%	6个月期LIBOR+0.30%
B银行	BBB	11.20%	6个月期LIBOR+1.00%

从表7—5可知，A银行可以说在筹资方面具有绝对优势。但是，在固定利率市场，B银行比A银行多付1.20%；在浮动利率市场，只比A银行多付0.7%。说明B银行在浮动利率市场有比较优势，而A银行在固定利率市场有比较优势。所以，这两个银行还可以做交易来实现利益最大化。A银行到固定利率市场上借入10%的固定利率资金1 000万美元，B银行到浮动利率市场上借入LIBOR+1%的浮动利率资金，然后大家进行互换。

作为利率互换进行的第一步，我们假想A银行与B银行直接接触，他们可能商定的互换类型如图7—2所示。大家进行利率互换，本金都是1 000万美元，期限都是6个月，交换的是利率。A、B两家银行约定，A银行能借到的是固定利率10%的资金，然后跟B银行换成浮动利率资金，约定交换的浮动利率资金利率为LIBOR；反过来，B银行能借到浮动利率为LIBOR+1%的资金，然后与A银行交换，变成固定利率资金，约定固定利率为9.95%。

考察A银行的现金流：支付给外部贷款人年利率为10%的利息；从B得到年利率为

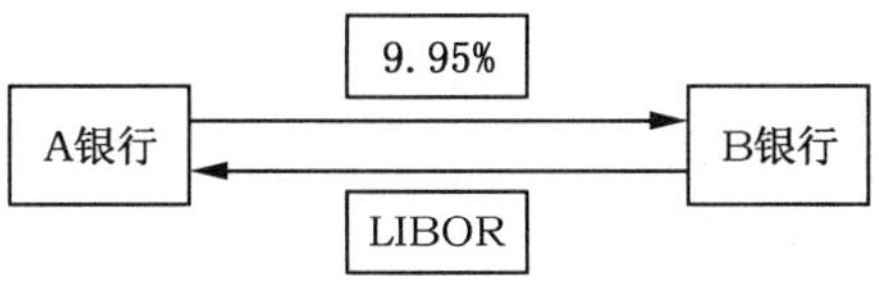

图 7—2　A、B 两银行的利率互换示意图

9.95%的利息；向 B 支付 LIBOR 的利息。三项现金流的总结果是 A 只需支付 LIBOR＋0.05%的利息，比它直接到浮动利率市场借款少支付 0.25%的利息。

同样，B 银行也有三项现金流：支付给外部借款人年利率为 LIBOR＋1%的利息，从 A 银行得到 LIBOR 的利息，向 A 银行支付年利率为 9.95%的利息。三项现金流的总结果是 B 银行只需支付 10.95%的利息，比它直接到固定利率市场借款少支付 0.25%的利息。

这项互换协议中，A 银行和 B 银行每年都少支付 0.25%的利息，因此总收益为每年 0.5%。

利率互换的优点主要有：第一，风险较小。因为利率互换不涉及本金，双方仅是互换利率，风险也只限于应付利息这一部分，所以风险相对较小。第二，影响性微小。这是因为利率互换对双方财务报表没有什么影响，现行的会计规则也未要求把利率互换列在报表的附注中，故可对外保密。第三，成本较低。双方通过互换，都实现了自己的愿望，也降低了筹资成本。第四，手续较简，交易迅速达成。

利率互换的缺点主要有：该互换不像期货交易那样有标准化的合约，有时也可能找不到互换的另一方。虽然最早的利率互换是双方为了降低筹资成本，但是现在更多地被用来控制利率风险。

三、互换交易的特点

（一）参与者信用比较高

互换交易的参与者信用都较高。因为如果信用太低往往找不到合适的互换对手，久而久之，就被互换市场所淘汰，所以最终能够顺利参与交易的交易者大都信用等级比较高。互换交易的交易者通常在 AA 级信用级别以上，所以通常情况下不需要保证和抵押。

（二）风险比较小

与前面介绍的衍生金融工具比，互换的风险是比较小的。但是，互换本身还是存在风险的，主要面临着信用风险，即互换双方及中介机构因种种原因发生的违约拒付等不能履行合同的风险。互换合约类似于远期合约，将风险与收益一次性双向锁定，但其信用风险小于远期合约。首先，互换交易的参与者信用都比较高，虽然信用高的参与者仍然存在违约的可能性，但是违约的可能性比较小。其次，互换是在信用基础上进行差额收付，现金流量小，故风险较小。比如利率互换并不涉及本金交易，双方仅是互换利息，信用风险仅取决于不同利率计算的利息差，风险也只限于应付利息这一部分，而且其中包含了数个计息期，能够有效地避免长期利率风险，因此风险敞口较小，总的违约风险小。

此外，互换交易是场外交易，不像期货交易那样有标准化的合约，缺乏大规模的二级流通市场，有时也可能找不到互换的另一方，故而存在流动性风险。

(三)灵活性大

由于互换交易者信用级别较高,不需要保证和抵押,所以互换交易的手续非常简便,不用通过交易所,交易达成迅速,风险转移较快。互换交易能满足交易者对非标准化交易的要求,具体的交易条件都可以进行协商,是场外交易,运用面广。互换交易期限也很灵活,长短随意,最长可达几十年。

(四)交易的成本较低

利率互换是典型的场外交易工具,不能在交易所上市交易,可以根据客户的具体要求设计产品,无保证金要求,交易不受时间、空间以及报价规则的限制。具体交易事项都由交易双方自主商定,交易手续简单,费用低。因此,交易的成本较低。

(五)金额大,期限长,投机套利较难

大部分互换交易的期限在 3～10 年,由于期限较长,因此,投机套利的机会比较少。另外,互换一般属于大宗交易,金额较大。

第六节　信用衍生产品

一、信用衍生产品的概念

根据国际互换和衍生产品协会(ISDA 2003)的定义,信用衍生产品是指用来分离和转移信用风险的各种工具和技术的总称,交易双方利用信用衍生产品来增加(或减少)对某一经济实体的信用风险暴露。因为经济实体是信用风险的载体,而其风险通常通过它所承担的金融债务(如贷款、债券等)得以体现,因此,在信用衍生产品市场上,经济实体一般被称为参考实体(Reference entity),承载信用风险的媒介则被称为参考债务(Reference obligation)。

狭义而言,信用衍生产品是一种用来交易信用风险的金融合约,合约价值基于标的公司、主权实体或是证券的信用表现,当信用事件(Credit events)发生时,提供与信用风险造成的损失有关的保险。其中的信用事件既可以包括拒付和破产等违约事件,还可以包括借款者信用品质变化的信号,比如信用降级、债务重组等事件。

信用衍生产品市场参与者类型丰富,基本涵盖了商业银行、对冲基金、保险公司、投资银行、共同基金、养老基金和大型企业等各种类型的主要市场参与者。其中,商业银行是主要的信用保护净买方,通过转移贷款或公司债的信用风险,可以降低其风险资产的权重,达到提高资本充足率的目的。保险公司是主要的净卖方,这与其提供保险获得保险费的性质比较类似。而对冲基金、投资银行(与商业银行合并统计)更多的是从交易和套利的角度参与市场,对促进信用衍生产品市场流动性提高起到了很大作用,但其并非纯粹的净买方或净卖方。企业也是信用保护的主要购买者,目的主要在于减少商业往来中产生的应收账款等债务关系带来的信用风险。

信用衍生产品的发展历程

二、信用衍生产品的分类

信用衍生产品类型多样、形式灵活,根据出现顺序和复杂程度,主要包括以下几类产品。

(一)单一产品

单一产品(Single name)是指参考实体为单一经济实体的信用衍生产品,一般而言,包括信用违约互换(Credit Default Swap,CDS)、总收益互换(Total Return Swap,TRS)、信用联系票据(Credit-Linked Note,CLN)及信用价差期权(Credit Spread Option,CSO)等。

(二)组合产品

组合产品(Multi-name)是指参考实体为一系列经济实体组合的信用衍生产品,包括指数CDS、担保债务凭证(Collateralized Debt Obligation,CDO)、互换期权(Swaption)和分层级指数交易(Tranched Index Trades)等。组合产品的交易结构较为复杂,但共同的机理是由多个基本信用违约互换或多个单一的信用衍生产品构成的资产组合池。由于组合产品对信用资产组合池中的违约相关性非常敏感,因此,这类产品也叫作"相关性"产品。

(三)其他产品

其他产品主要指信用固定比例投资组合保险债券(Constant Proportion Portfolio Insurance,CPPI)、信用固定比例债务债券(Constant Proportion Debt Obligations,CPDO)、资产证券化信用违约互换(ABCDS)和外汇担保证券(CFXO)等与资产证券化紧密结合的信用衍生产品。这些产品结构复杂、定价很不透明,即使在次贷危机前信用衍生产品市场最为活跃的时期也乏人问津,而在次贷危机后更是进一步销声匿迹。

三、信用衍生产品的功能

(一)分散信用风险

信用风险是金融市场上最基本也是最重要的一类风险,它是指在金融交易中,交易对手或债务发行人违约或信用品质发生变化而导致损失的可能性。在信用衍生产品产生以前,金融机构主要通过信用评级、信贷配给、出售贷款等方法来管理信用风险。但应用这些方法管理信用风险,一方面会减少金融机构的利润来源,另一方面也容易影响与客户的关系。信用风险的防范及量化是整个金融业一直努力设法解决的问题,信用衍生产品的出现使信用风险管理有了属于自己的技术,通过信用衍生产品可以将信用风险从其他风险中剥离并转移出去,从而较好地解决了金融机构在风险管理实践中的信用悖论问题。借助于信用衍生产品,金融机构既可以避免信用风险的过度集中,又能继续保持与客户的业务关系,无疑对传统金融业的经营理念具有革命意义。

通过信用风险的定价和交易,可以推动更多的投资者参与到信用风险市场之中,使得金融市场上信用风险的承担者从银行扩展到保险、基金、企业等各种不同类型机构,提高了金融市场整体风险抵抗能力。安然(Enron)公司、马可尼(Marconi)公司破产甚至阿根廷货币危机等事件之所以没有给金融体系带来更严重的打击,很大原因是因为众多市场参与者都不同程度地使用了信用衍生产品来分散信用风险,避免了信用风险的过度集中。

(二)提高资产回报率

金融资产的风险收益特征可通过预期收益与意外损失两个参数来表示,其中,预期收益依赖于利差和信用损失,意外损失的计算则基于许多信用同时违约的假设。预期收益和意外损失的比是一个类似于夏普比率的指标。通过减少意外损失高、预期收益低的资产,或增加有正贡献的资产,来提高预期收益和意外损失的比率,可以达到提高资产组合预期业绩的目的。如果没有信用衍生产品,市场参与者只能通过购买或出售金融资产才能实现上述目标。但利用信用衍生产品,则很容易实现这些策略,提高金融资产回报率。比如,按照《巴塞尔资本协议 III》对银行资本充足率的规定,一家银行拥有的总资本最起码不能低于经风险调整后资产总额的 8%,其中的风险权重视交易对手信用状况从 20%至 150%不等。因此,银行可通过信用衍生产品，利用不同交易对手风险权重的差异节约银行资本，从而提高资产回报率。

（三）提高基础市场流动性

信用衍生产品把金融资产中的信用风险分离出来，并通过信用分层、信用增级、破产隔离等金融工程尤其是信用工程技术，重新改变金融资产的风险收益特征，将其改造成可交易的金融产品，从而大大增强了金融市场的流动性。

此外，信用衍生产品是对金融市场的一次重新整合，使金融机构能进入更多的市场领域，相当于把所有的市场都联系起来，这有助于增加市场的流动性。

根据欧洲央行的研究和惠誉(Fitch)提供的数据，除评级为CC和CCC的产品外，CDS非流动性指数(CDS illiquidity indices)一般随着信用评级的降低而下降。即低评级产品更多通过CDS市场交易，而非直接交易债券；而在高评级的产品中，CDS流动性相对稍弱，主要的原因是高评级产品债券流动性较好，可以通过直接交易债券来转移风险。由此可见，CDS的流动性与基础债券产品的流动性形成互补，从而促进市场整体流动性的有效提高。

（四）提高金融市场效率

金融市场效率可以分为运行有效（或内部有效）与定价有效（或外部有效），其中运行有效与交易成本密切相关，是指在扣除金融中介机构服务费用的基础上，能使资金以最小成本从盈余者手中转移到需求者手中；定价有效与信息有关，是指金融资产的价格能及时反映所有可获得的相关信息，不存在使投资者持续获得高于市场平均收益率的利润表现。在有信用衍生产品的金融交易中，由于出现了信用风险的第三方购买者，极大地减轻金融市场上由于信息不对称所产生的逆向选择和道德风险问题，从而降低了金融交易成本，有力地促进了金融市场上的运行效率。另一方面，信用衍生产品的持续交易也会使金融市场上的一些隐蔽信息更加公开，增强市场的透明度，这样金融资产的价格就能反映出更多的市场信息，金融资产的定价也更为有效。

四、主要的信用衍生产品

（一）信用违约互换(CDS)

信用违约互换是信用衍生产品中最简单、最基础，也是应用最广泛的形式。信用违约互换因为2007年美国次贷危机而被人熟知，是目前信用衍生品市场上交易规模最大的产品，现在信用衍生品市场上超过90%的信用衍生品都是信用违约互换。一般认为，信用违约互换由摩根大通银行在1995年首创，目的是将资产负债表上的公司债券和贷款的部分信用风险转移出去。目前信用违约互换可以对违约导致的信用亏损提供保护，包括贷款、债券或一揽子特定财产等违约。信用违约互换的基本结构是，寻求信用风险保护的当事人（信用保护买方），为避免参考实体（承载信用风险的第三方实体）发生信用事件，向信用风险保护提供人（信用保护卖方）定期支付固定费用，由信用保护卖方在约定时期内，就参考实体的债务向买方提供信用风险保护的金融合约。通过信用违约互换，交易双方就成功实现了信用风险的转移、转换和重组。根据国际清算银行的报告，2007年底，信用违约互换的市场规模高达62万亿美元，次贷危机发生后多家信用衍生品市场的主要参与者纷纷遭遇滑铁卢，许多人认为信用违约互换是触发金融危机的主要元凶。因此，我们应该清醒地认识到，信用违约互换在给市场提供了信用风险管理工具的同时，本身也潜藏着市场风险和信用风险。

（二）总收益互换(TRS)

在总收益互换合同中，一方在交易周期内将相关资产的总体价值表现转移到另一方。总收益包括利息和本金支付、违约金和相关资产的任何增值。总收益的接受者允诺向总收益的出让者交付协议资产的承诺利率(通常是 LIBOR 加一个差额)以及因资产价格不利变化造成的损失。在这一过程中,总收益的接受者承担和享有产权的风险和报酬,但并不拥有实质性产权。

(三)信用联系票据(CLN)

信用联系票据是指同货币市场票据相联系的一种信用衍生产品,是普通的固定收益证券与信用违约互换相结合的一种信用衍生产品。信用联系票据的购买者提供信用保护,一旦信用联系票据的标的资产出现违约问题,信用联系票据的购买者就要承担违约所造成的损失。信用联系票据的发行者则相当于保护的购买者,其向信用联系票据的购买者支付一定的利率。如果违约情况未发生,其还有义务在信用联系票据到期时归还全部本金;如果违约情况发生,其则只需支付信用资产的残留价值。

(四)指数 CDS

指数 CDS 是指以某种 CDS 指数为参考债务的信用违约互换交易,因此也被称为一篮子 CDS。指数 CDS 是一种典型的组合产品,应该说,其诞生是 2004 年后信用衍生产品市场快速增长的主要动力。CDS 指数在全球有两大系列——CDX(北美和新兴市场)和 iTraxx(欧洲和亚洲),CDX 又包括三个子指数,即投资级、非投资级和介于二者之间的混合指数,iTraxx 则包括投资级和非投资级两个指数。与大家熟悉的股票指数一样,CDS 指数反映的是指数中各个参考实体的 CDS 风险加权总和随时间波动的情况。以 CDX 为例,它由特定的参考实体组成,且每 6 个月会有新的 CDX 系列被推出,类似于国债市场上的滚动发行,而最新推出的 CDX 则成为"当期"系列(on-the-run),以反映信用市场的最新变化。

与一般的信用违约互换一样,指数 CDS 交易提供的是基于指数中所有经济实体的信用保护,同时针对每一个经济实体的名义本金相同,例如 CDX. IG. NA 包括了 125 家北美投资级公司。除了基于指数的 CDX 交易外,还可以交易指数信用风险的某一特定部分或分块,例如,投资者卖出基于名义本金为 1 亿美元的 CDX 投资级指数的 3%~7%分块,那么当指数的损失在 300 万美元至 700 万美元之间时,卖方需要补偿买方的损失,最大补偿额为 400 万美元。通过不同期限和不同分块指数 CDS 的搭配就可以产生出很多种交易策略。

(五)担保债务凭证(CDO)

担保债务凭证源于美国的住房抵押贷款证券化,在一定意义上可以认为是资产证券化和 CDS 相结合的产物。它是将一系列的债权资产(可以是贷款、债券以及其他结构性产品)组合起来,并以其现金流为支持发行的债务凭证。按照标的资产区分,CDO 可分为现金流 CDO、合成 CDO 以及市场价值 CDO;根据发行动机及资产池的来源不同,CDO 又可分为资产负债 CDO 及套利 CDO。

担保债务凭证的现金流量可预测性较高,不仅提供投资人多元的投资渠道以及增加投资收益,更强化了金融机构的资金运用效率,移转不确定风险。凡具有现金流量的资产,都可以作为证券化的标的。通常创始银行将拥有现金流量的资产汇集群组,然后作资产包装及分割,转给特殊目的载体(Special Purpose Vehicle),以私募或公开发行方式卖出固定收益证券或受益凭证。传统的 ABS(Assets Backed Securities)其资产池可能为信用卡应收账款、现金卡应收账款、租赁租金、汽车贷款债权等,而 CDO 背后的支撑则是一些债务工具,如高收益的债券(high-yield bonds)、新兴市场公司债或国家债券(Emerging Market Corporate Debt、Sovereign),亦可包含传统的 ABS、住宅抵押贷款证券化(Residential Mortgage-Backed Securities,

RMBS)及商用不动产抵押贷款证券化(Commercial Mortgage-Backed Securities，CMBS)等资产证券化商品。

由于 CDO 的利率通常较定存或是一般公债来得高，在现今的微利时代，已成为国际上相当热门的投资商品，受到众多理财经理、基金经理、保险公司、投资银行、退休基金的青睐。

我国信用风险缓释/保护工具

【案例 7－9】

国泰君安为圆通蛟龙同步创设 CRMW、CRMA 和 CDS

2018 年 12 月，民营企业上海圆通蛟龙投资发展(集团)有限公司(以下简称“圆通蛟龙”)拟发行总面值为 3 亿元的超短期融资券(18 圆通蛟龙 SCP001)，债券期限为 270 天，中诚信国际给予圆通蛟龙的主体评级为 AA＋。

圆通蛟龙是上海地区较为优秀的民营企业代表，其核心子公司圆通速递是国内领先的综合性快递物流运营商。本次是上海圆通蛟龙公司首次面向银行间市场公开发行债券，联席主承销商国泰君安为圆通蛟龙提供了“债券发行＋信用衍生品”的综合金融解决方案。

国泰君安根据投资者的不同需求，同步提供了 CRMW、CDS 和 CRMA 三种合约类和凭证类工具，合计名义本金不超过 3 亿元，与债券发行规模保持一致。经过上述交易安排，本期债券发行效率大幅提高。债券最终发行利率为 4.65％，接近发行询价区间下限，全场认购倍数高达 3.2 倍。CRMW 最终投标结果为 0.52％，预配售名义本金总额 3 亿元，全场认购倍数 1.6 倍。作为首次在银行间市场发行债券的发行人，上述发行结果显著优于市场过往民企债券首发的类似案例。

在此案例中，通过提供 100％的信用保护提振了市场信心。通过“三矢齐发”，国泰君安给与投资者较大的选择空间，投资者可根据自身实际情况选择更为适用的信用衍生品进行信用风险管理。

【课后习题】

一、名词解释

1. 衍生金融工具
2. 远期合约
3. 多方
4. 空方
5. 远期利率协议
6. 远期外汇交易
7. 远期股票合约
8. 期货合约
9. 商品期货
10. 金融期货
11. 期权合约
12. 美式期权
13. 欧式期权
14. 看涨期权
15. 看跌期权
16. 互换合约
17. 货币互换
18. 利率互换
19. 信用衍生品
20. 信用违约互换
21. 总收益互换
22. 信用联系票据
23. 指数 CDS
24. 担保债务凭证

二、问答题

1. 试阐述衍生金融工具产生的原因。

2. 试阐述衍生金融工具的特点。
3. 试阐述衍生金融工具的作用。
4. 试阐述远期合约的特点。
5. 试阐述期货合约的特点。
6. 试比较远期合约与期货合约的区别。
7. 试阐述期权合约的特点。
8. 试比较期货合约与期权合约的区别。
9. 试阐述互换交易的特点。
10. 试阐述信用衍生产品的功能。

第八章　互联网金融

【学习目标】

1. 掌握互联网金融的概念、本质，理解互联网金融的特征。
2. 了解互联网金融包括的范围，理解互联网金融发展的推动因素。
3. 掌握互联网金融的发展状况和趋势。

【思政目标】

金融创新在推动经济发展中发挥着重要作用，但也伴随着一定的风险。金融机构在与平台合作的过程中要严格审核，尤其对变相分期付等业务，从前期准入到中期推广销售需要做出规范和提醒，监管部门应进行日常抽查，对未严格把关的金融机构加大处罚力度。

"互联网尽头是借贷"不能只当笑话看

第一节　互联网金融概述

2012年"互联网金融"的概念在我国出现之后，很快就掀起了一股互联网金融理论研究与实践发展的热潮。由此，2013年被誉为互联网金融元年，企业、地方政府、社会组织纷纷积极投入互联网金融，开启了理论研究、创新创业和规则组织建设等工作。接下来的几年时间，互联网金融的各细分子行业，如网络支付、网络借贷、网络众筹、大数据金融、互联网征信、数字货币和区块链金融等分别成为社会关注的热点。

一、互联网金融的内涵

（一）互联网金融的定义

随着全球网络经济的崛起，互联网金融如火如荼地发展着，除银行、证券、基金、保险等传统金融机构外，电子商务公司、IT企业以及移动运营商等各类机构也积极参与到互联网金融创新活动中，演化出有别于传统金融机构的新商业模式。

从实践角度看，互联网金融是金融与互联网相结合的新兴领域。互联网金融模糊了金融和非金融行业之间的界限，基于大数据、云计算、区块链技术和人工智能的互联网金融生态体系对现有金融机构和金融市场的运行带来了一定的冲击。互联网金融是一个有别于过去“网络金融”的新型概念，自 2012 年首次提出并伴随实践的快速发展而逐渐引起人们的关注。2015 年 7 月 18 日，中国人民银行等十部委出台的《关于促进互联网金融健康发展的指导意见》对互联网金融给出了官方定义：互联网金融是指传统金融机构与互联网企业利用互联网技术和信息通信技术实现资金融通、支付、投资及信息中介服务的新型金融业务模式，属于传统金融行业与互联网技术相结合的新兴领域。

从本质上看，互联网金融实际上是一个基础设施而非金融中介，无论是支付平台、信息平台，还是众筹平台，本质上都是支撑金融资源配置、开展金融业务活动的基础设施，等同于过去的支付技术设施或者交易所设施。金融活动基于这些平台进行，平台效率取决于技术水平，金融活动无非还是资源配置、支付清算、资金融通、风险管理、信息提供和激励解决等内容。

综上所述，互联网金融可以界定为：它是传统金融机构与互联网企业基于互联网技术平台基础的金融活动、金融形式等的总和，是互联网技术平台与金融活动的融合形态。

（二）互联网金融的属性

互联网金融的属性主要包括技术属性和金融属性两个方面。

互联网金融的技术属性主要表现在移动通信、大数据应用、社交网络、搜索引擎、云计算、区块链、人工智能等技术的应用与融合。互联网技术改变现有基于营业网点和交易所模式的金融交易形式和金融组织形式，通过远距离直接服务使得传统物理网点面对面服务大幅度缩减，使得金融服务的技术属性日趋明显。

互联网金融的金融属性是指通过互联网平台提高了金融交易活动双方的搜寻匹配效率，更好地发挥了支付清算、资金融通、资源配置、风险管理、信息提供和激励解决的金融功能。与传统金融机构与金融市场相比，互联网金融基于移动通信、大数据、云计算和人工智能等技术，有效提高了金融服务匹配效率、风险管理效率和信息提供效率，扩展了金融服务的边界，但金融交易信用关系，即契约关系并没有改变。

互联网金融是互联网技术与金融融合形成的金融模式，有别于传统金融机构与金融市场模式，技术属性与金融属性是互联网金融的两大基本属性。

（三）互联网金融的本质

互联网金融的本质是金融基础设施，是与金融机构和金融市场相同的金融基础设施。

它以技术为支撑，以规制为保障，以金融为内容，是依托互联网技术及相关科技形成的一种金融服务基础设施。它发挥的功能依旧是支付清算、资金融通、资源配置、风险管理、信息提供、激励解决等。与金融机构和金融市场相同，互联网金融的内容依旧是股权、债权、保险、信托等金融契约关系。互联网金融的法律主体以及契约履行并不会因为物理形式到电子形式的转变而发生变化。同时，互联网金融活动涉及的风险、外部性等问题不会因为交易形式的改变而消除。

当然，互联网金融与传统金融也有一定的区别。在互联网金融模式下，支付便捷，信息不对称程度减缓，资源配置效率提升，交易成本降低。因为技术改进了效率，改进了服务场景，提升了客户体验。

二、互联网金融的特征

互联网金融是借助互联网平台兴起的，但它并不是简单运用互联网技术，而是将互联网技术以及互联网思维与传统金融行业相融合。它是一种新型的金融模式，有着传统金融业所不具备的诸多特征。

（一）普惠性

互联网金融的出现改变了金融行业一直盛行的“二八法则”，将“长尾理论”发挥到极致。互联网金融的出现，让普惠金融不再是一个空洞的概念，使人们切实能感受到它带来的利益。如余额宝等理财产品的出现，让草根阶层也有了理财的意识和能力，激发了人们的理财热情；P2P 网贷模式的出现，降低了小微企业的融资成本以及融资难度；众筹等互联网金融模式的出现，让许多缺少资金支持的有志创业者有了施展抱负的机会；互联网金融门户的出现，让信息更加透明，客户可以在与金融行业的业务往来中占据更大的主动权，从而选择对自己适合的产品。

互联网金融通过挖掘和收集海量的用户信息，运用互联网思维，为用户带来了前所未有的体验。几乎每个阶层的人，只要愿意，就能享受到互联网金融带来的服务体验。

（二）成本低、效率高

互联网金融模式主要是采用线上服务的模式，借助各类互联网平台，让用户足不出户便可以享受到各种金融服务。互联网金融的线上服务模式，减少了实体服务网点的设置，节省了服务成本，甚至可以将服务的边际成本降为零。因此，服务成本的降低使得互联网金融企业让利于用户，从而获取了更强的竞争力。

同时，利用互联网平台极大地简化了实体网点烦琐的服务流程，提高了整个服务效率。以贷款为例，传统的商业银行从客户提出贷款申请到最后银行进行放款，最快也需要一周的时间，其中得经过客户经理签字、银行风险部门审核、银行行长签字等各种不可缺少的程序。但是，互联网金融可以实现申请当日放贷。如度小满等网络借贷平台，在充分收集了客户的信息并对其征信进行数据化分析之后，可以在最短的时间内对贷款申请人放款。

（三）服务便捷

随着互联网技术的快速发展以及手机等移动通信工具的广泛普及，互联网金融摆脱了传统金融服务在时间和空间上的限制，客户可以随时随地享受便捷高效的服务。需要的各种服务，如银行的转账支付、日常用品的购买，只要用户下载相应的 App 或者登录相应的网站，便可以自助完成。同时，由于更加直接便捷的金融服务以及良好的用户体验，使得互联网金融企业拥有了越来越广泛的客户基础。此外，第三方支付等平台的自我创新也使得它们提供的服务更为便捷。

（四）大数据特征明显

信息时代的关键在于对数据的收集、处理和应用。互联网金融运用大数据处理技术集合处理海量、非结构化数据，高效快速地进行信息匹配和管理，相比传统金融，互联网金融在这方面的技术优势非常明显。可以说，数据是互联网金融的核心资产。

大数据的运用使得高频交易、信贷风险分析、社交情绪分析三大金融创新得以实现。

运用大数据的优势还体现在其提升了金融市场的透明度。以往为了减少或避免信息不对称的情况，传统商业银行会进行信息收集、整合、分析和决策以获取金融客户的信用状况包括其资产状况、经营情况和各类交易状况。近年来，大数据在互联网金融中的运用改变了传统商业银行的这种做法，通过收集处理历史金融交易、商品交易、社交网络等各类海量数据信息，来精准获知金融客户信息，细化了交易价格信息和社会经济状况等数据，也使得利率更接近市场的真实水平。同时在拓展客户市场、研发新型金融产品和企业决策等方面也起到了积极作用。

（五）经营模式多样化

从系统各组成要素来看，互联网金融系统是一个多层次的系统，包括金融互联网子系统和互联网企业金融子系统。金融互联网子系统是负责金融机构互联网化；互联网企业金融子系统是指互联网企业涉足金融领域。正是因为互联网金融各系统在结构和功能上均有差异，便形成互联网金融多样化的业务模式。

金融互联网子系统具有基础设施完善、资金实力雄厚、社会公信力强、风险管理机制健全等特点。其开展的业务模式主要有：(1)互联网技术在传统金融机构的运用，即利用互联网平台销售传统的金融产品，扩充传统金融机构的线上渠道，其形式有互联网银行、互联网证券、互联网保险等；(2)电商模式，即由传统的银行和券商等金融机构搭建自己的电子商务平台，如建设银行的“善融商务”等；(3)与互联网公司合作，借助对方的平台，进行自己产品的线上营销，如银行与具有社交场景和大数据科技的公司合作，强化客户下沉，提升长尾客户服务力度。

（六）信息化程度高

在金融服务中，企业和用户信息不对称的局面一直存在，从而导致了逆向选择、道德风险等问题。随着互联网技术的发展，信息化逐渐成为众多传统金融机构的核心竞争力。而互联网金融的出现，使得信息不对称问题大幅度减少，企业和用户的信息越来越公开透明。信息不对称的减少，一方面使得互联网金融企业能更好、更全面地掌握用户的信息，从而减少客户违约等现象，如京东金融就是利用京东平台，收集商户与消费者之间交易形成的海量信息，特别是货物和资金交换的信息，从而分析得出商户的信用等级，然后判断是否对其放款；另一方面，用户可以更好、更直接地对各种金融产品进行对比，从而得出最适合自己的选择。

（七）风险高

首先，互联网金融作为一种全新的金融模式，在我国的发展时间还较为短暂，有关互联网金融方面的法律法规还不够系统完善，部分领域存在法律漏洞。其次，互联网金融依托于互联网，网络风险不可避免，一旦遭遇计算机病毒、黑客入侵、技术缺陷等问题，都可能对资金安全造成巨大威胁。

三、互联网金融发展的推动因素

互联网金融的发展离不开互联网技术的进步，这是前提条件。有了技术基础，应用的需要就成为推动互联网金融服务创新的动力。要提升互联网金融的服务效率，还需要依托数据处理技术发展改进算法。互联网金融的创新与传统金融创新一样，规避或绕开监管是重要的动力。所以，技术、应用需求与监管，成为推动互联网金融发展的主要因素。

（一）技术

1. 互联网技术

互联网技术指在计算机技术基础之上开发建立的一种信息技术。互联网技术的普遍应用，是进入信息社会的标志。金融业是信息敏感型行业，信息传递、信息交换、信息管理、信息应用贯穿于金融活动的各个环节。互联网技术与金融行业具有先天的契合度。20 世纪 60 年代末，阿帕网作为互联网的雏形开始出现，世界金融发展也开始进入自由化时代。

整个 70 年代，金融改革浪潮不断向前，基于计算机网络的金融创新取得发展。阿帕网在技术进步推动下，连接范围不断扩大，1983 年在采用了新型数据封包和选路协议（TCP/IP）之后被正式命名为“因特网”。1991 年万维网出现，1993 年欧洲核子研究组向社会免费开放了万维网，开启了互联网的商业化应用。

1994 年,美国允许商业资本介入互联网建设与运营,互联网正式进入了商用时期。这一阶段,互联网迅速扩张,用户数和网站数都迅速增加。基于互联网的金融服务迅速发展。银行、券商和保险公司开始通过门户网站提供金融服务,纯网络银行出现,第三方支付也在 20 世纪 90 年代末出现。

进入 21 世纪,借助宽带、无线移动通信等技术的发展,互联网的范围继续扩大,与人们生活的联系也愈发紧密。2003 年诞生了众筹平台,2005 年开始出现网络借贷平台,2009 年数字货币的代表比特币诞生。金融创新在互联网技术推动下不断向前发展。

2. 云技术

金融的本质特征是计算,支付清算、资金融通、资源配置、风险管理、信息传递与激励的底层技术就是计算。因此,金融发展离不开计算,但金融发展受制于人类的计算能力。互联网最初连接计算机,正是为了提升系统的计算能力。

云计算离不开云技术。云技术是指在广域网或局域网内将硬件、软件、网络等系列资源统一起来,实现数据的计算、储存、处理和共享的一种托管技术。云计算极大地提升了人类的计算能力,为互联网金融提供了强大的运算能力支持。云技术的发展是在 2005 年之后,到 2010 年基本成熟,已经成为支撑现代科技、网络经济、社会治理等的基础技术。云技术体系包含云计算、云存储核心技术,支撑云平台、云网络、云安全、云终端和云服务,极大地提升了金融运行效率。

3. 算法与数据挖掘技术

要提升计算效率,除了要提升硬件技术,还需要改进算法。算法是一系列解决问题的清晰指令,它代表用系统的方法描述解决问题的策略机制。金融活动与金融创新的复杂度不断提高,金融计算需要改进算法,以便应对大数据时代计算效率的要求。算法的改进是人类智力进步的体现,也是人机交互推进的结果。算法的进步为移动网络、移动金融提供了有效的技术支持。

随着数据库技术的迅速发展以及数据库管理系统的广泛应用,人们积累的数据越来越多。数据背后隐藏着许多重要的信息,人们希望能够对其进行更高层次的分析,这时候数据挖掘就成为关键。算法的改进提升了数据挖掘的效果,数据挖掘使数据库技术进入了一个更高级的阶段,它不仅能对过去的数据进行查询,而且能够找出过去数据之间的潜在联系,从而促进信息的传递。除了算法与数据挖掘技术的发展,数据处理器技术也在不断发展。已经由 CPU 向 GPU 发展,其处理对象由结构数据向半结构和非结构数据转移。

(二)应用需求

1. 经济活动支付需求

人类有经济活动的同时就有支付需求,货币是最主要的支付手段。从历史发展角度看,货币从来都是伴随着技术进步、经济活动发展而演化的,从早期的实物货币、商品货币到后来的信用货币,都是适应人类商业社会发展的自然选择。随着经济活动的多样性和即时性的增加,经济主体对支付的需求越来越多样,如何快速而安全地付款成为经济交易之需。

进入互联网时代,基于电子信息化技术的支付,大幅度地提高了用户支付的便捷性,增强了支付的安全性,优化了用户体验,实现了多方共赢。现金支付正在逐步让位于更加便捷的刷卡支付、移动支付。与刷卡支付相比,移动支付具有应用场景优势,客户体验更好,在民生、公共缴费、小型经济活动等支付领域应用广泛,如商场与超市购物、乘坐公共交通、旅游出行、医疗缴费等。移动支付能够全方位提供场景化服务,其生态圈逐步形成。

2. 网络直接融资需求

中小微企业、个体经济单位、农户、个人等通过正规金融机构融资往往有难度，存在利率较高、审批时间较长等问题。互联网平台在消除借贷双方信息不对称、降低融资匹配搜寻成本等方面具有优势。网络借贷平台，由借贷双方自由竞价、撮合成交，借款人能充分享受贷款的高效与便捷性。有闲散资金的投资人能够通过借贷平台找到并甄别资质好的借款人，获得比银行存款更高的收益。这种融资模式提高了资金利用率，有利于经济发展。众筹平台为投资人带来了更多的项目，也拥有更高效的项目审核机制，能促进投资人与企业家的沟通，降低投资过程信息的不对称性，使投资决策过程更加合理。

3. 财富管理需求

互联网金融产品的推广和应用丰富了金融市场的产品，满足了不同的投资需求，降低了融资成本，增加了财富管理收益。通过互联网开展财富管理，一方面资产的成本收益直观、明晰，改善了投资者财富管理的体验；另一方面，互联网财富管理公司得到了更加丰富的用户理财需求信息，其可以依据需要进行金融产品创新，使金融产品供给与需求更加匹配。

(三)监管

互联网金融属于金融创新的范畴。金融创新与金融监管是一对相互矛盾的金融活动。出于规避监管动机的创新导致监管失效，进而促使监管当局加强监管，引发新一轮创新。二者总是相互推动、螺旋式上升发展。

1. 规避监管创新

金融创新的动力之一就是规避监管，互联网金融创新也不例外。如 P2P 网络借贷的“个人—平台—个人”担保模式，在借贷双方之间引入担保是一种创新，但这也是出于规避银行业准入监管的动机，网络借贷平台事实上发挥了银行等金融中介的作用，本质属于影子银行。为了应对期限错配的风险，一些 P2P 网络借贷平台通过构建虚拟借款人来搭建资金池以获取资金，进而解决流动性问题。在“个人—平台—机构—个人”模式下，平台将金融机构或准金融机构的信贷资产通过互联网的方式以极低的门槛对外销售，带有信贷资产证券化的属性。传统金融机构发售理财产品的门槛和风控要求都较高，互联网金融产品的出现就体现了一种规避监管的创新。

2. 监管缺位

互联网金融的开放性、交叉性降低了各种非金融企业或机构进入金融业的门槛，特别是在金融监管体系属于机构监管的模式下，对互联网金融服务提供机构属性的认定比较困难，导致监管缺位。以 P2P 借贷业务为例进行说明。P2P 借贷业务属于信贷业务，原则应归属银行监管部门。然而，P2P 借贷属于“个人—个人”模式，是直接融资，而这理应归属证券监管部门。例如，美国的 P2P 网贷即是由证券交易委员会监管。由于中国当前是机构监管模式，在没有相应法规对 P2P 网贷企业属性进行界定的前提下，出现监管真空不可避免。互联网金融产品与服务涉及银行、证券、保险、信托、基金等多个领域，具有金融综合经营的特点。这种跨市场、跨行业、跨区域经营的互联网金融，规避了分业监管制度规则，成为事实上的无监管，在某种程度上是互联网金融快速发展的重要原因。

3. 监管套利

监管套利是指金融机构利用不同监管机构制定的不同监管规则甚至是相互冲突的监管规则或标准，选择在监管相对宽松的金融领域展开经营活动，以此降低监管成本、获取超额收益的行为。互联网金融领域的监管套利较为明显，2019 年之前不少 P2P 网贷平台以资金中介为名、行“资金池”之实，资金流向脱离监管视野，资金投向高度不透明。这些网贷平台的业务本质上是银行业务，却没有受到像银行一样实名开户、信息披露、风险准备金计提等监管约束，导致这些网贷平台在某种程度上存在监管套利。

第二节　互联网金融的范围及其发展

一、互联网金融的范围

互联网金融从产生开始便对传统金融产生了一定的冲击，影响并改变着金融业的发展模式和经营理念。

从技术应用于金融服务的视角看，传统金融机构与金融市场运用互联网技术改进金融服务的实践起步比较早，但是，只有当科技平台类公司、电子商务平台类公司等快速利用互联网技术进行金融服务创新之后，传统金融机构与市场才真正觉醒，重新开启利用互联网技术服务金融的战略。

从广义角度看，互联网金融范围包括传统金融的互联网业务创新和替代性网络金融。其中，传统金融的互联网业务创新主要包括互联网银行、互联网证券和互联网保险，替代性网络金融则包括第三方网络支付、互联网借贷、网络众筹、网络资产管理等。

二、互联网金融的发展

(一)传统金融的互联网业务创新

1. 互联网银行

互联网银行是指商业银行通过一种或多种移动互联网技术，借助大数据、云计算等方式，为客户提供存款、取款、转账、支付、结算、理财等传统银行业务的互联网金融服务模式。互联网银行主要有两种模式：一种是传统商业银行利用互联网技术开展的手机银行、网上银行等固定或移动互联网银行模式，提供与实体银行一致的金融服务。另一种形式为监管部门批准的、拥有商业银行牌照的纯互联网银行。它没有零售型物理网点，金融服务通过互联网平台开展。此类银行一般主要靠后台处理中心集中处理业务，有一个具体的办公场所，但没有分支机构、营业柜台。

美国互联网银行兴起于20世纪90年代中后期。世界上第一家互联网银行是成立于纽约的安全第一网络银行(Security First Network Bank，SFNB)。其由三家美国银行联合发起，于1994年成立，至1995年10月正式开展网上业务。这是第一家真正意义上的互联网银行，其完全在互联网上提供银行非现金服务。然而随着美国网络经济泡沫的破灭，大量互联网银行破产或被收购，SFNB在1998年出现了停滞，并在同年被加拿大皇家银行以2 000万美元收购，传统银行开启了线上线下业务双线战略。

中国真正意义上的纯互联网银行始于2014年，这一年原银监会(现已与原保监会合并到国家金融监督管理总局)批准了第一批民营银行，其中就包括了以纯互联网的形式运营的网商银行、微众银行、北京中关村银行、苏宁银行和新网银行。

2. 互联网证券

互联网证券又称网络证券或网上证券，是指证券公司通过互联网平台为客户提供信息推送、投资顾问、产品发行、证券交易等一系列全方位证券服务的新方式。互联网证券服务的提供者包括传统的证券公司和专业的互联网证券信息平台。证券公司提供的服务除了网上开户、网上交易、网上理财等基本业务外，还提供投资咨询、信息送达、数据分析、投资者教育等服务。

美国网络证券交易始于20世纪90年代初。美国不仅是最早开展互联网证券业务的国家，也是网络证券交易经纪业务最发达的国家。1995年，嘉信公司成立专门的电子商务部门来从事互联网经纪业务，成为第一家开展证券电子商务的经纪商。1996年，E-TRADE公司成立，美国无传统经营场所的新型经纪公司诞生。1999年，美林证券开始为投资者提供网络证券交易服务，标志着美国传统证券经纪商对网络交易的态度发生根本性转变，美国网络证券交易快速发展。目前，美国互联网证券交易模式随着各证券经纪公司差异化服务的不断发展，逐渐形成以E-TRADE为代表的纯网络经纪商，以嘉信、富达(Fidelity)为代表的折扣经纪商，以及以美林证券为代表的传统证券全服务经纪商。

随着2013年年底网上开户制度的推出以及互联网开户引流业务的开展，国内互联网证券业务进入大发展阶段。2014年4月，中信证券股份有限公司、国泰君安证券股份有限公司、长城证券有限责任公司、平安证券有限责任公司、华创证券有限责任公司、中国银河证券股份有限公司成为首批经证监会同意，开始开展互联网证券业务试点的证券公司。随后，又有几十家券商接连获批开展互联网证券业务。

3. 互联网保险

互联网保险是指借助互联网技术和互联网平台进行保险营销的新型服务方式，其服务可以覆盖到保险的信息查询、合同设计、投保、交费、理赔、给付等各个方面。互联网保险服务提供者包括保险公司、拥有保险牌照的纯互联网保险公司，以及保险产品销售信息平台。

中国的互联网保险始于1997年，第一个第三方保险网站是同年年底产生的中国保险信息网。2001年3月，太平洋保险公司北京分公司开通了“网神”，推出了30多个险种，开始了真正意义上的保险网销。2005年4月，《中华人民共和国电子签名法》颁布，互联网保险真正开始发展。随着互联网、云计算和大数据技术的进步，网络保险公司出现。2013年9月，由蚂蚁金服、腾讯、中国平安等企业发起设立的众安在线财产保险股份有限公司成立，成为国内第一家纯互联网保险公司。2016年前，互联网保费规模一直处于增长态势，尤其是2015年，互联网保费规模同比增长9.2%，达2 234亿元。但2016年后，四家互联网保险公司(泰康在线、众安在线、安心财险、易安财险)在互联网保费规模、渗透率、净利润增长态势上逐步出现分化现象。

(二)替代性网络金融业务

替代性网络金融是指通过传统金融系统以外的互联网市场为个人和企业提供替代性金融服务的渠道和活动。和传统金融业相比，替代性网络金融利用创新型的金融渠道与工具来帮助个人和企业融资和投资。从奖励模式众筹到互联网借贷，从票据交易到股权模式众筹，这些替代性网络金融活动直接对接了出借人与消费者及中小企业借款人，为创业公司和创意产业提供了风险资金，并且为个人与机构调配资产、投资借贷提供了新的选择和渠道。

1. 第三方网络支付

学术界对第三方网络支付给出的定义是：具备一定实力和信誉保障的独立机构，通过与银联或网联对接而促成交易双方进行交易的网络支付模式。国外第三方网络支付产业的起步略早于中国，并保持了高速发展。1996年，第三方网络支付公司在美国出现，随后Yahoo PayDirect、Amazon Payments 和 PayPal 等公司先后成立,其中以 PayPal 的发展历程最为典型。成立于 1998 年的 PayPal 公司起初创设的目的是弥补商务领域商业银行不能覆盖个人收单业务的不足。2002 年,PayPal 被全球最大的 C2C 网上交易平台 eBay 全资收购,从此进入快速发展期。集聚各种二手商品的 eBay 当时是全球最大的个人电子商务交易平台。

除 PayPal 之外,其他第三方网络支付企业的成长也很迅速,尤其是在移动支付领域。

中国的第三方网络支付机构起初只是作为银行的外包服务机构,为银行提供基于网络技术的支付解决方案,从银行卡收单,到发行和受理预付卡,基本都是利润低、人力成本高因而银行自身不愿意经营的业务,因此其影响力一直不大。2004 年 12 月,阿里巴巴旗下的支付宝(Alipay)正式推出,借助于淘宝网强大的商业资源、技术背景和品牌实力,支付宝业务取得了迅猛的发展,仅用 4 年时间便成为全球最大的第三方网络支付平台。继阿里巴巴公司的支付宝推出后,财付通、安付通等支付平台也相继出现。

2. 互联网借贷

互联网借贷是交易双方通过网络平台达成资金借贷的形式,包括 P2P 网贷、小额商业信贷、消费信贷、供应链融资等。英国的 Zopa、美国的 Lending Club 和中国的拍拍贷都是 P2P 网络借贷模式的典型代表。互联网小额商业贷款一般由小额贷款公司或电商平台提供。互联网消费金融借助于新的技术及商业模式能够大大改进服务质量,专门为消费者提供小额信用支持,如京东白条、花呗等。互联网供应链金融是互联网金融与供应链金融的集成概念,是指兼具电商平台经营者和资金提供者身份的电商或商业银行,在对电子商务平台长期积累的大量信用数据以及借此建立起来的诚信体系进行分析的基础上,运用自偿性贸易融资的信贷方式,引入资金支付工具监管的手段,向在电子商务平台从事交易的中小企业或小微企业提供封闭的授信支持及其他资金管理、支付结算等综合金融服务的一种全新的金融模式。

3. 互联网众筹

互联网众筹是指需求方通过互联网、社交网络或专业平台广播项目信息,以此吸引网络用户对项目的关注,从而使项目需求方(融资人或项目)获得必要的资金援助、渠道支持和营销推广的一种行为或方式。

2009 年,众筹在国外兴起。Kickstarter 于当年在纽约创立,是全球最大最知名的众筹网站,主要针对科技产品和艺术作品。截至 2015 年年底,该平台成功资助了 9.5 万个项目,成功筹集资金 20 亿美元。Kickstarter 众筹平台出现后,出现了众多的模仿者。其中较著名的是于 2010 年 10 月成立的英国股权众筹平台 Crowdcube,这是全球首个股权众筹平台。股权众筹是典型的直接金融,它是指通过网络平台方式向特定投资者进行股权融资。2011 年 7 月中国首家众筹网站"点名时间"成立,随后几年众筹网站数量和融资规模快速增长。众筹从 2014 年起进入快速增长期。《中国众筹行业市场前瞻与投资战略规划分析报告》整理数据显示,2014 年上线的平台达到 154 家。2015 年,在互联网金融受追捧的情况下,新上线的众筹平台再创新高,达到 222 家。2016 年,随着互联网金融专项整治及相关监管措施的实施,产品及股权型众筹平台已基本停止增长。2017 年后股权众筹行业多项指标急剧下降。

4. 网络资产管理

随着金融科技不断发展,计算机、互联网、大数据、云计算、人工智能等技术的日新月异,资产管理模式从传统模式逐渐走向智能化、普惠化、便捷化的互联网资产管理模式,极大地拓展了资产管理的服务需求、潜在用户规模和应用场景。互联网大型电商集团、传统金融机构、业务升级和转型的互联网金融平台以及非金融实业企业设立的互联网资产管理平台均活跃在中国网络资产管理市场的蓝海上。就发展情况来看，网络资产管理可分为自助化、社交化、顾问化三种商业运作模式。

(1)自助化资产管理模式。在自助化资产管理模式下，用户根据自身财务情况和风险偏好，通过互联网“全品类金融超市”进行自助理财。与传统理财相比，这一模式通过互联网吸纳了更多位于“长尾部分”的中低资产净值客户进行大众理财投资，是中国最主流的互联网资产管理模式。国内的自助化资产管理平台主要是由互联网巨头和传统金融机构牵头，利用自身在客户资源以及技术上的优势切入资产管理、聚集各类金融产品、提供比价服务，根据用户情况进行筛选、匹配和推荐金融产品。

(2)社交化资产管理模式。社交化资产管理模式以信息共享为核心，强调“跟投”的投资理念。具体来说，将职业或业余投资人的投资业绩和持仓情况通过互联网平台分享出来，供普通投资者参考，或直接跟投相关资产或组合。这一模式本质上是使普通投资者间接地享受投资咨询服务。

(3)顾问化资产管理模式。线上理财顾问平台通过互联网和移动互联网技术将传统投顾服务的服务对象延展至高净值以外的长尾用户。面向理财师的互联网理财顾问平台主要为理财师提供金融产品和智能化客户管理服务；面向投资人的平台则通过将传统的线下理财师互联网化，为投资者提供线上理财服务，或者是以“高佣金返还”等模式吸引理财师入驻，平台则撮合投资者和理财顾问。这类平台一方面解决了投资顾问由于技术条件、地理条件等的限制无法扩展其工作半径的问题，另一方面投顾服务门槛的降低使得非高净值人士也能够享受到理财顾问服务。

三、互联网金融的发展趋势

(一)垂直化

互联网金融的优势在于利用互联网迅速整合金融的各个领域业务。进一步而言，金融业务涉及范围几乎覆盖全行业，因此，有必要对市场进行细分，走垂直化发展的道路。以互联网理财市场为例，互联网金融机构不能单纯地比较谁提供产品的收益率更高，不能简单以收益率高低来获得客户，而需要根据细分市场客户的特点，抓住目标客户群体，设计相应的产品，提供便捷、安全与可靠的服务，培养用户黏性。

(二)普惠化

普惠金融的核心理念是让社会所有阶层，尤其是弱势群体和低收入群体，都能获得公平、便捷、低成本的金融服务。很多互联网金融企业正在利用技术和数据的力量，与传统金融机构一起，拓宽金融业的服务边界，更好地去帮助小微企业和普通消费者。

互联网金融进入的市场属于长尾市场。长尾市场往往针对小型经济单位，尤其是个人的金融服务。互联网金融通过克服空间或地区性限制、降低交易成本以及准入门槛、减少信息不对称以推动金融普惠化。

(三)技术导向

互联网金融是金融科技的一种形态，技术推动金融创新发展是基本规律。近年来，深度学习、交互学习、AR与VR、区块链、人工智能、大数据处理等技术在金融领域广泛应用，不断支持金融服务创新。互联网金融机构之间的竞争，在某种程度上是技术实力的竞争。

许多互联网金融公司也逐步转化为技术公司。互联网金融技术的应用，能够更好地解决信息不对称、融资搜寻匹配、风险控制等金融基本问题。因此，技术驱动将成为互联网金融行业发展的趋势。

【课后习题】

一、名词解释

1. 互联网金融
2. 网络众筹
3. 互联网金融门户
4. 网络借贷
5. 第三方支付
6. 大数据
7. 互联网征信

二、问答题

1. 简述互联网金融的特征。
2. 简述互联网金融发展的推动因素。
3. 请阐述互联网金融发展状况。
4. 简述互联网金融发展趋势。
5. 简述金融机构互联网金融业务的发展状况。

第九章　金融机构概述

【学习目标】

1. 掌握金融机构的概念与分类，理解金融机构与一般企业的不同。
2. 理解金融机构的作用。
3. 掌握金融机构体系的模式分类。
4. 了解我国金融机构体系。

【思政目标】

有效防范化解重大经济金融风险是维护国家安全的重要内容。党的十八大以来，习近平总书记高度重视防范化解重大经济金融风险，明确把强化监管、提高防范化解金融风险能力作为做好金融工作的重要原则之一，强调防范化解金融风险特别是防止发生系统性金融风险，是金融工作的根本性任务和永恒主题；强调必须通过改革保障金融安全，坚持市场化改革方向，加快建立符合现代金融特点、统筹协调监管、有力有效的现代金融监管框架，坚守住不发生系统性风险的底线；强调要科学防范金融风险，早识别、早预警、早发现、早处置，着力防范化解重点领域风险，着力整治各种金融乱象，着力加强风险源头管控，着力完善金融安全防线和风险应急处置机制；强调要完善金融从业人员、金融机构、金融市场、金融运行、金融治理、金融监管、金融调控的制度体系，规范金融运行，等等。我国近年对金融领域的改革正是以上思想的重要体现。

“一行一局一会”新格局

第一节　金融机构的基本概念

一、金融机构的界定

金融机构这个概念在金融行为中应用广泛，也叫作金融中介、金融中介机构。不管是直接融资还是间接融资，只要是金融业务都会涉及相关的金融机构。我们给金融机构一个定义：提供各种金融服务的企业称为金融机构，包括商业银行、证券公司、保险公司、信托投资公司和基金管理公司等。它为社会经济运行提供金融服务,是宏观经济运行中的重要组成部分。

金融机构的本质是企业,具备普通企业的基本要素,如有一定的自有资本、向社会提供特定的商品和服务、必须依法经营、独立核算、自负盈亏、照章纳税等。

但是金融机构又是一个特殊的企业。它与一般企业的不同体现在以下方面。

(一)经营对象与经营内容不同

金融机构的经营对象是货币资金这种特殊的商品,经营内容则是货币信用、资金融通、金融交易以及相关的各种金融服务。

(二)经营风险不同

金融机构权益资本保有率低,金融资产持有率高,导致其资产负债率非常高,显著高于一般企业,因此金融机构的经营风险高于一般企业;金融机构持有的金融资产,由于市场价格波动等原因,风险也高于一般企业持有的一般商品;金融机构相互之间有极强的联动性,导致金融风险极易在金融机构之间传染,一家金融机构的振荡,极有可能导致整个金融领域出现振荡,金融行业的系统性风险显著高于一般企业行业。

(三)影响程度不同

金融机构的负债率高于一般企业,并且其债权人来自社会各阶层,导致其一旦出现破产现象,会影响到社会各阶层的利益,其社会影响显著高于一般企业破产的影响。此外,由于金融行业的系统性风险显著高于一般企业行业,导致一家金融机构破产,极易波及整个金融行业,而金融行业的振荡又会波及整个宏观经济,其破产的经济影响也显著高于一般企业。

(四)管理原则不同

由于金融机构的风险高于一般企业,其经营不良的影响也高于一般企业,所以其管理原则也与一般企业不同,更注重风险管理。

二、金融机构的作用

(一)便利资金融通

金融机构作为金融服务机构,其首要功能就是方便市场上的资金需求者与资金供给者分别进行融资与投资行为。不管是直接融资中的证券公司,还是间接融资中的商业银行,都具备该功能。

金融就是资金的投融资交易,在直接金融交易中必然会遇到交易时间与交易需求的不统一,金融中介机构商业银行正好能解决时间与需求的不统一问题,形成典型的间接融资方式。商业银行吸纳社会各阶层的资金,不管资金交易者的交易需求是多少都能满足;商业银行的资金源源不断,不管资金交易者的交易时间是长是短都能满足。

商业银行的这种作用就像公共汽车,只要不是到了终点(金融机构破产),公共汽车每站都有人下也有人上,车上会形成稳定数量的乘客,不会空车行驶浪费油。商业银行每天有人存钱有人取钱,也会形成稳定的资金数量,能够满足大额长期的金融交易需求。

在直接融资方式中,供求双方直接进行金融交易,也需要金融机构提供相应的金融服务,以帮助资金供求双方完成金融交易。比如金融机构为市场上的资金供求双方提供咨询、承销、经纪等服务。

(二)降低交易成本

金融交易中所花费的一切时间和金钱都是交易成本,包括交易发生前的信息不对称所带来的信息搜索成本和鉴别成本,交易发生时的谈判成本,交易发生后的监督成本等。金融交易的风险高于普通交易，因此在金融交易中交易方，尤其是投资方需要花费大量的时间与精力去搜集、鉴别各种信息，以避免信息不对称带来的各种风险，这些在金融交易的各个环节都会产生大量交易成本。

1. 规模经济降低交易成本

金融中介机构，比如商业银行能够把众多闲散资金聚集在一起进行投融资，投融资规模大，能够形成规模经济，不管是交易发生前的信息搜索和鉴别成本，还是交易发生时的谈判成本，还是交易发生后的监督成本，都会形成规模效应，降低交易成本。

2. 专业化降低交易成本

金融中介机构专职从事金融服务，手上掌握着市场上众多的金融信息，不管是搜索信息还是鉴别信息，或者是谈判和监督，金融中介机构都会因其具有的信息优势而降低交易成本。

（三）转移和管理风险

金融中介机构，尤其是商业银行的出现，可以在金融行为中帮助转移和管理风险。首先商业银行可以利用它的渠道与专业的风险管理技术，改善信息不对称的状况，降低贷款的风险；其次，即使商业银行真的遇到风险损失，它也会起到风险阻隔的作用，由银行承担贷款损失，而不会给存款客户造成损失，商业银行自己只要不是大多数借款人都违约，其清偿能力是不会出现问题的；最后，商业银行可以给多个企业、多个行业进行贷款，还可以投资于多种金融资产，因此，能够分散风险。

第二节 金融机构体系

金融机构体系是指金融机构的组成及其相互联系的统一整体。在市场经济条件下，各国金融体系大多数是以中央银行为核心来进行管理，形成了以中央银行为核心的金融机构体系。

一、金融机构的分类

按照金融机构的地位和功能不同，可以将金融机构划分为金融监管机构和被监管的金融企业。

（一）金融监管机构

金融监管机构是代表国家行使金融监管权力的机构，典型代表是中央银行。中央银行是一国金融机构的核心，地位特殊，是监督和管理其他所有金融机构的国家部门。它代表国家对金融机构实行监管，管理金融市场，维护金融体系的安全运行，并制定与执行国家的货币政策，对宏观经济进行调控。其他的所有商业银行、证券公司和保险公司等金融企业都受到金融监管机构的监管。

（二）被监管的金融企业

被监管的金融企业种类众多，一般有两种分类方式。按照是否属于银行系统，可以划分为银行类金融机构与非银行类金融机构；按照是否能够接受公众存款，可以划分为存款类金融机构与非存款类金融机构。其中第一种划分方式是为世界各国普遍接受的一种对金融机构进行划分的标准。因为在整个金融机构体系中，银行的地位比较特殊，是整个金融机构体系中最重要的金融机构。

1. 按照是否属于银行系统划分

按照是否属于银行系统，可以划分为银行类金融机构与非银行类金融机构。

(1)银行类金融机构。

银行类金融机构是以存贷款和结算业务为核心的金融机构，主要包括各大商业银行与专业银行。

商业银行是以经营工商业存放款为主要业务，并以利润最大化为其主要经营目标的信用机构。商业银行的机构数量多，业务范围广，是银行类金融机构中最主要的力量，也是金融机构中的骨干力量。

专业银行指专门从事指定范围内的业务和提供专门性金融服务的银行机构。它们的业务方式和内容与一般商业银行的业务有所不同，是社会分工在金融领域中的体现。专业银行按其服务对象和资金运动特点的不同，可划分为开发银行、储蓄银行、不动产抵押银行、进出口银行、农业银行等。以储蓄银行为例，储蓄银行是办理居民储蓄并以吸收储蓄存款为主要资金来源的银行，其资金主要用于长期投资，比如不动产抵押贷款、政府债券等，有些国家明文规定必须投资于政策债券的比例，不得经营支票存款，不得经营一般工商贷款等。

(2)非银行类金融机构。

除了银行类金融机构之外的其他所有的金融机构都属于非银行类金融机构，其构成比较复杂，包括投资银行、保险公司、基金公司、期货公司、信托公司、租赁公司等。

投资银行是专门针对工商企业办理有关投资银行业务的银行，投资银行的名称通用于欧洲大陆及美国，在英国称为商人银行，在日本等亚洲国家称为证券公司。

基金公司指依据有关法律法规设立的对基金的募集、基金份额的申购和赎回、基金财产的投资、收益分配等基金运作活动进行管理的公司。

期货公司指依法设立的、接受客户委托、按照客户的指令、以自己的名义为客户进行期货交易并收取交易手续费的中介机构，其交易结果由客户承担。

信托公司指依法设立的经营信托业务的金融机构。

租赁公司指以出租设备或工具收取租金为业的金融机构。

2. 按照是否能够接受公众存款划分

按照是否能够接受公众存款，可以划分为存款类金融机构与非存款类金融机构。存款类金融机构主要通过存款形式向公众募集资金，获得其资金来源，如商业银行、储蓄银行和信用合作社等；而非存款类金融机构不得吸收公众的储蓄存款，其资金来源主要依靠发行证券或契约等方式募集，如证券公司、保险公司、信托公司等。

二、金融机构体系的模式

每个国家都有一个自己的规模庞大、职能齐全的金融机构体系，由上面我们所介绍的各种金融机构组成。但是由于各国或地区的经济制度和经济发展水平以及历史文化背景的差异，在世界范围内形成了不同类型的金融机构体系模式，主要有以下三种。

(一)以中央银行为核心的金融机构体系

以中央银行为核心的金融机构体系是当今世界各国普遍实行的一种金融机构体系模式，目前，美国、英国等西方主要国家，以及我国实行的都是这种模式。以中央银行为核心的金融机构体系的特点是金融机构中以中央银行为核心，包括商业银行、专业银行和非银行金融机构作为金融机构体系的组成部分。也称二级银行体制，中央银行是第一级，由其监管其他金融机构；其他银行与非银行金融机构是第二级，受到上级中央银行监管。

（二）高度集中的金融机构体系

高度集中的金融机构体系主要为实行单一计划经济、对经济活动实行高度集中管理体制的国家所采用。前苏联、东欧一些社会主义国家以及改革开放前的我国，都曾实行这种模式。高度集中的金融机构体系的特点是将中央银行的职能和商业银行的职能集中于单一的国家银行，并交织在一起，既掌管货币发行，制定和执行货币政策，检查和监督各金融机构的业务活动，又办理各项商业银行业务（一级银行体制）。我国在1978年以前就是这种金融机构体系模式，由中国人民银行办理一切银行业务。

（三）没有中央银行的金融机构体系

世界上只有少数国家和地区，如新加坡和我国的香港、澳门特别行政区，实行的是没有中央银行的金融机构体系模式。没有中央银行的金融机构体系的基本特点是整个金融体系由众多的商业银行、投资银行以及其他各种金融机构组成，不设立中央银行。货币发行是由单纯行政机构的货币当局发行，或由政府指定某几家商业银行为货币发行银行，行使货币发行权。如香港的货币由香港特区政府指定的商业银行性质的汇丰银行、渣打银行和中国银行发行。在金融监管方面，政府单独设立金融管理机构，由这些机构对金融业进行全面的监督和管理。

三、我国的金融机构体系

我国目前已经形成了以中国人民银行为核心，四大国有控股商业银行为主体，多种金融机构并存的金融机构体系。

（一）金融监管机构

过去我国的金融监管机构体系是“一行三会”，一行指的是中国人民银行，它是我国的中央银行，在国务院的领导下，制定和实施货币政策，对金融业实施监督管理，防范和化解金融风险，维护金融稳定。三会分别指的是中国银行业监督管理委员会（简称：银监会）、中国证券监督管理委员会（简称：证监会）和中国保险监督管理委员会（简称：保监会）。银监会是对我国银行业及其他金融机构实施统一监管的职能部门，监管对象包括银行、金融资产管理公司、信托投资公司及其他存款类金融机构。证监会是对我国证券业及资本市场实施统一监管的职能部门。保监会是对我国商业保险实施统一监管的职能部门。

2018年我国进行了国务院机构改革。将银监会和保监会的职责整合，组建中国银行保险监督管理委员会（简称：银保监会），作为国务院直属事业单位。同时，将银监会和保监会拟订银行业、保险业重要法律法规草案和审慎监管基本制度的职责划入中国人民银行。它宣告了宏观审慎政策权限基本上已划入中国人民银行，并且对微观审慎监管也有参与。银保监会、证监会则专职微观监管职能，包括金融机构的微观审慎监管，以及消费者保护等行为监管的内容。而宏观与微观之间，以及“一行两会”与其他有关部门间的协调则由国务院金融稳定发展委员会负责，共同构成“一委一行两会”的金融监管体系（见图9—1）。

2023年我国金融监管体系再迎重大变革。为解决我国金融领域长期存在的突出矛盾和问题，在中国银行保险监督管理委员会基础上组建国家金融监督管理总局，统一负责除证券业之外的金融业监管。从“一委一行两会”转变为“一委一行一总局一会”（国务院金融稳定发展委员会、中国人民银行、国家金融监管总局、证监会）的综合监管体系。

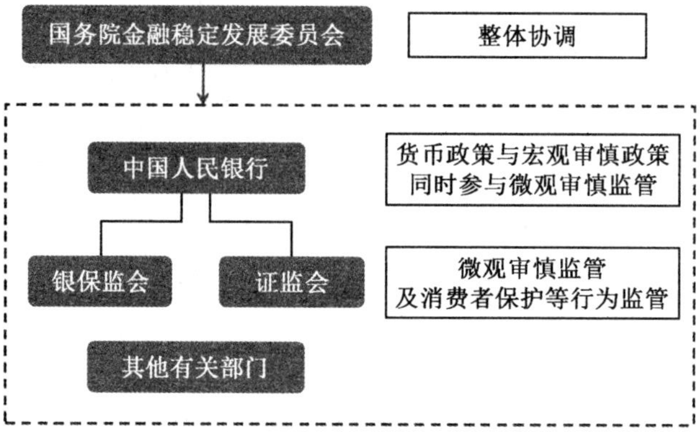

图 9—1 "一委一行两会"金融监管体系

(二)银行类金融机构

1. 国有控股商业银行

国有控股商业银行,简称四大行,分别是中国工商银行、中国农业银行、中国银行、中国建设银行。这四家商业银行在刚成立的时候是政府全资成立的国有商业银行,但是从 2005 年开始,随着这四家商业银行相继上市,四大行相继从国有商业银行转变为国家控股的商业银行。

以前四大行刚开始成立的时候,互相之间是有严格分工的,中国工商银行主要承担城市工商信贷业务,解决企业流动资金需要;中国银行主要经营外汇业务;中国建设银行主要承担中长期贷款业务,满足固定资产投资的需要;中国农业银行主要以开展农村信贷业务为主。但是现在,各个银行之间的业务已经没有这样进行划分了,都可以开展所有的银行业务。像中国工商银行、中国农业银行、中国建设银行现在也承办外汇业务,中国工商银行也开始在国外设立分支机构。但是在外汇业务这一块,中国银行还是保留着它自己的优势,中国农业银行也保留着它在广大农村的庞大分支机构。

(1)中国工商银行。1984 年 1 月 1 日,中国工商银行(Industrial and Commercial Bank of China,ICBC)成立,承接由原来中国人民银行办理的工商信贷和储蓄业务;2005 年 10 月 28 日,中国工商银行整体改制为股份有限公司;2006 年 10 月 27 日,中国工商银行在上海证券交易所和香港联合交易所同步上市。

(2)中国农业银行。1979 年,中国农业银行(Agricultural Bank of China,ABC)成立,专门负责农村金融业务;1994 年,中国农业发展银行分设;1996 年,农村信用社与中国农业银行脱离行政隶属关系,中国农业银行开始向国有独资商业银行转变;2009 年 1 月,中国农业银行整体改制为股份有限公司;2010 年 7 月,中国农业银行分别在上海证券交易所和香港联合交易所挂牌上市。

(3)中国建设银行。中国建设银行(China Construction Bank,CCB),原名中国人民建设银行,于 1979 年成为独立的经营长期信用业务的专业银行。随着国家开发银行在 1994 年成立,承接了中国人民建设银行的政策性贷款职能,中国人民建设银行逐渐成为一家综合性的商业银行。1996 年,中国人民建设银行更名为中国建设银行。2004 年 9 月,中国建设银行整体改制为股份有限公司。2005 年 10 月 27 日中国建设银行在香港联合交易所上市,2007 年 9 月 25 日在上海证券交易所挂牌上市。

(4)中国银行。中国银行(Bank of China,BOC)于1979年成为国家指定的外汇外贸专业银行。1994年,中国银行改为国有独资商业银行。2003年,中国银行开始股份制改造。2004年8月,中国银行股份有限公司挂牌成立。2006年6月与7月,中国银行先后在香港联合交易所和上海证券交易所挂牌上市。

2. 股份制商业银行

股份制商业银行是按照股份制原则,通过募集股本发起设立的商业银行。它与前面四大行最大的区别就在于银行资本金的来源不同。四大行以前的资本金都是由政府财政拨付的,而股份制商业银行的资本金是向社会募集的。我国目前股份制商业银行主要包括:交通银行、光大银行、招商银行、华夏银行、中国民生银行、中信实业银行、平安银行(原深圳发展银行)、上海浦东发展银行、广东发展银行、兴业银行、恒丰银行、浙商银行、渤海银行等。交通银行是我们国家第一家股份制商业银行。

这类银行是很多重大措施的"试验田",推动了整个中国银行业的改革和发展。在四大行与城市商业银行逐步完成股份制改造的背景下,继续用股份制商业银行来指称这类银行其实并不准确,但是由于习惯,目前仍然沿用这一名称来概括这类银行。

3. 城市商业银行

我国城市商业银行的前身是城市信用合作社,本质上属于股份制商业银行。我国原来大约有5 000家城市信用社,这些信用社本身是因为银行不愿意对小企业贷款,所以由个人集资联合组成,以合作为主要宗旨互助贷款的金融组织,资金来源于成员交纳的股金和吸收的存款,贷款则主要用于解决成员的资金需要。发展到后来有相当多的城市信用社已经失去了合作性质,实际上已经成了小型商业银行。为了进行规模经营,1995年我国在城市信用社的基础上,通过吸收地方财政组建了城市合作银行,1998年全部改名为城市商业银行。凡是组建地方性商业银行的地方,所有城市信用社必须加入,而且一旦加入,就失去法人资格,变成该商业银行的分支机构。目前很多城市都有城市商业银行,比如北京市商业银行(现名北京银行)、上海市商业银行(现名上海银行)、武汉市商业银行(现名汉口银行)等等。城市商业银行的总体规模较小,发展程度多取决于当地的经济发展。上海、北京、南京、大连、杭州、宁波等城市商业银行综合实力发展迅速,并实现了跨区域发展。

4. 农村的商业银行

农村的商业银行包括农村商业银行、农村合作银行与村镇银行。

农村商业银行与农村合作银行是在合并农村信用社的基础上组建。2001年11月29日全国第一家农村股份制商业银行张家港市农村商业银行正式成立。2003年4月8日我国第一家农村合作银行宁波鄞州农村合作银行正式成立。村镇银行指经国家金融监管总局依据有关法律、法规批准,由境内外金融机构、境内非金融机构企业法人、境内自然人出资,在农村地区设立的主要为当地农民、农业和农村经济发展提供金融服务的银行业金融机构。村镇银行于2007年首先从四川、青海、甘肃、内蒙古、吉林、湖北等六省(区)开始试点。

截至2022年末,农村合作金融机构(简称农合机构)总资产规模达到47.62万亿元,村镇银行资产规模达2.22万亿元;农合机构贷款总额26.41万亿元,近三年复合增长率达12%,村镇银行各项贷款1.45万亿元,户均贷款余额28.68万元(数据来源:《全国农村中小银行机构行业发展报告(2023)》)。

5. 民营银行

我国在2014年3月启动民营银行试点,首批批准了5家民营银行,分别是天津金城银行、上海华瑞银行、浙江网商银行、温州民商银行、深圳前海微众银行，目前已经全部开业，总体运行平稳，公司治理机制和内部控制水平不断提升，各项业务逐步开展，服务实体经济的效能逐渐显现。2015 年 6 月银监会发布《关于促进民营银行发展指导意见的通知》后，民营银行开始进入第二批试点期，仅 2016 年一年便合计批筹 12 家民营银行，按批筹的先后顺序分别为重庆富民银行、四川新网银行、湖南三湘银行、安徽新安银行、福建华通银行、武汉众邦银行、北京中关村银行、江苏苏宁银行、山东蓝海银行、辽宁振兴银行、吉林亿联银行和梅州客商银行。

2019 年 5 月 20 日和 2019 年 9 月 16 日，我国第 18 家与第 19 家民营银行(即江西裕民银行和无锡锡商银行)相继获批筹建。民营银行获批现状如表 9－1 所示。

表 9－1　民营银行获批现状

	银行	获批筹建时间	第一大股东	持股比例
1	深圳前海微众银行	2014 年	腾讯	30%
2	温州民商银行		正泰集团	29%
3	天津金城银行		华北集团	20%
4	浙江网商银行		阿里旗下蚂蚁金服	30%
5	上海华瑞银行		上海均瑶集团	30%
6	重庆富民银行	2016 年	瀚华金控	30%
7	四川新网银行		新希望集团	30%
8	湖南三湘银行		三一集团	30%
9	安徽新安银行		南翔集团	30%
10	福建华通银行		永辉超市	22%
11	武汉众邦银行		卓尔控股	30%
12	北京中关村银行		用友网络	29.8%
13	江苏苏宁银行		苏宁云商	30%
14	山东蓝海银行		威高	30%
15	辽宁振兴银行		沈阳荣盛中天实业	30%
16	吉林亿联银行		中发金控投资管理有限公司	30%
17	梅州客商银行		广东宝丽华新能源股份有限公司	30%
18	江西裕民银行	2019 年	正邦集团	30%
19	无锡锡商银行		红豆集团	25%

6. 外资银行

外资银行包括外商独资银行、中外合资银行与外国银行分行。外商独资银行与中外合资银行按照银监会批准的业务范围，可经营部分或者全部外汇业务和人民币业务；经中国人民银行批准，可经营结汇售汇业务。外国银行分行按照银监会批准的业务范围，可经营部分或全部外汇业务以及对除中国境内公民以外客户的人民币业务。

从 2007 年 4 月 23 日开始，汇丰银行、花旗银行、渣打银行和东亚银行正式向本地居民开办人民币业务，包括：吸收公众存款；发放短期、中期和长期贷款；办理票据承兑与贴现；买卖政府债券、金融债券，买卖股票以外的其他外币有价证券；提供信用证服务及担保；办理国内外结算；买卖、代理买卖外汇；代理保险；从事同业拆借；从事银行卡业务；提供保管箱服务；提供资信调查和咨询服务；经国务院银行业监督管理机构批准的其他业务。

截至 2023 年 9 月末，来自 52 个国家和地区的 202 家银行在我国设立了机构，包括 41 家外资法人银行、117 家外国及港澳台银行分行和 131 家代表处。外资银行营业性机构总数 895 家，覆盖我国 32 个省、自治区、直辖市和计划单列市。

截至 2023 年 9 月末，在我国的外资银行资产总额 3.79 万亿元人民币，其中各项贷款 1.91 万亿元；负债总额 3.29 万亿元，其中各项存款 1.45 万亿元；1 至 9 月实现净利润 164.73 亿元。截至 2023 年 9 月末，外资银行不良贷款率 0.94%，流动性比例 72.52%，拨备覆盖率 279.77%（数据来源：国家金融监督管理总局）。

7. 政策性银行

政策性银行指由政府创立或担保，以贯彻国家产业政策和区域发展政策为目的，具有特殊的融资原则，不以营利为目的的金融机构。

在经济发展过程中，有些领域对国民经济发展和社会稳定具有重要意义，但是投资规模大、周期长、直接经济效益低、资金回收时间长、风险高、回报率低，以营利为首要目的的商业银行通常不愿意为这些领域提供贷款，所以由政府设立专门的金融机构针对这些项目与领域提供资金支持。

政策性银行与商业银行的区别有以下几点。

（1）资本金来源不同。政策性银行的资本金主要来源于政府财政拨付，不能通过发行股票来筹集资本金。商业银行的资本金主要通过发行股票来筹集。

（2）经营目标不同。政策性银行经营时主要考虑国家的整体利益和社会效益，不以自身盈利性为目标；而商业银行是以利润最大化为目标的。

（3）资金来源不同。政策性银行有其特定的资金来源，主要依靠发行金融债券或向中央银行借款融资，并不面向公众吸收存款；而商业银行的资金来源主要依靠向公众吸收存款。

（4）业务范围不同。政策性银行的业务范围比商业银行狭窄得多，它并不向一般的工商企业发放贷款，只向符合国家政策扶持的企业发放贷款；而商业银行是面向所有的企业与个人发放贷款。

我国在 1994 年成立了三家政策性银行，分别是国家开发银行、中国进出口银行和中国农业发展银行。

（1）国家开发银行。国家开发银行的主要任务就是筹集和引导境内外资金，通过开展中长期信贷与投资等金融业务，重点向国家基础设施、基础产业和支柱产业项目以及重大技术改造和高新技术产业化项目发放贷款。国家开发银行成立于 1994 年，是直属国务院领导的政策性金融机构。2008 年 12 月改制为国家开发银行股份有限公司。2015 年 3 月，国务院明确国家开发银行定位为开发性金融机构。国家开发银行注册资本 4 212.48 亿元，股东是中华人民共和国财政部、中央汇金投资有限责任公司、梧桐树投资平台有限公司和全国社会保障基金理事会，持股比例分别为 36.54%、34.68%、27.19%、1.59%。

（2）中国农业发展银行。中国农业发展银行的主要任务是向承担粮棉油收储任务的相关国有企业和供销社提供粮棉收购、储备和调销贷款。同时还承担中央和省级政策财政支农资金的代理拨付，为各级政府设立的粮食风险基金开立专户并代理拨付。

（3）中国进出口银行。中国进出口银行主要是执行国家产业政策和外贸政策，为扩大我国机电产品和成套设备等资本性货物出口提供政策性金融支持。

8. 住房储蓄银行

中德住房储蓄银行是中外合资，中方是中国建设银行，外方是德国施豪住房储蓄银行，它是欧洲最大、最成功的住房储蓄专业银行。该银行运营原理是：先存后贷，利率固定，专款专用，封闭运作，其最低贷款利率可以达到3.3%。中德住房储蓄银行初期在天津开展业务，2011年在重庆开了第一家分行。

9. 信用合作社

信用合作社是指由某些具有共同利益的人们自愿组织起来的，具有互助性质的会员组织，是一种由会员集资联合组成的合作金融组织。城市信用合作社是由城市手工业者、小工商业者为主的居民组合而成。农村信用合作社是由经营农业、渔业和林业的农民组合而成。我国信用社定位模糊，相当多的信用合作社改建成了城市商业银行和农村商业银行。

（三）非存款类金融机构

1. 证券类金融机构

证券类金融机构包括证券公司、基金管理公司、证券交易所、期货公司、期货交易所等机构。

在我国，没有直接以投资银行命名的投资银行，金融中介机构中的投资银行角色由证券公司扮演。证券公司又称券商，是由证券主管机关批准设立的以经营证券业务为主的非银行金融机构。早期，我国商业银行、信托公司、信用合作社等机构都设过证券部，随着分业经营原则的确立，证券部纷纷被剥离，形成独立的证券公司。

目前我国证券公司有上百家，包括中信证券、国泰君安、国信证券、广发证券、招商证券等；基金管理公司上百家，包括华夏基金、天弘基金、易方达基金、南方基金等；期货公司上百家，包括永安期货、中信期货、海通期货、中粮期货等。我国证券交易所有三家：上海证券交易所、深圳证券交易所和北京证券交易所；期货交易所有六家：郑州商品交易所、上海期货交易所、大连商品交易所、中国金融期货交易所、广州期货交易所和能源期货交易所。

2. 保险类金融机构

保险类金融机构包括人寿保险公司、财产保险公司、出口信用保险公司和保险集团等从事保险相关业务的机构。目前，我国有中国人寿、平安人寿、新华人寿等多家人寿保险公司；有人保财险、平安财险、太平洋财险等多家财产保险公司；中国出口信用保险公司；中国人民保险集团、中国人寿保险集团等保险集团。

3. 其他类金融机构

除了以上金融机构之外，我国还有资产管理公司、信托公司、财务公司、租赁公司、汽车金融公司、货币经纪公司、消费金融公司和小额贷款公司等众多类型的金融机构。

我国金融资产管理公司有华融资产管理公司、长城资产管理公司、东方资产管理公司和信达资产管理公司四家，成立于1999年，由国家出资组建。它们分别收购了中、农、工、建四大行剥离出来的不良资产，继续对这些不良资产进行催收与处置。2007年，四大金融资产管理公司开始商业化运作。

【课后习题】

一、名词解释

1. 金融机构　　2. 金融机构体系　　3. 金融监管机构
4. 专业银行　　5. 政策性银行　　6. 投资银行
7. 基金公司　　8. 期货公司

二、问答题

1. 试阐述金融机构与一般企业的不同。
2. 试阐述金融机构的作用。
3. 试阐述金融机构的分类。
4. 试阐述商业银行与专业银行的不同。
5. 试阐述金融机构体系模式有哪些。
6. 试阐述我国的金融机构体系。
7. 试阐述政策性银行与商业银行的不同。

第十章　中央银行

【学习目标】

1. 理解并掌握中央银行的职能。
2. 了解中央银行产生的客观经济基础及其发展。
3. 掌握中央银行的类型。
4. 理解中央银行的独立性问题。

【思政目标】

使用辩证思维看待问题，是一种全面、深入且动态的思考方式，它强调从多个角度、多个层面去分析、理解和解决问题。

最后贷款人制度和道德风险

首先，辩证思维首先要求我们认识到任何事物都具有两面性或多面性。在分析问题时，不仅要看到其积极的一面，也要看到其消极的一面；不仅要看到现状，还要看到其发展趋势和潜在变化。其次，辩证思维要求我们认识到事物内部以及事物之间的矛盾和对立是普遍存在的，而这些矛盾和对立又在一定条件下相互转化、统一。通过分析矛盾双方的关系，可以揭示事物的本质和发展规律。再次，辩证思维强调事物是不断发展变化的，没有绝对静止的事物。在看待问题时，要用发展的眼光去看待，关注事物的历史背景、现状以及未来趋势，避免用静止的观点去评判。同时，事物之间是相互联系、相互影响的。在分析问题时，要注重把握事物之间的内在联系和相互影响，避免片面、孤立地看待问题。同时，要关注问题的整体性，从全局出发去思考和解决问题。

中央银行的最后贷款人制度在维护金融稳定、防止系统性风险等方面具有显著的好处，但同时也存在道德风险、逆向选择问题、救助成本高昂以及政策效果不确定性等不足。

第一节　中央银行概述

中央银行是一国金融体系中居于中心地位的金融机构或组织，是统领一国金融机构体系、控制全国货币供应、实施国家货币政策的最高金融机构。

一、中央银行的职能

（一）中央银行是发行的银行

中央银行是发行的银行，指的是中央银行垄断了货币的发行权，是全国唯一的货币发行机构。

早在金本位时期，各个国家各家商业银行就自己发行银行券，如果银行倒闭了，这家银行所发行的银行券就成了废纸，无法兑换成黄金。银行都是私人开的，都有倒闭的风险，秩序也比较混乱。因此各国逐渐由中央银行统一发行货币，以国家信用作担保，这种中央银行发行的银行券得到广泛流通、普遍认可。

目前，世界上几乎所有国家的纸币都是由中央银行发行的，只有少数像中国香港这样没有中央银行的地区是由特定的商业银行来发行纸币。

中央银行集中与垄断货币发行权是其自身之所以成为中央银行最基本、最重要的标志，也是中央银行发挥其全部职能的基础。中央银行垄断货币发行权是统一货币发行与流通和稳定货币币值的基本保证。中央银行可以按照经济发展的客观需要和货币流通及其管理的要求发行货币，还可以利用这种垄断地位采取各种手段调节货币供应量，使得货币供给与货币需求大致相当，保持金融的稳定，保持物价的稳定。因此，具有"发行的银行"这一基本职能是中央银行实施金融宏观调控的充分与必要条件。

（二）中央银行是银行的银行

商业银行是给居民及企业办理存贷款与转账结算等业务的机构，而中央银行是给商业银行办理存贷款与转账结算等业务的机构，所以把中央银行叫作银行的银行。需要注意的是中央银行对且仅对商业银行提供银行业务。

1. 存款业务

各国中央银行都会强行要求商业银行在中央银行办理存款业务。由于商业银行随时都面临着居民与企业提现的要求，所以中央银行要求商业银行必须留一部分资金以应付这种流动性需求，为防止商业银行将资金全部贷款出去，或过多地贷款出去，中央银行要求商业银行将留存的这笔钱存在中央银行，这笔资金就叫作存款准备金。这既保障了商业银行的清偿力，维持商业银行安全顺利的运行，同时也保障了居民与企业的资金安全。所以，这笔存款的数量由中央银行根据商业银行的存款数量规定。

2. 贷款业务

中央银行承担着商业银行的最后贷款人的角色，当商业银行通过其他途径都无法获得资金时，可以向中央银行借款，中央银行通过再贷款与再贴现两项业务向商业银行提供贷款。可以说，中央银行的出现，极大地减少了商业银行的倒闭现象，稳定了金融市场。

3. 结算业务

商业银行可以通过中央银行进行转账结算。当两家银行进行资金清算时，中央银行会把一家商业银行的资金从它的存款准备金账户上转到另一家银行的存款准备金账户上。

（三）中央银行是政府的银行

中央银行是政府的银行，指中央银行代表政府行使某些权力。中央银行是政府的理财机构，与金融有关的业务与职能，政府都是通过中央银行来操作与实现。首先，中央银行为政府提供金融服务，包括代理国库的收支、代理政府融资事宜（如发行政府债券及其还本付息事宜）、为政府提供财政金融咨询等；其次，代政府管理整个金融体系，包括对商业银行及其他金融机构的监管，对货币市场、证券市场等金融市场的监管，对外汇市场的监管等；最后，中央银行制定和执行货币政策，以实现政府的宏观经济目标。

二、中央银行产生的客观经济基础

18 世纪后半叶到 19 世纪中叶，随着资本主义生产力水平的提高、商品流通规模和范围的扩大以及与此相互促进的货币信用业务的扩展、股份制银行的增多，原有的自由银行制度越来越不适应，由此滋生的许多问题阻碍了经济的进一步发展，客观上呼唤建立中央银行制度。

(一)银行券发行问题

银行业竞争的激烈和跨地区商品交易的发展要求改变银行券分散发行的制度，由一家实力雄厚、信誉卓著的大银行集中发行能在全国范围流通的银行券。

(二)票据交换问题

银行业务和银行数量的增加，导致银行之间债权债务关系日益复杂，结算效率降低，信用纠纷增多，要求建立一个统一的银行间票据交换和资金清算中心。

(三)最后贷款人问题

由于银行竞争的激烈和债权债务关系的复杂，银行的头寸管理越来越困难、流动性风险日益增加，任由银行倒闭会给社会与经济带来严重混乱和创伤，客观上要求有人为发生支付困难的银行提供资金支持。

(四)金融管理问题

银行业市场规模的扩大和市场关系的复杂，日益需要政府制定统一、公平的“游戏规则”，并由专门的机构监督执行，以维护市场秩序和金融效率。

三、中央银行制度的建立与发展

(一)中央银行制度的建立

从 1656 年瑞典银行设立到 1913 年美国联邦储备体系建立，中央银行制度的基本建立大约经历了 260 年的时间。这一时期，全世界经自然演变而形成或者专门设立的中央银行约有 29 家。其中，瑞典银行、英格兰银行、法兰西银行、德国国家银行、日本银行和美国联邦储备体系是主要代表。

早期的中央银行大多数是由普通商业银行经过长期演变而成的。这些商业银行与政府关系密切，为政府提供资金支持，也受到政府的扶持，逐渐演变成“政府的银行”。

第一家中央银行的诞生

(二)中央银行制度的推广

第一次世界大战期间，各国政府为了保障战时的财政需要，大量向中央银行借款，并且纷纷强迫中央银行停止或限制银行券兑现，导致战后经济金融混乱、通货膨胀严重。

为医治战争创伤，1920 年布鲁塞尔国际货币金融会议作出了关于各国应平衡财政收支、割断政府对发行银行之控制，以稳定货币的重要决议；1922 年日内瓦会议除了重申这些主张外，进一步建议未设立中央银行的国家应尽快设立。

从 1921 年到 1942 年，世界各国改组或者新设立的中央银行有 43 家。其中，德国国家银行、奥地利国家银行、匈牙利国家银行、苏联国家银行、智利中央银行、厄瓜多尔中央银行是典型代表。

(三)中央银行制度的强化

20世纪30年代的经济大危机使得金本位制崩溃，信用货币制度建立，管理货币供应、控制货币数量自然成为各国中央银行的重要职责。第二次世界大战结束后，各国为了恢复经济，稳定金融，也都加强了对中央银行的控制。许多国家开始了中央银行国有化进程，中央银行成为国家机器的重要组成部分，制定和实施货币政策成为中央银行的主要职责。从1945年到1971年，改组、重建和新设的中央银行共有50多家。其中，法兰西银行、英格兰银行、德意志联邦银行和美国联邦储备体系是几个重要代表。

四、中央银行的类型

不同国家的金融制度不同，它的中央银行的特征也不尽相同。

(一)按中央银行的机构设置划分

按中央银行的机构设置划分，也就是按中央银行的组织结构来分，可以把中央银行分为四类：单一型、复合型、跨国型和准中央银行型。

1. 单一型中央银行制度

单一型中央银行制度指一个国家的政府单独、专门设立中央银行机构，由这个机构全面行使中央银行职能并对金融业进行管理和监督的制度。这种单一型的中央银行又有两种形式。

(1)一元式中央银行。

一元式中央银行指一国只设立一家统一的中央银行行使中央银行的权力和履行中央银行的全部职责，中央银行机构自身上下是统一的，机构设置一般采取总分行制，逐级垂直隶属。这种组织形式下的中央银行是完整标准意义上的中央银行，这种制度的特点是权力集中统一、职能完善、有较多的分支机构。

目前世界上绝大多数国家的中央银行都实行这种体制，如英国、日本、中国等。

中央银行的总行或总部通常设在首都，根据客观经济需要和本国有关规定在全国范围内设立若干分支机构。英国的中央银行英格兰银行总行设在伦敦，在伯明翰、利物浦等8个城市设有分行；日本的中央银行日本银行总行设在东京，在全国设有33家分行和13个办事处，还在纽约、伦敦、巴黎、法兰克福、香港等设有代表处。也有少数国家的中央银行总行不设在首都，而是设在该国的经济金融中心城市，如印度的中央银行印度储备银行总行设在孟买。

我国的中央银行中国人民银行也采用一元式组织形式。总行在北京，设有相应的许多职能部门，如货币政策司、统计司、国库司、金融稳定局、反洗钱局等。1998年中国人民银行根据地域关联性、经济金融总量等方面的需求，在全国设立了九个跨省分行，作为中国人民银行的派出机构，分别是天津、沈阳、上海、南京、济南、武汉、广州、成都、西安。除了这9家分行外，还有303个中心支行，1 809个县(市)支行。中国人民银行的分支机构是总行的派出机构，其主要职责是按照总行的授权，负责本辖区的金融监管。

(2)二元式中央银行。

二元式中央银行指中央银行体系由中央和地方两级相对独立的中央银行机构共同组成。中央级中央银行和地方级中央银行在货币政策方面是统一的，中央级中央银行是最高金融决策机构，地方级中央银行要接受中央级中央银行的监督和指导。但在货币政策的具体实施、金融监管和中央银行有关业务的具体操作方面，地方级中央银行在其辖区内有一定的独立性，与中央级中央银行也不是总分行的关系，而是按法律规定分别行使其职能。这种制度一般与联邦制的国家体制相适应，如目前的美国、德国实行此种中央银行制度。

美国的中央银行称为联邦储备体系。在中央一级设立联邦储备委员会，并有专门为其服务的若干职能部门；在地方一级设立联邦储备银行。美国联邦储备委员会设在华盛顿，负责管理联邦储备体系和全国的金融决策，对外代表美国中央银行。美国联邦储备体系将50个州和哥伦比亚特区划分为12个联邦储备区，每一个区设立一家联邦储备银行。联邦储备银行在各自的辖区内履行中央银行职责。

2. 复合型中央银行制度

一个国家没有专门的中央银行，而是由一家大银行既执行中央银行的职能，又执行商业银行的经营职能，这种银行体制就是复合型中央银行制度。我们国家在1983年以前实行的是这种中央银行制度，中国人民银行既行使中央银行职能，也行使商业银行职能，是复合型中央银行。

3. 跨国型中央银行制度

跨国中央银行制是由参加某一货币联盟的所有成员国联合设立一个专门的机构，在成员国内部统一行使中央银行职能的中央银行制度。现有西非货币联盟的中央银行、中非货币联盟的中非国家银行、东加勒比海货币管理局等等。

最典型的跨国型中央银行是欧盟的中央银行。欧盟是以德国、法国为首的欧洲国家组建的一个欧洲货币联盟，以统一的货币——欧元取代了包括德国马克、法国法郎等国际强势货币在内的各成员国本国货币。欧盟的中央银行就是欧洲中央银行，是欧洲货币联盟的执行和管理机构，接管各国的货币管理权，并负责制定和实施统一的货币政策。欧洲中央银行在制定政策时，依据是欧元区的整体经济利益，而不是某一个国家的个别利益。

4. 准中央银行制度

准中央银行制度是指某些国家或地区不设置中央银行机构，而是由政府设置类似中央银行的机构或授权某商业银行行使部分中央银行职能的体制。

采取这种中央银行组织形式的国家有新加坡、马尔代夫、斐济、沙特阿拉伯、阿拉伯联合酋长国、塞舌尔等。还有我国香港、澳门地区实行的也是准中央银行制度。这类准中央银行制度通常与国家或地区较小而同时又有一家或几家银行在本国(地区)一直处于垄断地位相关。

以新加坡为例，新加坡设立金融管理局，隶属财政部，该金融管理局不负责发行货币，货币发行权授予大商业银行，并由国家货币委员会负责管理。但除此之外，金融管理局全面行使中央银行的其他各项职能，包括制定和实施货币政策、监督管理金融业、为金融机构和政府提供各项金融服务等。

(二)按照中央银行的所有制划分

按照中央银行的所有制来看，中央银行可以分为五类。

1. 国家所有的中央银行

目前大多数国家中央银行的资本金是国家所有的。这有两种情况：一是国家通过购买中央银行资本中原来属于私人的股份而对中央银行拥有了全部股权；二是中央银行成立时，国家就拨付了全部资本金。一般说来，历史比较久远的中央银行大多为私营银行或股份银行演变而来，最初的资本金大多为私人投资或股份合作。随着中央银行地位的上升和作用的增强，为了更好地行使中央银行职能，许多国家认为排除私人股本更为适宜，所以国家通过购买私人股份的办法逐渐实行了中央银行的国有化。

中央银行的国有化已成为一种发展趋势。中国人民银行的资本组成也属于国家所有的类型，《中国人民银行法》第八条规定："中国人民银行的全部资本由国家出资，属于国家所有。"

2. 半国家性质的中央银行

这种类型的中央银行是由国家与私人共同投资建立的。虽然这种中央银行有私人投资在里面，但是私人股东不拥有中央银行，没有经营权，也不能干预中央银行行使它的职能，私人股东唯一的权利就是可以获得中央银行在经营中所得的部分盈利，股权转让也必须经中央银行同意后方可进行等。如日本、比利时、墨西哥等国的中央银行就是这种类型的中央银行。

日本的中央银行——日本银行，55%的股份由政府认购，45%的股份由民间私人认购，私人股东唯一的权利就是按规定每年可以领取最高为5%的股息。

3. 私人股份的中央银行

这类中央银行，国家不持有股份，全部资本由其他股东投入，由法律规定执行中央银行职能，主要有美国、意大利和瑞士等少数国家。

美国联邦储备银行的股本全部由参加联邦储备体系的会员银行所拥有，会员银行按自己实收资本和公积金的6%认购所参加的联邦储备银行的股份，先缴付所认购股份的一半，另一半待通知随时缴付。会员银行按实缴股本享受年息6%的股息。

4. 无资本金的中央银行

这类中央银行在建立之初没有资本金，由国家授权行使中央银行职能。需要注意的是，这种中央银行指设立时没有资本金(无创设资本)，而不是说其资产负债表中没有所有者权益。唯一代表是韩国的中央银行韩国银行。韩国银行成立时原定资本金为15亿韩元，由政府出资，但是后来成立时成了无资本的特殊法人。如有亏损，由政府划拨财政资金。

5. 多国共有的中央银行

这种类型的中央银行是指资本不为某一国家所独有，而是由主权独立的两个及以上国家所共有。典型代表是欧洲中央银行。欧洲中央银行的资本为50亿欧元，各成员国中央银行是唯一的认购和持有者。资本认购的数量依据各成员国的GDP和人口分别占欧盟的比例为基础来确定。

不管是由哪种所有制形式建立起来的中央银行，它都是政府的银行，代表着政府，执行国家的金融政策，不属于某一集团或个人。资本所有权的归属不会对中央银行的性质、职能、地位、作用等发生实质性影响。中央银行在经营中所获得的利润，一部分按规定分配给私股持有者，其余的上缴财政国库。

第二节　中央银行的独立性

一、中央银行独立性的界定

中央银行独立性问题是个比较有争议性的问题。中央银行的独立性，指的是中央银行在法律授权的范围内制定和执行货币政策的自主程度。它反映了中央银行与政府的关系，是受政府领导，还是保持相对独立性，对政府的某些经济政策起到制约的作用。

(一)中央银行独立性的模式

由于各国的特殊性，中央银行的独立性程度不尽相同。主要有以下三种关系。

1. 独立性较大的模式

在这种模式中，中央银行直接对国会负责，直接向国会报告工作，获得国会立法授权后可以独立地制定货币政策及采取相应的措施，政府不得直接对它发布命令，不得干预货币政策。如果中央银行与政府发生矛盾，通过协商解决。美国和德国都属于这一模式。

2. 独立性稍次的模式

在这种模式中，中央银行名义上隶属于政府，但实际上保持着一定的独立性。虽然按照国家法律规定政府可以对中央银行发布指令，但一般政府并不使用这项权力，不过问中央银行货币政策的制定。英国、日本都是这种模式。

3. 独立性较小的模式

在这种模式中，中央银行接受政府的指令，货币政策的制定及采取的措施要经政府批准，政府有权停止、推迟中央银行决议的执行。典型的代表国家是意大利。

（二）中央银行独立性的衡量标准

如何衡量中央银行的独立性，存在不同的方法。总体看来，衡量中央银行独立性的标准有以下几个方面。

1. 组织和人事独立性标准

主要看中央银行是否隶属于政府，政府对中央银行领导人、高级决策人员和管理人员的任免程序的控制能力。如美联储的最高决策单位理事会的 7 名成员由总统任命，参议院核准，任期 14 年，期满后不再连任，因此理事不必为争取连任而迎合总统的意见。此外，理事的任命为轮流制，总统一次只能任命部分比例的理事，理事任期相互错开，正常情况下每两年才有 1 人届满，即总统在任期内只能提名 2 名理事，总统想控制整个理事会是不大可能的。通过以上安排，美联储保持了其独立性。而在比利时、意大利等国的央行决策机构中，财政部代表占支配性地位，因此其独立性也小一些。

2. 职能独立性标准

主要看中央银行是否能独立制定和执行货币政策，如何解决货币政策与财政政策之间的冲突，是否有为政府赤字融资的强制性义务，能否抵制财政透支及其他不合理的融资要求。

关于如何解决货币政策与财政政策之间的冲突，有些国家如美国、德国、瑞士的中央银行可以独立制定货币政策，不受政府干涉，如果与政府发生矛盾，只能通过协商解决。而英国、日本等国中央银行虽然受政府干涉，但仍然可以独立制定、执行货币政策。在某些国家，如意大利、法国及一些发展中国家，中央银行采取的货币政策必须经过政府的批准，独立性较弱。这些中央银行处于政策参谋咨询地位，帮助政府制定货币政策，提供情报与建议，参与讨论并予以贯彻执行，在政府与中央银行意见不一致时，政府对中央银行有权干预，中央银行需要重新进行讨论，另行提出意见。

关于是否有为政府赤字融资的强制性义务，为防止中央银行成为弥补财政赤字的工具，很多国家严格限制中央银行直接向政府提供长期贷款。政府需要融资只能通过公开市场进行，也就是用发行公债的办法。意大利银行可以向财政部提供短期贷款，但贷款金额不得超过年度预算支出的 14%。法兰西银行可以向政府提供无息透支，但有上限而且实际透支很少。中央银行与财政的资金往来关系，是衡量中央银行相对独立性大小的一个重要尺度。

3. 经济独立性标准

主要看中央银行是否有可独立支配的财源，是否依赖于财政拨款。中央银行不是企业，但它有盈利，不但能够维持自己的营业支出和股票分红，还有一部分剩余上缴财政。中央银行不需要财政拨款，可以减少政府的制约，这是中央银行不同于其他政府部门的地方。但是中央银行不以营利为目标，它的收入扣除

美国联邦储备委员会

必要分配外，全部要上交。这又是它作为政府部门性质的体现。各国中央银行盈利上交的比例都是相当高的，如美国高达80%左右，日本也超过了80%。

二、中央银行独立性的讨论

关于中央银行的独立性问题，一直都存在争论，从20世纪20年代开始争论直到现在。

（一）争论一：中央银行与政府的职能差异

中央银行和政府在职能方面存在差异。中央银行的职能是为经济发展创造货币和信用条件，为经济稳定运行提供保证。而政府的职能要广得多，不仅要承担经济和社会的责任，还要承担政治、外交和国防的责任。政府的目标也不仅是经济目标，还有社会目标。这种差异导致了货币政策是否有特殊性的争论。

支持中央银行独立性的人认为货币政策非常重要，其作用是长期过程，不能将其交由缺乏专业知识和喜欢短期行为的政治家决定，尤其政治家们的短视行为非常容易导致经济政策倾向于通货膨胀。

反对者认为政府对本国经济福利负责，却无法控制决定经济运行的最重要因素——货币政策是不合理的。将货币政策交给中央银行去独立制定和执行是不民主和不公平的。如果依此推理，那外交政策与国防政策是否也要独立呢？

（二）争论二：中央银行与政府的利益驱动和制约机制的差异

政府中的政治家们受选民们选票的制约，往往以赢得下一次竞选胜利为最高目标，在该目标驱使下制定经济政策目标，因此不太关注需要通过长期调整和努力才能实现的经济目标，而更关注容易实现的短期经济目标。

支持者认为保持中央银行独立性有利于实现长期经济目标，避免为了实现短期经济目标而损害长期经济目标。

反对者认为财政政策与货币政策应该互换配合，保持中央银行的独立性会导致财政政策与货币政策的冲突，影响政策效果。而且失去政府监督压力的中央银行如何保证能有效地发挥作用呢？

（三）中央银行独立性的发展现状

各国中央银行由于设立的时间不同、背景各异，因此与政府之间的关系也不尽相同。在某些国家（主要是一些发达国家），中央银行的独立性比较大，能够与政府保持一定的距离；而在另一些国家（主要是一些发展中国家），中央银行的独立性就相对小些。即使在发达国家，中央银行的独立性大小也因其历史、文化、政治体制以及中央银行的资本结构、隶属关系、行长任免程序的不同而存在显著差异。但是，无论是从学术研究，还是从各国实践来看，加强中央银行的独立性已成为一种共识和历史发展的共同趋势。

首先，从学术界最新研究成果来看，外国学者在对发达国家战后长期高通货膨胀现象进行计量分析之后发现，中央银行的独立性指数与通货膨胀率之间存在着负相关关系，中央银行独立性指数与实际经济增长率之间则不存在相关关系。因此，为了实现物价和宏观经济的稳定，中央银行的独立性至关重要，这对于发展中国家来说尤显突出。在1990年的时候，哈佛大学的阿伯特、亚历西拉选取了1951年到1988年一共38年的17个国家的数据资料，研究各国中央银行的独立性程度跟该国的通货膨胀率、经济增长率之间的关系，得出以下结论：①中央银行的独立性与价格之间具有极强的关系，货币政策受政治的影响越小，物价越稳定。②中央银行的独立性与该国经济增长率、失业率之间不存在明显的相关性。

其次，从各国实践来看，就连一些过去中央银行独立性较差的发达国家和最为保守的东亚国家，如英国、日本和韩国等，在经历了大的金融事件或金融危机以后，也都纷纷加快推进金融监管体制改革，并且将加强中央银行的独立性放在了首位。

1997 年，英国政府赋予英国的中央银行——英格兰银行在利率货币政策方面的独立决定权。以此为先导，英国开展了一场名为“金融大爆炸”的金融管理体制改革。如果没有 1995 年著名的巴林银行倒闭事件等一系列金融丑闻，“金融大爆炸”的推行在政治上是难以想象的。

日本的中央银行独立性过去一直相对较小，实际上是在当时大藏省的严格控制之下。但由于 20 世纪 80 年代末“泡沫经济”的惨痛教训以及受大量银行呆坏账的困扰，日本政府不得不推行大规模的金融改革及行政体制改革。而改革伊始，率先推出并取得进展的重大举措便是加强中央银行（日本银行）的独立性。1998 年，修改后的新《日本银行法》明确规定：日本银行在货币政策及金融调节方面的自主性必须得到尊重。伴随着新《日本银行法》的实施，日本大藏省对日本银行官员的罢免权等已不复存在，日本银行与大藏省的关系发生了本质性的变化。以此为契机，日本开始推行 50 年以来首次中央银行改革，并强调“要确保日本银行的独立性不亚于国际水平”。

韩国的中央银行（韩国银行）过去也是在财政部的严格控制之下。1997 年，刚刚加入经济合作与发展组织不久的韩国便爆发了金融危机。在克服金融危机的过程中，韩国政府也是将加强中央银行独立性摆在了首要位置，改变了中央银行行长的任免程序，取消了财政部对中央银行的控制。

【课后习题】

一、名词解释

1. 中央银行　　2. 一元式中央银行　　3. 二元式中央银行
4. 复合型中央银行　　5. 跨国型中央银行　　6. 准中央银行

二、问答题

1. 试阐述中央银行的职能。
2. 试阐述中央银行产生的客观经济基础。
3. 试阐述中央银行的类型。
4. 试阐述中央银行的独立性问题。

第十一章　商业银行

【学习目标】

1. 掌握商业银行的概念、职能和类型，了解商业银行的起源与发展。
2. 掌握商业银行的负债业务、资产业务与表外业务类型。
3. 理解商业银行各项业务的作用。
4. 掌握商业银行的经营原则与管理理论。

【思政目标】

2016 年 7 月 1 日，习近平总书记在庆祝中国共产党成立 95 周年大会上明确提出：中国共产党人“坚持不忘初心、继续前进”，就要坚持“四个自信”即“中国特色社会主义道路自信、理论自信、制度自信、文化自信”。坚信中国特色社会主义道路是实现社会主义现代化的必由之路，是创造人民美好生活的必由之路；坚信中国特色社会主义理论体系是指导党和人民沿着中国特色社会主义道路实现中华民族伟大复兴的正确理论，是立于时代前沿、与时俱进的科学理论；坚信中国特色社会主义制度是当代中国发展进步的根本制度保障，是具有鲜明中国特色、明显制度优势、强大自我完善能力的先进制度。

从“背水一战”到高质量发展

我国金融领域的改革，尤其是国有大型商业银行的改革，从所谓的“技术性破产”到利润规模冠绝全球，从“背水一战”到高质量发展，摸索出了一条市场化改革独一无二的中国道路。

第一节　商业银行概述

商业银行是一个国家金融体系中最重要的金融机构，其交易规模在金融体系中的占比相当大。商业银行沟通了投融资双方，沟通货币市场与资本市场，是中央银行货币政策传导机制中的重要一环。不管是对金融市场，还是对实体经济，不管是宏观经济体，还是微观经济体，商业银行都能对其产生重要的影响。

一、商业银行的界定

商业银行是以追求最大利润为目标，以多种金融负债筹集资金，以多种金融资产为其经营对象，能利用负债进行信用创造，并向客户提供多功能、综合性服务的金融企业。

（一）商业银行是企业

商业银行都是依照公司法设立的企业法人，独立核算、自负盈亏，与所有企业一样，以利润最大化为目标。因此，获得最大利润既是商业银行产生和经营的基本前提，也是商业银行发展的内在动力。

（二）商业银行是金融企业

商业银行不是一般的企业，是金融企业。其经营货币资金，提供金融服务，而非一般的产品。无论是产品的生产还是销售，或者产品的流通规律，货币资金都不同于一般产品。因此，商业银行的经营规律也有别于一般企业。

（三）商业银行是特殊的金融企业

商业银行不同于其他金融机构。它既能吸收存款，也能发放贷款。通过这两项信用业务的运行，商业银行可以对中央银行创造的基础货币进行信用创造，继而影响货币供给。因此，现代商业银行是货币供给机制的核心，也是中央银行的重要调控对象。

二、商业银行的起源与发展

从商业银行的产生和成长的时间来看，在所有金融机构中，商业银行是历史最悠久的。

（一）银行的萌芽——货币经营业

萌芽的银行业，其业务与货币相关，与信用活动无关，并不具备现代银行业最显著的特征。

目前对银行的起源主要有两种学说：一种是货币兑换业起源说，其认为银行起源于古代的货币兑换业；另一种金匠业起源说，其认为银行是从金匠业的货币保管业中演化而来的。

1. 货币兑换业起源说

货币兑换业起源说主要是依据意大利的银行产生历史而提出的。中世纪，各国的商人均云集于意大利的威尼斯进行商品交易。由于各国货币的成色有较大的差别，客观上需要有一种专门的从事各国货币间兑换的机构来经营这项业务，意大利的货币兑换也就应运而生了。这一期间成立的银行中最有代表性的银行是威尼斯银行，它是全球较早出现的比较具有近代意义的银行，于1587年在意大利建立。事实上银行一词源于意大利语banca，其原意是长凳、椅子，是最早的货币兑换商使用的营业用品。在英语中banca转化为bank，即银行。

2. 金匠业起源说

金匠业起源说主要是根据英国金匠业的演变史而提出的。中世纪的时候，世界上只有两种人有钱，一种是贵族，另一种是主教。所以，银行是不必要的，因为根本没有商业活动。到了17世纪，一些平民通过经商致富，成了有钱的商人。他们为了财富的安全，都把钱存放在国王的铸币厂里。这里要注意，那个时候还没有纸币，所谓存钱就是指存放黄金。因为当时实行自由铸币制度，任何人都可以把金块拿到铸币厂铸造成金币，所以铸币厂允许顾客存放黄金。但是很不幸，这些商人没意识到，铸币厂是属于国王的，如果国王想动用铸币厂里的黄金，铸币厂根本无法阻止。1638年，英国的国王查理一世同苏格兰贵族爆发了战争，为了筹措军费，他征用了商人们存放在铸币厂里的黄金，美其名曰贷款给国王。1649年，他被克伦威尔砍了头，这就是著名的英国资产阶级革命。虽然被征用的黄金最终都还给了原来的主人，但是商人们感到把黄金放在铸币厂并不安全。于是,他们把钱存到了金匠那里。金匠为存钱的人开立凭证,以后只要拿着这张凭证就可以取出黄金。这时,金匠经营的就是货币保管业务。

(二)早期银行业的产生

在货币兑换业起源说中,随着商品经济的发展,贸易和货币流通不断扩大,货币兑换商手中逐渐积累起大量的货币,他们为了获得更多的收益,开始利用积累起来的暂时闲置货币,从事一些可以获得利息收入的借贷活动,此时,信用业务的出现标志着早期银行业的产生。

在金匠业起源说中,随着金匠货币保管业务的开展,商人们发现,把黄金存到金匠处,在需要用钱的时候,根本不需要取出黄金,只要把黄金凭证交给对方就可以了。再后来,金匠发现原来自己开立的凭证,居然具有货币的效力。他们抵抗不了诱惑,就开始开立"假凭证"。但是神奇的是,只要所有客户不是同一天来取黄金,"假凭证"就等同于"真凭证"。这就是现代银行中"准备金制度"的起源,也是货币创造机制的起源。因此,银行体系可以将信用货币的数量放大,实物货币就做不到这一点。此时是 17 世纪 60 年代末,现代银行就是此时诞生的。这里要注意,金匠属于个体户,是民间人士,同政府没有关系。所以,世界上最早的银行都是私人银行,最早的银行券都是私人发行的。由于英国的金匠业在本国拥有较高的信用度,因此它所发行的信用票据得到了人们的广泛接受,从而具有了流通价值。这时金匠业就已经转变为银行业。

不管人们认为银行起源于哪个行业,早期的银行业都具备了银行的本质特征,即开始从事信用行为,但信用业务并不发达,受到生产力与货币制度的限制,具有明显的非生产性与高利贷性质,主要行使社会支付结算功能。

我国早期银行业出现得比较晚,一般认为最早产生于 18 世纪二三十年代,即当时的账局。账局即京债局,是从商人经营对候选、赴任官员高利放债的所谓京债业务中发展起来的,随着清代城市高利贷资本中资本性放贷的增加,账局在放京债的同时,也开始对城市铺户及各地贩运商放款。至于出现较晚的票号,虽然以经营汇兑为主,但在产生不久,即经常性地经营存、放款业务,而其放款则多是与其本业——汇兑相结合的。从其与古代工商业尤其是城市商业的关系来看,把账局、票号称作中国的早期银行业是无可置疑的。

(三)现代商业银行的产生

现代商业银行是随着资本主义生产关系的产生而产生的。17 世纪产业革命在英国和法国的成功,使资本主义制度得到了基本确立,1653 年,英国建立了资本主义制度,其工业和商业都有了较快的发展,使适应资本主义经济发展的现代商业银行的产生有了客观基础。1694 年,在资本主义发展较早的英国,由政府支持私人创办的股份形式的英格兰银行成立,标志着适应于资本主义生产方式要求的新的信用制度的确立和现代商业银行的产生。

现代商业银行与早期的银行业相比,业务与职能有了很多的不同。例如,以发放低利率贷款取代了高利贷,当时成立的英格兰银行,明确规定贷款利率不得高于 6%;银行的所有权结构也发生了变化,开始向股份制商业银行转变。

我国第一家现代意义上的商业银行是盛宣怀在 1897 年创办的中国通商银行。

(四)现代商业银行的发展

随着资本主义经济的进一步发展和高度繁荣,社会生产力得到了巨大的发展。社会的发展不仅需要政府拨款和实业家的支持,更需要的是金融机构融资的帮助。同时,商品经济高度发达也促进了货币和信用关系的进一步发展。因此,现代商业银行在商品经济不断发展的促进下出现了新的特征。主要有以下几个新的特征。

1. 业务越来越多

现代商业银行不仅继承了传统的货币信用业务，而且深化了传统的货币信用业务，如改良了货币支付和清算系统，实现了货币支付、结算的电子化与货币电子化；打破了存贷业务的时空界线，实现了存贷业务的证券化；突破了信用业务以存贷业务为主的单一局面，实现了信用经营的多样化；突破了表内信用业务的经营限制，实现了信用经营的表外化等。

2. 组织形式更优化

现代商业银行普遍采用更优化的组织形式，即从最开始的私人银行逐渐转变成股份制银行，使商业银行突破了资金、市场和人脉的限制，更容易占领市场，更容易获得行业垄断地位，可以赚取大量的利润。

3. 规模越来越大

由于商业银行普遍采取公司制的组织形式，因而迅速地实现了资本集中和垄断，银行的规模越来越大。

4. 管理方法越来越复杂

商业银行的业务越来越多，规模越来越大，面临的竞争越来越激烈，可以使用的金融工具越来越复杂，面临的市场环境也越来越复杂，导致商业银行的经营风险越来越高，管理越来越难，管理理论与方法也与时俱进地不断发展，越来越先进，越来越复杂。

三、商业银行的职能

（一）信用中介

信用中介是指银行通过负债这种信用业务，把社会上的各种闲散货币资金集中到银行，再通过资产这种信用业务，把它投入需要资金的部门，充当资金闲置者与资金短缺者之间的中介人，实现资金的融通。

信用中介是商业银行最基本，也是最能反映它的经营活动特征的职能。商业银行在信用行为中通过扮演中介角色，变小额资本为大额资本，变短期资金为长期资本，充分地发挥了资金蓄水池的作用。它既提供了中介服务，解决了信用活动中的时间与需求不一致的问题，又提供了信用服务，为社会发展起到了非常重要的作用。

（二）支付中介

支付中介是指商业银行以存款账户为基础，为客户办理货币结算、存款转移、货币兑换、收付货币的行为。

支付中介是商业银行的传统功能，它的出现要早于信用中介。通过这项职能，银行为客户提供转账结算等服务，大大节约了现钞的使用，降低了流通成本，加快了结算的过程，使商业银行成为社会经济活动的出纳中心与支付中心。但是，随着现代商业银行的发展，支付中介的发挥依赖于信用中介；当然，银行提供的支付中介服务好，也能反过来给银行带来资金，促进银行信用业务的发展。

（三）信用创造

信用创造是指商业银行所具有的创造派生存款和信用流通工具，并据以扩大放款和投资的能力。

商业银行的信用创造职能是建立在商业银行的信用中介职能与支付中介职能基础上的。它产生的前提条件是商业银行有存、贷款的信用业务，提供非现金结算服务，中央银行实行部分存款准备金制度。当商业银行获得一笔初始存款，缴纳了存款准备金后会贷放给企业，企业又会将该款项重新存回商业银行，如此循环，由于非现金结算会使整个银行体系的存款（或贷款）增加，这就是信用创造。

商业银行信用创造的职能非常重要。由于它会使得社会上的货币供应量增加，因而商业银行一直是中央银行的重点监管对象，一方面可以减少银行风险、金融风险，另一方面可以控制信用创造，控制货币供应量，保证货币政策的效果。

（四）金融服务

商业银行作为一个中介机构，本身掌握着大量的客户信息，拥有先进的计算机网络设备，拥有大量专业的金融人才，拥有大量广泛的营业网点。在竞争压力越来越大的情况下，商业银行开始利用自己的这些优势扩大自己的服务范围，抢占更多的市场，提高自己的收益。从最开始的代发工资、代理支付费用（如水电费、电话费等）到现在的各种信托服务、贵重物品保管服务、理财服务、为企业提供经营决策咨询服务等。目前，各银行还在不断开拓新的领域，不断获得新的利润增长点。金融服务做得好，同样可以为商业银行带来众多的客户，促进银行信用业务的发展。

四、商业银行的类型

（一）按商业银行的组织制度分类

商业银行的组织制度因国而异，大部分国家实行的是分支行制，但是美国实行的是单元制。美国的商业银行为了规避单元制的劣势，创新了银行组织制度，创造出控股公司制这种新型的银行组织结构。

1. 分支行制

分支行制指该国法律上允许商业银行在总行以外，在本地或外地设立若干分支机构的银行制度。这种银行制度起源于英国，目前是世界上大多数国家商业银行所采取的一种组织制度。在这种制度下，银行可以在大城市设立总行，然后在国内外设立分支机构，组成银行体系，总行统管下面的众多分行。分支行制按照总行职能的不同，还可以划分为总行制与总管理处制。总行制下，总行本身也对外营业；总管理处制下，总行只承担管理职能，控制各分支行，不对外营业。

我国商业银行实行的是分支行制。各大股份制商业银行，除了总行外，在各大省市均设有分行与支行，总行也下设营业部对外营业。但是，我国出于风险控制等因素的考虑，对城市商业银行跨省设立分支机构有限制，监管部门对城市商业银行的定位为区域银行，鼓励省内发展。我国城市商业银行跨区经营起步于 2006 年 4 月上海银行宁波分行挂牌。随后，各地城市商业银行开始效仿，2010 年达到巅峰，2011 年进入冰封状态。

2. 单元制

单元制也称单一银行制或独家银行制，指银行业务完全由各自独立的商业银行经营，不设立分支机构。这种银行制度是银行业最古老的一种组织结构，在美国比较普遍。

在 1837 年至 1994 年的 150 多年间，美国一直实行单元制，联邦和州分享发放银行执照的权利，不允许银行跨州设立分行。主要原因是，历史上美国经济发展东西部不均衡，为了适应经济均衡发展的需要，特别是适应中小企业发展的需要，各州都立法禁止或限制银行开设分支机构，特别是跨州设立分支机构。

但是，在 1994 年《瑞克莱一尼尔跨州银行业务及设置分行效率法》和 1999 年《金融服务现代化法案》颁布后，美国商业银行已经被允许设立分支机构，包括跨州设立分支机构。不过仍然有很多美国商业银行选择单元制这种组织结构。到2009年底，美国仍有约5 200家全国性商业银行采用单元制，只有约1 600家银行选择分支行制。主要原因在于美国新开业银行的数量在快速增长，这些银行由于资金、管理人员及雇员数量等有限，从而选择单元制。

单元制与分支行制两种制度的优劣不能简单评判。

赞同分支行制的人认为：分支行制有利于吸收更多的资金，形成规模效益，同时资金调度比较方便；支行分布广，还有利于减小贷款风险，少受地区经济影响。而单元制人为地限制了资金的流动，限制了商业银行的业务发展和金融创新，不利于银行的发展，使得银行抵御风险的能力较弱，会削弱银行的竞争力。

赞同单元制的人认为，分支行制容易形成垄断，在决定业务方针等重大问题时需要向总行请示，不够灵活及时；同时由于管理级度加大，增加了银行内部的控制难度。而单元制不易产生垄断，从而可以提高银行的服务质量；银行可以更好地为当地经济服务，促进当地经济的发展，有利于协调地方政府、工商企业与银行的关系；银行具有更高的独立性和自主性，业务经营的灵活性较大；银行管理层次少，便于管理目标的实现。

3. 银行组织制度的创新——控股公司制

从实际发展趋势来看，大部分银行还是希望能够实行分支行制。因此，在美国严格禁止设立分支机构的年代，美国的银行业创造了控股公司制。

控股公司制是先由某一集团成立一家持股公司，然后由这家公司去收购一家或几家银行，作为对美国法律禁止银行设立分支机构的一种规避策略。

这种制度下的银行优越性很明显，扩大了银行的经营范围，实现了地区分散化、业务多样化，银行更容易利用资本市场筹资，更好运用债务杠杆，更好地进行风险和收益的管理。因此，这种模式在美国的发展非常迅速，截至2010年底，在美国营业的将近5 500家银行控股公司控制着美国银行业资产总额的99%以上。

（二）按照商业银行的经营制度分类

商业银行的经营制度主要有职能分工模式和全能型模式两种。职能分工模式即分业经营，指法律限定金融机构必须分门别类，各自经营自己的业务。这种模式的代表国家有英国、美国、日本，也称为英国型。全能型模式下银行可以经营一切银行业务，即混业经营，代表国家是德国，也称为德国型。两种模式中，一种安全性更高，一种盈利性更高。

金融业在其历史发展过程中，本身并无分业与混业的说法。在20世纪20年代末的大危机之前，各国的金融业基本上都是混业经营的。然而大危机的发生，导致许多银行倒闭，使混业经营受到广泛的指责，这在美国最为典型。于是，1933年，美国国会通过了著名的《格拉斯—斯蒂格尔法案》，确定了银行与证券分业经营的法律框架，其他一些国家也同样确立了相似的分业经营的金融运行架构。

但是，随着经济的发展，各个实行分业经营的国家都开始出现法律上的松动，开始混业经营。如1986年，英国进行了“大爆炸”式的金融改革，废除了各种禁止混业经营的条令，使混业经营获得快速发展；1997年5月，日本金融管理当局进行了全面的金融改革，彻底打破了分业经营的界限，金融机构的业务经营迈向混业经营；1974年，美国国会规定，银行持股公司可以直接或间接从事一些非银行的金融业务，其中包括信托、咨询、租赁、保险代理、投资或金融顾问、房地产买卖等，使商业银行明显成了一种“金融百货公司”；1999年11月，美国正式颁布《金融服务现代化法案》，允许各金融机构业务交叉，正式废除了1933年通过的分业法案，即《格拉斯—斯蒂格尔法案》，标志着世界金融业处于一个大变革时代，同时也是其对金融经济发展客观趋势的承认。

20 世纪 90 年代以前，我国由于没有金融立法，因而对各金融机构来说，不存在规定上的分业经营还是混业经营；但从事实上看，各金融机构实行的都是所谓的混业经营。80 年代初，银行开始试办信托业务；1987 年，银行可以经办企业债券转让业务，代理企业发行债券；80 年代末期，一些银行设立了证券部；90 年代初，又出现大量信贷资金进入房地产、证券市场，导致当时的房地产市场与证券市场都出现了泡沫经济。因此，1993 年 12 月 25 日，国务院颁布了《关于金融体制改革的决定》，明确规定分业经营的体制。1995 年以后，我国陆续颁布了几部金融法规（如《商业银行法》《证券法》等），进一步明确规定金融业采取分业经营的原则。

但是，随着接下来几年我国经济的进一步发展，我国这方面的相关法律也开始松动。1999 年 8 月 19 日，中国人民银行制定并颁布实施《证券公司进入银行间同业市场管理规定》和《基金管理公司进入银行间同业市场管理规定》；1999 年 10 月 27 日，中国证监会和中国保监会一致同意保险基金进入股票市场；2000 年 2 月 23 日，中国人民银行和证监会联合发布了《证券公司股票质押贷款管理办法》。这十分重要的“三着棋”使得货币市场与资本市场长期分隔的局面终于被打破了，也意味着我国的金融业分业经营的局面会发生根本性的变化。目前，我国正在进行金融业综合经营试点。

我国的银行业也利用控股公司制进行混业经营的尝试。比如，中国光大集团旗下已经拥有光大银行、光大证券、光大永明人寿保险有限公司、光大金控资产管理有限公司、光大兴陇信托有限责任公司等机构。事实上，它组建的就是一个金融控股公司，旗下的商业银行、保险公司、证券公司和投资公司等金融机构分业经营、分业管理，同时又实现了在同一利益主体下互相协作的混业经营的局面。它为中国金融业未来的混业经营踩出了一条路子。

（三）按照商业银行所有权制度分类

1. 独资银行

独资银行指商业银行的资本金来源于唯一主体。一般有以下两种情况。

（1）私人银行。私人银行大多是由西欧大陆十六七世纪家族银行特别是德国家族银行演变而来，银行业主承担无限责任。虽然从 1976 年起，德国当局不允许成立独资银行，新设的私人银行以及部分老的私人银行已成为合伙企业，但股权不能自由转让或公开上市。

（2）国有商业银行。国有商业银行一般是由国家出资组建的，银行的规模较大。例如，我国过去的中国工商银行、中国银行、中国建设银行、中国农业银行，其规模大，影响大。目前，这四家商业银行已经全部上市，是股份制商业银行。

中国首家外商独资银行

2. 股份制商业银行

股份制商业银行是指以股份公司形式组建的商业银行，它是现代商业银行的主要形式。其特点主要有以下两个。

（1）股份制银行的资本来自不同的股东，股东是银行所有者，股东根据所持股票的数量来拥有相应的投票权。

（2）股份制银行的内部组织机构一般由决策机构、执行机构和监督机构组成。决策机构包括股东大会、董事会及董事会下设的各个委员会，执行机构包括总经理或行长及总经理领导下的各种业务部门和职能部门，监督机构包括监事会及各种检查委员会。

（四）按照商业银行服务方式不同分类

按照商业银行服务方式不同，可以将商业银行分为传统银行与网络银行。传统银行是“有形”的银行，强调物理性，如银行的地理位置和银行大厅的布置等；网络银行是“无形”的银行，强调虚拟性。

网络银行是指设在 Internet 上的金融站点，其没有银行大厅，没有营业网点，只需通过与 Internet 连接的计算机进入站点就能够在任何地方 24 小时进行银行各项业务的一种金融机构，又被称作“虚拟银行”（Virtual Bank）。一般意义上的网络银行包括三个要素：一是需要具备 Internet 或其他电子通信网络，二是基于电子通信的金融服务提供者，三是基于电子通信的金融消费者。

网络银行的诞生

这种全新的为客户服务的方式，可以使客户不受地理、时空的限制，只要能上网，就能够在家里、办公室或旅途中方便快捷地管理自己的资产，了解各种信息及享受到银行的各种服务，也被称为“3A”银行（Anytime、Anywhere、Anyhow）。

网络银行优势明显，一是能极大地降低经营服务成本，创造巨大的利润空间；二是业务开展不受时间地域限制，可最大限度地扩大业务规模；三是业务运作只需上网“点击”，节省银行和客户的人力资源；四是使资金流随物流的速度加快，减少在途资金损失。但是网络银行的劣势目前也很明显，最突出的问题就是网络安全问题。

网商银行

第二节　商业银行的负债业务

一、商业银行负债业务的概念

商业银行负债业务是指商业银行在业务经营管理过程中形成的，应该偿还而尚未偿还的经济义务，是商业银行组织资金来源的业务。商业银行负债有广义与狭义之分。广义的商业银行负债是指除银行自有资本以外的一切资金来源，包括长期负债资本等附属资本的内容；狭义的商业银行负债是指银行存款、借款等一切非资本性的债务。本书以狭义的商业银行负债为研究对象。

二、商业银行负债业务的作用

负债业务是商业银行最主要的资金来源，是商业银行开展业务活动的基础，对商业银行的经营具有重要意义，主要体现在以下几个方面。

（一）第一性作用

商业银行的负债业务构成商业银行的资金来源，它是商业银行开展其他所有业务的前提条件，这就是第一性作用，没有负债业务，商业银行就没有办法开展资产业务；没有负债业务为商业银行带来良好的客户渠道，商业银行也难以开展表外业务。

（二）基础性作用

负债业务使商业银行与社会各界建立广泛联系的渠道。它不仅为商业银行的资产业务提供资金支持，起着第一性作用，还为商业银行开展其他业务提供了良好的渠道，是商业银行开展支付中介业务与信用中介业务的基础。

（三）决定性作用

商业银行的负债业务除了是开展其他业务的前提条件与基础之外，它还对其他业务起着决定性作用。商业银行负债规模的大小制约着其资产规模的大小；商业银行负债的结构，包括期限结构、利率结构、币种结构等,决定着其资产的运用方向和结构特征。

基于商业银行负债业务的这些作用,是否能够以尽可能低的成本获得资金和是否有足够的资金为银行想要发放的贷款融资,成为衡量商业银行管理效率的重要指标。负债业务也成为各家商业银行竞争的焦点,是商业银行实力的体现。

三、商业银行被动负债业务

被动负债是指商业银行以相对较为被动的方式接受的负债,通常是指存款业务。存款业务是指银行接受客户存入的货币款项,存款者可随时或按约定时间支取款项的一种信用业务。存款历来是商业银行最主要的资金来源。在我国,商业银行的存款额可达到它的资产总额的70%以上,即我国商业银行在经营的过程中对存款的依赖程度非常高。

(一)传统存款业务

商业银行的传统存款业务包括活期存款、定期存款与储蓄存款。

1. 活期存款

活期存款是指无确切期限,无须事先通知,可随时存取和转让的存款,存款者可用各种方式取款。活期存款的取款方式很多,不过最传统的方式是使用支票,因此也称为支票存款。由于这种存款主要用于交易和支付用途,因而也称为交易类存款。20 世纪 50 年代,活期存款在商业银行的负债总额中占绝大部分。50 年代以后,由于利率管制、资金机会成本的增加、其他金融机构的竞争及金融创新等原因,活期存款的比重大幅度下降。

对于活期存款银行提供服务的成本高,一般是不支付利息的。美国法律明确规定活期存款不允许支付利息。我国是少数对活期存款支付利息的国家之一。尽管活期存款的经营成本比较高,但是它可以为银行带来短期资金,形成比较稳定的存款余额,还可以密切银行与顾客之间的关系,所以各大银行都提供这项业务,也关注这项业务。

2. 定期存款

定期存款是具有确定的到期期限,到期凭银行签发的定期存单才能支取的存款。定期存款不能签发支票,是非交易存款。在美国,定期存款期限最短为 7 天,最长可达 5 年或 10 年。

由于定期存款的期限确定,因而定期存款是商业银行较为稳定的资金来源,对商业银行长期放款与投资具有非常重要的意义。由于定期存款的存款准备金率也比活期存款低,因而商业银行非常重视定期存款这一业务,银行也会为定期存款支付较高的利息,以补偿储户的流动性损失。如果储户未到期支取这笔定期存款,银行有权罚息或取消利息。在美国,7 至 31 天的定期存款提前取款时,罚金超过提前所取金额应得利息的大部分;32 天至 1 年的定期存款提前取款时,罚金至少相当于 1 个月的利息。定期存单不能像支票一样流通转让,但是可以质押。对于到期未提取的存单,按惯例不对过期的这段存款支付利息。

3. 储蓄存款

在美国,储蓄存款是指存款者不必按照存款契约的要求,而是按照存款机构所要求的任何时间,在实际提取日前 7 天以上的时间提出书面申请提款的一种存款业务。储蓄存款大部分都是由个人和非营利组织所持有,但是政府与企业也可以合法持有,企业的储蓄存款不得超过 15 万美元。这种存款是为了吸引那些希望预留资金以应付未来支出或资金困难的客户而设计的,与交易类存款相比,其利率通常要高出许多,但是不能签发支票。

(二)存款创新

在美国,为了能够更好地吸引资金增加存款规模,为了能够规避法律不利于存款规模扩大的一些限制，出现了许多新的存款业务。

1. 大额可转让定期存单账户

大额可转让定期存单是指银行发行的有固定面额、可转让流通的存款凭证。1961 年，美国花旗银行在美国实施 Q 条例，对银行存款利率规定上限的情况下，为了争取到更多的存款，推出可转让大额定期存单。它的利率高于定期存款，并且在存单未到期前不能提前支取，只能在二级市场上转让。它的期限一般为 14 天到 1 年，金额较大，在美国一般为 10 万美元起。其市场主要参与者是货币市场基金、商业银行、政府和其他非金融机构投资者。这种存单提高了投资者的收益，因此大受欢迎，使银行的资金来源结构有了显著变化，使商业银行的定期存款在全部存款中的比重明显上升，为商业银行开拓资产业务提供了有利的条件。

2. 可转让支付命令账户

可转让支付命令账户是指一种可使用类似于支票的支付命令进行支付和提现的储蓄存款账户。可转让支付命令账户是马萨诸塞州的储贷协会于 1970 年在 Q 条例导致存款大幅下降的背景下创造的存款种类。马萨诸塞州的互助储蓄银行于 1972 年 5 月获准发行支付利息的可转让支付命令账户；1980 年，美国法律允许全美各地的商业银行开办可转让支付命令账户。

个人、非营利机构可以开立可转让支付命令账户。它以支付命令书取代支票，可以直接提现，也可以直接向第三者支付，其实质就是一种不使用支票的支票账户。商业银行对其存款余额也支付利息，如 1984 年规定，对不满 2 500 美元的可转让支付命令账户，可以支付的最高利率限额为 5.5%。这种可转让支付命令账户集中了支票账户和储蓄存款的优点。

3. 超级可转让支付命令账户

超级可转让支付命令账户是 1985 年推出的创新存款种类，是可转让支付命令账户的创新发展。其比可转让支付命令账户更吸引客户之处是利率更高，而且不受利率上限的管制，但相应的开设条件较为苛刻，即存款者必须使其存款最低余额保持在 2 500 美元以上，而且按月支付服务费；如果存款者的存款余额低于最低限额，银行只能按可转让支付命令账户的利率来支付利息。

4. 货币市场存款账户

货币市场存款账户是美国商业银行为应对来自货币市场基金的竞争而开发出的存款品种。1982 年 10 月，美国国会通过了《存款机构法》，授权商业银行可提供货币市场存款账户。货币市场存款账户的特点如下。

(1)利率较高，并以市场公布的每日利率为基础随时计算，没有利率上限。

(2)存款者 10 万美元的存款可得到像商业银行吸收存款一样的存款保险公司的存款保险。

(3)存款者向第三者进行支付时，可采取开出支票或电话通知转账，但不论哪种形式，每月不能超过 6 次。

(4)账户要求存款者账户中保留 2 500 美元的最低存款余额，如不足，将不予利率上的优惠，银行就只按可转让命令账户的利率来支付利息(目前已经没有法定最低存款平均余额限制)。

(5)存款者提款时必须至少提前 7 天通知银行。

(6)存款者会定期收到一份关于办理提现及转账支付的次数和数额、现有存款余额、所得利息额的结算清单。

5. 自动转账服务账户

自动转账服务账户是美国商业银行于 1987 年推出的创新存款种类，是一种存款可以在储蓄存款账户和支票存款账户之间按照约定自动转换的存款账户。存款者需要同时在银行开立两个账户，即有息的储蓄账户和无息的活期支票存款账户。活期支票存款账户的余额要始终保持1美元。银行收到存户所开出的支票需要付款时，可随时将支付款项从储蓄账户上转到活期存款账户上，以即时支付支票上的款项。开立自动转账服务账户时，存款者要支付一定的服务费。这种存款业务是在电话转账服务账户的基础上发展起来的，与电话转账服务账户的不同之处在于存款在账户间的转换无须存款者电话通知而由银行按约定自动办理。

6. 协定账户

协定账户是自动转账账户的创新发展，是指款项可以在活期存款账户、可转让支付命令账户、货币市场存款账户之间自动转账的存款种类。银行与存款者达成一种协议，即存款者授权银行可将款项存在活期存款账户、可转让支付命令账户或货币市场存款账户中的任何一个账户上。协定账户对活期存款账户、可转让支付命令账户都有最低余额要求，其超过最低余额的款项可由银行自动转入同一存款者的货币市场存款账户上，以便取得较高的利息；如果其余额低于最低余额要求，可由银行将同一存款者的货币市场存款账户上的一部分款项转入活期存款账户或可转让支付命令账户，以补足最低余额。

7. 零续定期存款账户

零续定期存款账户是一种可以多次续存，期限在半年以上5年以内的储蓄存款账户。这种存款账户每次存入的款项的数额可多可少，日期没有限制；存款按定期利率计算；期满前3个月为搁置期，既不能存也不能取。这种存款账户对收入不固定的自由职业者有吸引力。

8. 与物价指数挂钩的指数存款证

与物价指数挂钩的指数存款证是在通货膨胀下为保证客户的储蓄定期存款不贬值而推出的存款账户。这种存款的存款利率与物价上涨指数挂钩，确保名义利率随物价指数的升降而进行调整，从而避免实际利率受通货膨胀的影响。

9. 个人退休金账户

个人退休金账户是美国商业银行在1974年创设的储蓄存款账户，所有有工资收入的个人均可开立此账户。这种账户的诱人之处是利率高且其利息所得可以免税。但也有条件限制：一是每年要保证存入2 000美元；二是存款者要在60岁以后才能动用该账户的款项，否则要根据规定支付罚金。个人退休金账户是商业银行吸收稳定资金来源的重要手段。

我国商业银行存款业务类型

四、商业银行主动负债业务

主动负债是指商业银行在金融市场上主动举借债务。由于商业银行的存款毕竟是被动负债，不能完全由商业银行控制，因而商业银行有必要开展存款以外的其他负债业务，主动到金融市场上通过借入资金来保证自己资金的流动性。

（一）商业银行主动负债的主要渠道

1. 短期借款

短期借款是指商业银行主动通过金融市场或向中央银行借入的期限在1年以内的非存款负债。短期借款主要包括同业借款、向中央银行借款、回购协议等形式。

（1）同业拆借。

同业拆借是指具有法人资格的金融机构及经法人授权的非法人金融机构分支机构之间进

行短期资金融通的行为。其目的在于调剂头寸和临时性资金余缺。金融机构在日常经营中，由于存、放款的变化，汇兑的收支增减等原因，会在一个营业日终了时，出现资金收支不平衡的情况，一些金融机构收大于支，另一些金融机构支大于收，资金不足者要向资金多余者融入资金以平衡收支。于是，产生了金融机构之间进行短期资金相互拆借的需要。资金不足者向资金多余者借入款项，称为资金拆入；资金多余者向资金不足者借出资金，称为资金拆出。资金拆入大于资金拆出称之为净拆入；反之，称为净拆出。这种金融机构之间进行资金拆借活动的市场被称为同业拆借市场，简称拆借市场。

银行同业拆借是银行之间的融资，主要通过买卖它们在中央银行的超额存款准备金来达到短期融资的目的。它的重要作用在于，使商业银行在不用保持大量超额准备金的前提下就能满足存款支付的需要。在现代银行制度中，商业银行经营的目标是利润最大而风险最小。商业银行追求高利润、高收益，必须通过扩大高收益的资产规模，但同时可能使流动性不足，准备金下降，影响其正常经营甚至难以保证存款的支付；相反，保持过多的准备金，高收益的资产就相对减少，利润就降低。因此，商业银行需要在不影响支付能力的前提下，尽可能地降低准备金水平，以扩大高收益的资产比重，使利润最大化。同业拆借市场可以使准备金盈余的金融机构及时地贷出资金，获得较高收益；准备金不足的金融机构及时地借入资金保证支付，有利于其实现经营目标。

我国同业拆借市场发展历程

（2）回购协议。

回购协议是指买卖双方的一方以协议价格在双方约定的日期向另一方卖出一种金融工具，同时约定在未来的某一天按约定的价格从后者手中再买回这些工具的协议。回购协议本质上就是一笔有质押的短期借款。我国回购协议市场上回购协议的标的物是经中国人民银行批准的，可用于在回购协议市场进行交易的政府债券、中央银行债券及金融债券。

回购协议市场特点有以下几点。一是流动性强，协议多以短期为主。二是安全性高，交易场所为规范性的场内交易，交易双方的权利、责任和义务都有法律保护，且有安全性较高的质押品。三是融入资金免交存款准备金，因而回购协议是商业银行扩大筹资规模的重要方式。四是回购协议虽然是一种高质量的质押贷款，但仍有一定的信用风险。当所质押的证券价格下跌时，卖方可能到期不购回证券；当所质押证券价格上涨时，买方可能不愿意将证券回售给卖方。因此，协议双方一般通过以下三种方式降低风险。方式一：要求质押的证券市值大于借款额，质押证券市值与借款额之间的差额称为保证金，保证金通常为1%～3%；方式二：当质押证券市值上涨或下跌一定百分比时，相应调整回购协议，要求资金需求者调整质押金或者要求资金供应者调整回购协议本金；方式三：资金供应者把质押证券转到资金需求者的清算银行中由资金供应者监管的账户上，这实质上把证券从质押变成了抵押，从而有效降低了信用风险，美国普遍采用此法。

我国回购协议市场发展历程

（3）再贷款、再贴现。

商业银行在资金短缺时还可以向中央银行借款。但是商业银行一般只把向中央银行借款作为融资的最后手段，只有在通过其他方式难以借到足够的资金时才会求助于中央银行；中央银行也会慎重考虑对商业银行的资金支持，因为这都会形成基础货币，进而影响货币供应量。商业银行向中央银行借款有再贷款与再贴现两种途径。再贷款是中央银行向商业银行发放的信用贷款，再贴现是指经营票据贴现业务的商业银行将其持有的未到期的票据向中央银行再次申请贴现。

（4）国际金融市场融资。

商业银行资金短缺时，除了可以在国内金融市场上主动借入资金，还可以在国际金融市场上主动融资，最典型的是在欧洲货币市场上融资。欧洲货币市场不受任何国家的管制与纳税限制，贷款条件灵活且不限用途，利差较小，贷款利率也相对较低，手续简便，尤其是短期贷款主要凭信用，一般不签协议，无须担保，通过电话和电传就可以完成，对商业银行非常有吸引力。由于我国的资本和金融账户尚未实现人民币完全自由兑换，因而国内的商业银行在欧洲货币市场融资受到管制。

2. 长期借款

商业银行长期借款一般采用发行金融债券的形式。金融债券是金融机构发行的债券，期限一般在1年以上。商业银行发行债券融资，可以在国内发行，也可以在国际金融市场上发行。在国际金融市场上发行债券融资主要有外国债券与欧洲债券两种。商业银行作为债务人向社会发行金融债券，意味着商业银行的负债方式向多元化方向发展。

我国金融债券发展历程

五、商业银行被动负债与主动负债的比较

商业银行被动负债与主动负债主要存在以下几个方面的不同。

（一）筹资的目的不同

吸收存款是全面扩大银行资金来源的总量，短期负债是为了补充流动性调剂头寸，而发行金融债券则着眼于增加长期资金来源和满足特定用途的资金需要，很多时候是银行用来弥补自己的资本金。

（二）筹资的机制不同

存款的吸收是经常性的、无限额的，短期负债是经常性的、有限额的，而金融债券的发行则是集中性的、有限额的；吸收存款主要取决于客户的意愿，而主动负债的主动权则掌握在银行。

（三）资金的流动性不同

活期存款由于没有约定的期限，变化非常频繁，定期存款虽然存入时有期限限制，但也有提前支取的可能，且银行一般也不予拒绝，所以商业银行很难准确预测在某一时点上存款对流动性的金额需求。而主动负债的偿还期限有明确的约定，商业银行既可以事先准确掌握主动负债的流动性需要，又可以有计划地加以控制，方便了商业银行进行负债管理。

（四）资金的利率风险不同

一般情况下，同期限的主动负债利率风险要大于同期限的存款。西方商业银行的活期存款是不支付利息的。我国商业银行虽然向活期存款提供利息，但是固定利率。由于主动负债的利率与金融市场的资金供求密切相关，非常易于变化，因而在市场利率提高时主动负债的成本会增加。

（五）资金的成本率不同

一般情况下，主动负债的利率高于同期限的存款利率，所以主动负债的成本率高于被动负债的成本率。

（六）筹资的效率不同

主动负债的利率一般高于同期限的存款利率，对客户的吸引力强，因而筹资的效率要高于存款这种被动负债。

第三节 商业银行的资产业务

商业银行的资产业务是指商业银行运用资金的业务，是商业银行将其吸收的资金贷放或投资出去赚取收益的活动。商业银行的盈利状况如何、经营是否成功，很大程度上取决于资金运用的结果。商业银行的资产业务一般包括贷款（含贴现）、现金与证券投资业务。

一、商业银行贷款业务

银行贷款指的是商业银行作为贷款人按照一定的贷款原则和政策，以还本付息为条件，将一定数量的货币资金提供给借款人使用的一种借贷行为。贷款业务是商业银行最基础的资产业务，商业银行的贷款额占到资产总额的一半以上。商业银行通过向客户发放贷款，还可以与客户建立长期的合作关系，便于商业银行其他业务的开展。

银行贷款由对象、条件、用途、期限、利率和方式等各种因素构成，这些因素的不同组合就形成了不同的贷款种类。

（一）公司贷款与个人贷款

按照银行贷款对象的不同，可以将商业银行贷款分为公司贷款与个人贷款。公司贷款是指银行向企业发放的，用于补充企业流动性资金周转等合法指定用途的贷款。个人贷款是指银行对消费者个人发放的、用于购买耐用消费品或支付其他费用的贷款，也称为零售贷款。在西方该类贷款的发展十分迅速，美国消费信贷的比重达到了整个社会贷款额的40%。我国个人贷款业务的发展也很迅速，以中国工商银行为例，2016年其个人贷款业务占总贷款比重达到32.1%。

（二）短期贷款和中长期贷款

按照贷款的期限来划分，贷款可分为短期贷款和中长期贷款。这是很常见的一种划分贷款的方法。短期贷款是指贷款期限在1年（含1年）以内的贷款，中长期贷款是指贷款期限在1年以上的贷款。我国商业银行的贷款以中长期类贷款为主。

（三）抵押贷款与信用贷款

按贷款有无担保，可以将商业银行贷款分为抵押贷款和信用贷款。信用贷款是指银行完全凭客户的信誉而无需提供抵押物或第三人保证而发放的贷款。担保贷款是指有一定的财产或信用作还款保证的贷款。《中华人民共和国民法典》中规定的担保方式主要有保证、质押和抵押，相应地，我国目前的担保贷款也包括保证贷款、质押贷款和抵押贷款。

保证贷款是担保人以其自有的资金和合法资产保证借款人按期归还贷款本息的一种贷款形式。担保人与银行约定，当债务人不履行债务时，保证人按照约定履行或承担责任的行为。质押贷款是指贷款人按《民法典》规定的质押方式以借款人或第三人的动产或权利为质押物发放的贷款。抵押贷款指借款者以一定的抵押品作为物品保证向银行取得的贷款。

质押与抵押比较类似，主要是押的物品不同。质押押的是动产与权利。动产是指黄金、白银等贵金属，或者企业生产的半成品或存货等。权利包括各种票据、股票、依法可以转让的商标专用权、专利权、著作权中的财产权，依法可以质押的其他权利（收费权）。抵押主要接受的财产有：抵押人所有的房屋和其他地上定着物；抵押人所有的机器、交通运输工具和其他财产；抵押人依法有权处分的国有土地使用权、房屋和其他地上定着物；抵押人依法有权处分的国有机器、交通运输工具和其他财产；抵押人依法承包并经发包方同意抵押的荒山、荒沟、荒丘、荒滩等荒地的土地使用权;依法可以抵押的其他财产。

质押与抵押还有一个不同点在于:在办理质押贷款时,借款人应将质押财产做法定的移交,但可以不做实际的实物交付,只交付储放货物的仓库钥匙或货物的可转让储单即可;而抵押是不用转移抵押财产的。

信用贷款风险要比抵押贷款大得多,所以信用贷款的利率明显要比抵押贷款高。我国发放的贷款基本上都是信用贷款,所以银行的呆账比例比较高。这几年抵押贷款才逐渐多起来。票据贴现类似于质押贷款,一般银行也确实将贴现业务归到贷款类下。

(四)正常贷款、关注贷款、次级贷款、可疑贷款和损失贷款

以贷款的风险程度为标准,以借款人的还款能力为依据,可以将商业银行贷款分为正常贷款、关注贷款、次级贷款、可疑贷款、损失贷款,后三类合称为不良贷款。

正常贷款是指借款人能够严格履行合同,有充分把握按时足额偿还本息的贷款。关注贷款是指贷款的本息偿还仍然正常,但是发生了一些可能会影响贷款偿还的不利因素的贷款。商业银行需要对此类贷款加以关注或者进行监控。次级贷款是指借款人依靠其正常的经营收入已经无法偿还贷款的本息,不得不通过重新融资或拆东墙补西墙的办法来归还贷款,即借款人的还款能力出现了明显的问题的贷款。这类贷款使银行遭受损失的可能性为20%。可疑贷款是指借款人无法足额偿还贷款本息,即使对贷款执行抵押或担保,也肯定要给商业银行造成一部分损失的贷款。这类贷款使银行遭受损失的可能性为50%。损失贷款是指商业银行在采取了所有可能的措施和一切必要的法律程序后,贷款的本息仍然无法收回,或只能收回极少部分的贷款。

这种贷款分类方法是1998年从美国引进的,根据中国人民银行发布的《贷款风险分类指导原则》规定,我国银行从2002年1月1日起实行这种贷款五级分类方法,即从贷款偿还的可能性出发,将贷款分为五个档次,并且以此来评估贷款的质量,揭示贷款的真实价值。这种分类方法以风险管理为基础对贷款进行质量评估,有利于银行加强贷款的风险管理,提高贷款质量,有利于银行发现信贷管理中存在的问题,有利于银行的稳健运行。

(五)一次性偿还贷款与分期偿还贷款

按照贷款的偿还方式,可以将商业银行贷款分为一次性偿还贷款和分期偿还贷款。一次性偿还贷款是指借款人在贷款到期日一次性还清贷款本金的贷款。一次性偿还不是指本息一次性偿还,仅仅指本金一次性偿还,不包括利息。利息可以分期支付,也可以在归还本金时一次性付清。分期偿还贷款是指借款人按照规定的期限分次偿还本金和支付利息的贷款,中长期贷款一般都采用这种方式。

这种贷款划分方法有利于银行监测贷款到期和贷款收回的情况,准确地测算银行头寸的变动趋势,方便银行的资金管理。

(六)自营贷款与委托贷款

按照发放贷款时是否承担本息收回的责任及责任大小,可以将商业银行贷款分为自营贷款和委托贷款。

自营贷款是指银行以合法的方式筹集的资金自主发放的贷款,其风险由银行承担,并由银行收回贷款本金和利息。自营贷款是我国银行发放数量最多、比重最大的贷款。自营贷款所发放贷款的资金是以合法方式自筹的,有自有资本金、吸收的存款、借入的资金等。贷款由银行自主发放、风险自担。当然贷款收益也归银行。

委托贷款是指政府部门、企事业单位及个人等委托人提供资金,由银行(受托人)根据委托人确定的贷款对象、用途、金额、期限、利率等代为发放、监督使用并协助收回的贷款。对于委

托贷款,银行不承担贷款风险,只收手续费。根据中国人民银行的规定,只有信托投资公司具有受托人资格,可以接受委托发放委托贷款。委托贷款中受托人按照委托人的意志,以自己的名义为委托人发放和管理贷款。委托贷款的收益全部归属于委托人。委托贷款关系因委托贷款的收回或委托人取消委托而结束。

二、商业银行现金业务

商业银行的现金业务虽然是个不盈利的业务,但它是银行资产流动性的重要保证,它的存在保证银行能够随时满足客户提款的需要,能够直接清偿银行的负债,避免银行出现挤兑现象,所以也被称为银行的一线准备。

(一)现金资产的构成

现金资产是银行持有的库存现金以及与现金等同的可随时用于支付的银行资产。它主要包括库存现金、准备金、同业存款。

1. 库存现金

库存现金是商业银行放在金库中的通货,包括硬币和现钞。银行保持一定数量的库存现金是出于应付客户提现与日常业务零星收付的需要。任何一家营业性的银行网点,为了保证对客户的支付,必须保存一定数量的现金资产。但是,库存现金是一种非盈利性资产,且银行还要支付大量的保管费用等,因此,库存现金不宜保存太多。过去在我国,受支付习惯和制度影响,银行的现金结算业务占了比较大的比重;近些年受支付宝等移动支付方式的影响,我国银行的现金结算业务占比在下降。

2. 准备金

准备金是商业银行在中央银行的存款,包括法定存款准备金与超额存款准备金。法定存款准备金是商业银行按照法定存款准备金率向中央银行缴存的存款准备金,它带有强制性。这项规定的最初目的是为了保证商业银行有足够的流动资金,以应付存款人的取现,避免银行出现流动性危机。目前,这个政策已经演变成中央银行调节信用规模与货币供给的一种手段。超额存款准备金是指在存款准备金账户中超过了法定存款准备金的那部分存款。它是商业银行的可用资金,它的多少直接影响着商业银行的信用扩张能力。

3. 同业存款

同业存款是指商业银行在其他银行的存款。商业银行在其他银行保持存款的目的是便于银行结算同业之间的代理业务。同业存款都是活期存款,可以随时使用,不支付利息,可以看作现金资产。

(二)现金资产的作用

现金业务的作用主要包括保持清偿力、保持流动性、满足法定存款准备金的要求、满足同业清算及同业支付的要求等。出于这些目的,即使现金资产无法给商业银行带来资产收益,商业银行仍然必须持有现金资产。以下主要介绍保持清偿力、保持流动性的作用。

1. 保持清偿力

在商业银行的经营过程中,由于其资金大部分来源于负债,导致它随时面临着客户的取款要求。一旦商业银行无法满足客户取款的要求,就会迅速影响银行的信誉,引发挤兑风潮,导致商业银行陷入清偿力危机而遭受破产命运。因此,商业银行必须保持一定数量的可直接用于应付提现和清偿债务的现金资产,以避免陷入清偿力危机。

2. 保持流动性

商业银行的负债大部分是流动性较强的金融产品，而商业银行的资产大部分是流动性较差的金融产品，为了保证商业银行的流动性，银行有必要持有一部分虽然收益差，但流动性强的现金资产，以避免出现流动性危机。

三、商业银行证券投资业务

除了传统的贷款与现金业务，商业银行在第一次世界大战中由于持有政府债券而导致其拥有了第三种业务，即证券投资业务。证券投资业务是指商业银行以有价证券的形式购入资产的一种行为，属于资产业务，是商业银行运用资金的业务，其可以为商业银行带来收益。目前，这种业务在商业银行的资产业务中的比重正在逐渐上升，越来越重要。各国商业银行资产业务证券化的趋势非常明显，银行的贷款业务比重有所下降，证券投资业务比重有所增加。

(一)证券投资业务的作用

1. 获取收益

通过证券投资获取收益是商业银行证券投资业务的首要目标。商业银行通过负债业务吸收进来的资金，只有提高资产的运用率，取得较高收益，才能补偿资金成本并赚取利润。在贷款需求旺盛、贷款收益较高、风险较低时，商业银行的资金应主要用于贷款；而在贷款需求减弱、贷款收益较低、风险较高时，则应将一些资金，甚至相当大一部分资金转移到证券投资上。20 世纪 30 年代，美国银行证券投资业务曾一度占到银行资产的 70%，就是这种策略的体现。商业银行并不是在任何时候都能找到合适的贷款对象，因而会造成资金的闲置，商业银行对这些资金的管理也是要承担成本的。因此，商业银行必须寻找新的资金出路来获取收益。从这个意义来说，商业银行从事证券投资业务无疑是在贷款收益较低、风险较高时为稳定或提高商业银行利润的一种明智的选择。

2. 分散风险

降低风险或把风险控制在一定的限度内是商业银行经营中一个至关重要的问题，而降低风险的基本做法就是实行资产分散化。商业银行证券投资业务在分散风险方面具有特殊的作用，主要体现在以下几个方面。

(1)证券投资业务可以为商业银行的资产分散提供一种新的选择。商业银行把资产主要集中在贷款上，一旦贷款收不回来，商业银行就要承担极大的风险。因此，证券投资业务为商业银行的资产分散提供一种新的选择，在贷款之外提供了一种新的资金运用途径。

(2)证券投资业务在分散风险方面比贷款业务更有利。一般来说，由于受资产规模、所处地理位置等因素的制约，一家商业银行的贷款客户不会很多，贷款往往要达到相当数量才能获利；证券投资可以小额进行，同量的资金用在投资上比用在贷款上可以分得更散，银行完全可以通过投资组合的方式来控制风险；同时，贷款的跨地区经营要受到更多限制，而证券投资则一般不受地区限制，银行可以购买全国甚至全世界的各种证券。

3. 保持流动性

保持流动性是商业银行经营的客观要求。在商业银行的资产结构中占据大部分比例的贷款资产流动性差，在面临突发性流动性需求时无法及时变现，容易使商业银行陷入流动性危机；而库存现金、准备金、同业存款和托收未达款作为应付流动性的第一准备，流动性最强，能充分满足顾客提现和贷款的需要，但其收益为零，过多地持有现金资产，会降低商业银行的盈利能力。因此，商业银行既要保持足够的流动性，又要兼顾收益性，那么开展证券投资业务是不错的选择。证券通常都具有活跃的二级市场，持有证券不仅可以获得一定的收益，还可以在必要时，如商业银行遇到大量提现或有大量放款需求而现金不足以应付时，随时在二级市场上以极低的成本将证券变现，以满足银行流动性需求。

4. 调节银行税收

部分证券投资的收益是免税的，有些国家允许对证券投资的资本损失从银行应缴税基中扣除。因此，在商业银行贷款等收入增长较快，使银行应缴税基较高时，商业银行可以通过对证券投资组合的调整来减少税基，帮助商业银行进一步提高收益。

(二)商业银行证券投资的对象

在20世纪30年代的经济大危机之前，对商业银行证券投资的对象并没有明确的限制；大危机后，许多经济分析家认为这场经济危机与商业银行大量从事股票承销和投资有直接关系。因此，以美国为首的西方国家纷纷通过立法对商业银行的证券投资范围给予严格的限制。80年代后，随着非银行金融机构的竞争压力不断增大，商业银行证券投资的范围又得到了扩大，特别是1999年美国颁布《金融服务现代化法案》后，商业银行在证券投资方面所受的限制大幅度减少。但是出于风险控制与有效监管的需要，商业银行的证券投资仍以各类债券，特别是政府债券为主。

商业银行证券投资的对象主要包括以下几类：

1. 货币市场工具

货币市场工具包括所有到期期限在1年以内的金融工具与证券。商业银行投资这类工具的主要目的是保持银行较强的流动性。货币市场工具具体包括短期国库券、距到期不足1年的中长期国库券、短期政府机构债券、短期地方政府债券、大额可转让定期存单、银行承兑票据、商业票据、回购协议等。

2. 资本市场工具

资本市场工具包括所有到期期限在1年以上的证券。商业银行投资这类工具的主要目的是在保持银行流动性的基础上，获得更多的收益。资本市场工具主要包括股票与债券。

20世纪30年代后，许多国家通过立法禁止商业银行购买公司股票，目的是在银行信贷市场与证券市场之间构筑一道“防火墙”。但是现在，部分国家逐渐允许商业银行购买股票，不过股票投资的风险较高，因此，各国都对股票投资进行了严格的限制。根据《中华人民共和国商业银行法》的规定，我国的商业银行在我国境内不得从事股票投资业务。

债券包括政府债券、金融债券与公司债券。政府债券包括中央政府债券(国库券)与地方政府债券，中央银行债券包括长、中、短期三种。商业银行进行债券投资时优先选择的是政府债券。因为政府债券的安全性高、流动性好、免税，还可以作为质押品进行隔夜回购。美国规定商业银行必须保持一定的政府债券才能吸收政府存款，也才能获得联邦储备银行的贷款。

商业银行投资公司债券的数量较为有限，主要有以下几个方面的原因。

(1)公司债券的安全性低。这种债券的发行人是一般企业，其经营状况差异很大，且市场变化无常，所以公司债券的违约风险较大。

(2)公司债券的流动性较低。公司债券期限较长，交易不够活跃，利率风险和流动性风险较大。

(3)公司债券的实际收益率可能较低。从票面收益率看，公司债券的收益率一般要高于政府债券，但其所得收益要缴纳所得税，在所得税税率很高时，公司债券的实际收益率可能低于政府债券。为了保障商业银行投资的安全，许多国家的银行法中规定，商业银行只能购买信用等级在投资级别以上的公司债券。

（三）证券投资业务与贷款业务的比较

1. 证券投资业务中商业银行对债务人的控制作用有限

在证券投资业务中，商业银行只是众多债权人中的一个，对债务人的控制作用是非常有限的，不能起到决定性作用；在贷款业务中，银行是企业的主债权人，或是几个少数债权人中的一个，对企业的控制作用是非常大的，能起到决定性作用。

2. 证券投资业务更具有主动性

在证券投资业务中，商业银行可以根据市场行情的变化趋势和自己的资金实力，决定是否购买某种证券与购买多少，完全自主决定，处于主动地位；在贷款业务中，通常是客户主动向商业银行申请，商业银行根据客户的资信状况和其资金用途决定是否给客户贷款与贷多少款，资金最终能否运用出去，主要取决于客户的情况，商业银行处于被动地位。

3. 证券投资业务比贷款业务独立

在证券投资业务中，商业银行一般与债务人是不熟悉的，决定商业银行是否购买证券的唯一标准是根据市场推算出的预期收益率，不为人际关系所左右；在贷款业务中，商业银行不仅要关心企业投资收益率的高低，还要考虑到与客户的业务关系和人际关系，如果与其关系非常密切，对其比较了解，可能即使收益率不高也要对其贷款，因此，贷款的独立性较差。

4. 证券投资业务的管理原则与贷款业务不同

在证券投资业务中，主要看发展前景，以及投资的增值；在贷款业务活动中，每一笔资金的运用，不仅要看其是否符合信贷原则，而且要进行抵押或担保，以确保贷款本息的收回。

第四节　商业银行的表外业务

一、表外业务与中间业务概念辨析

在我国，表外业务这个概念存在一个跟它混用的概念，即中间业务。不管是国内的教材、论文等文献，还是商业银行自己的年报等公开报告，都存在两种概念的混用。对于这两个概念之间的关系，不同的学者与使用者也有不同的理解。大致可以总结为以下四种观点：

（1）中间业务就是表外业务。这种观点认为中间业务和表外业务反映的都是商业银行所有不能记入资产负债表的业务，只不过反映的角度不同，中间业务这种称法是从商业银行身份的角度来考虑，而表外业务这种称法是从会计记账的角度来考虑。

（2）中间业务是表外业务的一种。这种观点认为表外业务就是商业银行所经营的所有不能记入资产负债表的业务，它又包括有风险和无风险的两大类金融业务，无风险的金融中介服务即为中间业务，如结算业务；而有风险的又不记入资产负债表内的业务，即为有风险的表外业务，如银行保函等。

（3）中间业务包括表外业务。这种观点认为将商业银行所经营的所有不能记入资产负债表的业务都称为中间业务，同样认为它包括有风险和无风险的金融业务，无风险的金融中介服务称为金融服务类业务；而有风险的又不记入资产负债表内的业务，就是表外业务。

（4）中间业务不同于表外业务。这种观点认为中间业务是指商业银行充当中介人的一种业务，是商业银行为客户办理收付和其他委托事项而从中收取手续费的一种业务。商业银行经营此类业务时，并不运用自有资金或借入资金，商业银行既不是债权人，也不是债务人，而是受理、代理的中介人，是商业银行提供的无风险的金融中介业务。而表外业务则是商业银行经营的有风险的，又不能记入商业银行资产负债表内的业务。

按照《商业银行中间业务暂行规定》（中国人民银行令〔2001〕第5号）的规定，中间业务是指不构成商业银行表内资产、表内负债，形成商业银行非利息收入的业务。其包括两大类：一类是不形成或有资产、或有负债的中间业务，即一般意义上金融服务类业务；另一类是形成或有资产、或有负债的中间业务，即一般意义上的表外业务。

对于不形成或有资产、或有负债的金融服务类业务不能称为表外业务，不能记入资产负债表，用"中间业务"来描述商业银行资产、负债业务以外的业务，我们认为不够准确，理由是：首先，"中间业务"这一概念容易引起误解。商业银行作为金融中介机构，在办理业务过程中，担当的就是中间人的角色，"中间业务"这一概念不能概括出这类业务与商业银行传统的资产、负债业务的本质区别。而且在外文文献中，有学者使用"中间业务"来形容商业银行作为信用中介所从事的传统的资产负债业务，并不是形容这类非传统商业银行业务。其次，在外文文献（如《新帕尔格雷夫货币金融大辞典》）中，对这类业务，大量使用的是 off-balance sheet activities 这个概念，简称 OBS，翻译过来即表外业务。

为了更好地体现这类业务的特征，保持与中外文献中的一致性，本书将所有不记入商业银行资产负债表的商业银行业务都称为表外业务，既包括不会形成或有资产、或有负债的无风险金融服务类业务，也包括会形成或有资产、或有负债的有风险的表外业务。

二、商业银行表外业务的性质

表外业务既不同于传统的资产业务，也不同于传统的负债业务。就表外业务本身来说，金融服务类业务与有风险的表外业务的性质也不完全相同。

（一）表外业务与资产负债业务的关系

资产业务、负债业务和表外业务构成了商业银行的三大支柱业务，它们之间既相互联系，又相互促进。

1. 表外业务的发展早于资产负债业务

从历史的发展脉络来看，商业银行的支付中介功能要早于信用中介功能，而支付中介功能是通过转账结算这一表外业务体现的，信用中介功能则是通过资产负债业务体现的。回顾银行产生的历史，货币兑换商向货币经营业者的转化，货币经营业者向银行业的演变，起因就是表外业务的不断发展，即原来保管性的货币业务转变为有息的存款业务，再进一步通过让渡货币资金的使用权获取收益。如果货币经营业者在代客户保管货币、汇兑货币的过程中，没有意识到货币资金的沉淀性和暂时闲置性，也就没有银行的产生，银行的资产负债业务也就无从谈起。

2. 资产负债业务是表外业务的基础

现代商业银行最基本的职能是信用中介职能。一方面，客户把款项存入商业银行，在取得利息收入的同时，也享受商业银行结算的便利，享用银行提供的多种服务；另一方面，客户在经营活动中出现支大于收的情况下，也可以向银行申请贷款，而贷款只有转到借款人的账户上才能使用（贷款通过提现也可使用，但所占比重很小）。可见，商业银行负债业务是其资产业务的基础，资产业务是商业银行经营活动的关键，而表外业务既是联系资产业务和负债业务的桥梁与纽带，也进一步扩大了资产业务和负债业务的规模。

3. 表外业务是资产负债业务的延伸，而不是资产负债业务的附属

商业银行经营表外业务，只是代客户承办支付、结算及其他委托事项，原则上不垫付资金，不以债权人或债务人的身份参与经营，不直接形成商业银行的资产和负债，不会对商业银行的资产负债总量产生直接的影响。但是，表外业务的开办必须以良好的资产负债业务为基础，如银行转账服务的首要条件是客户在银行有存款账户。一定程度上讲，商业银行的表外业务只是资产负债业务的延伸。但是，随着社会融资的直接化和资本流动的国际化，商业银行靠资金赢得市场的优势逐渐丧失，并更多地转向所提供的各项服务。在现代商业银行中，表外业务已不再是资产负债业务的附属；相反，在西方一些发达国家的商业银行中，表外业务（包括有风险的表外业务和金融服务类业务）收入已经超过传统的资产负债业务，其地位已不再是资产负债业务的从属。

（二）金融服务类业务与有风险的表外业务的关系

金融服务类业务和有风险表外业务的共同点是两者都不记入商业银行的资产负债表，业务活动的透明度较差，但两者也存在实质性的差别，主要表现在以下几个方面。

1. 业务的性质不完全相同

金融服务类业务是商业银行利用自身的信誉、设施和人员等而经营的中介性业务，这些业务一般不会直接对商业银行的资产和负债产生影响，也不会演变为资产或负债业务，商业银行经营这些业务只是收取中介费或佣金；有风险表外业务则不同，这些业务可能因不同的情况而演变为商业银行事实的资产或负债，商业银行经营这些业务不完全是为了获取佣金，而更多的是为了转移、防范风险或进行风险投资。如结算业务中，商业银行没有义务为客户垫款，只是代为清偿或收付，所获得的只是手续费，但期货交易业务中，商业银行就主要是为了转移、化解风险或做风险投资，其所获得的可能是投资成功或风险转移成功的收益，也可能是投资失误造成的损失。

2. 风险程度不同

金融服务类业务一般具有委托代理性质，商业银行在代理业务中只是按客户的要求办理相关业务，代理过程中的经营风险一般由客户承担，此类业务总体上风险较小。有风险表外业务的风险则会因其是否形成商业银行事实上的资产或负债而有很大的不同。一些与市场价格相关的表外业务（如期权、期货）有一个重要的特点是以小搏大的杠杆性，商业银行在经营这些业务的过程中，既可能因为市场价格的有利波动而成倍地获得利润，也可能因为市场价格的不利变化而造成成倍的损失。当然，高风险高收益，金融服务类业务的收益要比有风险表外业务的收益低。

3. 受金融监管部门的管理程度不同

金融服务类业务风险较小，因此金融监管部门对其管理相对较松，通常不对其进行过多的干预和管制。不同国家及国际金融组织对具有较高风险的有风险表外业务的管理则表现得越来越重视。如早在 1985 年，英格兰银行就要求设在伦敦的银行在测量资本充足性时把票据发行便利项下的包销承诺包括进去，在计算风险资产比例时，无论是否实际支用相应的资金，这些便利业务都要按 50%的比例计算；1986 年，美国联邦储备银行提议在风险资产比例的计算中应包括一些资产负债表表外项目；1988 年的《巴塞尔协议》更是对有风险表外业务的资本充足率管制方面规定了国际上的通行规则，即管理部门对有风险表外业务的管理要比对服务类业务严格得多。

三、表外业务的特点

(一)种类繁多,发展日新月异

有别于传统的商业银行存贷业务的缓慢发展,商业银行的表外业务的发展可以用日新月异来形容。随着社会、经济、金融市场的发展,商业银行客户的需要越来越多,要求越来越高,使各家商业银行在政策允许的范围内,不断推出各种表外业务,不断进行金融创新,从最开始的满足客户基本交易需要的结算、代理类业务,到之后满足客户基本金融需要的担保与承诺类表外业务,再到高层次的满足客户金融需要的各种托管、现金管理、理财业务、投资银行业务等。因此,商业银行的表外业务种类之繁多,远远超过传统的存贷业务。

除商业银行客户的需要推动了商业银行表外业务种类的发展外,商业银行自身经营管理的需要也推动了商业银行表外业务的发展。不管是商业银行面临的银行监管机构的资本充足监管要求约束,如资本充足率的要求,还是商业银行自身面临的金融市场约束,如金融市场上各种金融资产价格波动给商业银行造成的风险,或者金融市场上直接融资方式给商业银行的传统存贷业务造成的冲击,这种冲击既体现在商业银行存贷款客户的流失上,又体现在逼迫商业银行存贷利差减小继而影响到传统银行存贷业务的收益上,都迫切地需要商业银行寻找新的盈利业务,也是商业银行表外业务种类繁多,而且随着时间的推移,表外业务的种类还会继续增加的原因。

(二)盈利性高

在商业银行的表外业务中,大部分表外业务都不会占用商业银行的自有资金,都是商业银行凭借自己的人才、信息、技术、渠道等方面的优势获取服务费收入;也不会给商业银行带来风险,这类表外业务被视为商业银行提高盈利性的优质业务。

有一部分交易类的表外业务是商业银行用来防范面临的风险的,如国外商业银行大量使用的表外业务利率互换,就是为了防范市场上利率波动给商业银行带来的风险的。当然,随着表外业务的发展,其高杠杆性、高预期收益也诱使商业银行在这类业务上进行投机,继而表现出表外业务的风险性。

从总体来说,商业银行发展表外业务,可以使商业银行在有限的运营资金约束下获得更高的预期收益。

(三)风险高

商业银行在表外业务的经营过程中,会遇到很多类型的风险,主要有以下几类。

(1)信用风险。信用风险是指商业银行的客户违约给商业银行造成损失的可能性。这类风险主要出现在于商业银行的银行卡业务、租赁类业务和担保类业务。

(2)市场风险。市场风险是指市场资产价格波动给商业银行造成损失的可能性,如市场利率波动、汇率波动会给商业银行的资产交易造成损失。这类风险主要出现在信用承诺、交易类表外业务和金融衍生品交易中。

(3)流动性风险。不同类别的表外业务对商业银行的流动性风险的影响是不同的。有的表外业务可以提高商业银行的流动性,如资产证券化业务;有的表外业务可能会给商业银行的流动性带来负面影响,如担保和承诺类业务。

(4)操作风险。操作风险存在于商业银行的所有业务中,表外业务也不例外。由于表外业务种类繁多,技术模型日新月异,透明度差,造成表外业务中出现了很多金融诈骗案,从而给商业银行带来风险。

商业银行表外业务风险的特征主要有两个：第一个特征是隐蔽性强。因为表外业务的最主要特征就是不会记入资产负债表，虽然部分表外业务会在会计报表的注释中予以披露，但是信息并不完全。第二个特征是复杂。这是指商业银行交易类业务，尤其是金融衍生工具交易，以及基于原生或衍生金融工具而组合创新出来的新的金融工具，其风险通常涵盖信用风险、市场风险和流动性风险等多种风险，关系复杂，难以计量，对交易操作与风险管理提出了高要求。基于以上原因，导致表外业务的风险较高。

（四）信息不透明，监管难度大

虽然巴塞尔委员会从《巴塞尔协议Ⅱ》就开始强调商业银行的信息披露建设，并对商业银行的信息披露进行了规范要求，但是，各国商业银行对表外业务的披露仍然没有统一。以我国商业银行年报中的表外业务的信息披露为例，有的商业银行披露了表外业务，有的商业银行没有披露表外业务。披露了表外业务的商业银行，有的是在年报的业务讨论中披露，有的是在附注的会计报表注释中披露；有的披露商业银行表外业务的发展规模，有的披露商业银行表外业务的收入水平；有的披露商业银行所有的表外业务状况，有的只披露商业银行主要的表外业务状况；有的披露商业银行表外业务的明细，有的不披露商业银行表外业务的明细。这种披露状况造成年报的使用者获得信息的难度大，也不利于进行各银行间的横向比较。

由于商业银行的表外业务无法在其资产负债表中直接得到体现，信息披露的透明度低，加上商业银行对表外业务披露的这种混乱情况，使得商业银行表外业务的透明度就更低。这既会对商业银行监管部门的监管工作造成不利影响，让其无法对商业银行风险进行有效的分析与监控，也会对年报的各个使用者（包括市场参与者与研究学者）带来研究难度。

四、西方商业银行表外业务迅速发展的原因

西方商业银行表外业务的收入越来越多，已经成为国外商业银行新的利润增长点。西方商业银行表外业务发展迅速的原因是多方面的，主要有以下几个方面的原因。

（一）规避资本管制

一般观点认为，各项金融业务创新的重要原因之一是市场参与者在利润的驱使下对金融监管的规避。但是，一个常常被忽视的现象是，金融监管本身有时也正面性地促进了金融创新的发展，表外业务便是一个很典型的例子。出于商业银行的安全性考虑，各国都对商业银行做出了资本数量要求，一般以资产量为基数来对应要求资本数量。因此，商业银行开展表外业务既可以增加收益，又可以节省自有资本。在资本管理成为银行监管的主要手段及资本日益成为银行最宝贵的稀缺资源的现实情况下，商业银行有极强的动机通过创新各种类型的表外业务来规避资本管制。

（二）防范金融风险

在第二次世界大战结束后，整个国际金融领域享受着美国经济与金融霸权领导下的短暂的稳定和平衡。但从 20 世纪 70 年代开始，世界经济环境的不确定性大大增加，银行与企业面临的风险空前上升，主要表现在以下几个方面。

（1）汇率风险。自布雷顿森林体系于 20 世纪 70 年代正式崩溃后，国际货币体系处于巨大的动荡之中。随着汇率制度由固定汇率制度转向浮动汇率制度，各国货币之间的汇率波动幅度剧增，使得任何一个拥有外国资产或者承担外债的金融机构与企业都被带入了浮动汇率的巨大风险之中。

（2）利率风险。1979 年，美联储宣布用货币供给量管理目标代替利率管理目标，结果引发

了美国乃至全球市场利率的大幅波动，从此，西方的利率体系也进入了极不稳定的时期。

(3)金融资产价格风险。金融资产价格与利率、汇率有着紧密的联系，利率、汇率的波动必然会导致金融资产的价格不稳定；利率和汇率的波动还给金融资产的价格带来超调效应，使市场价格波动的范围要远大于理论推导的结果。

正是由于各种金融风险的增大，使得商业银行和企业出于防范风险的目的，都产生了对以防范金融风险为主要目的的衍生产品类表外业务的追切需要。从商业银行的角度来看，商业银行的各种资产负债业务经营会出现各种风险敞口。如由于利率敏感性资产和利率敏感性负债两者在数量、期限方面的不协调而产生的利率风险敞口，由于所持有的外汇资产与外汇负债在数量、期限方面的不协调而产生的汇率风险敞口，由于从事证券投资业务而持有大量证券存货所面临的价格风险敞口，而利率、汇率的剧烈波动又使上述风险转化为现实损失的可能性大大增加。因此，商业银行需要开展某种新业务，在不改变资产负债结构的条件下，防范和控制各种金融风险。从企业的角度来看，由于企业的各项融资业务、外贸业务和证券业务面临着不断加大的各种金融风险，因而企业也需要商业银行为其提供规避金融风险的服务业务。在此背景下，商业银行充分发挥其自身人才优势，运用最先进的计算机技术和各种风险对冲技术，借助灵敏的银行信息、完善的清算网络创造出一系列防范利率风险和汇率风险的衍生金融工具，为自己并帮助客户将不确定的利率、汇率及资产价格确定下来，以承担并转嫁与利率或汇率有关的风险。

(三)适应客户多样化的金融服务需要

表外业务经营比较灵活，只要交易双方同意，便可达成交易协议。一方面，随着金融市场的迅速发展，直接融资的规模不断扩大，新的金融工具、融资方式层出不穷，以贷款为主的银行传统资产业务的优势丧失殆尽；另一方面，随着金融管制的放松和金融自由化的兴起，商业银行与其他银行、各种非银行金融机构之间的竞争日趋激烈，客户对银行的服务也提出了更多、更高的要求，往往在除了办理存款或借款业务外，还要求银行能为他们提供防范和转嫁风险的手段、方法。商业银行为了巩固与客户的关系，便大力发展了以规避风险为主的表外业务。

(四)金融理论的发展和新技术的推动

表外业务的产生与发展，特别是衍生金融产品的定价，必须综合运用各种新的金融理论成果。可以说，没有金融理论的发展，就没有新型表外业务的产生。20 世纪以来，西方金融基础理论的研究取得了丰硕的成果，为以后各种表外业务的长足发展奠定了坚实的理论基础。另外，近几十年来科学技术的迅速发展，尤其是自动化、电子传真及计算机技术等方面的进步，也为商业银行推出各种复杂的新型表外业务提供了技术支持。

五、商业银行金融服务类业务

金融服务类业务是指商业银行以代理人的身份为客户办理的各种业务，其目的是获取手续费收入。其主要包括支付结算类业务、银行卡业务、代理类业务、托管业务、投资银行业务和理财业务等。金融服务类业务具有风险低、成本低、收入稳定、安全等特点，已经成为商业银行大力发展的业务类别。

(一)支付结算类业务

支付结算类业务是指由商业银行为客户办理的因债权、债务关系引起的与货币支付、资金划拨有关的收费业务。

传统结算工具主要有汇票、本票和支票。银行汇票是出票银行签发的、由其在见票时按照实际结算金额无条件支付给收款人或持票人的票据；商业汇票是出票人签发的、委托付款人在指定日期无条件支付确定金额给收款人或持票人的票据。银行本票是银行签发的、承诺自己在见票时无条件支付确定金额给收款人或持票人的票据。支票是出票人签发的、委托办理支票存款业务的银行在见票时无条件支付确定金额给收款人或持票人的票据。

结算的方式有汇兑、委托收款和托收承付。汇兑是汇款人委托银行将其款项支付给收款人的结算方式，按照凭证的传递方式不同，又分为信汇和电汇两种；委托收款是收款人委托银行向付款人收取款项的结算方式，按结算款项的划回方式，分邮寄和电报两种；托收承付是根据购销合同由收款人发货后委托银行向异地付款人收取款项，由付款人向银行承诺付款的结算方式，按结算款项的划回方式，也分为邮寄和电报两种。

商业银行在办理支付结算业务时，必须坚持恪守信用，履约付款，谁的钱进谁的账，银行不垫款等原则，避免在结算过程中由于违规操作而带来经营风险。

（二）银行卡业务

银行卡是由经授权的金融机构（主要指商业银行）向社会发行的具有消费信用、转账结算、存取现金等全部或部分功能的信用支付工具。按银行卡的功能不同，可分为贷记卡、准贷记卡和借记卡。

1. 贷记卡

贷记卡是指发卡银行给予持卡人一定的信用额度，持卡人可在信用额度内先消费、后还款的信用卡，其具有购物消费、转账结算、存取现金、消费信用等功能。

2. 准贷记卡

准贷记卡是指持卡人先按发卡银行要求交存一定金额的备用金，当备用金不足支付时可在发卡银行规定的信用额度内透支的信用卡。

3. 借记卡

借记卡是由发卡银行向社会发行的，具有转账结算、存取现金、购物消费等功能的银行卡，其不具备透支功能。

（三）代理类业务

代理类业务是指商业银行接受客户委托、代为办理客户指定的经济事务、提供金融服务并收取一定费用的业务。代理类业务种类繁多，主要包括以下几类：代理政策性银行业务，指商业银行接受政策性银行的委托，代为办理政策性银行因服务功能和网点设置等方面的限制而无法办理的业务；代理中央银行业务，指根据政策法规应由中央银行承担，但由于机构设置、专业优势等方面的原因，由中央银行指定或委托商业银行承担的业务，包括财政性存款代理业务、国库代理业务、发行库代理业务、金银代理业务等；代理商业银行业务，指商业银行之间相互代理的业务；代收代付业务，指商业银行利用自身的结算便利，接受客户的委托代为办理指定款项的收付事宜的业务，如代理各项公用事业收费、代理行政事业性收费和财政性收费、代发工资等；代理保险业务，指商业银行接受保险公司委托代其办理保险业务的业务；保管箱业务，指商业银行代替客户保管贵重金属、有价证券、重要合同等业务。

（四）托管业务

托管业务是商业银行作为第三方，依据法律、法规和托管合同的规定，代表资产所有人的利益，从事托管资产保管、办理托管资产名下资金清算、进行托管资产会计核算和估值，监督管理人投资运作，以确保资产委托人利益，并收取托管费的一项表外业务。托管业务是商业银行为投资者提供的新兴资本市场服务，主要有以下托管业务品种：证券投资基金托管、基金托管、基金管理公司特定客户资产托管、保险资金托管、券商定向资产管理托管、券商集合资产管理计划托管、券商专项资产管理计划托管、商业银行理财产品托管、信托计划保管业务、信贷资产证券化信托资金保管、产业基金托管、股权投资基金托管、合格境外机构投资者证券投资托管、合格境内机构投资者证券投资托管、企业年金基金托管。

（五）投资银行业务

投资银行业务主要包括证券承销类业务、咨询顾问类业务、资产管理类业务。证券承销类业务是指银行为企业发行的证券提供尽职调查、发行策划、发行人辅导、市场发行等专业投资银行服务。咨询顾问类业务是指商业银行依靠自身在信息、人才、信誉等方面的优势，收集和整理有关信息，并通过对这些信息以及银行和客户资金运动的记录和分析，形成系统的资料和方案后提供给客户，以满足客户的业务经营管理或发展需要的服务活动。咨询顾问类业务包括企业信息咨询业务，如项目评估、企业信用等级评估、验证企业注册资金、资信证明等；资产管理顾问业务，指为机构投资者或个人投资者提供全面的资产管理服务；财务顾问业务，指商业银行为大型建设项目担任财务顾问或企业并购顾问；现金管理业务，指商业银行协助企业科学、合理地管理现金账户头寸及活期存款余额，以达到提高资金流动性和使用效益的目的的服务。资产管理类业务是商业银行为客户的融资需求、资产证券化、资产转让等提供设计方案、选择合作机构、协助制作申报文件、协助信息披露、作为发起人等金融服务。

（六）理财业务

商业银行的理财业务可以分为公司理财业务与个人理财业务。

1. 公司理财业务

公司理财业务是指商业银行在传统的资产业务和负债业务基础上，利用技术、信息、服务网络、资金、信用等方面的优势，不运用或不直接运用自己的资产、负债，以中间人（代理人）的身份接受委托，为机构客户提供财务分析、财务规划、投资顾问、资产管理等专业化服务活动。

2. 个人理财业务

个人理财业务是指商业银行利用客户的各项财务资源，帮助客户实现财务目标的过程。具体来说，就是商业银行基于客户的收入、支出、资产、负债、保险等财务现状数据和一定的财务假设，综合考虑客户的各种财务目标，进行客户风险偏好的测试和投资组合的调整，基于现金流、资产价值、各项财务指标的分析，帮助客户制定个性化的理财规划，推荐需要的金融产品，并出具理财报告的服务活动。商业银行的个人理财规划师要为客户提供全方位的专业理财建议，通过不断调整存款、股票、债券、基金、保险、动产、不动产等各种金融产品组成的投资组合，设计合理的税务规划，满足客户长期的生活目标和财务目标。

六、商业银行有风险表外业务

商业银行有风险表外业务是正在发展中的业务，新的业务不断产生，原有的业务也在不断地演变。一般把商业银行有风险表外业务分为担保类业务、承诺类业务和金融衍生产品业务。

（一）担保类业务

1. 商业信用证

进出口业务中最常用的结算方式为商业信用证。商业信用证是银行（开证行）根据客户（进口商）的请求，对受益人（出口商）发出的、授权出口商签发以银行或进口商为付款人的汇票，并保证交来符合条款规定的汇票和单据必定承兑（对于远期信用证）或付款（即期信用证）的保证文件。商业信用证是国际贸易中的重要结算工具，实质上就是进出口双方在订立贸易合同之后，进口商主动请求进口地银行为自己的付款责任作出保证，可以避免贸易中的信用风险。

商业信用证也是商业银行的一项重要的表外业务。在这项业务中，商业银行以自身的信誉为进出口商之间的交货与付款做担保，通常并不占用自有资金，还可以获得开证手续费收入。同时，进口商申请开证时需要交纳部分货款作为押金，在减小银行风险的同时也可以为银行提供一定量的流动资金来源。但是，由于银行毕竟担负第一付款责任，是第一付款人，出口商可以直接向银行凭单据请求付款，因而商业信用证对银行并不是完全没有风险，当进口商无力支付货款时，这笔业务是有可能转化为表内资产负债业务的。

2. 银行承兑汇票

银行承兑汇票是可转让的远期汇票，在国内及国际贸易中经常被使用。它是由在承兑银行开立存款账户的存款人出票，向开户银行申请并经银行审查同意承兑的，保证在指定日期无条件支付确定的金额给收款人或持票人的票据。对出票人签发的商业汇票进行承兑是银行基于对出票人资信的认可而给予的信用支持。在此业务中，银行出借了自己的信用，收取手续费为补偿。承兑以后，银行负有不可撤销的第一手到期付款的责任，也承担了风险。虽然在大多数国家将此业务作为表外业务，不记入资产负债表，但是在美国，银行承兑汇票业务是被要求记入银行的资产负债表的。

3. 银行保函

银行保函是银行向受益人开立的保证文件，承诺如果委托人未向受益人履行某项责任或义务时，银行承担保证书中所规定的付款或经济赔偿责任。保证银行的付款责任通常是第二性的，委托人承担第一付款责任，只有在委托人没有履行约定的责任或义务的时候才由保证银行承担责任。

4. 备用信用证

备用信用证是银行为其客户开出的保证书。银行通过开具备用信用证向受益人做出承诺，如果客户未能按照协议偿付或履行其义务，开证行有责任按照信用证中的条款代替其客户向受益人进行偿付，银行支付的款项变为银行对客户的贷款。备用信用证实际上是提高客户信誉的一种方法，在这种业务中，银行不是把自己的资金借给客户，而是把自己的信誉借给客户，银行为此收取手续费。使用信用证的目的通常是进行金融保证，如支持商业票据的发行等，它也被用于合并或收购业务中。

备用信用证对于开证银行来说，既不用占用自己的资金，又可以收取一定的佣金（信用证金额的0.5%～1%），可以让银行的信用得到最大程度的利用，从而拓宽银行的收益渠道，还帮助了自己的客户，增强了银企关系。但是，这也会给银行的经营带来一定风险。一般来说，开具备用信用证的银行对自己客户的信用状况是了解的，但也不排除遭遇损失的可能。开具备用信用证的银行面临的风险主要是信用风险、利率风险和流动性风险。当一开证银行在从未被通知的情况下被迫履行信用证付款义务时，此银行可能会被迫以不利的利率大量借入资金。事实上，如果银行开具的备用信用证涉及的款项相对银行的信用能力而言是一大笔款项，将会使银行陷入非常不利的借方位置。银行可以使用不同的手段来降低开具备用信用证的风险。例如，经常与备用信用证客户重新谈判条款，保证贷款条款与客户不断变化的环境相吻合，使得其贷款受益人不需要实施强制支付；分散开具备用信用证的地区和行业，以避免风险集中；出售备用信用证，以与其他不同的出借机构共担风险。

(二)承诺类业务

1. 贷款承诺

贷款承诺是银行对客户的许诺,即银行客户可以在未来一定时期内,根据一定的条件(如期限、利率、金额等)随时可从银行获得贷款。银行与客户的贷款承诺协议可以是正式的,也可以是非正式的。值得注意的是,一些贷款承诺的协议对双方不具备法律约束力。通过贷款承诺,客户从银行获得了将来借入资金的允诺,银行则收取一定的费用作为提供这种保证的补偿。银行会根据贷款承诺总额的一定比例向客户收取承诺费,在贷款承诺达成时收取;同时,银行也会对未使用的贷款承诺额度收取一定使用费。大多数情况下,银行都是同时收取承诺费与使用费两笔费用。

贷款承诺是一种非常典型的含有期权的表外业务。当企业和银行达成贷款承诺后,就在约定期内拥有按照事前约定的期限、金额与利率找银行借钱的权利,银行必须借钱给该企业。当在约定期限内,市场利率比约定的利率高,企业可以使用这个权利,找银行以较低的利率借钱;当市场利率比约定的利率低时,企业也可以放弃使用这项权利,直接在市场上以较低的市场利率筹钱。

商业银行提供贷款承诺这项业务,无需动用额外的资金来支持贷款承诺就可以获得可观的费用收入。事实上,如果商业银行只想获得费用收入而不想参与实际贷款,也可以在客户要求贷款时将贷款出售给其他银行或将贷款证券化。同时,贷款承诺也为银行提供了未来贷款需求变化的信息,方便银行安排资金。因此,贷款承诺是西方商业银行的主要表外业务之一,大部分工商业贷款都是在贷款承诺下实现的。

2. 票据发行便利

票据发行便利是一种具有法律约束力的中期周转性票据发行融资的承诺。根据这种承诺,客户与银行签订一个中期的循环融资保证协议,承诺在一定期间内为客户的票据融资提供各种便利条件,协议的期限一般是3～7年。

企业融资可以向银行申请贷款,也可以自己发行商业票据,直接在金融市场上融资。如果企业选择的是直接融资方式,就涉及企业的信用程度及其资源能不能实现期望的发行利率以及发行数量。而银行在金融市场上有丰富的资金客户资源、发达的票据和发行网络,可以帮助需要融资的客户完成票据发行,达到融资的目的。事实上,票据发行便利实质上就是银行客户与投资者(票据购买人)之间发生直接信用关系,银行在中间充当包销商的角色,帮助企业发行票据,同时收取手续费。

商业银行通过票据发行便利这项业务,可以收取销售利润、前端费或参与费、包销费或承诺费、代理费和管理费等收入,可以增加银行的收入来源。同时,票据发行便利还能帮助商业银行绕过资本充足率的管制,在不影响资产负债表的情况下尽可能地扩大了银行的业务,获得更高的收益。

(三)金融衍生产品业务

1. 互换交易

互换是指两个或两个以上的交易对手根据预先制定的规则,在一段时期内交换一系列款项的支付活动。商业银行通过与客户的互换交易,可以帮助客户减少外汇风险,降低筹资成本。许多互换合约都是商业银行为客户量身定做的,越来越复杂。但是最基本的互换业务就是两大类,分别是利率互换与货币互换。

利率互换市场开始于1982年,是适用于银行信贷和债券筹资的一种资金融通新技术,也是一种新型的避免风险的金融技巧，目前已在国际上被广泛采用，是场外衍生产品市场中规模居首位的交易品种。《中国人民银行关于开展人民币利率互换交易试点有关事宜的通知》于2006年1月24日颁布后，国家开发银行与中国光大银行完成了首笔50亿元人民币的利率互换交易，这标志着人民币利率衍生工具已在中国金融市场正式登场，对提高我国金融市场效率和金融机构利率风险管理水平有深远的意义。

货币互换最早出现在1979年，是指两笔金额相同、期限相同、计算利率方法相同，但货币不同的债务资金之间的调换。简单来说，利率互换是相同货币债务间的调换，而货币互换则是不同货币债务间的调换。货币互换双方互换的是货币，它们之间各自的债权债务关系并没有改变。初次互换的汇率以协定的即期汇率计算。货币互换的目的在于降低筹资成本及防止汇率变动风险造成的损失。

2. 远期利率协议

远期利率协议是银行机构之间为了防范利率风险而签订的合同，买卖双方商定将来一定时间段的协议利率，并指定一种参照利率，在将来清算日按规定的期限和本金数额，由一方向另一方支付协议利率和届时参照利率之间差额利息的贴现金额。

3. 金融期货交易

金融期货是指以各种金融工具或金融商品（如外汇、债券、存款证、股价指数等）作为标的物的期货交易方式，即金融期货是指人们在集中性的交易场所，以公开竞价的方式所进行的标准化金融期货合约的交易。

与普通的商品期货交易相比较，金融期货交易有着许多显著而又重要的特征：交易的标的物是金融商品；采用场内交易形式，交易双方都必须缴纳一定数额的保证金；交易双方必须通过指定交易所采取公开喊价的方式进行交易；交易合约的内容（包括交易的品种、规格、数量、交割的期限、地点）均已标准化；交割时间为将来某一特定日，交易所须每日结算账面盈亏；交易双方在签订合约时即确定成交的价格；交易标的物的交割必须通过清算中心进行。

金融期货近年来发展较快，主要起因于金融期货的两大功能——套期保值和价格发现。所谓套期保值，是指人们为了回避或减少金融风险，而在金融期货市场建立与其现货市场相反的部位，并在期货合约到期前实行对冲以结清部位的交易方式。因为金融期货价格与现货价格一般呈同方向变动，交易者在金融期货市场建立了与现货市场相反的部位后，若价格（利率、汇率、股价指数等）发生变动，则其必然在一个市场受损，而在另一个市场获利，以获利弥补亏损，即可达到保值的目的。所谓价格发现，是指金融期货市场能提供各种金融商品的价格信息。在金融期货市场上，各种金融商品的期货合约都有很多买者，也有很多卖者，这些买者与卖者之间是以公开喊价、讨价还价的形式进行交易的。通过激烈的竞争而形成的某一成交价格便是当时供求平衡的价格，它综合反映了许多买者和许多卖者对当时和以后某一时间某种金融商品价格的观点，也反映了当时该种金融商品的供求情况。金融期货市场的价格发现机制有利于形成公平、合理、统一的价格，消除垄断，促进竞争，实现资源在全社会范围内的优化配置。

4. 金融期权交易

金融期权是由买卖双方订立合约，规定由买方支付给卖方一定数额的权利金后，即赋予了买方在规定的时间内按双方事先约定的价格购买或出售一定数量的某种金融资产的权利。在理解金融期权的含义时，特别要区分期权购买者与期权出售者、买入期权与卖出期权这两对概念。

商业银行交易的金融期权主要包括股票期权、股指期权、利率期权和外汇期权。

股票期权是在单个股票基础上衍生出来的选择权。股指期权主要分为两种，一种是股指期货衍生出来的股指期货期权，如新加坡交易所交易的日经225指数期权，是从新加坡交易所交易的日经225指数期货衍生出来的；另一种是从股票指数衍生出来的现货期权，如大阪证券交易所日经225指数期权，是日经225指数衍生出来的。两种股指期权的执行结果是不一样的，前者执行得到的是一张期货合约，而后者则进行现金差价结算。

利率期权合约通常以政府短期、中期、长期债券，欧洲美元债券，大面额可转让存单等利率工具为标的物。最早在场外市场交易的利率期权是1985年推出的利率上限期权，当时银行向市场发行浮动利率票据，需要金融工具来规避利率风险。

外汇期权是一种选择契约，买卖的是外汇，即期权买方在向期权卖方支付相应期权费后获得一项权利，有权在约定的到期日按照双方事先约定的协定汇率和金额同期权卖方买卖约定的货币，权利的买方也有权不执行上述买卖合约。

5. 贷款销售与资产证券化

(1)贷款销售。

贷款销售是银行通过直接出售或证券化的方式，把贷款转让给第三方。在贷款销售出去以后，银行继续提供与贷款有关的一些服务，如为贷款购买者收取本息、监督借款人的财务状况等，出售银行为此而获得补偿。如果销售契约中规定一旦借款人违约，购买方对出售银行没有追索权，那么该贷款就可以从出售银行的资产负债表中除去，而且出售银行没有任何责任。通过贷款销售，出售银行的风险资产减少了，资本对风险资产的比例提高了。但是如果购买者对出售银行拥有追索权，那么这种销售在会计制度上被称为融资，即出售银行以贷款为抵押向购买方借款，出售银行不可以把贷款从资产负债表中除去，而且出售银行要为出售贷款而获得的资金保持准备金。

贷款销售这种方式可以帮助银行提高盈利性，解决贷款的流动性问题，减少银行风险，提高资本充足率。

(2)资产证券化。

资产证券化，是指以基础资产未来所产生的现金流为偿付支持，通过结构化设计进行信用增级，在此基础上发行资产支持证券进行融资的过程。商业银行的资产证券化是贷款销售的一种方式，是信贷资产的证券化，指把流动性较差的小额同质贷款(期限、利率、风险等类似的贷款)组成一个贷款组合，并以这个贷款组合作为担保发行证券，出售给投资者。银行从贷款上得到的本息收入是支付证券本息的保证。这类新工具以其高质量、强流动性等特点，为投资者提供了一种有吸引力的投资工具。按照商业银行被证券化资产种类的不同，信贷资产证券化可分为住房抵押贷款支持的证券化(Mortgage-Backed Securitization, MBS)和资产支持的证券化(Asset-Backed Securitization, ABS)。

商业银行进行资产证券化，有利于降低不良贷款比率，优化银行资本结构。商业银行以往长期持有企业的贷款，虽然可以带来长期收益，但是由于经济周期和企业的生命周期波动，在一轮经济周期之后，银行都会产生大量不良资产，而在处理这些不良资产时，银行往往需要逐笔审核。而资产证券化，一方面提高了中长期信贷资金的流动性，加速资金回笼，节省了资产评估的成本和时间；另一方面通过资产证券化，可以有效解决银行由于实行短存长贷导致的资产负债结构不匹配问题，优化资本结构。

商业银行进行资产证券化有利于加强银行的风险管理。首先,资产证券化有利于改善银行的资本充足率。目前我国商业银行普遍面临资金短缺的问题,银行增长潜力的发挥越来越受到资本约束的限制,资产证券化能有效解决在有限资本下收益与风险的匹配,缓解了银行资本充足率的压力。其次,通过资产证券化,可以将银行的信贷风险转移,并增加信贷资产的流动性,为资产提供与之期限结构相协调的资金。再次,资产证券化能够促进间接融资向直接融资的转化,提高直接融资的比例,降低银行经营风险和整个金融体系的风险。

我国商业银行资产证券化的发展

第五节　商业银行的管理理论

一、商业银行的经营原则

商业银行虽然是企业,与企业一样追求利润最大化,但是它明显区别于企业的高负债经营,导致它的经营管理原则也与一般企业不同。商业银行在经营管理中,应遵循三大原则,即盈利性、安全性和流动性。

(一)盈利性

盈利性即效益性,是指银行获得利润的能力。盈利性越高,获得利润的能力越强;反之,获得利润的能力越弱。盈利性原则是由商业银行的本质要求决定的。

以营业收入抵偿营业支出,并取得利润,是一切企业(包括金融企业在内)的基本经营原则,也是区别企业和非企业、经济核算制和供给制的根本标志。商业银行作为金融企业,同样要把盈利放在首位。另外,能否取得利润和取得利润的多少,是企业兴衰和能不能自我改造、自我发展的决定因素。对商业银行来说,盈亏状况也应是决定其存废、发展或萎缩的根本因素。

衡量商业银行盈利性的指标很多,最实用的指标有两个,即资产收益率(资产回报率)和资本收益率(净资产收益率)。资产收益率是最常用的银行盈利性指标,计算方法是将税后净收入除以总资产,它说明了商业银行的资产经营状况。一家高效经营的商业银行,资产收益率应超过1%。有人认为资本收益率是更为重要的银行盈利性指标,因为这个比率是净收入除以所有者权益计算而得的,反映了商业银行股东资本的运营状况。

由于商业银行的本质要求其必须以盈利为目标,而商业银行的盈利取决于收入和经营成本。因此,要保持盈利性,就必须从增加收入和降低经营成本入手。要增加收入,商业银行就要在扩大负债规模的基础上尽量扩大资产规模,合理安排资产结构,在保持银行的流动性原则的前提下尽量减少非盈利性资产,增加盈利性资产所占的比重,从放款和投资中获得最大限度的收入。

降低商业银行的经营成本,主要包括三个方面的内容:一是要尽可能减少贷款与投资的损失,因为这种损失对银行的经营成果影响很大,在一定情况下,发生一笔贷款坏账,就可以吞噬商业银行的全部利润,坏账超过了一定限度,甚至会导致商业银行破产,这就要求商业银行要加强对贷款和投资项目的调查和监管;二是要尽可能降低存款资金成本,要在多种吸收资金方式之间进行比较,尽可能以最低的成本吸收更多的资金;三是提高工作效率,控制和减少管理费用支出，妥善处理银行纳税等多项财务事宜。

（二）安全性

安全性是指银行的资产、收入、信誉以及所有经营、生存、发展条件免遭损失的可靠程度。之所以要坚持安全性这一原则，主要是因为商业银行的经营存在风险。商业银行的经营风险主要来自以下几个方面：

1. 商业银行的资金构成

从商业银行的资金构成来看，由于商业银行与一般工商企业的经营不同，它主要依靠负债经营，自有资本所占的比重很小。这种情况下，商业银行会更倾向于高风险投资，以博取更高的收益。此外，高负债经营本身就具有非常大的财务风险。

2. 银行的资产业务

商业银行的资产业务主要是贷款，即使商业银行放款规模适度，期限结构合理，但由于客户信用状况不好，到期不能归还银行贷款，或者发生坏账，就会给商业银行带来损失。除了贷款业务，商业银行还经营证券投资业务，证券价格的频繁波动也会给银行带来风险。

3. 经济情况的不确定因素

由于经济结构失调，或者商品市场供求关系发生变化，工商企业资金周转迟滞，造成债权债务链条中断，贷款收不回来，必然会危及商业银行的安全。

由于商业银行的经营存在一定的风险，而要把风险降低到最低限度，就要求商业银行在业务经营过程中采取适当的措施，保证经营的安全。例如，加强对客户的资信调查和经营预测；银行资产要在业务种类和客户两个方面适当分散，减少信用风险，减少坏账损失；自有资本在全部负债中要占一定比重，并根据业务规模的扩大不断扩充。

（三）流动性

流动性指的是一种在不损失价值情况下的快速变现能力，一种足以应付各种支付的、充分的资金可用能力。对于商业银行来讲，流动性是指商业银行能随时应付客户提存，满足必要贷款的能力。之所以要坚持流动性这一原则，是由商业银行资金来源的性质和商业银行业务经营的特点来决定的。

（1）从商业银行资金来源的性质来看，商业银行的资金来源大多是客户的存款和借入款。这些存款如果是活期存款，则客户有随时取款的可能；如果是定期存款，也仍然存在客户不到期就要提前取款的可能。这种取款时间与数量的不确定性，必然要求银行要具备一定的流动性能力；否则，一旦客户的取款要求无法满足，会迅速引发挤兑现象，导致商业银行出现流动性危机。

（2）从商业银行经营的特点来看，存款的存取会形成一定量的稳定余额，但这种稳定余额在不同的时间上是不均衡的，不是存大于取，就是取大于存，这种不确定性更多地取决于存款人的决策。商业银行发放贷款和进行投资，会占用一定的余额，但也带有一定的不确定性。因此，商业银行的资金运动带有很大的不规则性，这就要求商业银行必须具备一定的流动性。商业银行不但要能满足客户的取款要求，也要能满足客户的贷款要求。

由于商业银行资金运动带有很大的不规则性，这种不规则性表现为资金来源和运用两个方面的收付余额。商业银行要保持流动性，就要能够应付支大于收所需要的净额支出，就要有相应的资金来源实现资金收付的动态平衡。这一要求的实现依赖于银行资产和负债两个方面的操作。在资产方面，商业银行要掌握一定数额的现金资产和流动性较强的其他金融资产，建立分层次的现金准备，并运用适当的资产管理方法，满足资产流动性的要求；在负债方面，商业银行可以通过向中央银行借款，向同业和国内外金融市场借款，也可通过发行大额可转让定期存单、金融债券、银行本票等主动型负债方式来获得资金，保持负债的流动性。

（四）盈利性、安全性与流动性的关系

一般来说，商业银行的流动性越强，则安全性越高，但盈利性就越低。安全性与流动性、盈利性往往存在矛盾。要提高资金安全性和流动性，往往会削弱盈利性；要提高资金盈利性，安全性和流动性往往会受到影响。要处理好这些矛盾，确实困难，但又不可能避开这些矛盾。从某种意义上说，银行经营的核心或者着力点就是协调、处理这三者之间的关系，或者说是使安全性、流动性和盈利性达到最佳组合。

从根本上说，三大原则是统一的，它们共同保证了商业银行的经营活动正常、有效地进行。其中，安全性是前提，只有保证了资金安全无损，才能获得正常盈利；流动性是条件，只有保证了资金正常流动，才能确立信用中介的地位，银行各项业务活动才能顺利进行；盈利性是目的，之所以要保持安全性和流动性，目的就是盈利。因此，商业银行的经营原则应是，银行要在保证安全性的条件下，通过调整流动性来追求尽可能高的盈利性。

二、商业银行资产负债管理

资产负债管理是指一家商业银行为了在可接受的风险限额内实现既定经营目标，对其资产负债组合所进行的计划、协调和控制，以及前瞻性地选择业务策略的过程。商业银行资产负债管理理论是指导商业银行经营管理实践的哲学，随着银行实力的变化和经济、金融、法律环境的变化而不断发展。就商业银行资产负债管理理论来看，商业银行资产负债管理理论经历了单独的资产管理理论、单独的负债管理理论到资产负债一体化管理理论的过程。资产负债一体化管理适应了现代商业银行新的外部环境和内在变动，成为当前西方各大商业银行普遍采用的、行之有效的一种管理机制。

（一）商业银行资产管理理论

资产管理理论是最传统的商业银行管理理论，产生于银行经营的初级阶段。20 世纪 60 年代以前，人们认为银行的利润来源主要在于资产业务，银行能够主动加以管理的也是资产业务，因为负债取决于客户自己的意愿，银行对此是无能为力的，比较被动。因此，负债是个既定的前提条件，银行只能在既定的资产规模上优化自己的资产结构，争取利润最大化。银行经营管理的重点在资产方面，着重于如何适当地安排资产结构，致力于在资产上协调盈利性、安全性和流动性的统一。

在资产管理理论的发展过程中，先后出现了三种不同的主要理论思想——商业贷款理论、资产转移理论和预期收入理论。

1. 商业贷款理论

商业贷款理论又称真实票据理论或自偿贷款理论。这一理论是在 18 世纪英国银行管理经验的基础上发展起来的早期资产管理理论。

该理论的主要观点是，存款是银行贷款资金的主要来源，而银行主要是吸收流动性很强的活期存款，为满足客户兑现的要求，避免因流动性不足而给银行带来经营风险，商业银行必须保持资产的高流动性，这就需要只发放具有自偿性的短期商业性贷款。这类贷款用于生产和流通过程中的短期资金融通，一般以 3 个月为限，由于这类贷款是投入生产与流通过程中的，可以通过生产出来的商品和出售商品的货款来偿还，因而其具有自偿性。自偿性是指借款人在购买货物或生产商品时所取得的贷款可以用生产出来的商品或商品销售收入来偿还。根据这一理论的要求，商业银行只能发放与生产商品联系的短期流动贷款，一般不能发放购买证券、不动产、消费品或长期的农业贷款，对确有稳妥的长期资产来源的项目才能发放有针对性的长期贷款。

商业贷款理论产生于商业银行发展初期，当时的商品生产与商品交换的广度和深度远不及现代。该理论的产生，对银行信贷经营具有一定的积极意义。首先，该理论为商业银行保持流动性和安全性提供了理论依据，从而避免或减少了银行因流动性不足或安全性不够而产生的风险。有了这种理论，人们不至于无所适从，盲目投放资金。其次，该理论适应了商品交易对银行信贷的需要，同时，对政府的货币政策也产生了深刻影响。由于这种理论强调以真实商品交易为基础，因而银行信贷能随商品交易的扩大或缩减而进行自动调节，可以避免通货膨胀和紧缩。

商业贷款理论在相当长的历史时期内受到重视，与当时经济尚不发达、商品交易限于现款交易、银行存款以短期为主、对贷款的需要仅限于短期的现实相适应。但是，当借款人的商品卖不出去或应收账款收不回来，或发生其他意外事故，贷款到期不能偿还的情况还是会发生的，贷款的自偿性就不能实现。随着经济发展，暴露出许多不足。首先，该理论没有考虑贷款需求的多样性，对经济发展的适应性不够。银行吸收存款不但数额庞大，其中定期存款所占比重也不断升高，如果银行贷款还仅限于自偿性的短期贷款，会导致资金周转不畅，不能满足经济对中、长期贷款的需要，也会影响银行的盈利水平。其次，该理论没有明确认识到银行存款的相对稳定性。活期存款一般总会形成一个稳定余额，并且随着经济发展和银行业务的扩大，这个稳定余额会不断增加。根据稳定余额而发放一部分长期贷款，一般不会影响银行的流动性，反而会因此增加一部分收益。最后，该理论可能助长经济波动，与中央银行反循环政策相悖。按照该理论，在经济景气时，信贷会因贷款的扩大而膨胀，会加剧物价上涨；而在经济衰退时，银行信贷又会因为贷款需求减少而自动收缩，会加剧物价下跌。这就对经济波动起了推波助澜、雪上加霜的作用。

总之，商业贷款理论强调，银行的资产和负债不仅具有期限短的特点，而且基本上应该相互匹配。在该理论的指导下，银行无须积极制造现金流入去满足流动性。因此，当今的西方学者和银行家已不再接受或不完全接受这一理论。

2. 资产转换理论

资产转换理论是20世纪初在美国银行界流行的理论。第一次世界大战后，随着金融市场的进一步发展和完善，金融资产流动性增强，商业银行持有的短期国库券和其他证券增加，人们对保持银行流动性有了新的认识，资产转换理论因此应运而生。

资产转换理论的主要观点是，银行保持流动性的关键在于资产的变现能力，因而不必将资产业务局限于短期贷款上，还可将资金的一部分投资于具有转让条件的证券上，在需要时将证券兑换成现金，以保持银行资产的流动性。有转让条件的证券的条件一般是指信誉高，如国债或政府担保债券以及大公司发行的债券；期限短，流动能力强；易于出售。

随着金融市场的发展，银行为了应付提存所持现金的一部分，投资于具备转让条件的证券作为第二准备金。这种证券只要信誉高、期限短、易于出售，银行就可以达到保持其资产的流动性的目的。如目前美国财政部发行的短期国库券就符合这种要求。根据该理论，银行除继续发放短期贷款外，还可以投资于短期证券；银行也可以用活期存款和短期存款的沉淀额进行长期放款。这种情况下，资产与负债的期限并不需要严格对称。

资产转换理论促进了银行自身的发展。资产转换理论为商业银行保持流动性提供了全新而积极的方法，使商业银行的资产业务范围迅速扩大，贷款的对象也更加广泛，既不影响银行资金的流动性，又可以获得更大的收益，促进了银行自身的发展。同时，该理论也加速了证券市场的发展。银行除了可能经营短期性放贷业务外，还可以从事有价证券的买卖，从而加速了证券市场的发展。

虽然资产转换理论相对于商业贷款理论前进了一大步，但也有其致命的弱点，即其运用依赖于发达的证券市场和充足的短期证券。如果没有充足的短期证券可供挑选和投资，没有发达的证券市场，就难以保证流动性资产迅速变现，而这两方面因素都超出商业银行可控制范围。当各家银行竞相抛售证券的时候，有价证券将供大于求，持有证券的银行转让时将会受到损失，因而很难达到保持资产流动性的预期目标。资产与负债期限的不对称性也必须有一定的界限，在实际工作中这一界限往往很难准确确定。

3. 预期收入理论

第二次世界大战后，由于西方国家的经济增长，对银行资金的需求日趋多样化，不仅短期贷款的需求有增无减，而且产生了大量的设备和投资贷款需求，于是在这种情况下产生了预期收入理论。

预期收入理论是一种关于银行资产投向选择的理论，其基本思想是银行的流动性应着眼于贷款的按期偿还或资产的顺利变现。该理论的主要观点是，贷款的偿还或证券的变现能力取决于将来的预期收入，只要预期收入有保证，商业银行不仅可以发放短期商业性贷款，还可以发放中长期贷款和非生产性消费贷款。即贷款本身并不需要自偿性，其清偿变现要依靠借款人的预期收入。而无论是短期商业性贷款还是可转让的资产，其偿还或变现能力都以预期收入为基础。如果一项投资的预期收入有保证，哪怕是长期贷款，仍然可以保持其流动性，银行也可接受；反之，如果一项投资的预期收入没有保证，即使是短期贷款，也难以保持其流动性，银行也不应承担。

只要资金需要者的经营活动正常，其预期收入和现金流量可以预先估算出来，并以此为基础制定出分期还款计划，那么银行就可以筹措资金对其发放中长期贷款。因此，无论贷款期限长短，只要借款人具有可靠的预期收入，资产的流动性就可得到保证。这种理论强调的是借款人是否确有用于还款的预期收入，而不是贷款能否自偿，担保品能否及时变现。基于这一理论，银行可以发放中长期设备贷款、个人消费贷款、房屋抵押贷款、设备租赁贷款等，使银行的贷款结构发生了变化，成为支持经济增长的重要因素。

该理论将分析的重点放到了银行和借款者的预期现金流量上，指出了银行资产流动的经济原因，为银行业务经营范围的进一步扩大提供了理论依据，指出银行资产流动性的大小同借款人的预期收入大小成正向关系，深化了对贷款清偿的认识，明确提出贷款清偿来源于借款人的预期收入，这是银行经营管理理论的一大进步。同时，该理论为银行调整资产结构提供了科学依据，促进了贷款形式多样化，加强了商业银行对经济的渗透。该理论使商业银行的资产业务从传统的商业性、生产性领域扩大到消费领域，影响了消费者的消费结构和消费量，从而刺激了消费品生产和消费品市场的发展。

预期收入理论实际上是对资产变现理论的完善或延伸，但仍存在一定的缺陷。银行把资产经营建立在对借款人预期收入的预测上，而这种预测不可能完全准确；而且借款人的经营情况可能发生变化，到时不一定具备清偿能力，这就增加了银行的风险，从而损害银行资产的流动性。因此，按照这一理论，并不能完全保证银行资产的流动性，可能增加了商业银行经营的风险。

(二)负债管理理论

负债管理理论出现于20世纪60年代初期,是以负债为经营重点来保证流动性和盈利性的经营管理理论。负债管理理论是指商业银行以借入资金的方式来保持银行流动性,从而增加资产,增加银行的收益。其基本观点是银行资金流动性不仅可以通过强化资产管理来获得,还可以通过灵活地调剂负债实现。银行通过发展主动型负债的形式扩大筹集资金的渠道和途径,也能够满足多样化的资金需求,以向外借款的方式也能够保持银行资金的流动性。

在负债管理出现之后,只要银行的借款市场扩大,它的流动性就有一定的保证。这就没有必要保持大量高流动性资产,而应将它们投入高盈利的贷款或投资中。在必要时,银行甚至可以通过借款来支持贷款规模的扩大。

20世纪五六十年代,大额可转让存单的出现、银行竞争的激烈和利率管制严格化等变化,构成了负债管理出现的客观条件。归结起来,负债管理理论的诞生主要有四个原因:第一,激烈竞争。银行既要在激烈的竞争中占领和保持市场份额,又要避免流动性压力,那么只有选择负债经营。第二,金融管制。政府制定了银行法尤其是规定了存款利率的上限,使银行业出现了脱媒现象。第三,金融创新。花旗银行于1961年率先推出一种新的金融工具,即大额可转让定期存单,取得了显著效果,使花旗银行的存款迅速回升,引导了金融创新潮流,扩大了银行资金来源。第四,存款保险制度的建立和发展进一步增强了银行的冒险精神,刺激了负债经营的发展。

负债管理理论经历了存款理论、购买理论等发展过程。

1. 存款理论

存款理论曾经是商业银行负债管理的主要正统理论,其基本观点是存款是银行最核心的资金来源,是银行资产经营活动的基础,而银行在取得存款的过程中处于被动地位,因此,为了银行经营的稳定性和安全性,银行资金的运用必须限制在存款的稳定的沉淀额度之内。

存款理论的最主要特征是它的稳健性或保守性倾向。它强调存款是存款者放弃货币流动性的一种选择,无论出于保值还是盈利的动机,存款者的意向总是决定存款能够形成的主动因素。对存款者而言,最为关注的是存款是否能够如期兑现,是否会贬值;对银行而言,最为关注的是存款的稳定性,是否会出现流动性问题。因此,银行必须以安全性为第一要素来管理存款,根据存款状况来安排贷款,视贷款收入支付利息。这就要求银行的信贷规模要适应经济发展的客观需要,不能冒险支付高额利息。

存款理论的意义在于强调商业银行必须按照存款状况来安排贷款,不管是贷款的规模、期限、结构等安排,都必须要根据存款的特征来确定,可以避免商业银行盲目扩大贷款规模。

存款理论盛行于银行经营战略重点被置于资产管理方面的时期,因此存在的缺陷在于它没有认识到银行在扩大存款或其他负债资金来源方面的主动性;同时,该理论没有认识到负债结构、资产结构以及资产负债综合关系的改善对于保证银行流动性、提高银行盈利性的作用。

2. 购买理论

购买理论是在存款理论之后出现的一种理论,它对存款理论做了很大的否定。购买理论认为,银行没有必要保持大量高流动性的资产,应将它们投入高盈利的贷款或投资之中。一旦出现流动性需要,随时可以通过负债管理来提供。该理论认为银行对负债并不是消极被动和无能为力的,银行流动性不仅可以通过加强资产管理获得,而且银行完全可以采取主动负债、主动购买外界资金等手段实现。银行购买资金的基本目的是增强银行流动性。银行在负债方面的购买行为比资产方面的管理行为要主动而灵活得多,通过有效地购买负债,银行可以摆脱存款数额的限制，适应资产规模扩张和日益增大的贷款需求。

购买理论产生于西方发达国家20世纪六七十年代先通货膨胀继而滞胀并发的年代，具有一定的积极意义。例如，该理论促使商业银行更加积极主动地吸收资金，推进信用扩张与经济增长以及增强商业银行的竞争能力。

购买理论也存在一些缺陷。例如，该理论容易过度助长商业银行片面扩大负债、盲目竞争、加重债务危机和通货膨胀。因而通常不为宏观金融管理机构所倡导。

总的来说，负债管理理论也是一种关于银行流动性的理论，它标志着银行在流动性管理上更富有进取性。负债管理具有一些积极意义：第一，它找到了保持银行流动性的新方法，将流动性管理的重点转移到了负债业务上；第二，为扩大银行规模、增加贷款投放创造了条件。负债管理理论也存在一些缺陷：第一，增加了银行的融资成本。该理论强调通过变相的高利率和各种促销手段来吸引资金，会增加银行的融资成本。第二，忽略了银行经营风险，不利于银行稳健经营。在负债成本增加的情况下，商业银行为了实现利润目标，不得不将资产业务的重点放在收益较高的投资和贷款上，而收益高的贷款和投资往往伴随着更高的信用风险和流动性风险。

（三）资产负债管理理论

商业银行资产负债管理理论产生于20世纪70年代中后期，由于市场利率大幅上升，负债管理在负债成本及经营风险上的压力越来越大，商业银行迫切需要一种新的、更为有效的经营管理指导理论。而在此时，计算机技术有了很大的发展，在银行业务与管理上的运用越来越广泛，使银行经营管理的观念逐渐改变，由负债管理转向更高层次的系统管理——资产负债一体化管理，即综合管理。

不论是资产管理理论，还是负债管理理论，在保持商业银行安全性、流动性和盈利性的均衡性方面都带有一定的偏向。而资产负债管理理论并不是对资产管理、负债管理理论的否定，而是吸收了前两种管理理论的合理内涵，并对其进行了发展和深化。资产负债管理理论认为，商业银行单靠资产管理或单靠负债管理都难以达到流动性、安全性、盈利性的均衡。银行应对资产负债两方面业务进行全方位、多层次的管理，保证资产负债结构调整的及时性、灵活性，以此保证银行流动性、安全性、盈利性的均衡。

1. 资金总库法

资金总库法又称资金汇集法，或者资金集中法。银行的资金来源是多种多样的，有活期存款、定期存款、储蓄存款、自有资本等。这些资金来源有自身不同的特性。资金集中法不管这些资金的特性，而将所有资金集中起来，再按银行投资贷款的需要放到不同资产上去，只要这种配置符合银行的总体管理目标就可以。这种方法要求银行首先确定其流动性和盈利性目标，然后将资金配置到最能满足这个目标的资产上去。由于流动性和盈利性是相互矛盾的，流动性高的资产（如第一准备金）收益低，甚至完全没有收益（如现金），因此，银行配置资金时要有优先顺序。银行资金管理的目标，要使其流动性、盈利性和安全性三者有机结合，虽然三者同时达到是很困难的。

资金汇集法的操作程序是，银行将各种渠道的资金集中起来，形成资金池；将资金池中的资金视为同质的单一来源，将其按照资产流动性大小进行顺序分配，顺序为第一准备金、第二准备金、贷款、长期证券投资、固定资产等。其具体操作过程如图11－1所示。

资金总库法的缺点主要有两个，一个是在资金运用时不考虑资金来源，不符合前述的对称原则；另一个是资金分配主要靠管理人员的主观判断，导致保留较多流动性资产的情况，会降

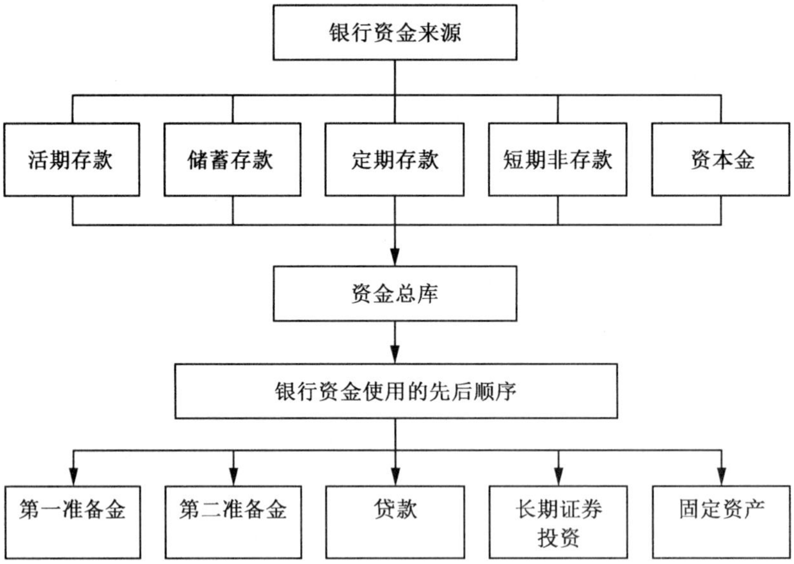

图 11—1　资金汇集法

低盈利水平。

2. 资金分配法

资金分配法又称资金转换法，其认为一家银行所需的流动性资金数量与其获得的资金来源有关。资金总库法过分强调对资产流动性的管理，而没有区分活期存款、储蓄存款、定期存款和资本金等不同资金来源对流动性的不同要求，这种缺陷引起商业银行利润的极大流失。20 世纪 60 年代以来，储蓄存款和定期存款比活期存款的增长快，而前两者对流动性的要求比后者要低，资金分配法就被用来弥补这种缺陷。

资金分配法试图根据资金来源的流动速度或周转量和对法定准备金的不同要求，来区分不同资金来源。例如，活期存款比储蓄存款、定期存款有更高的流动速度或周转速度，要缴纳更多的法定准备金。因此，每单位活期存款中，放在第一、第二准备金上的资金比例要大一些，而放在贷款或长期债券上的资金比例则要小些。

具体运用该方法时，常在一家银行内设立不同的中心来分配它所获得的各种资金，如活期存款中心、储蓄存款中心、定期存款中心、资本金中心等。建立了这些中心，有利于管理人员就每一中心的资金配置问题制定出政策。银行应按照不同的资金来源的流动性和法定准备金要求，决定资产的分配方法和分配比例，建立资产项目与负债项目的对应关系，把各种资金来源按照周转速度和法定准备金的要求，分别按照不同的比例分配到不同的资产形式的资产中。通常，活期存款常被分配给第一准备金和第二准备金二级储备，定期存款一般被分配给第二准备金、贷款和长期证券投资，资本金一般被用来发放长期贷款和进行固定资产投资。

资金分配法如图 11—2 所示。

资金分配法通过资金的流动性和周转速度将资产和负债联系起来，使两者在规模和结构上保持一致。其减少了流动性资产数量，相应增加了投资于长期资产的资金规模，提高了银行盈利水平。其将流动性的取得完全局限于负债方面，在资金运作方面不考虑资产的流动性，从而束缚了银行经营的主动性。银行把现有的资金分配到各类资产上时，应使各种资金来源的流通速度或周转速度与相应的资产期限相适应，即银行资产与负债的偿还期应保持高度的对称关系。

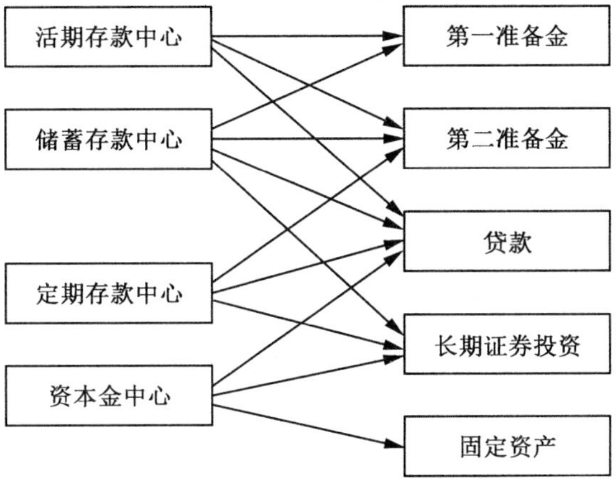

图 11—2　资金分配法

3. 线性规划法

线性规划法从 20 世纪 70 年代开始用于银行资产负债管理，主要是通过建立线性规划模型来解决银行的资金分配。

线性规划法一般包括三个步骤，即建立目标函数、确定约束条件和求解线性模型。步骤一：建立目标函数。先选定目标变量，确定目标变量的系数，再建立目标函数。商业银行通常把利润作为该模型的目标，然后根据资产的收益率来选择不同的资产组合，以实现利润目标的最大值。步骤二：确定约束条件。在建立目标函数的基础上，附加约束条件，主要包括可贷资金总量限制、贷款需求限制、政策法规的约束、流动性约束、安全性约束、其他方面的约束（如银行章程的有关规定、贷款需求的不确定因素等）。步骤三：求解线性规划模型。可借助图解法和计算机求解各种资产的具体数值。在利润最大化的前提下，根据各种资产约束条件的具体限制可找出一组最佳的资产组合。

与资金总库法、资金分配法相比，线性规划法具有很多优点，它可以使银行确定具体的经营目标，比较分析各种决策的结果，并根据约束条件的变动来调动资金的分配，从而使资产流动性管理更科学化。线性规划方法是一种定量分析方法，更具有科学性和可操作性。现实情况比较复杂，线性规划模型会变得更加复杂。

4. 缺口管理法

从 20 世纪 70 年代起，商业银行的资产负债管理越来越倾向于从强调资产与负债之间的内在联系着手，抓住某些具有决定性作用的因素从事业务经营，力争在确保安全的前提下实现高盈利的目标。缺口管理法认为，资产与负债内在联系的关键因素是利率、期限和流动性，通过缩小或扩大利率匹配、期限和流动性匹配所形成的缺口的大小，来合理调整资产和负债的组合和规模，从而实现商业银行的盈利性、安全性与流动性的均衡。

缺口管理法是现代商业银行常使用的一种方法，它常用来针对利率风险和流动性风险下的资产管理。

【例题 11－1】

利率缺口管理

美国某商业银行资产负债表如表 11－1 所示，该商业银行可以通过计算利率敏感性缺口来管理利率风险。

表 11－1 **美国某商业银行资产负债表** 单位：万美元

资产		负债	
利率敏感性资产	20 000	利率敏感性负债	50 000
可变利率贷款		可变利率可转让存单	
短期证券		货币市场存款账户	
联邦基金		非敏感性负债	50 000
非敏感型资产	80 000	支票存款	
准备金		储蓄存款	
长期贷款		长期可转让存单	
长期证券		股权资本	

该商业银行的利率敏感性缺口计算如下：

利率敏感性缺口＝利率敏感性资产－利率敏感性负债

＝20 000－50 000＝－30 000(万美元)

该商业银行的利率敏感性缺口为负缺口。当利率上升时，如利率提高 1%，则该银行利率敏感性资产会增加利息收益 200 万美元(20 000×1%)，利率敏感性负债会增加利息支出 500 万美元(50 000×1%)，使得银行净利息收入减少 300 万美元。很明显，该商业银行的净利息收入的增减也可以直接用缺口与利率变化率衡量，该商业银行的净利息收入变化为－300 万美元(－30 000×1%)。

因此，该商业银行可以针对该利率缺口，通过利率互换业务来调整缺口值，以规避利率风险。

5. 比例管理法

比例管理法即对一些商业银行的指标体系进行分析、管理，通过指标体系的审查、建立，全面反映资产负债管理过程中商业银行流动性、安全性和盈利性三者的动态均衡关系的方法。其安全性指标主要有资本充足率、资产负债率、权益乘数等，流动性指标主要有流动性比例、中长期贷款比例等，盈利性指标主要有资产利润率、权益资本利润率等。

我国商业银行资产负债管理的发展

【课后习题】

一、名词解释

1. 商业银行　　2. 分支行制　　3. 单元制

4. 控股公司制
5. 分业经营
6. 混业经营
7. 网络银行
8. 负债业务
9. 资产业务
10. 表外业务
11. 活期存款
12. 定期存款
13. 储蓄存款
14. 可转让支付命令账户
15. 货币市场存款账户
16. 自动转账服务账户
17. 抵押贷款
18. 信用贷款
19. 五级贷款
20. 现金资产
21. 缺口管理
22. 比例管理

二、问答题

1. 试阐述商业银行的起源。
2. 试阐述商业银行的职能。
3. 试阐述商业银行的类型。
4. 试阐述商业银行的负债业务。
5. 试阐述商业银行的资产业务。
6. 试阐述商业银行的表外业务。
7. 试阐述商业银行负债业务的作用。
8. 试阐述被动负债与主动负债业务的区别。
9. 试阐述商业银行证券投资业务的作用。
10. 试比较商业银行的证券投资业务和贷款业务。
11. 试阐述商业银行表外业务的特点。
12. 试阐述商业银行表外业务迅速发展的原因。
13. 试阐述商业银行的经营原则。
14. 试阐述商业银行的管理理论。

第十二章　其他金融机构

【学习目标】

1. 了解投资银行的起源与发展，掌握投资银行的概念、类型与业务。
2. 了解投资基金公司的起源与发展，掌握投资基金公司的概念与类型。
3. 了解保险公司的起源，掌握保险公司的概念与类型。
4. 理解信托的概念、作用与类型，掌握信托公司的概念与职能。
5. 理解租赁的概念、作用与类型，掌握租赁公司的概念与类型。

【思政目标】

党的二十大报告指出："中国式现代化是人与自然和谐共生的现代化。""人与自然和谐共生"既是中国共产党领导的社会主义现代化的"中国特色"，更是中国式现代化的本质要求。人与自然生命共同体思想为追求"人与自然和谐共生的现代化"提供哲学基础。实现人与自然和谐共生，必须坚持"绿水青山就是金山银山"理念，必须坚持绿色发展方式，必须坚持"环境就是民生"价值取向。

绿色发展为实现人与自然和谐共生的现代化提供实践路径。在党的十八届五中全会上，绿色发展理念与创新、协调、开放、共享一起作为关系我国发展前途命运的"新发展理念"被提出，这标志着是否实现经济发展与生态环境保护的双赢成为衡量经济发展质量的一个重要指标。党的二十大进一步明确要"推动绿色发展，促进人与自然和谐共生"。绿色金融是实现绿色发展的重要举措。

我国绿色租赁业务投放呈爆发式增长

在各国金融机构体系中，除了商业银行这类存款类金融机构之外，还有大量的非存款类的金融机构。如前文所述，这两类金融机构在业务范围与功能上有明显区别。但是，现在大量的金融创新出现，商业银行和非银行金融机构的区别日益模糊，非银行金融机构逐渐介入银行业务领域，与商业银行展开更直接的竞争。

第一节　投资银行

一、投资银行的起源与发展

投资银行萌芽于15世纪的欧洲。早在商业银行发展之前，一些欧洲商人就开始通过承兑贸易商人的汇票为他们自身和其他商人的短期债务进行融资。这便是投资银行的雏形，由于融资业务是由商人提供的，因而也被称为商人银行。欧洲的工业革命极大地促进了商人银行的发展，将其业务范围扩大至帮助公司筹集股本金、资产管理、协助融资、投资顾问等等。20世纪以后，商人银行逐步扩大了证券承销、证券自营、债券交易等方面的业务，而商人银行真正积极参与证券市场业务还是近几十年的事情。在欧洲的商人银行业务中，英国是最发达的，它在世界上的地位仅次于美国，此外，德国、瑞士等国的商人银行也比较发达。

美国的投资银行业发展的历程并不很长，但其发展的速度是最快的。美国的投资银行业始于19世纪，但它真正有所发展应当从第一次世界大战结束时开始。1929年以前，美国政府规定公司发行证券必须有中介参与，而银行不能直接从事证券发行与承销，这种业务只能通过银行控股的证券业附属机构来进行。实际上，这一时期，投资银行大多由商业银行所控制，因此，这一阶段投资银行的运营模式本质上还是混业经营。由于是混业经营，商业银行频频涉足于证券市场、参与证券投机，致使市场上出现了大量虚售、垄断、操纵等违法行为。1929—1933年爆发的史上空前的经济危机，使美国的银行业受到了巨大冲击。其间共有7 000多家银行倒闭。

1933年美国国会通过了著名的《格拉斯-斯蒂格尔法》，对金融业分业经营模式以法律条文加以明确规范，从此，投资银行和商业银行开始分业经营。许多大银行将两种业务分离开来，成立了专门的投资银行和商业银行。例如，摩根银行便分裂为投资银行摩根士丹利（Morgan Stanley）和商业银行J. P. 摩根。有些银行则根据自身的情况选择经营方向。例如，花旗银行和美洲银行成为专门的商业银行，而所罗门兄弟公司（Solomon Brother）、美林（Merrill Lynch）和高盛（Goldman Sachs）等则选择了投资银行。从此，美国的投资银行业走上了平稳发展的道路，业务范围也被拓宽了许多。

20世纪80年代美国先后颁布了一系列法律和法规，放松了对市场和机构的管制，这对投资银行业产生了极为深远的影响，使投资银行业在80—90年代取得了长足的进步，产生了大量金融创新产品。特别是大量垃圾债券的发行给投资银行提供了巨大的商机，并影响了美国投资银行的历程。进入90年代，国际上投资银行业发生了许多变化，主要是投资银行机构规模越来越大、并购重组大量出现、高科技发展带来投资银行业务的革命、创新业务大量涌现等等，这使得美国的投资银行近几十年来发展迅速，到2007年底，美国投资基金总资产达到12万亿美元，远远超过银行规模，是美国最大的金融中介机构。直接融资比重已经超过间接融资。

2007年后，受美国"次贷危机"影响，投资银行，尤其是美国的投资银行纷纷破产或被收购。2008年3月，美国第五大投资银行贝尔斯登被摩根大通收购；同年9月，雷曼兄弟宣布破产，美林被美国银行收购。不到6个月的时间，美国前五大独立投资银行消失了3家，剩下的高盛与摩根士丹利两家投资银行也于2008年9月被美联储批准转型为联邦银行控股公司。至此，投资银行的发展又有了与商业银行混业经营的走势。

二、投资银行的概念

投资银行是美国和欧洲大陆的称谓，英国称之为商人银行，在日本则指证券公司。它是与商业银行相对应的一类金融机构，主要从事证券发行、承销、交易、企业重组、兼并与收购、投资分析、风险投资、项目融资等业务的非银行金融机构，是资本市场上的主要金融中介。投资银行主要服务于资本市场，这是它区别于商业银行的标志。

投资银行的组织形态主要有三种。一是独立型的专业性投资银行，这种类型的机构比较多，遍布世界各地，它们有各自擅长的业务方向，比如美国的高盛、摩根士丹利；二是商业银行拥有的投资银行，主要是商业银行通过兼并收购其他投资银行，参股或建立附属公司从事投资银行业务，这种形式在英国等国非常典型，比如汇丰集团、瑞银集团；三是全能型银行直接经营投资银行业务，这种形式主要出现在德国，银行在从事投资银行业务的同时也从事商业银行业务，比如德意志银行。

三、投资银行的业务

经过多年的发展，现代投资银行已经突破了证券发行与承销、证券交易经纪、证券私募发行等传统业务框架，企业并购、项目融资、风险投资、公司理财、投资咨询、资产及基金管理、资产证券化等都已成为投资银行的核心业务组成。

（一）证券承销

证券承销是投资银行最本源、最基础的业务活动。投资银行承销的证券范围很广，包括该国中央政府、地方政府、政府机构发行的债券，企业发行的股票和债券，外国政府和公司在该国和世界发行的证券，国际金融机构发行的证券等。投资银行在承销过程中一般要按照承销金额及风险大小来权衡是否要承销和选择承销方式。通常的承销方式有三种。第一种是包销。这意味着主承销商同意按照商定的价格购买发行的全部证券，然后再把这些证券卖给它们的客户。这时发行人不承担风险，风险转嫁到了投资银行的身上。第二种是投标承购。它通常是在投资银行处于被动竞争的情况下进行的。采用这种发行方式的证券通常都是信用较高，颇受投资者欢迎的债券。第三种是代销。这一般是由于投资银行认为该证券的信用等级较低，承销风险大而形成的。这时投资银行只接受发行者的委托，代理其销售证券，如在规定的期限计划内发行的证券没有全部销售出去，则将剩余部分返回证券发行者，发行风险由发行者自己负担。

（二）证券经纪交易

投资银行在二级市场中扮演着做市商、经纪商和交易商三重角色。作为做市商，在证券承销结束之后，投资银行有义务为该证券创造一个流动性较强的二级市场，并维持市场价格的稳定。作为经纪商，投资银行代表买方或卖方，按照客户提出的价格代理进行交易。作为交易商，投资银行有自营买卖证券的需要，这是因为投资银行接受客户的委托，管理着大量的资产，必须要保证这些资产的保值与增值。此外，投资银行还在二级市场上进行无风险套利和风险套利等活动。

（三）证券私募发行

证券的发行方式分为公募发行和私募发行两种，前面的证券承销实际上是公募发行。私募发行又称私下发行，就是发行者不把证券售给社会公众，而是仅售给数量有限的机构投资者，如保险公司、共同基金等。私募发行不受公开发行的规章限制，除能节约发行时间和发行成本外，又能够比在公开市场上交易相同结构的证券给投资银行和投资者带来更高的收益率，所以，私募发行的规模仍在扩大。但同时，私募发行也有流动性差、发行面窄、难以公开上市扩大企业知名度等缺点。

（四）兼并与收购

企业兼并与收购已经成为现代投资银行除证券承销与经纪业务外最重要的业务组成部分。投资银行可以以多种方式参与企业的并购活动，如寻找兼并与收购的对象、向猎手公司和猎物公司提供有关买卖价格或非价格条款的咨询、帮助猎手公司制定并购计划或帮助猎物公司针对恶意的收购制定反收购计划、帮助安排资金融通和过桥贷款等。此外，并购中往往还包括“垃圾债券”的发行、公司改组和资产重组等活动。

（五）项目融资

项目融资是对一个特定的经济单位或项目策划安排的一揽子融资的技术手段，借款者可以只依赖该经济单位的现金流量和所获收益用作还款来源，并以该经济单位的资产作为借款担保。投资银行在项目融资中起着非常关键的作用，它将与项目有关的政府机关、金融机构、投资者与项目发起人等紧密联系在一起，协调律师、会计师、工程师等一起进行项目可行性研究，进而通过发行债券、基金、股票或拆借、拍卖、抵押贷款等形式组织项目投资所需的资金融通。投资银行在项目融资中的主要工作是：项目评估、融资方案设计、有关法律文件的起草、有关的信用评级、证券价格确定和承销等。

（六）公司理财

公司理财实际上是投资银行作为客户的金融顾问或经营管理顾问而提供咨询、策划或操作。它分为两类：第一类是根据公司、个人或政府的要求，对某个行业、某种市场、某种产品或证券进行深入的研究与分析，提供较为全面的、长期的决策分析资料；第二类是在企业经营遇到困难时，帮助企业出谋划策，提出应变措施，诸如制定发展战略、重建财务制度、出售转让子公司等。

（七）基金管理

基金是一种重要的投资工具，它由基金发起人组织，吸收大量投资者的零散资金，聘请有专门知识和投资经验的专家进行投资并取得收益。投资银行与基金有着密切的联系。首先，投资银行可以作为基金的发起人，发起和建立基金；其次，投资银行可作为基金管理者管理基金；第三，投资银行可以作为基金的承销人，帮助基金发行人向投资者发售受益凭证。

（八）财务顾问

投资银行的财务顾问业务是投资银行所承担的对公司尤其是上市公司的一系列证券市场业务的策划和咨询业务的总称。主要指投资银行在公司的股份制改造、上市、在二级市场再筹资以及发生兼并收购、出售资产等重大交易活动时提供的专业性财务意见。投资银行的投资咨询业务是连结一级和二级市场，沟通证券市场投资者、经营者和证券发行者的纽带和桥梁。习惯上常将投资咨询业务的范畴定位在对参与二级市场投资者提供投资意见和管理服务。

（九）资产证券化

资产证券化是指经过投资银行把某公司的一定资产作为担保而进行的证券发行，是一种与传统债券筹资十分不同的新型融资方式。进行资产转化的公司称为资产证券发起人。发起人将持有的各种流动性较差的金融资产，如住房抵押贷款、信用卡应收款等，分类整理为一批资产组合，出售给特定的交易组织，即金融资产的买方（主要是投资银行），再由特定的交易组织以买下的金融资产为担保发行资产支持证券，用于收回购买资金。这一系列过程就称为资产证券化。资产证券化的证券即资产证券为各类债务性债券，主要有商业票据、中期债券、信托凭证、优先股票等形式。资产证券的购买者与持有人在证券到期时可获本金、利息的偿付。证券偿付资金来源于担保资产所创造的现金流量，即资产债务人偿还的到期本金与利息。如果担保资产违约拒付，资产证券的清偿也仅限于被证券化资产的数额，而金融资产的发起人或购买人无超过该资产限额的清偿义务。

（十）风险投资

风险投资又称创业投资，是指对新兴公司在创业期和拓展期进行的资金融通，表现为风险大、收益高。新兴公司一般是指运用新技术或新发明、生产新产品、具有很大的市场潜力、可以获得远高于平均利润的利润，但却充满了极大风险的公司。由于高风险，普通投资者往往都不愿涉足，但这类公司又最需要资金的支持，因而为投资银行提供了广阔的市场空间。投资银行涉足风险投资有不同的层次：第一，采用私募的方式为这些公司筹集资本；第二，对于某些潜力巨大的公司有时也进行直接投资，成为其股东；第三，更多的投资银行是设立“风险基金”或“创业基金”向这些公司提供资金来源。

中国投资银行业务的发展

第二节 投资基金公司

一、投资基金公司的起源与发展

投资基金最早的萌芽，可以追溯到19世纪初的荷兰，世界上最早的证券交易所就诞生在阿姆斯特丹。在当时，一些达官贵人为妥善保管私人财产，专门聘请理财有方的律师或会计师管理和经营他们的财产。他们除支付给经营者一定的酬劳外，剩余投资盈利则归己。荷兰国王威廉一世于1822年创立了第一个私人基金，委托专业管理人员操作，专门投资于外国政府证券。这就是早期的证券投资信托。

然而，举世公认的真正意义上的投资基金还是诞生于英国。19世纪60年代，英国经过第一次产业革命之后，生产力得到了极大的发展，工商业极为发达，殖民地和贸易遍及世界各地，社会和个人财富迅速增长。由于国内资金积累过多，投资机会相对饱和，促使许多商人纷纷将个人财产和资金转移到海外市场。由于投资者本身缺乏国际投资知识，对海外的投资环境缺乏了解，于是便萌发了集合众多投资者的资金，委托专人经营和管理的想法。这一想法得到了英国政府的支持。于是由政府出面组成投资公司，委托具有专门知识的理财专家代为投资，并分散风险，让中小投资者可以分享国际投资的丰厚收益。

1868年11月，英国组建的“海外和殖民地政府信托”组织在英国《泰晤士报》刊登招股说明书，公开向社会个人发售认股凭证，以分散投资于国外殖民地的公司债为主；其投资地区，远及南北美洲、中东、东南亚和意大利、葡萄牙、西班牙等国，投资总额48万英镑。它是公认的设立最早的投资基金机构。该基金跟股票类似，不能退股，亦不能将基金单位兑现，认购者的权益仅限于分红和派息两项。由于原始的基金投资业务大多限于当时市场上各种有利可图的有价证券上，因而证券投资信托成为基金业务的基础和投资对象。

早期的英国投资基金是非公司组织，投资者和代理人之间通过信托契约的形式，规定双方的权利和义务。因此，契约型投资基金是最早出现的投资基金形态。公司型投资基金的产生，始于1879年英国《股份有限公司法》颁布之后。投资基金开始脱离原来的契约形态，发展成为股份有限公司组织，这是信托投资历史上一次大的飞跃。公司型投资基金是依据股份有限公司的有关法律设立的一种投资基金形式。它与一般的股份有限公司一样，通过类似发行股票的方式募集资金，但其投资对象是证券和各类金融产品，投资收益由公司股东分享。至此，契约型和公司型的基金形态均已出现，从基金的组织形态上看，已接近完善。

从1870年至1930年的60年间，英国共有200多个基金公司在全国各地成立，发展速度非常快。这个时期的基金处于初创阶段，主要投资于海外的实业和债券，在类型上都是封闭式基金，即基金发行在外的受益凭证数量固定不变，投资者只能在市场上进行受益凭证的交易，其价格由供求关系调节。

二、投资基金公司的概念与分类

投资基金公司是指依据有关法律法规设立的对基金的募集、基金份额的申购和赎回、基金财产的投资、收益分配等基金运作活动进行管理的公司。证券投资基金的依法募集由基金管理人承担，基金管理人由依法设立的基金公司担任。

基金公司可以分为公募基金公司与私募基金公司。公募基金公司可以公开募集资金，而私募基金公司只能通过非公开方式募集资金。在美国，共同基金和退休金基金等公募基金，一般通过公开媒体做广告来招徕客户，而按有关规定，私募基金不得利用任何传播媒体做广告宣传，其参加者主要通过获得的所谓“投资可靠消息”，或者直接认识基金管理者的形式加入。在募集对象上，私募基金的对象只是少数特定的投资者，圈子虽小门槛却不低。如在美国，对冲基金对参与者有非常严格的规定：若以个人名义参加，最近两年个人年收入至少在20万美元以上；若以家庭名义参加，家庭近两年的收入至少在30万美元以上；若以机构名义参加，其净资产至少在100万美元以上，而且对参与人数也有相应的限制。此外，公募基金信息披露要求非常严格，私募基金这方面的要求低得多，加之政府监管也相应比较宽松，因此私募基金的投资更具隐蔽性，运作也更为灵活，相应获得高收益回报的机会也更大。

我国公开募集证券投资基金概览

第三节　保险公司

一、保险的起源

人类社会从开始就面临着自然灾害和意外事故的侵扰。在与大自然抗争的过程中，古代人们就萌生了对付灾害事故的保险思想和原始形态的保险方法。

我国历代王朝都非常重视积谷备荒。春秋时期孔子“耕三余一”的思想就是颇有代表性的见解。孔子认为，每年如能将收获粮食的三分之一积储起来，这样连续积储3年，便可存足1年的粮食，即“余一”。如果不断地积储粮食，经过27年可积存9年的粮食，就可达到太平盛世。

在国外，保险思想和原始的保险雏形在古代也已经产生。据史料记载，公元前2500年，在西亚两河(底格里斯河和幼发拉底河)流域的古巴比伦王国,国王下令僧侣、法官及村长等对他们所辖境内的居民收取赋金,用以救济遭受火灾及其他天灾的人们。这被公认为是世界上最早的保险。

现代海上保险是由古代巴比伦和腓尼基的船货抵押借款思想逐渐演化而来。火灾保险起源于1118年冰岛设立的“黑瑞甫”(Hrepps)社,该社对火灾及家畜死亡损失承担赔偿责任。

人身保险起源于海上保险。15世纪后期欧洲的奴隶贩子把运往美洲的非洲奴隶当作货物进行投保,后来船上的船员也可投保;如遇到意外伤害,由保险人给予经济补偿,这些应该是人身保险的早期形式。17世纪中叶,意大利银行家洛伦佐·佟蒂设计了“联合养老保险法”(简称“佟蒂法”),并于1689年正式实行。佟蒂法规定每人缴纳法郎,筹集起总额140万法郎的资金,保险期满后,规定每年支付10%,并按年龄把认购人分成若干群体,对年龄高些的,分息就多些。佟蒂法的特点就是把利息付给该群体的生存者,如该群体成员全部死亡,则停止给付。

责任保险是对无辜受害人的一种经济保障。尽管现代保险已经有300多年的历史,但责任保险的兴起却只是近100多年的事。1855年,英国铁路乘客保险公司首次向铁路部门提供铁路承运人责任保障,开了责任保险的先河。1870年,建筑工程公众责任保险问世;1875年,马车第三者责任保险开始出现;1880年,出现雇主责任保险;1885年,世界上第一张职业责任保单——药剂师过失责任保险单由英国北方意外保险公司签发;1895年,汽车第三者责任险问世;1900年责任保险扩大到产品责任。

保险小常识

二、保险的概念与分类

保险是指投保人根据合同约定,向保险人支付保险费,保险人对于合同约定的可能发生的事故因其发生所造成的财产损失承担赔偿保险金责任,或者被保险人死亡、伤残、疾病或者达到合同约定的年龄、期限等条件时承担给付保险金责任的保险行为。保险是一种保障机制,是用来规划人生财务的一种工具,是市场经济条件下风险管理的基本手段,是金融体系和社会保障体系的重要的支柱。

常见的保险种类主要包括人身保险、财产保险、责任保险、信用保证保险等。财产保险是以各种物质财产为保险标的的保险,保险人对物质财产或者物质财产利益的损失负赔偿责任。人身保险是以人的身体或者生命作为保险标的的保险,保险人承担被保险人保险期间遭受到人身伤亡,或者保险期满被保险人伤亡或者生存时,给付保险金的责任。人身保险除了包括人寿保险外,还有健康保险和人身意外伤害险。责任保险,是指保险人在被保险人依法应对第三者负赔偿民事责任,并被提出赔偿要求时,承担赔偿责任的财产保险形式。信用保证保险是以信用风险为保险标的保险,它实际上是由保险人(保证人)为信用关系中的义务人(被保证人)提供信用担保的一类保险业务。

三、保险公司的概念与分类

保险公司是销售保险合约、提供风险保障的公司,享有收取保险费、建立保险费基金的权利,同时当保险事故发生时,有义务赔偿被保险人的经济损失。保险公司收取保费,将保费所得资本投资于债券、股票、贷款等资产,运用这些资产所得收入支付保单所确定的保险赔偿。保险公司通过上述业务,能够在投资中获得高额回报并以较低的保费向客户提供适当的保险服务,从而盈利。

保险公司除了可以按照经营业务进行分类,还可以按照所有权制度分为以下三类。

（一）股份保险公司

股份保险公司类似于其他产业的股份公司,由发起人根据《公司法》设立,由此具体规定了公司发起人的人数、公司债务的限额、发行股票的种类、税收、营业范围、公司的权利、申请程序、公司执照等。西方发达国家的公司组织由三个权利集团组成,即股东、董事会、高级经理人员。

（二）相互保险公司

相互保险公司也是一种公司组织形式,但是一种非营利公司,没有股东,公司为保单持有人(投保人)拥有。因此投保人具有双重身份,既是公司所有人,又是公司的客户。股份保险公司的股东并不一定是公司的顾客,相互公司的投保人作为所有人可以参加选举董事会,由董事会任命公司的高级管理人员专事公司的业务经营与管理。投保人能以取得“红利”的形式分享经营成果。

（三）专属保险公司

由工商企业自己设立,旨在为该企业、附属企业以及其他相关企业的风险保险或再保险的保险公司。

中国保险业现状

第四节　信托公司

一、信托的概念与分类

（一）信托的概念

信托是一种法律行为,因此在采用不同法系的国家,其定义有较大的差别。历史上出现过多种不同的信托定义,但时至今日,人们也没有对信托的定义达成完全的共识。

我国在 2001 年出台了《中华人民共和国信托法》,对信托的概念进行了完整的定义。所谓信托,是指委托人基于对受托人的信任,将其财产权委托给受托人,由受托人按委托人的意愿以自己的名义,为受益人的利益或者特定目的,进行管理或者处分的行为。简单地说,信托即为信用委托,其核心是“受人之托,代人理财”,是一种理财方式。它和银行业、证券业、保险业一起构成现代金融四大支柱。信托业务是一种以信用为基础的金融行为与法律行为,一般涉及三方面当事人,即投入信用的委托人,受信于人的受托人,以及受益于人的受益人。

信托关系成立的前提是委托人对受托人的信任,一个是对受托人诚信的信任,再一个是对受托人承托能力的信任。

信托财产及财产权的转移是成立信托的基础。信托是以信托财产为中心的法律关系,没有信托财产,信托关系就丧失了存在的基础,所以委托人在设立信托时必须将财产权转移给受托人,这是信托制度与其他财产制度的根本区别。财产权是指以财产上的利益为标准的权利,除身份权、名誉权、姓名权之外,其他任何权利或可以用金钱来计算价值的财产权,如物权、债权、专利权、商标权、著作权等,都可以作为信托财产。

信托的起源

在信托关系中,受托人以自己的名义管理处分信托财产。这种信托关系体现在了五个方面。一是委托人将财产委托给受托人后对信托财产就没有了直接控制权；二是受托人完全是以自己的名义对信托财产进行管理处分；三是受托人管理处分信托财产必须按委托人的意愿进行；四是这种意愿是在信托合同中事先约定的，也是受托人管理处分信托财产的依据；五是受托人管理处分信托财产必须是为了受益人的利益，既不能为了受托人自己的利益，也不能为了其他第三人的利益。

（二）信托的作用

1. 代人理财，拓宽投资者的投资渠道

一是规模效益，信托将零散的资金巧妙地汇集起来，由专业投资机构运用于各种金融工具或实业投资，谋取资产的增值；二是专家管理，信托财产的管理和运用均是由相关行业的专家来管理的，他们具有丰富的行业投资经验，掌握先进的理财技术，善于捕捉市场机会，为信托财产的增值提供了重要保证。

2. 聚集资金，为经济服务

由于信托制度可有效地维护、管理所有者的资金和财产，它具有很强的筹资能力，为企业筹集资金创造了良好的融资环境，更为重要的是它可以将储蓄资金转化为生产资金，可有力支持经济。

3. 规避和分散风险

由于信托财产具有的独立性，使得信托财产在设立信托时没有法律瑕疵，在信托期内能够对抗第三方的诉讼，保证信托财产不受侵犯，从而使信托制度具有了其他经济制度所不具备的风险规避作用。

（三）信托的分类

1. 按照信托财产划分

按照信托财产的性质不同，信托业务可以划分为金钱信托、动产信托、不动产信托、有价证券信托和金钱债权信托。

（1）金钱信托。金钱信托也叫资金信托，它是指在设立信托时委托人转移给受托人的信托财产是金钱，即货币形态的资金，信托受托人给付受益人的也是货币资金，信托终了，受托人交还的信托财产仍是货币资金。在金钱信托期间，受托人为了实现信托目的，可以变换信托财产的形式，比如用货币现金购买有价证券获利，或进行其他投资，但是受托人在给付受益人信托收益时要把其他形态的信托财产还原为货币资金。金钱信托是各国信托业务中运用比较普遍的一种信托形式。如日本的金钱信托占全日本信托财产总额的90%。在我国信托机构从事的信托业务中，金钱信托占有很大的比重，主要包括信托贷款、信托投资、委托贷款、委托投资等形式。

（2）有价证券信托。有价证券信托是指委托人将有价证券作为信托财产转移给受托人，由受托人代为管理运用。比如委托受托人收取有价证券的股息，行使有关的权利，如股票的投票权，或将土地信托有价证券出租收取租金，或以有价证券作抵押从银行获取贷款，然后再转贷出去，以获取收益。

（3）不动产信托。不动产信托是指委托人把各种不动产，如房屋、土地等转移给受托人，由其代为管理和运用，如对房产进行维护保护、出租房屋土地、出售房屋土地等等。

（4）动产信托。动产信托是指以各种动产作为信托财产而设定的信托。动产包括的范围很广，但在动产信托中受托人接受的动产主要是各种机器设备，受托人受委托人委托管理和处理机器设备，并在这个过程中为委托人融通资金，所以动产信托具有较强的融资功能。

（5）金钱债权信托。金钱债权信托是指以各种金钱债权作信托财产的信托业务。金钱债权是指要求他人在一定期限内支付一定金额的权力，具体表现为各种债权凭证，如银行存款凭证、票据、保险单、借据等等。受托人接受委托人转移的各种债权凭证后，可以为其收取款项，管理和处理其债权，并管理和运用由此而获得的货币资金。例如，西方国家信托机构办理的人寿保险信托就属于金钱债权信托，即委托人将其人寿保险单据转移给受托人，受托人负责在委托人去世后向保险公司索取保险金，并向受益人支付收益。

2. 按照信托目的划分

按照信托目的不同，信托可以划分为担保信托、管理信托、处理信托、管理和处理信托。

(1)担保信托。担保信托是指以确保信托财产的安全，保护委托人的合法权益为目的而设立的信托。当受托人接受了一项担保信托业务后，委托人将信托财产转移给受托人，受托人在受托期间并不运用信托财产去获取收益，而是妥善保管信托财产，保证信托财产的完整。例如，附担保公司债信托就是一项担保信托。附担保公司债信托是西方国家信托机构广泛开展的一项信托业务，是信托机构在公司企业发行公司债券时，为便利公司债券的发行，保护投资者的利益而设立的。发行债券是企业筹措资金的一种方式，企业在发行债券时首先要解决一个问题，就是担保品的保管问题。

(2)管理信托。管理信托是指以保护信托财产的完整，保护信托财产的现状为目的而设立的信托。这里的管理是指不改变财产的原状、性质，保持其完整。在管理信托中，信托财产不具有物上代位性。如果管理信托中的信托财产是房屋，那么受托人的职责就是对房屋进行维护保护，保持房屋的原貌，在此期间，也可以将房屋出租，但不得改建房屋。如果是以动产如机器设备为对象设立管理信托，那么受托人可以将设备出租获取租金收入，但不可将动产出售变卖，换成其他形式的财产。

(3)处理信托。处理信托是指改变信托财产的性质、原状以实现财产增值的信托业务。在处理信托中，信托财产具有物上代位性，即财产可以变换形式，如将财产变卖转为资金，或购买有价证券等等。若以房屋为对象设立处理信托，受托人就可以将房屋出售，换取其他形式的财产。若以动产为对象设立处理信托，受托人就可以将动产出售。

(4)管理和处理信托。这种信托形式包括了管理和处理两种形式。通常是由受托人先管理财产，最后再处理财产。例如以房屋、设备等为对象设立管理和处理信托，受托人的职责就是先将房屋、设备等出租，然后再将其出售，委托人的最终目的是处理信托财产。这种信托形式通常被企业当作一种促销和融资的方式。企业在销售价值量巨大的商品，如房屋、大型设备的时候，若采用一次性付款的方式很难将产品销售出去。若采用分期付款方式，企业又不能及时收回成本。企业以这些商品为对象设立管理和处理信托，把商品的所有权转移给信托机构，信托机构则通过各种形式为企业融通资金。这样，商品可以顺利销售，企业的资金又可以顺利回收。

3. 按照委托人划分

按照委托人的不同，信托可以分为个人信托和法人信托，及个人法人通用的信托。

(1)个人信托。个人信托是指以个人(自然人)为委托人而设立的信托。个人只要符合信托委托人的资格条件就可以设立信托。个人信托的开展与个人财产的持有状况及传统习惯有很大的关系。个人有生命期的限制，由此个人信托又可以分为两种：一是生前信托，二是身后信托。

(2)法人信托。法人信托是指由具有法人资格的企业、公司、社团等作为委托人而设立的信托。法人信托大多与法人的经营活动有关。例如企业发行债券、销售设备等等，法人信托中的财产价值巨大，个人作为受托人难以承担这样巨大的责任，因此法人信托中的受托人也都是法人，如信托公司、银行等金融机构。从信托发展的历史过程看，信托发展早期主要是个人信托。后来，随着各种企业公司等法人机构的出现，法人信托业务也逐渐发展起来，法人信托成为信托公司的重要业务。法人设定信托的目的都与法人自身的经营有紧密关系，但具体形式各异，主要包括：附担保公司债信托、动产信托、雇员受益信托、商务管理信托等等。

二、信托公司的概念与职能

信托公司，在我国是指依法设立的主要经营信托业务的金融机构。信托公司以信任委托为基础、以货币资金和实物财产的经营管理为形式，开展融资和融物相结合的多边信用行为。

（一）信托公司的基本职能

信托公司的基本职能是财产管理职能。财产管理是指信托公司受委托人之托，为其经营管理或处理财产的功能，即“受人之托、为人管业、代人理财”，这是信托公司的基本职能。现代信托业所从事的无论是金钱信托还是实物信托，都属于财产管理功能的运用，其理论支持是现代产权理论。在该功能下，信托公司作为受托人，必须按委托人的要求或其指定的具体项目，发放贷款或进行投资，为委托人或受益人谋利，不能按自己需要随意处理信托财产。而且，信托财产所获收益，全部归受益人享有，信托机构只能按契约规定收取相应手续费。如果发生损失，只要符合信托合同规定，受托人不承担责任；如违反规定的受托人的重大过失导致的损失，受托人有赔偿责任。

（二）信托公司的派生职能

1. 融通资金职能

融通资金功能是指信托业作为金融业的一个重要组成部分，本身就赋有调剂资金余缺之功能。由于在商品货币经济条件下，财产有相当一部分以货币资金形态存在，因此对这些信托财产的管理和运用就必然伴随着货币资金的融通。表面上看信托业的这一功能与信贷相似，但实则有质的区别。在融资对象上信托既融资又融物；在信用关系上信托体现了委托人、受托人和受益人多边关系；在融资形式上实现了直接融资与间接融资相结合；而在信用形式上信托成为银行信用与商业信用的结合点。

2. 协调经济关系职能

协调经济关系功能是指信托业处理和协调交易主体间经济关系和为之提供代理与咨询事务的功能。在现代经济生活中固有的信息不完备和交易主体内存的机会主义行为倾向，使得交易费用越发昂贵。因此，为降低交易费用，弱化交易对方的机会主义行为，交易主体通常都要了解与之经营有关的经济信息，如经济政策、技术可行性、交易对方资信、经营能力、付款能力、经营作风、市场价格、利率、汇率以至生活习俗等。信托业务具有多边经济关系，受托人作为委托人与受益人的中介，是天然的横向经济联系的桥梁和纽带。可与经营各方建立互动关系，提供可靠的经济信息，为委托人的财产寻找投资场所，从而加强经济联系与沟通，充当“担保人”“见证人”“咨询人”“中介人”，为交易主体提供经济信息和经济保障。

3. 社会投资职能

社会投资职能是指信托业运用信托业务手段参与社会投资活动的功能。信托业务的开拓和延伸，必然伴随着投资行为的出现，也只有信托机构享有投资权和具有适当的投资方式的条件下，其财产管理功能的发挥才具有了可靠的基础，因此，信托机构开办投资业务是世界上许多国家的信托机构的普遍做法。信托业的社会投资职能，可以通过信托投资业务和证券投资业务得到体现。在我国，自 1979 年信托机构恢复以来，信托投资业务一直是其最重要的一项业务，这一点，从我国大多数信托机构都命名为“信托投资公司”可见一斑。

4. 为社会公益事业服务的职能

为社会公益事业服务是指信托业可以为欲捐款或资助社会公益事业的委托人服务，以实现其特定目的的功能。随着经济的发展和社会文明程度的提高，越来越多的人热心于学术、科研、教育、慈善、宗教等公益事业，纷纷捐款或者设立基金会，但他们一般对捐助或募集的资金缺乏管理经验，并且又希望所热心支持的公益事业能持续下去，于是就有了与信托机构合作办理公益事业的愿望。信托业对公益事业的资金进行运用时，一般采取稳妥而且风险较小的投资方法，如选取政府债券作为投资对象。信托机构开展与公益事业有关的业务时，一般收费较低，有的甚至可不收费，提供无偿服务。

我国信托业发展历程

第五节　租赁公司

一、租赁的概念与分类

租赁是指在约定的期间内，出租人将资产使用权让与承租人以获取租金的行为。租赁是一种借贷实物的经济行为，出租人将自己所拥有的某种物品交与承租人使用，承租人由此获得在一段时期内使用该物品的权利，但物品的所有权仍保留在出租人手中。承租人为其所获得的使用权需向出租人支付一定的费用（租金）。

（一）租赁的作用

租赁为企业，尤其是中小企业开辟了新的融资渠道。而且租赁协议限制条款较少，租赁方式灵活。富有创造精神的出租人可以结合承租人的特殊需要签订租赁协议。例如，可以约定等到设备开始运转、具有生产能力之后才开始支付租金，而且还可以不要求以取得的新设备向主要贷款人作抵押，承租人可以避免再去签订成本昂贵的再贷款协议。同时，承租人可以借助租赁保留银行贷款额度和紧缺的现金资源，增强企业营运资金的灵活运用能力。此外，租金固定，有助于防止资金成本的增加，避免通货膨胀风险；租金固定便于计算投资报酬率，有助于承租人快速完成投资决策。

对于设备淘汰更新快的企业而言，租赁为机器设备快速升级创造了便利条件。在多数情况下，承租人把残值风险转移给了出租人，减少了设备因过时而陈旧的风险。

最后，租赁业务有利于承租人修饰财务报表。采用经营租赁时，租金作为营业费用处理，避免为购置设备而增加大笔负债，可以有效地防止资产负债率上升。

（二）租赁的分类

租赁可从不同的角度进行分类。从租赁的目的分，可分为融资租赁和经营租赁；从交易的程度分，可分为直接租赁、杠杆租赁、回租租赁和转租赁等。

1. 按照租赁目的划分

（1）融资租赁。

融资租赁又称金融租赁，指租赁的当事人约定，由出租人根据承租人的决定，向承租人选定的第三者（供货人）购买承租人选定的设备，以承租人支付租金为条件，将该物件的使用权转让给承租人，并在一个不间断的长期租赁期间内，出租人通过收取租金的方式，收回全部或大部分投资。出租人和承租人可以约定租赁期届满时租赁物的归属。对租赁物的归属没有约定或者约定不明确，租赁物的所有权归出租人。

融资租赁是设备租赁的基本形式，以融通资金为主要目的。这是一种不可解约的租赁，在基本租期内双方均无权撤销合同。基本租期一般相当于设备的有效寿命。承租人负责设备的选择、保险、保养和维修等；出资人仅负责垫付货款，购进承租人所需的设备，按期出租，以及享有设备的期末残值。

(2)经营租赁。

经营租赁是指一种短期租赁形式，是指出租人向承租人短期出租设备，并提供设备保养服务，租赁合同可中途解约，出租人需反复出租才可收回对租赁设备的投资。经营租赁是以获得租赁物的使用权为目的。这种租赁是一种可解约的租赁，在合理的条件下，承租人预先通知出租人即可解除租赁合同，或要求更换租赁物。经营租赁的期限一般比较短，远低于租赁物的经济寿命。经营租赁的租金总额一般不足以弥补出租人的租赁物成本并使其获得正常收益，出租人在租赁期满时将其再出租或在市场上出售才能收回成本。出租人不仅负责提供租金信贷，而且要提供各种专门的技术设备。经营租赁中租赁物所有权引起的成本和风险全部由出租人承担。其租金一般较融资租赁为高。经营租赁的对象主要是那些技术进步快、用途较广泛或使用具有季节性的物品。

2. 按照交易程度划分

(1)直接租赁。直接租赁是指一项由出租人独自承担购买出租设备全部资金的租赁交易。

(2)杠杆租赁。杠杆租赁是较为广泛采用的一种国际租赁方式，是一种利用财务杠杆原理组成的租赁形式。杠杆租赁至少有三方面的人参加：贷款人、出租人、承租人。某些租赁物过于昂贵，租赁公司不愿或无力独自购买并将其出租，杠杆租赁往往是这些物品唯一可行的租赁方式。美国等国家的政府规定，出租人所购用于租赁的资产，无论是靠自有资金购入的还是靠借入资金购入的，均可按资产的全部价值享受各种减税、免税待遇。因此，杠杆租赁中出租人仅出一小部分租金却能按租赁资产价值的100%享受折旧及其他减税免税待遇，这大大减少了出租人的租赁成本。在杠杆租赁中，贷款参与人对出租人无追索权，因此，它较一般信贷对出租人有利，而贷款参与人的资金也能在租赁物上得到可靠保证，比一般信贷安全。杠杆租赁的对象大多是金额巨大的物品，如民航客机等。

(3)回租。回租是承租人将其所拥有的物品出售给出租人，再从出租人手里将该物品重新租回，此种租赁形式称为回租。采用这种租赁方式可使承租人迅速回收购买物品的资金，加速资金周转。回租的对象多为已使用的旧物品。

(4)转租赁。转租赁是指承租人经出租人同意，将租赁物转租给第三人的行为。承租人转租的，承租人与出租人之间的租赁合同继续有效，第三人对租赁物造成损失的，承租人应当赔偿损失。承租人未经出租人同意转租的，出租人可以解除合同。

二、租赁公司的概念与分类

租赁公司是以出租设备或工具收取租金为业的金融企业。作为非银行金融机构，它以融物的形式起着融资的作用。最初的租赁物主要是土地、建筑物等不动产。1952年，世界上第一家专业租赁公司——美国租赁公司正式成立。其后租赁范围逐步扩展到以企业生产、加工、包装、运输、管理所需的机器设备等动产领域。经过多年的发展，融资租赁与银行贷款、资本市场“三足鼎立”，发展成为企业重要的融资渠道。

随着租赁业的发展，目前出现了许多不同形态的企业，开展各种类型的租赁业务。有专项租赁公司，主要经营专项租赁物件，属于某个专业的租赁公司；厂商租赁，利用租赁推销自己的产品；金融租赁，具有一定金融权的租赁公司，利用金融优势，开展大型租赁项目；中外合资租赁公司，主要利用外资，引进国外的先进设备；战略投资租赁公司，一些大的企业、集团公司或财团利用租赁的特点安排本集团的财务，发挥综合效益；资产管理租赁公司，用租赁的方式管理资产，盘活闲置资产，进行国企体制改革等；咨询类租赁公司，提供租赁技术的咨询服务，安排、策划、包装租赁项目以及网络租赁等。

中国租赁业现状

【课后习题】

一、名词解释

1. 投资银行　2. 投资基金　3. 公募基金
4. 私募基金　5. 保险公司　6. 信托
7. 信托公司　8. 租赁　9. 租赁公司

二、问答题

1. 试阐述投资银行的业务。
2. 试阐述投资基金公司的类型。
3. 试阐述保险公司的类型。
4. 试阐述信托的作用。
5. 试阐述信托的类型。
6. 试阐述信托公司的职能。
7. 试阐述租赁的类型。

第三篇

宏观金融

第十三章　货币供求与通货膨胀

【学习目标】

1. 掌握货币需求的概念,理解并掌握货币需求理论。
2. 掌握货币供给的概念与中央银行货币发行的过程。
3. 理解并掌握货币供给模型。
4. 理解货币均衡的含义。
5. 理解并掌握通货膨胀的概念、衡量尺度、类型、成因、效应及解决措施。

【思政目标】

在新中国成立前夕,我国经历了长期的战乱和动荡,经济遭受了严重破坏。特别是国民政府时期,为了维持其统治和打内战,滥发金圆券,导致了非常恶性的通货膨胀。这种恶性通货膨胀不仅严重破坏了社会经济秩序,更给广大民众带来了深重的灾难。新中国成立后,中国共产党心系百姓,采取了一系列强有力的经济措施,迅速恢复了经济秩序,改善了民生。这充分说明了只有坚持人民立场,才能赢得人民的拥护和支持。恶性通货膨胀的根源在于货币供应量的失控。因此,我们必须坚持稳健的货币政策,保持货币供应量的合理增长,防止通货膨胀的发生。

新中国成立前恶性通货膨胀

前面章节介绍的是微观金融,本章开始介绍宏观金融。微观金融的研究离不开宏观金融的分析。微观金融中最主要的价格杠杆——利率,由货币的供求决定,同时也受到宏观经济与货币政策的影响。

第一节　货币需求

一、货币需求的界定

货币需求是指在一定时期内,社会各阶层,包括个人、企业、政府,愿意以货币形式持有财产的需要。

（一）主观的货币需求与客观的货币需求

主观的货币需求是指一个人、一个家庭或一个企业单位，在主观上“希望”自己拥有多少货币。这只是一种主观愿望。

客观的货币需求是指在某一时刻个人或单位应该或可以占有多少货币，也可以指一个国家在一定时期内究竟需要多少货币才能满足生产和流通的需要。

微观经济学中认为有效需求一定是既有愿望又有能力才构成。所以此处货币需求指客观的货币需求，金融中研究的是有效的货币需求。

（二）微观货币需求与宏观货币需求

微观的货币需求是指个人、家庭或企业，在既定的收入水平、利率水平和其他经济条件下，保持多少货币在手边最为合适。

宏观的货币需求是指一个国家在一定时期内，经济发展和商品流通所必需的货币量，这种货币量既能满足货币需要，又不会引发通货膨胀。

在研究货币量的时候，有人从微观的角度去研究，把货币视为一种资产，即它和股票、债券及各种实物资产一样，是人们持有财富的一种形式，从这一角度出发，货币需求不应当理解为经济中为完成一定的交易量所需要的货币量，而应该理解为：当某人拥有一定财富的总额、可以选择多种形式来持有该财富时，他愿意以货币这种资产形式来持有的那部分财富就构成它对货币的需求。所以货币需求实际上是一种资产的选择，或者财富的分配行为，它受到人们财富总额、各种资产的相对收益和风险的影响。

也有人从宏观的角度去研究，仅仅把货币视为交易的媒介，从而探讨为完成一定的交易量，需要多少货币来支撑。经济学家大多是从微观的角度来研究货币需求的。

（三）名义货币需求与实际货币需求

货币需求还可以区分为名义货币需求与实际货币需求。名义货币需求，是指社会各个部门在不考虑币值变动引起价格变动时的货币需求，通常以 Md 表示。在实际的经济运行过程中，名义货币需求受到中央银行的货币供给影响。而实际货币需求就是剔除价格变动因素的影响之后的货币需求，是由商品流通本身所引起的货币需求。实际货币需求等于名义货币需求除以物价水平，通常以 Md/P 表示。两者的根本区别就在于，实际货币需求剔除了物价变动的影响，而名义货币需求则没有。

在现实经济中，经济的发展有时会超出人们的预料，通货膨胀或通货紧缩时有发生，因此，这里不仅要重视名义的货币需求，也要研究实际的货币需求。对于货币需求者来说，重要的是货币所具有的购买力的高低而非货币数量的多寡，因此，对实际货币需求的研究会更有意义；但在物价总水平有明显波动的情况下，区分并研究名义货币需求对于判断宏观经济形势和制定并实施货币政策具有重要意义。

二、货币需求理论

货币需求理论是西方经济学家研究货币需求的动机、构成和数量的理论。由于分析的角度、方法不同，各家的意见也不同。有学者从微观角度研究货币需求，也有学者从宏观角度研究货币需求；有学者研究名义货币需求，也有学者研究实际货币需求。

（一）费雪方程式

费雪方程式是传统货币数量论的方程式之一，是从宏观角度研究货币需求的理论代表。20 世纪初，美国经济学家、耶鲁大学教授欧文·费雪在其 1911 年出版的《货币的购买力》一书中，提出了交易方程式：$MV=PT$，也被称为费雪方程式。式中，M 表示一定时期流通中货币的平均数量；V 表示货币流通速度，即一定时期单位货币的平均周转次数；P 表示商品和劳务价格的加权平均数；T 表示商品和劳务的交易数量。

【计算举例 13－1】

货币需求量的计算

假设我们国家有 140 000 万人，每人每年消费 5 万元，所有的人都是按月支付，则我国的货币需求为 58 333.33 亿元(140 000×5/12)。

该方程式表示货币数量乘以货币使用次数必定等于名义收入。费雪认为，物价水平 P 的值取决于货币数量 M、货币流通速度 V 和交易数量 T 这 3 个变量。在这 3 个经济变量中，货币数量 M 是一个由模型之外的因素决定的外生变量；货币流通速度 V 取决于社会制度、人们的支付习惯、信用的发达程度等等与流通中的货币量没有明显关系的社会因素，所以长期内比较稳定，可以视为常数；商品和劳务的交易数量 T 取决于资本、劳动力及自然资源的供给状况和生产技术水平等非货币因素，古典的经济学家认为经济总是处于充分就业状态，因此，一般可以认为，T 在短期是不会变动的，也可以视为常数。

因此只有 P 和 M 的关系最重要。这样，交易方程式就转化为了货币数量论。交易方程式虽然主要说明货币数量 M 决定物价水平 P，但当把物价水平 P 视为既定的价格水平时，则：$M=PT/V$。这说明，在既定的价格水平下，总交易量与所需要的名义货币量具有一定的比例关系，这个比例就是 $1/V$。费雪认为人们持有货币的目的在于交易，因此，货币在一定时期内所需要的总量与商品的交易总额一定是相等的。这样，货币数量论揭示了对于既定的名义总收入下人们所持的货币数量，它反映的是货币需求数量论，又称现金交易数量论。

当然，货币数量论也提供了价格水平变动的一种解释：价格水平变动仅源于货币数量的变动，当 M 变动时，P 作同比例的变动。所以，货币量的增加必然引起商品价格的上涨，或者说商品价格的普遍上涨只能是货币引起的，把通货膨胀的矛头直接指向货币的发行者——政府，认为通货膨胀的唯一原因就是政府印刷钞票，这具有相当的革命意义。这个概念的普及也在很大程度遏制了美国和欧洲发达国家政府印钞的冲动，使得他们的印钞不再那么明目张胆。

(二)剑桥方程式

1. 剑桥方程式的内容

费雪方程式没有考虑微观主体对货币需求的影响，许多经济学家认为这是一大缺陷。以英国剑桥大学马歇尔和庇古为代表的剑桥学派从微观角度研究货币需求时，弥补了这一不足。

他们认为，处于经济体系中的个人对货币的需求，实质上是以怎样的方式保持自己的资产问题(个人资产选择的角度)，决定人们持有货币多少的因素有很多：(1)个人财富的总额，货币的需求首先就要受到个人所拥有的财富总额的限制；(2)人们持有货币的机会成本，即货币以外各种资产的收益，人们往往要将持有货币资产的好处与持有其他金融资产和实物资产的好处进行权衡；(3)对未来收入、支出和物价变动的预期。但是在其他条件不变的条件下，对于每个人来说，名义货币需求与名义收入之间保持着一个较稳定的比例关系。对整个经济体系来说，也是如此。用一个方程式表示：$M=KPQ$，式中，M 也是货币数量，P 是一般物价水平，

Q 代表实际总产量，K 代表国民收入中以货币形式所持有的比例。这个方程式是剑桥的学者提出来的，因此也叫作剑桥方程式。

影响 K 的主要因素是人们持有货币的动机，包括三个重要的影响因素：第一，保有货币得到的便利与安全；第二，持有货币的机会成本；第三，直接消费带来的满足程度。这三个因素在短期内是不易变化的，因而 K 值在短期分析中也可视为一个既定的量，视为常数。PQ 是一般物价水平乘以实际总产量，即社会总收入。因此 KPQ 就表示人们愿意持有的货币数量。

剑桥方程式开创了新的分析货币需求的方法，首创从货币为其持有者提供效用的角度来分析，首创从持有货币的机会成本的角度分析，首创从货币作为一种资产的角度来分析，为后来的货币需求理论研究奠定了基础。

2. 剑桥方程式与费雪方程式比较

两个方程式的基本形式一致，在货币数量与商品价格之间的关系看法上也一致，但是两个理论存在本质上的区别。

第一，对货币需求分析的侧重点不同。费雪方程式强调货币作为商品交换媒介的作用，着眼于整个社会商品交易总额同货币需求的关系，是一种宏观分析；而剑桥方程式重视货币作为一种资产的功能，强调人们对货币的持有，着眼于微观角度。这是两个方程式的最大区别。

第二，费雪方程式把货币需求与支出流量联系在一起，重视货币支出的数量和速度；而剑桥方程式则是从用货币形式保有资产存量的角度考虑货币需求，重视这个存量占收入的比例。所以费雪方程式也被称为现金交易说，而剑桥方程式则称现金余额说。

第三，费雪方程式重视影响交易的货币流通速度、金融及经济制度等机械因素，忽视经济主体在金融市场中的主观意志因素；而剑桥方程式强调了人的意志及预期等心理因素的作用，这是学术思想的重大突破，这一点对后来的理论研究影响巨大。

（三）凯恩斯的货币需求理论

凯恩斯师从马歇尔，他的货币理论是从剑桥货币需求理论的基础上发展而来。在剑桥学派的货币数量论中，对于最核心的问题——人们为什么会持有货币，并没有进行深入的分析。凯恩斯在剑桥方程式的基础上，对人们持有货币的各种动机进行了详尽的分析，在 1936 年出版的《就业、利息和货币通论》这本书中提出了自己的货币需求理论。该理论在现实经济的解释能力方面有明显优势，使得该理论成为现代主流货币理论。

1. 凯恩斯货币需求理论内容

凯恩斯继承了剑桥方程式的分析方法，从资产选择的角度来考虑货币需求。他认为人们持有货币出于三种动机：交易动机、预防动机、投机动机。交易动机指人们为了日常交易而产生的持有货币的愿望，基于此动机而产生的货币需求称为货币的交易需求。预防动机指人们为了应付紧急情况而产生的持有货币的愿望，基于此动机而产生的货币需求称为货币的预防需求。投机动机指人们根据对市场利率变化的预测，需要持有一定的货币量以便可以从中获利的动机，基于此动机而产生的货币需求称为货币的投机需求。

无论是企业还是个人在日常的生产生活中都需要持有一部分货币作为交易媒介和支付手段。个人和家庭每天的柴米油盐酱醋茶、房租水电等基本生活支出，需要在手头保持一定数量的货币。企业在生产经营过程中也要保持一定的货币以支付员工工资、企业运营费用等，这也构成了交易动机所形成的货币需求。由交易动机引起的货币需求量与人们的收入水平密切相关。当人们的收入增加时，其消费水平会有所提高，消费量增大，从而人们满足日常交易所需的货币量也增加。由此可见，由交易动机所引发的货币需求是收入的增函数，随着收入的增加而增加。因此，从宏观上来说，出于交易动机的货币需求是由收入水平决定的，是收入的函数，用 $L1$ 表示货币需求，用 Y 表示收入，这种函数关系可写成：$L1=L1(Y)$。

预防动机是人们为了预防意外的支付而持有一部分货币的动机。即人们需要货币是为了应付不测之需，如为了支付医疗费用、应付失业和各种意外事件等。虽然每个人对意外事件的看法不同，从而因预防动机而需要的货币数量有所不同，但从整个社会来说，货币的预防需求与收入密切相关。因而由预防动机引发的货币需求量也被认为是收入的函数，与收入同方向变动。既然出于交易动机和预防动机的货币需求都取决于收入水平的高低，即货币的交易需求和预防需求都被认为是收入的函数，可以把两者合并为一个函数来考虑，将预防动机的货币需求也并入 $L1$。

凯恩斯在研究投机动机时假设在市场上只有货币与债券两种资产，人们要么持有货币，要么持有债券，没有别的选择。当然，持有货币没有利息收入，持有债券会有利息收入。凯恩斯认为，人们心中都有一个预期的利率合适水平，一旦实际利率水平比预期的利率水平低的时候，人们就会预测利率会上升，债券价格下降，从而不愿意持有债券，而去持有货币。当实际利率水平高出了人们预期的利率水平时，人们就会预测利率下降，债券价格上升，出于投机的动机，人们会购买债券，货币量减少。由此可以得出这么一个结论：出于投机动机而持有的货币数量是与利率相关的，而且是负相关。只不过它取决于三个跟利率相关的因素：当前利率水平、投机者心目中的正常利率水平和投机者对利率变化趋势的预期。

根据以上分析，我们也可以得出一个公式：

$$M=L1+L2=L1(Y)+L2(R)$$

其中，L 代表货币需求量，它由两部分组成，一部分是由收入 Y 来影响的货币需求量，一部分是由利率 R 来影响的货币需求量，由收入影响的 $L1$ 就是出于前两个动机而持有的货币数量，与收入正相关；由利率来影响的 $L2$ 就是出于投机动机而持有的货币数量，与利率负相关。

凯恩斯的货币需求函数如图 13－1 所示。

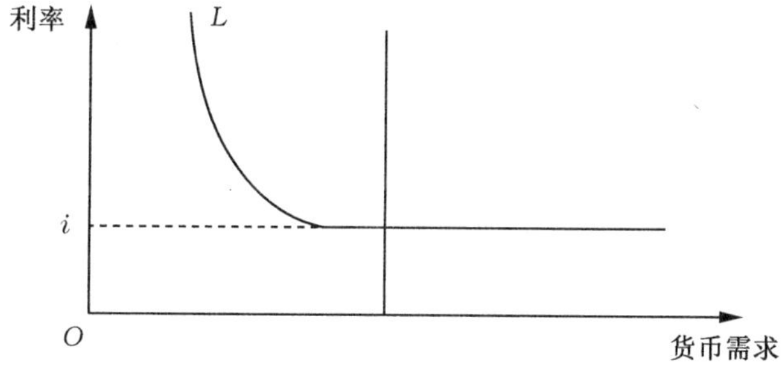

图 13－1　凯恩斯货币需求函数

当利率降到一个非常低的水平时，所有的人都认为利率不可能再降低了，预期其上升，债券的价格下降，将没有人买债券，大家都只愿意持有货币。这时，不论中央银行增加多少货币供应量，都将被人们无限大的投机性货币需求所吸收，利率不会再下降，这就像存在着一个大陷阱，中央银行的货币供给都落入其中，在这种情况下，中央银行试图通过增加货币供应量来降低利率的意图就会落空。在图上表现为与横轴平行，这种情形被称为“流动性陷阱”。

由于凯恩斯将人们持有货币的动机称为流动性偏好，因此凯恩斯的货币需求理论又被称为流动性偏好理论。凯恩斯货币需求理论第一次明确提出了货币的投机需求，第一次引入了利率对货币需求的影响，这是对以往货币需求理论的一个重大突破。当利率可以影响人们的货币需求量时，中央银行不仅可以控制货币供给量，还可以通过调整利率来影响货币需求量，使得货币需求的理论研究有了重要的政策意义。

2. 凯恩斯理论的缺陷与发展

(1)鲍莫尔的"平方根定律"。

在凯恩斯的货币需求理论中，交易性货币需求仅取决于收入水平，但是由于有生利资产(如债券)的存在，人们可以用一部分预定用于交易的货币购买债券以取得收入，当手中用来交易的货币用完时，为了满足交易的需求，可再把债券卖出，换成货币。

在这里存在着两个问题，一个是债券的收益，另一个就是买卖债券要付出代价(如佣金)，还有时间的消耗。鲍莫尔认为如果企业或个人(微观经济主体)的经济行为都以收益最大化为目标，则在收入取得和支出的这段时间间隔内，没有必要让所有用于交易的货币都以现金的形式持有，因为现金不会给持有者带来收益，只要利息收入超过变现的手续费就有利可图。并且利率越高，收益越大，生息资产的吸引力也就越强，人们就会把现金持有额压到更低的限度。

根据这样的思路，鲍莫尔首先假设：人们收入的数量一定，间隔一定；支出的数量事先可知且速度均匀；人们将现金换成生息资产采用购买短期债券的形式；每次变现(出售债券)与前一次的时间间隔及变现数量都相等。同时，假设微观主体期初的现金余额为 M，期末的现金余额为 0，其间平均现金余额为 $M/2$，Y 为期初到期末获得的收入，r 为利率，每次债券交易的成本是 F。鲍莫尔认为微观主体持有货币的成本包括两部分：机会成本和交易成本。机会成本是放弃持有债券的收益，即 $(M/2)\cdot r$，交易成本是债券变现的成本，即 $(Y/M)\cdot F$。因此，总成本 $T=(M/2)\cdot r+(Y/M)\cdot F$。为了使总成本最小，可以求得：$M^*=\dfrac{\sqrt{2YF}}{\sqrt{r}}$。

将 $2F$ 作为系数提出来，可以将公式简化为：

$$M=k\sqrt{Y}\frac{1}{\sqrt{r}}$$

这个式子表示：交易性货币需求是收入 Y 的函数，随着用于交易的收入数量的增加，货币需求量随之增加。但是 Y 的指数 1/2 又说明了其增加的幅度较小，即交易性货币需求有规模节约的特点；同时又表明货币需求是利率 r 的函数，而 r 的指数 $-1/2$ 说明，交易性货币需求与利率的变动呈反方向变化，其变动幅度较利率的变动幅度要小。

鲍莫尔的"平方根定律"首次将利率因素引入交易性货币需求分析，论证了交易性货币需求受利率影响的观点，从而修正了凯恩斯关于交易性货币需求对利率不敏感的观点。

(2)惠伦的"立方根定律"。

凯恩斯学派的经济学家们关于利率对于预防性的货币需求影响的分析也是沿着类似的思路来进行的。在既定收入水平的状况下，某些支出的不确定性，使人们不能不持有一定量的预防性货币需求。任何一个微观主体，如果他持有的预防性货币需求较少，当他没有货币来满足不确定的支出时，就要出售其持有的债券，而出售债券就会有佣金等支出。如果他持有的预防性货币较多，那就会节省佣金等的支出。但是，节省佣金等支出，要付出一定的代价，因为多存货币就要少持有债券，从而遭受债券利息的损失。为了求得应付收支不确定性的最小成本，微观主体不能不考虑出售债券的支出和利息的收益，因而利率也就必然进入决定预防性货币需求的函数之中。

在这方面比较突出的是美国经济学家惠伦，他论证了预防性货币需求与利率的关系，得出了和平方根定律比较类似的立方根定律，说明预防性货币需求与利率成反比。

惠伦假设如果一定时期内净支出 N 大于预防性货币量 M，需要将资产变现，变现费用为 F，长期内收入等于支出，即 N 的期望值为 0，$N>M$ 的概率为 P。出于预防动机的持币成本包括两部分：非流动性成本和机会成本。非流动性成本是低估在某一支付期内现金需要而造成的严重后果，其损失可以视为变现成本，即 $F \cdot P$；机会成本是 $M \cdot r$，总成本 $T=F \cdot P+M \cdot r$。根据不等式定理，假设微观主体都是风险规避者，则可估计 $P=Q^2/M^2$。Q 是净支出的标准差。由此可得使总成本最小的 $M=\sqrt[3]{\frac{2Q^2F}{r}}$。

惠伦首次将利率因素引入预防性货币需求分析，得出"立方根定律"，论证了预防性货币需求受利率影响的观点，从而修正了凯恩斯关于预防性货币需求对利率不敏感的观点。

(3)托宾模型。

在凯恩斯的投机性货币需求的分析中，人们对货币或债券这两种资产的选择是相斥的(或者选择货币，或者选择债券，两者不能兼得)，原因是人们对未来利率变化的预期是可确定的。而现实中的情况与凯恩斯的假定并不完全吻合，通常的情况是投资者对自己预测的未来利率的变化并不完全自信，因而在资产选择上一般采取既持有货币也持有债券的组合形式。基于对这种情况的考虑，美国经济学家托宾根据马克维茨的资产组合理论对凯恩斯的货币需求理论作了重要的修正和拓展，他以人们对未来的预期的不确定性为前提，研究如何选择资产持有问题，形成了对投机活动和金融管理产生深远影响的资产组合理论。

托宾假定，人们的资产保有形式有货币和债券两种。①货币是一种安全性资产，持有货币虽然没有收益，但是也没有风险；②债券是一种风险性资产，持有债券可以获得收益，但也要承担债券价格下降而受损失的风险。人们可以选择债券和货币不同的组合来持有资产，不同风险好恶的人(风险厌恶者、风险爱好者、风险中立者)会有不同的资产组合选择。人们多样化的资产选择对投机性货币需求会产生影响。

托宾的理论明确了不确定性对投机性货币需求的影响，通过对人们资产组合的选择和调整行为的分析，解释了货币与其他金融资产同时被人们持有的原因。

(四)弗里德曼货币需求理论

1936 年凯恩斯的《就业、利息和货币通论》出版以后，对学术思想和经济政策均产生了深刻的影响。在货币理论方面，他推翻了在 18 世纪以来占统治地位的传统的货币数量论，取而代之的是他的货币需求理论。凯恩斯批评了古典的货币数量论和货币政策的失效，在 30 年代经济危机时期，引起了共鸣。但是，从 50 年代开始，西方经济形势发生了变化，大规模的经济萧条现象也不是世界经济的主要问题，而通货膨胀成为经济中的头号问题，到了 70 年代，简单的通货膨胀又变为更复杂的滞涨。在这种经济环境下，弗里德曼提出了他的货币需求理论，标志着现代货币数量论的诞生，伴随着这一理论出现的，还有一个崭新的宏观经济学派——货币主义学派。他对当时占主流的凯恩斯的宏观经济学构成了有力的挑战。

1956 年在《货币数量说的重新表述》一文中，弗里德曼推出了自己的货币需求理论，他一方面继承了古典货币需求理论的结论，即非常看重货币数量与物价水平之间的因果关系，另一方面也继承了剑桥学派及凯恩斯把货币视为一种资产的观点，即把货币需求作为财富所有者的资产选择行为加以考察。

$$M/P=f(Y,W;rb,re,rm,1/P \cdot dP/dt;u)$$

其中，M/P 为实际货币需求；Y 为实际恒久性收入；W 为非人力财富占个人总财富的比率；rm 为货币预期的名义收益率；rb 为固定收益的债券利率；re 为非固定收益的证券利率；$(1/P)\mathrm{d}P/\mathrm{d}t$ 为预期物价变动率；u 为主观偏好、风尚及客观技术与制度等因素的综合变数。

1. 货币需求的影响因素分析

弗里德曼认为，人们的货币需求受三个因素的影响：收入或财富的变化；持有货币的机会成本；持有货币给人们带来的效用。

(1)收入或财富对货币需求的影响。

收入或财富是影响货币需求的一个重要因素。由于财富难以直接计算，所以一般情况下财富用收入来表示，但是不能用统计测算出来的即期收入代表财富，因为即期收入受不规则的年度波动的影响，带有较大的片面性，应该用一个长期收入或恒久性收入来表示。恒久性收入可以理解为预期的长期平均收入，恒久性收入是指一个人拥有的各种财富在长期内获得的收入流量，相当于可观察到的长期平均收入。恒久收入等于过去收入加上现在和未来已知的收入之和，若以年度为权数加权平均，则相当于年度平均值。弗里德曼利用实证方法，依据美国1892—1960 年近 70 年的资料得出结论：恒久性收入是影响货币需求的最重要因素，与货币需求呈正相关关系。

弗里德曼把财富分为人力财富和非人力财富。人力财富——个人获得收入的能力，包括一切先天和后天的才能与技术，它的大小与接受教育的程度关系一般是比较密切的。人力财富转化为现实收入的条件是就业，虽然天生我才必有用，但是也有英雄无用武之地的时候，因此人力财富带来的收入是不稳定的。非人力财富——总财富中扣除人力财富的部分，主要指物质性财富，即生产资料及其他物质财富，如房屋、机器、设备等，非人力财富同样具有获得收入的能力；非人力财富带来的收入具有相对稳定性。所以，人力财富所占的比重越高，货币需求越大。非人力财富占个人总财富的比率与货币需求呈负相关关系。

(2)机会成本对货币需求的影响。

持有货币的机会成本主要是指因持有货币而丧失的购买其他金融资产能获得的潜在收益或遭受的损失，具体来讲，持有货币资本的机会成本是指货币与其他资产的预期收益率之差。货币的名义收益率一般情况下可以视为为零，在此可以看作是生息资产，有收益。其他资产的收益率一般可以分为两个部分，第一部分是目前的名义收益率，主要指：①预期的固定收益率，如债券的收益率；②预期的非固定的收益率，如股票的收益率。第二部分是预期的商品价格的变动率。当通货膨胀时，各种商品价格会随之波动，物质财富会给所有者带来收益或损失。物价上涨越快，持有货币的机会成本就越高，对货币的需求就越小。所以，rb，re，$1/P \cdot \mathrm{d}p/\mathrm{d}t$ 为机会成本变量，这些变量与货币需求呈负相关关系。

(3)效用对货币需求的影响。

考虑效用，就是要考虑为什么要持有它，或购买它，它能带来什么好处，例如，购买衣服，是为了美观和保暖，从而使自己得到享受。对于个人或企业来说，持有货币既可以用于日常交易的支付，又可以应付不测之需，还可以抓住获利的机会，这就是货币所提供的效用。这些效用虽然无法直接测量出来，只是一个主观评价，但是，人们的感觉和现实证明它确实是存在的。这种流动性效用以及影响此效用的其他因素，如人们的嗜好、兴趣、习惯、技术与制度等都是货币需求的影响因素。这类因素以 u 表示，它代表各种因素的综合变数，可能从不同方向对货币需求产生影响。

弗里德曼的货币需求理论将研究的货币口径从凯恩斯理论的 $M1$ 扩展到 $M2$；并提出恒久收入概念，以此可以代表人们持有的财富总额——货币、债券、股票和非人力财富的总和，该概念的提出有利于用实证的方法证明该收入对货币需求的重要影响作用，从而得出结论：由于恒久性收入的波动幅度比现期收入小得多，且货币流通速度（恒久收入除以货币存量）也相对稳定，货币需求也是比较稳定的。

2. 凯恩斯与弗里德曼的货币需求理论的比较

凯恩斯货币需求理论里的资产仅是货币和债券，而弗里德曼需求理论里的资产范围非常广泛。债券收益率主要受利率的影响，但是其他金融资产，比如股票的收益率就受非常多因素影响，因此除了利率外，其他很多因素都能对货币需求产生影响。

凯恩斯货币需求理论将货币预期报酬率视为常量，弗里德曼货币需求理论将其视为变量，随其他资产的预期报酬率变化。

凯恩斯货币需求理论认为利率是影响货币需求最敏感的因素，弗里德曼货币需求理论认为收入是最重要因素。因为弗里德曼认为利率变动虽然会使得其他资产的预期回报率变化，但是货币预期报酬率一样会跟着变化，所以利率对货币需求的影响比较小。

凯恩斯货币需求理论认为货币需求是不稳定的；弗里德曼货币需求理论认为货币需求相当稳定。因为弗里德曼认为恒久性收入是影响货币需求的最重要因素，而这个恒久性收入是比较稳定的。

三、货币需求的影响因素

由于不同国家在经济制度、金融发展水平、文化和社会背景以及所处经济发展阶段的不同，影响货币需求的因素也会有所差别。

（一）收入

在市场经济中，各微观经济主体的收入最初都是以货币形式获得的，其支出也都要以货币支付。一般来说，收入提高，说明社会财富增多，支出也会相应扩大，因而需要更多的货币量来满足商品交易。所以，收入与货币需求呈同方向变动关系。近年来，随着人们收入水平的不断上升，以及经济货币程度的提高，货币在经济生活中的作用领域不断扩大，使得我国的货币需求不断增加。

（二）一般物价水平

从本质上看，货币需求是在一定价格水平上人们从事经济活动所需要的货币量。在商品和劳务量既定的条件下，价格越高，用于商品和劳务交易的货币需求也必然增多。因此，价格和货币需求，尤其是交易性货币需求之间，是同方向变动关系。在现实生活中，由商品价值或供求关系引起的正常物价变动对货币需求的影响是相对稳定的。而由通货膨胀造成的非正常物价变动对货币需求的影响则极不稳定。新中国成立后我国几次通货膨胀期间都曾不同程度地出现了提款抢购、持币待购的行为，造成了这些时期货币需求的超常增长。可见，价格因素对我国货币需求的影响是很大的。

（三）利率

由于利率的高低决定了人们持币机会成本的大小，利率越高，持币成本越大，人们就不愿持有货币而愿意购买生息资产以获得高额利息收益，因而人们的货币需求会减少；利率越低，持币成本越小，人们则愿意手持货币而减少了购买生息资产的欲望，货币需求就会增加。利率的变动与货币需求量的变动是反方向的。例如，1988 年全国零售物价指数上升 18.5%，而当时一年定期的储蓄利率则仅为年率 7.2%，实际利率为负的状况导致了人们大量挤提存款，抢购商品，货币需求急剧上升。当政府很快采取物价指数保值的储蓄办法之后，实际利率上升，挤兑抢购的状况很快得到扭转，储蓄余额又开始上升，货币需求回落。

（四）货币流通速度

货币流通速度是指一定时期内货币的转手次数。动态地考察，一定时期的货币总需求就是货币的总流量，而货币总流量是货币平均存量与速度的乘积。在用来交易的商品与劳务总量不变的情况下，货币速度的加快会减少现实的货币需求量。反之，货币速度的减慢则必然增加现实的货币需求量。因此，货币流通速度与货币总需求呈反方向变动关系。改革开放以来，我国的货币流通速度有减缓的趋势（1∶8 到 1∶6 的变化），客观上加大了货币需求量。

（五）金融资产选择

各种金融资产与货币需求之间有替代性。所以各金融资产的收益率、安全性、流动性，以及公众的资产多样化选择，对货币需求量的增减都有作用。

（六）其他因素

如体制变化、对利率与物价的预期变化、财政收支引起的政府货币需求的变化、信用发展状况、金融服务技术与水平，甚至民族特性、生活习惯、消费倾向等都会影响货币需求。

第二节　货币供给

一、货币供给与信用创造

货币供给本身是一个供应货币的动态行为，此处货币供给指货币供给量，是一国在某一时点上为社会经济运行服务的货币量，由包括中央银行在内的金融机构供给的存款货币和现金货币两部分构成。用 Ms 表示货币供给量，用 C 表示现金，用 D 表示存款货币，则 $Ms=C+D$。

此处容易混淆的概念是中央银行发行的货币与社会中运行服务的货币并不是等同的概念。所有的货币来源于中央银行的发行，但是当货币从中央银行发行出来流通之后，经过商业银行的存贷款信用业务，能派生出更多的货币在社会中流通使用，这个过程叫作信用创造。信用创造的过程举例如下。

假设 A 银行从中央银行那获得了 100 万元的贴现贷款。A 银行资产负债变化如表 13－1 所示。

表 13－1　　A 银行资产负债变化

资　产		负　债	
准备金	＋100	借款	＋100

对于 A 银行来讲，这 100 万元是超额储备金，因为这 100 万元不是吸收存款得来的，所以它的法定存款准备金是充足的，没有发生变动。由于这个超额准备金不会给银行带来任何收入，所以银行会把它贷放出去。

这时，正好甲企业来找 A 银行贷款，并且把得到的这笔贷款全部用来向乙企业购买原材料，乙企业把这笔货款就存到了 B 银行。对于 B 银行来讲，它获得了 100 万元的存款，同时要提取存款准备金 100×10%＝10 万元存到中央银行的准备金账户上（假设存款准备金率为 10%），余下的 90 万元出于营利的目的也会贷放出去。B 银行资产负债变化如表 13－2 所示。

表 13—2 **B银行资产负债变化**

资产		负债	
准备金	+10	存款	+100
未偿贷款	+90		

B银行把这90万元贷放给丙企业，丙企业拿到贷款后又支付给丁企业，丁企业把这笔贷款存到了C银行，对于C银行来讲，它获得了90万元的存款，一样先交存款准备金，90×10%=9万元，余下的81万元同样也会贷放出去。C银行资产负债变化如表13—3所示。

表 13—3 **C银行资产负债变化**

资产		负债	
准备金	+9	存款	+90
未偿贷款	+81		

如此重复，最初从中央银行获得100万元的资金，在银行体系与非银行体系之间不断进行流转，形成了多笔存款，先是B银行得到100万元的存款，再是C银行得到了90万元的存款，我们可以归纳得出，最终整个银行体系的存款能增加1 000万元。如表13—4所示。

表 13—4 **银行体系的存款增加汇总表**

银行	贷款增加额	存款准备金增加额	存款增加额
A银行	100万	0	0
B银行	90万	10万	100万
C银行	81万	9万	90万
D银行	72.9万	8.1万	81万
E银行	65.6万	7.29万	72.9万
……	……	……	……
总额			1 000万

这个过程，就是信用创造的过程，也有人把它叫作存款创造，即银行所获得的存款可以再创造出更多的存款。这个更多的存款正好是原来存款的一个倍数，这个倍数就是货币乘数。

我们把银行吸收的现金存款和中央银行对商业银行的贷款所形成的存款叫作商业银行的原始存款。

把商业银行以原始存款为基础发放贷款而引申出的超过原始存款的那部分存款叫作商业银行的派生存款。

货币供给的研究核心就是当中央银行发了货币之后，最终会在社会流通中形成多少货币。

二、货币发行过程

研究货币供给，首先要清楚中央银行货币的发行过程。中央银行的货币发行都是通过交易业务完成的。

（一）中央银行向商业银行提供货币

中央银行向商业银行提供货币的途径比较多，但是最主要的途径有两个：再贷款、再贴现；向商业银行购买证券。

1. 途径一：再贷款或再贴现

假定A银行找中央银行进行再贷款或再贴现来融资，中央银行决定向A银行发放100万元的贴现贷款。这时，中央银行会把这笔贴现贷款直接贷记在A银行在中央银行的准备金账户上。通过这种方式，A银行就获得了一笔贷款，货币就从中央银行流通到了商业银行。如表13－5所示。

表13－5　中央银行通过再贷款或再贴现发行货币

中央银行				商业银行			
资产		负债		资产		负债	
贴现贷款	＋100	准备金	＋100	准备金	＋100	借款	＋100

2. 途径二：购买证券

假定中央银行向A银行购买了100万元的有价证券，付款时同样是在A银行在中央银行的准备金账户上增加100万元。

表13－6　中央银行通过购买证券发行货币

中央银行				商业银行			
资产		负债		资产		负债	
证券	＋100	准备金	＋100	准备金	＋100		
				证券	－100		

3. 总结：中央银行通过与商业银行发生业务发行货币

基本上，中央银行的货币供给都是通过与商业银行发生业务来进行的，如果中央银行想增加货币供给的话，可以鼓励商业银行来借款，可主动向商业银行购买证券，通过这种方式把货币存到商业银行的准备金账户上，提供给商业银行，再由商业银行经营这些货币。如果中央银行想减少货币供给的话，就限制商业银行的借款，或者卖出自己持有的证券，扣掉商业银行的准备金账户上的钱。

（二）商业银行向企业与居民提供货币资金

商业银行获得资金后，会经营自己的资产业务，包括贷款、贴现、现金、证券投资等，来获取更多利润。通过这些业务，商业银行把货币资金提供给居民和企业。居民和企业获得货币资金后，一部分进行消费，一部分以现金的形式持有，形成流通中的现金。

（三）基础货币

基础货币来源于中央银行，如前所讲，当中央银行发行货币时，通过与商业银行发生业务将货币提供给商业银行，增加了商业银行的准备金，商业银行把向中央银行借到的钱贷放给企业，企业通过发工资等形式将货币提供给居民，形成了流通中的现金，当然同时银行的准备金会减少。因此，可以得出这样一个结论：中央银行发行的货币包括银行准备金和流通中的现金，我们称之为基础货币。

基础货币，也叫高能货币或强力货币，由流通中的现金和银行体系的准备金共同组成，是商业银行存款货币扩张的基础。用 B 来代表基础货币，用 C 来表示流通中的现金，用 R 来表示银行的准备金，则有 $B=C+R$。

三、信用创造与货币供给模型

当中央银行发行货币之后，会通过商业银行的信用行为创造货币，到底会创造出多少货币是研究的核心，这直接关系到货币政策的效果。

（一）信用创造的前提条件

1. 商业银行实行的是部分准备金制度

部分准备金制度是指客户将现金存入商业银行后，商业银行不必将全部资金放在保险柜里或存入中央银行，而只要保留一部分资金的储备，其余资金可用于银行贷款、贴现和投资的制度。部分准备金制度是商业银行存款创造的前提条件。如果商业银行吸纳到的存款全部上交的话，它就没有办法形成我们前述的信用创造过程。

2. 经济中实行非现金结算制度

假定法定存款准备金为 20%，商业银行在收到 1 000 元存款，扣除 200 元法定存款准金后，就可以把余下的 800 元贷放出去。但是，如果借款人获得这笔贷款后，立即以现金的形式将它全部从这家银行取走，而且在贷款归还前，这贷款始终在公众手中流通而不再存入商业银行，这时商业银行也不会有存款创造。因为收入这 1 000 元存款的商业银行在 800 元存款被提走以后，就不再有多余的资金来扩张贷款了，从而也就不能创造出新的存款。同时这笔现金也没有被存入其他银行，所以整个银行系统存款和贷款的增加都是一次性的，不存在多倍存款创造。

但是在现实中，这种 100% 的现金提取是不可能的。商业银行向某一借款人发出一笔贷款后，通常把该笔资金贷记在借款人的支票账户上，借款人利用这笔款项进行支付时，通常也只是通过票据清算把它转到收款人的账户上。收款人的账户可以与借款人在同一家商业银行，也可以在别的商业银行，这对整个商业银行系统来说没有什么区别。当然借款人也可以把贷款提出来，用现金付款，但是收到现金的一方通常还要把它存入银行。因此，真正以现金形式游离在商业银行之外的只能是贷款的一部分，而非全部。这就使得多倍存款的信用创造成为可能。

（二）货币供给模型的推导

由货币供给的概念可知，$Ms=C+D$。由前述信用创造的过程可知，中央银行发行的货币形成基础货币，经过信用创造成倍数地创造出派生存款货币，用 m 表示这个倍数，即货币乘数，可得：$Ms=B\cdot m=(C+R)\cdot m$。

货币乘数 m，也叫货币扩张系数，是由于基础货币数量变动所引起的货币供应量增减变动的倍数，用以说明基础货币的扩张能力。在货币供给过程中，中央银行的初始货币提供量 B 与社会货币最终形成量 Ms 之间存在着数倍扩张（或收缩）的效果或反应，这即乘数效应。

1. 最基本货币供给模型

假设货币供给量指 $M1$ 这个层次，在前述信用创造举例中，所有从银行出来的现金马上就存回另外一家银行，所以社会上的现金 C 是 0，货币供给量的变动就是活期存款的变动，而这个存款的变动倍数，就是存款准备金率的倒数。这个结论可以用模型来推导，即：

$M1=C+D=D$ D 是活期存款额，$C=0$

$M1=m\cdot B=m\cdot(C+R)=mR$ $C=0$

所以，两式相等可得：$m=D/R=1/r$ 法定存款准备金率 $r=R/D$

最基本的货币供给模型可以写为：$M1=(1/r)\cdot R$

2. 存在现金漏损情况下的货币供给模型

上述例子中，社会上的现金为0，事实显然不可能这样。企业获得货币资金后总会以现金形式保留一部分在自己的手上，这种公众保持在自己手中的不参与存款创造的现金就是漏损现金，我们假设现金漏损率为 k，即漏损现金占活期存款的比率。当考虑现实中存在现金漏损的时候，货币乘数 m 就不再是前述基本模型里面的 r 存款准备金率的倒数了。

$M1=C+D$

$M1=m\cdot B=m\cdot(C+R)$

可得：$m=(C+D)/(C+R)=[(C/D)+1]/[(C/D)+(R/D)]=(k+1)/(k+r)$

考虑现金漏损的货币供给模型可以写为：$M1=[(k+1)/(k+r)]\cdot(C+R)$

3. 存在超额准备金情况下的货币供给模型

前述信用创造例子中，假设商业银行获得存款后，只保留法定的存款准备金，其他资金全部贷放，这明显不符合事实。事实上，一般商业银行都会留一部分超额准备金，以保持流动性，尽管这部分资金占比不高，但还是会保留一小部分。

用 e 表示超额准备金率，则：

$M1=C+D$

$M1=m\cdot B=m\cdot(C+R_{法}+R_{超})$

可得：$m=[(C/D)+1]/[(C/D)+(R_{法}/D)+(R_{超}/D)]=(k+1)/(k+r+e)$

因此，$M1=[(k+1)/(k+r+e)]\cdot(C+R)$

4. 货币供给量为 $M2$ 的货币供给模型

前述货币供给模型都是以 $M1$ 作为货币供给量，如果以 $M2$ 来考量货币供给量的话，加入了定期存款，货币乘数又会发生变化。假设 h 是定期存款占活期存款的比例，则：

$M2=C+D_d+D_t$　　　D_d 是活期存款，D_t 是定期存款

$M2=m\cdot B=m\cdot(C+R)$

可得：$m=(C+D_d+D_t)/(C+R)=(C+D_d+D_t)/(C+R_d+R_t+R_e)$

$=(k+1+h)/(k+r_d+e+hr_t)$

因此，$M2=m\cdot B=[(k+1+h)/(k+r_d+e+hr_t)]\cdot(C+R)$

【计算举例 13-2】

货币供给计算

假设一国法定准备率为12%，现金漏出率为8%，超额准备率为11%，该国的流通中现金为3 000亿元。求这个国家的 $M1$ 与货币乘数。

解：$C=3\,000$，$k=8\%$，则 $D=3\,000/8\%=37\,500$（亿元）

货币供给量 $M1=C+D=3\,000+37\,500=40\,500$（亿元）

货币乘数 $m=M1/B=40\,500/[3\,000+(12\%+11\%)\times37\,500]=3.48$

或者，$m=(k+1)/(r+k+e)=(8\%+1)/(12\%+8\%+11\%)=3.48$

四、影响基础货币与货币乘数的因素

上述货币供给模型清晰表明影响货币供给量有两个因素，一个是基础货币，另一个就是货

币乘数。

(一)基础货币的影响因素

影响基础货币的部门就是中央银行,它主要是通过再贴现、再贷款、证券交易等方式调节基础货币,当然这个地方证券交易包括债券,也包括黄金储备与外汇资产。虽然流通中的现金有多少取决于现金漏损率,超额准备金有多少取决于商业银行,但是它们的总和,最初那些资金都是从中央银行发行出来的,现金与超额准备金有多少只是对总量的分配,并不影响基础货币总数,因此基础货币的变化完全由中央银行决定。

(二)货币乘数的影响因素

从前述货币供给模型中能明显看出,货币乘数并不完全受中央银行影响,其他经济主体的行为与决策同样会影响到货币乘数。

1. 法定准备金率

定期存款与活期存款的法定准备金率均由中央银行直接决定。通常,法定准备金率越高,货币乘数越小;反之,货币乘数越大。

2. 超额准备金率

显而易见,超额准备金的存在相应减少了银行创造派生存款的能力,因此,超额准备金率与货币乘数之间也呈反方向变动关系,超额准备金率越高,货币乘数越小;反之,货币乘数就越大。超额准备金率的高低由商业银行根据市场上的货币资金实际情况决定。

具体影响超额准备金率的因素包括以下内容。

(1)银行投资工具的收益率。银行的资金投资收益率越高,银行持有的超额准备金越少。因为持有的准备金越多,银行可以用来贷款与投资的资金就越少。

(2)贷款的风险。银行贷款风险越高,银行持有的超额准备金就越多。银行在经营的时候除了考虑盈利性之外,风险性也是必须考虑的因素之一。在1997年我国形成通货紧缩的时候,银行贷款风险增加,商业银行持有的超额准备金呈跳跃式增加。

(3)预期存款外流。超额准备金持有的功能之一是满足银行的流动性管理要求。如果商业银行预期存款可能出现大量外流,就会提高超额准备金的数量,以应付存款者的取款要求。

(4)借入准备的难易程度。如果商业银行能够很容易地借入资金,那么持有的超额准备金就会减少。所以中央银行提高再贷款率、再贴现率会影响到商业银行的超额准备金率,从而影响到货币扩张的过程,影响到最终的货币供应量。

3. 现金漏损率

现金漏损率与货币乘数负相关,现金漏损率越高,说明现金退出存款货币的扩张过程而流入日常流通的量越多,因而直接减少了银行的可贷资金量,制约了存款派生能力,货币乘数就越小。具体影响现金漏损率的因素包括以下内容。

(1)收入水平或财富。随着收入水平的提高和财富的增长,尽管对通货总的需求会增加,但通货占存款的比率会相应地下降。类似于经济学中的恩格尔系数表达的意思。

(2)通货膨胀率。在通货膨胀时期人们是不愿意存钱的,购买实物资产保值是最佳选择。因此,通货膨胀时候现金漏损率会很高。我国在1993、1994年通货膨胀率急剧上升时现金漏损率也急剧增加。

(3)享受银行服务的便利程度。最典型的例子就是银行卡的使用极大地降低了我们对现金的需求。

(4)银行存款的名义收益。银行存款利息率下降,导致生息资产收益减少,人们就会减少在银行的存款而宁愿多持有现金，这样就会加大现金比率。

(5)地下交易。地下交易是违反现行法律或规章制度的交易，如贩毒、赌博、黑市等交易，在这些交易中都会采用现金结算的办法。如果用支票进行结算非常容易被监管者监控。所以地下交易越猖獗，现金漏损率越高。

4. 定期存款与活期存款间的比率

由于定期存款的派生能力高于活期存款，各国中央银行都针对商业银行存款的不同种类规定不同的法定准备金率，通常定期存款的法定准备金率要比活期存款的低。这样即便在法定准备金率不变的情况下，定期存款与活期存款间的比率改变也会引起实际的平均法定存款准备金率改变，最终影响货币乘数的大小。一般来说，在其他因素不变的情况下，定期存款对活期存款比率上升，货币乘数就会变大；反之，货币乘数会变小。

过去定期存款所占比例主要受到其他金融市场收益率的影响，但是由于其他金融市场的投资风险明显高于定期存款，所以整体比例波动不大。近些年第三方支付的出现给定期存款比例造成显著影响，这种金融创新行为使得人们既可以享受定期存款的收益或高于定期存款的收益，又可以直接进行支付，使得定期存款所占比例显著下降，影响到了货币乘数。

第三节　货币供求均衡

之所以研究货币需求的决定规律和货币供给的创造及控制机理，其目的就在于追求货币供给和货币需求的均衡。

一、货币均衡的含义

货币均衡是指货币供给与货币需求大致相等的一种状态。货币供给与货币需求，一个是存量，一个是流量；一个是真实的值，一个是估计值。要想货币供给完全等于货币需求是不可能的，因此此处的均衡，指的是货币需求与货币供给大体相适应。它有两个层次的含义。

(一)简单货币均衡

简单货币均衡指货币市场中货币供给与货币需求的对等。在市场经济条件下，货币市场的货币均衡是货币供给和货币需求自发调节和适应的结果，在均衡的实现过程中，起决定作用的是利率。

货币均衡首先是一个动态的过程，通常是指在一定利率水平下的货币供给同货币需求之间相互作用后所形成的一种状态。图 13－2 中在交点处，货币供给和需求达到均衡的状态。货币均衡的实现具有相对性。货币均衡并不要求货币供给量与货币需求量完全相等。短期内可偏离，但不超过一定幅度，长期内收敛。

(二)总需求均衡下的货币均衡

总需求均衡下的货币均衡指社会总供给与总需求大致相当条件下的货币供求均衡。在社会总供求大致平衡的条件下，经济体系中到底需要多少货币，取决于有多少商品和劳务需要货币流通去实现，货币均衡表现为待交易的商品与劳务能够迅速转换为货币，流通中的货币也能够迅速转换为商品与劳务。

货币均衡的两个基本标志，就是商品市场上的物价稳定和金融市场上的利率稳定。利率稳定是货币供求平衡的直接反映，而物价稳定可反映出商品市场上商品与劳务能迅速转换为

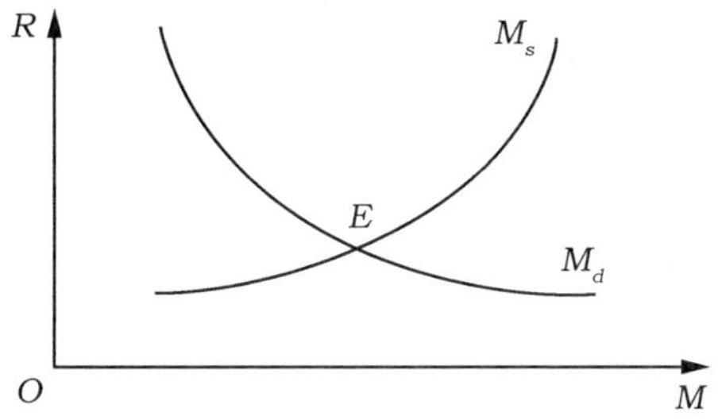

图 13—2 简单货币均衡

货币,因而也是货币均衡的标志。若物价上涨,说明流通中过多的货币追逐过少的商品,货币供给偏多。反之,说明货币供给偏少。

反过来讲,总需求与总供给的均衡是产品市场和货币市场同时达到均衡才形成的,只要有一个市场发生了不均衡,总需求与总供给就会发生不均衡的现象。因此,货币供求不均衡就会引致社会总供求的不均衡。

二、货币均衡的表现

货币均衡的表现:当其他市场都处于均衡状态时,只要货币供求均衡,就表现为社会总供求均衡,因此,在社会经济中的表现就是,物价相对稳定,利率稳定,经济稳定增长。

货币不均衡的表现:货币供给过分大于或小于货币需求,这个时候会引致社会总供求的不均衡,出现了通货膨胀或者通货紧缩等现象。

第四节 通货膨胀

通货膨胀指商品和劳务的货币价格总水平持续明显上涨的现象。一般来说,通货膨胀表现为一般物价水平的持续明显上涨,会导致货币购买力出现明显的下降,即货币贬值,从而影响经济主体的消费、储蓄、投资等资源分配。

一、通货膨胀的衡量尺度

既然通货膨胀是商品和劳务的货币价格总水平持续明显的上升,那么,通货膨胀的程度就可以用物价上涨的幅度来衡量。世界上大多数国家一般都会采用一种或一种以上的物价指数来衡量通货膨胀程度。

(一)消费物价指数(CPI)

消费物价指数反映消费者为购买消费品而付出的价格的变动情况。它是由各国政府根据各国若干种主要食品、衣服和其他日用消费品的零售价格以及水、电、住房、交通、医疗、娱乐等服务费用而编制计算出来的。

CPI 的优点是直接与公众的日常生活相联系,计算的就是日用消费品及日常必需服务等的价格上涨情况,用它来反映通货膨胀的程度,与老百姓的感受最相近。这是其他指标难以比拟的。大多数国家衡量通货膨胀都是用 CPI。另外,CPI 的资料也比较容易收集,公布次数比较频繁,一般每个月公布一次,能够比较迅速地反映价格变动情况。

CPI 的缺点是不准确。消费品只是社会产品的一部分，还有公共部门的消费、生产资料和资本产品以及进出口商品的价格波动都没有被包括在 CPI 里面，因此，CPI 还不足以说明全面的物价上涨。

（二）生产者物价指数（PPI）

生产者物价指数是衡量工业企业产品出厂价格变动趋势和变动程度的指数，是反映某一时期生产领域价格变动情况的重要经济指标，也是制定有关经济政策和国民经济核算的重要依据。生产者物价指数 PPI 与 CPI 不同，主要的目的是衡量企业购买的一篮子物品和劳务的总费用。由于企业最终要把它们的费用以更高的消费价格的形式转移给消费者，所以，通常认为生产者物价指数的变动对预测消费物价指数的变动是有用的。

（三）国民生产总值平减指数（GNP 平减指数）

它是按当年价格计算的国民生产总值与按某一基期年份的价格计算的国民生产总值的比率。它可以反映全部生产资料、消费品和劳务费用的价格的变动，是衡量一国经济在不同时期内所生产和提供的最终产品和劳务的价格总水平变化程度的经济指标。

GNP 平减指数的优点是准确，它的统计范围广泛，除了居民消费品外，还包括公共部门的消费、生产资料和资本产品以及进出口商品，能比较准确地反映一般物价水平的变动情况。

GNP 平减指数的缺点是资料比较难搜集，要对不在市场上发生交易的商品和劳务进行换算，因此公布的次数远没有消费物价指数那么频繁，一般一年才公布一次。

二、通货膨胀的类型

（一）按通货膨胀的程度划分

按通货膨胀的程度，可以分为爬行式、温和式、奔腾式和恶性通货膨胀四种。

1. 爬行式通货膨胀

爬行式通货膨胀指价格总水平上涨的年率不超过 2%到 3%，并且在经济生活中没有形成通货膨胀的预期。所谓在经济生活中没有形成通货膨胀的预期，主要是指平常根本感觉不出来发生了这种很轻微的价格上涨。

2. 温和式通货膨胀

温和式通货膨胀指价格总水平上涨比爬行式高，但又不是很快，具体百分比并没有一个很统一的说法。通货膨胀的程度是人们的主观感受，每个国家民众对通货膨胀的忍耐程度是不同的。

3. 奔腾式通货膨胀

奔腾式通货膨胀指物价总水平上涨率在 2 位数以上，而且发展速度很快。在这种情况下人们对通货膨胀有明显的感觉，不愿保存货币，抢购商品保值。

4. 恶性通货膨胀

恶性通货膨胀指物价上升特别迅猛，而且呈加速趋势，一般每月的物价上涨速度都在 50%以上。这个时候，货币可以说是个"烫山药"，持有者都会想办法尽快地把它用出去，每多过一秒钟货币可能就又贬值了一半。如果政府不采取有效措施的话，整个货币制度都会崩溃。

德国"一战"后的恶性通货膨胀

（二）按市场机制的作用划分

按市场机制的作用划分，有公开型通货膨胀和隐蔽型通货膨胀。

1. 公开型通货膨胀

在市场经济国家，市场功能完全发挥，过度的需求可以通过价格的变动得以消除，当出现通货膨胀时，价格总水平会明显地、直接地上涨，此为公开型通货膨胀。

2. 隐蔽型通货膨胀

在非市场化国家，政府对商品价格和货币工资进行严格控制，过度需求不能通过物价上涨而吸收，商品供不应求的现实通过"准价格"形式表现出来。所谓"准价格"形式，就是黑市、排队、凭证购买、有价无货、价格不变但质量下降等等形式。虽然表面上货币工资没有下降，物价总水平也没有提高，但是居民实际消费水准却下降了。

（三）按是否推进通货膨胀政策划分

按是否推进通货膨胀政策，可以分为自主性通货膨胀和被动性通货膨胀。由政府当局主动推行通货膨胀政策而引发的通货膨胀是自主性通货膨胀；反之，就是被动性通货膨胀。德国"一战"后发生的恶性通货膨胀就是自主性通货膨胀，完全是由政府推动形成的。

（四）按照通货膨胀的成因来划分

按照通货膨胀的成因来划分，通货膨胀可以分为很多类，主要包括：需求拉上型通货膨胀、成本推进型通货膨胀、结构性通货膨胀、供求混合型通货膨胀等。详见本节第三大点通货膨胀的成因分析。

三、通货膨胀的成因分析

（一）需求拉上型通货膨胀

从需求的角度来分析通货膨胀的原因，是经济学理论中比较早分析和解释通货膨胀的方法，流传最广，影响最大。

所谓需求拉上型通货膨胀，就是指由于社会总需求的增加，从而导致物价上涨，引起通货膨胀。

我们可以通过图 13－3 来分析，刚开始的时候，总供给与总需求曲线相交，达到一个均衡状态。当总需求增加，总需求曲线从 AD_1 上升到 AD_2 这个位置以后，价格水平在上升，但是总产出 Y 也在增加。当经济达到充分就业的时候，总供给已没有弹性，在图形中就表现为垂直线，这时候总需求再继续上升到 AD_3 这个位置，总产出 Y 不会有任何改变，只是引起物价水平的快速上升。这时候，总需求增加就只能引起通货膨胀而已。

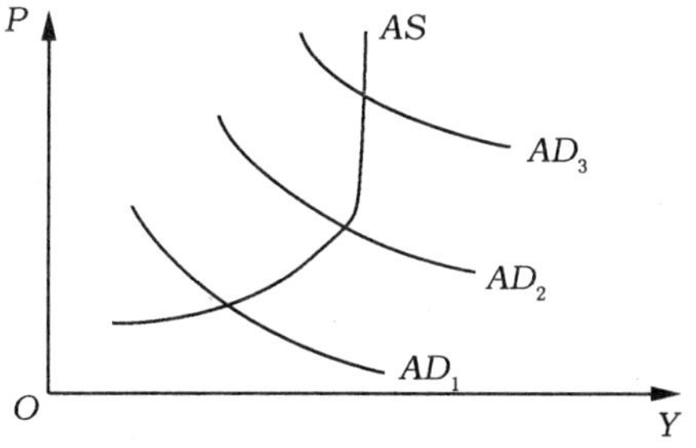

图 13－3　需求拉上型通货膨胀

这个理论认为通货膨胀是由于总需求的增加而引起的。但是关于总需求是因什么而增加的，学者们的看法有分歧。

1. 货币学派

货币学派认为，货币供应量的增加是总需求增加的主要原因。前述货币需求理论中的费雪方程式（$PT=MV$）中，P 代表物价总水平，T 代表总交易量，PT 可视为社会总需求，即总需求 $AD=MV$。总需求的变化取决于货币数量与货币流通速度，货币流通速度相对稳定，因此，总需求的变化主要取决于货币数量的变化。货币数量增加，总需求就增加。由于货币学派认为充分就业是一种常态，所以货币供给增加导致总需求增加，会直接形成需求拉上型的通货膨胀。用诺贝尔经济学奖获得者弗里德曼的话来说：通货膨胀就是"太多的货币追逐太少的商品"。M 货币数量增加了，但是 T 交易量却无法增加，就只能是 P 物价水平上涨了。

2. 凯恩斯学派

凯恩斯学派跟货币学派的观点不一样，凯恩斯学派认为，总需求是由消费支出、投资支出、政府支出和净进出口差额构成的，即 $AD=C+I+G+(X-M)$，总需求各构成部分的增加是总需求增加的原因。当私人消费倾向提高、投资过热、政府支出过多、净进出口差额过大都会产生通货膨胀的压力。

同时凯恩斯学派还认为充分就业不是一种常态，认为通常情况下经济都是非充分就业的。当经济处于非充分就业水平时，总需求的增加除了推动物价缓慢上涨，还可以导致总产出 Y 增加。既然充分就业不是常态，那么通货膨胀这种现象也应该不是经常发生的。

3. 总结

这两派学者的观点，都在现实中得到了印证，既有因为货币数量发行过多而导致的通货膨胀，如德国"一战"后恶性通货膨胀的例子；也有因为投资过热，或者政府支出过多而导致的通货膨胀，如英国，官方就曾经明确地把不可能通过举债或私人储蓄等方式予以弥补的财政赤字称为"通货膨胀缺口"。这个缺口是用来预测通货膨胀的，英国政府认为政府支出过多是会造成通货膨胀压力的。

不管是凯恩斯学派还是货币学派，都认为在社会充分就业的情况下才会出现物价快速上涨，区别只是凯恩斯学派认为充分就业不是经常出现的，而货币学派认为经济充分就业是常态。而且两派学者都是从总需求这一方来研究通货膨胀，忽视了总供给这一方的变动所造成的影响。这就无法解释为什么有些国家，后来既出现了高通货膨胀率又出现了高失业率的情况，即在没有达到充分就业的情况下，也会出现高通货膨胀。

（二）成本推进型通货膨胀

该理论是从总供给的角度来研究通货膨胀形成原因的，它认为当成本提高，引起总供给的变动，会导致物价持续明显的上涨，形成的通货膨胀就是成本推进型通货膨胀。该理论能够很好地解释美国 20 世纪 70 年代出现的"滞胀"现象。

该理论认为，厂商的产品定价一般采取成本加成的办法，即在生产成本上再加上一个既定的利润率。因此当成本上升的时候，会推动产品的价格上升，产量下降，使得 AS 曲线向上移动，从 AS_1 移动到 AS_2，既推动了物价 P 上涨，又使得产出 Y 减少。如图 13－4 所示。

该理论主要是以新剑桥学派为代表，他们认为，通货膨胀的传导过程如下。

首先，是包括粮食、石油在内的初级产品的价格上升，这时会造成两个后果，一是原材料涨价，二是人们的生活费用上涨。这时人们会有迫切的希望要求提高工资来应对生活费用上涨，厂商迫于压力被迫提高工资。

当工资上升时，企业的成本又增加了，这个时候企业主为了保持自己能赚到的利润，只能再次提高商品价格。商品价格提高之后，人们的生活费用再次上涨，工人又觉得自己的工资不

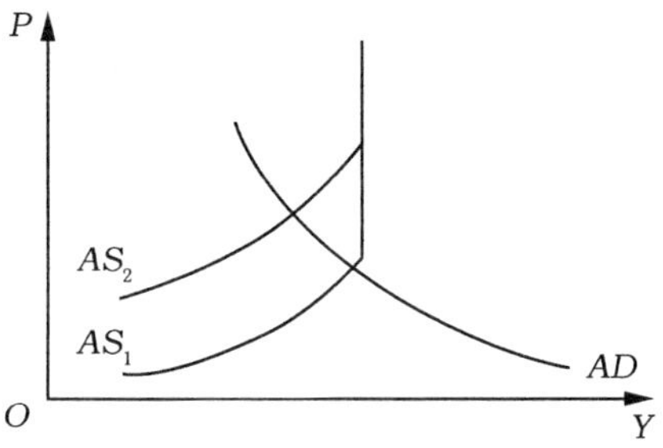

图 13－4　成本推进型通货膨胀

够，再次要求加薪，加完薪后又会引起物价上升，这就形成了一个循环，推动物价水平持续上升，形成通货膨胀。

同时，只要某个行业的工资提高，出于各个行业互相之间的攀比心理，其他行业都会要求加薪，因此只要一部分人的工资得到提高，会造成全体工人的工资最后都会得到提高，引起整个物价水平的上升，通货膨胀就会从局部扩展到全面。

最后，当人们已经对通货膨胀适应之后，会对通货膨胀产生预期，事先抬高各种价格，这种预期本身就会成为通货膨胀的动力，使得通货膨胀继续下去。

这就是成本推进型通货膨胀，由于成本的提高而形成一个工资与物价交替上升的循环，导致通货膨胀。当然成本的提高，不一定是由于工资增加而引起的，也有可能是汇率等其他因素引起的。

美国"滞涨"

（三）供求混合型通货膨胀

至此，我们已经介绍了两种最主要的对通货膨胀成因进行分析的理论，一个是从总需求来分析的需求拉上型通货膨胀，一个是从总供给来分析的成本推进型通货膨胀。但是事实上，通货膨胀的形成，通常既有需求拉上的成分在里面，又有成本推进的成分在里面，双方会互相影响。

如图 13－5 所示，假设刚开始是由于工资上升而导致了成本推进型的通货膨胀，总供给曲线从 AS_1 上升到 AS_2 的位置，这个时候物价水平是上升的，同时总产出是下降的，即失业率会提高。当失业率提高的时候，政府所面临的压力就会越来越大，通常政府出于政治目的，都会想办法尽量降低失业率。这个时候，政府就会用一系列的政策，比如说积极的财政政策，刺激总需求增加，使得总需求曲线从 AD_1 上升到 AD_2 的位置。此时，产出又恢复到以前的水平，失业水平得到控制，但是物价水平又上升到了另一个高度，也就是说失业水平的控制是以通货膨胀为代价换来的。当失业得到控制以后，由于物价水平过高，工人们又会要求新一轮的加工资，形成一个循环，不断地推动通货膨胀持续进行。这就是成本推进与需求拉上共同作用形成通货膨胀。

四、通货膨胀的效应

（一）对财富的再分配

1. 固定收入阶层和变动收入阶层

通货膨胀发生时对固定收入阶层来说是不利的，对变动收入阶层是比较有利的。大部分工薪阶层都是固定工资，发生通货膨胀的时候首当其冲。固定收入阶层在通货膨胀中所受到的损失，就会被其他部门或阶层所获得。这里面政府就很可能获得好处，因为通货膨胀的发

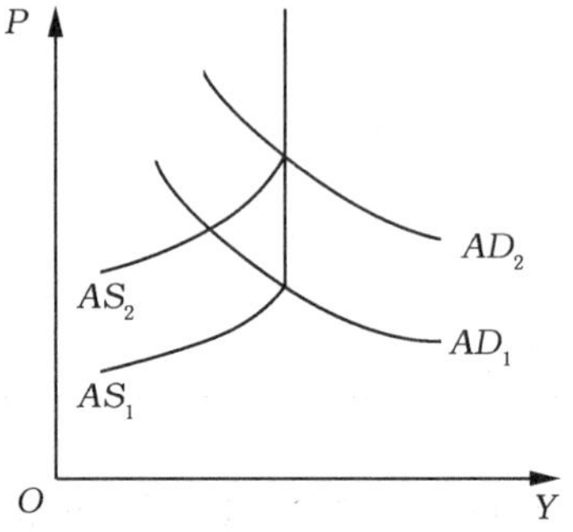

图 13—5　供求混合型通货膨胀

生，使得经济主体的名义货币收入增加，要交的税就会变多，政府的税收收入会增加。变动收入阶层在通货膨胀发生时，可以相应调整收入水平，从而抵销掉一部分通货膨胀带来的伤害。

2. 债务人和债权人

通货膨胀的发生，对债权人不利，对债务人是有利的。只要债权人的名义收益率低于通货膨胀率，债权人的投资不但没增值，反而在贬值；而反过来说，债务人在这种情况下相当于债务减轻。债权人在通货膨胀中所受到的损失显然是被债务人所获得了。这个时候人们就不愿意成为债权人。表现为不愿意存款，存款是做银行的债权人，也不愿意购买金融证券，那是做发行证券的企业的债权人，都会受到损失。

（二）对资源的分配

1. 通货膨胀会引起相对价格改变和资源的不合理分配

严重的通货膨胀发生时，会造成价格调控供求的经济原理失效，人们购物不是出于消费而是出于保值，此时考虑的不是价格与需求，而是尽量少受货币贬值的损失，因此人们会疯抢物资，失去理性，这种现象必然会引起错误的资源分配，导致社会资源的浪费。

2. 通货膨胀打击储蓄意愿并降低资本积累速度

当发生通货膨胀时，实际利率是降低的，甚至有可能是负利率，此时居民会更愿意消费，储蓄意愿会降低，使资本积累速度下降，这样会妨碍资金这种资源的分配效率。

3. 通货膨胀扰乱金融市场的健康发展

在通货膨胀期间，中央银行基准利率的调整滞后，金融体系正常的融资渠道受阻。同时，利率体系和利率结构受到通货膨胀破坏，长期融资发行不利，短期游资大量增加，大家都在瞅机会投机赚上一笔。所有这些都不利于金融市场配置社会资源的功能发挥。

（三）对经济增长的影响

关于通货膨胀对经济增长影响的看法上，大家是有争论的。

1. 观点一：通货膨胀，特别是温和的通货膨胀有利于经济增长

首先，经济通常都是处于非充分就业状态，通货膨胀虽然使物价上涨，但是同时也促进了总产出的增加，刺激了经济增长。其次，通货膨胀还有利于减轻政府的债务负担。

这种观点主要是在凯恩斯理论很流行的时候比较盛行。他们在分析问题的时候都是遵循凯恩斯的有效需求分析方法，认为社会中普遍存在的问题是有效需求不足。因此，就应该实行膨胀性的政策来刺激需求。这与当时凯恩斯所处的时代有关，他的理论盛行的 20 世纪 30 年代，正好是美国经济大危机的时候，的确是个有效需求不足的时代。

2. 观点二：通货膨胀是阻碍经济增长的重要原因之一

首先，通货膨胀会使资源分配效率降低。通货膨胀会引起相对价格改变和资源的不合理分配；通货膨胀打击储蓄意愿并降低资本积累速度；通货膨胀扰乱金融市场的健康发展。这些都会影响到经济增长，给经济增长带来阻碍。

其次，通货膨胀使预期的利润率降低，不利于调动生产和投资的积极性。持续的通货膨胀会使实际的工资、资金、利息不断下降，企业和个人的预期利润率都会不断下降，使得企业和个人的生产和投资意愿降低，整个社会的经济增长将会受到影响。

再次，通货膨胀会使价格的信号作用削弱，经济效率下降。在通货膨胀时期，价格上升和工资增加在时间和幅度上都是不对应的，工人可能会通过罢工等方式向政府和企业施压，要求加工资和稳定物价。政府从本身利益考虑，可能对某些价格实行行政控制，从而使经济运行缺乏竞争性和活力，价格的信号作用削弱，经济效率下降。即使政府不对价格进行行政控制，反复无常的通货膨胀也会打乱正常的生产秩序，市场不确定性因素加大，价格信号的确切性会降低，信号作用也会削弱，增大投资风险，打击投资信心，使生产萎缩。

最后，通货膨胀阻碍商品出口。在通货膨胀期间，国内商品生产成本提高，商品价格上涨相对高于国际市场价格，对商品的出口是很不利的。同时国内物价上涨，吸引外国商品进口，加剧了国内市场竞争压力，对国内非出口企业的产品销售也产生不利影响。

总的来说，通货膨胀会破坏正常的经济秩序，严重的通货膨胀会使货币功能丧失，经济面临崩溃，很容易引致社会动乱和政治危机。因此各国政府都应该对通货膨胀予以治理。

五、通货膨胀的治理

（一）对需求拉上型通货膨胀

对需求拉上型通货膨胀，就要从需求方面加以控制。一般都是通过紧缩性的货币政策和财政政策，来控制社会上的货币供应量和总需求，以达到抑制通货膨胀的目的。

1. 紧缩性的货币政策

紧缩性的货币政策，也称为紧缩银根，即通过紧缩性的货币政策工具，减少货币供应量，提高货币购买力，减轻通货膨胀的压力。具体的紧缩性货币政策包括提高法定的存款准备金率、提高再贷款再贴现率和公开市场业务，详见第十四章货币政策。

2. 紧缩性的财政政策

紧缩性的财政政策是通过削减财政支出和增加税收的办法来治理通货膨胀。按照凯恩斯的观点，财政赤字是引起通货膨胀的原因之一。削减财政支出，可以减少财政赤字，从而减少总需求，控制通货膨胀。另一项经常被使用的紧缩性财政政策就是税收。通过加税，来使个人可消费收入减少，使投资减少，同时增加财政收入，使得财政赤字减少。从而使得总需求减少，控制通货膨胀。

（二）对成本推进型通货膨胀

上面所讲的方法是针对需求拉上型通货膨胀的，但是到了后来以美国为首的国家出现了“滞胀”的现象，即“高通货膨胀率、高失业率”同时存在的现象。这是成本推进型的通货膨胀，用需求拉上的理论无法解释这种现象，当然控制总需求的方法，也无法治理这种通货膨胀。

针对成本推进型通货膨胀，经济学家们提出了收入紧缩政策。成本推进型通货膨胀主要是由于原材料价格上涨和工资上涨而引起的。因此，可以采取强制性或非强制性措施，限制工资提高和垄断利润的获得，抑制成本推进，控制通货膨胀。一般有工资管制、利润管制和物价管制三个方面的措施。

1. 工资管制

政府以法令或政策形式对社会各部门和企业工资的上涨采取强制性的限制。政府可以规劝、建议工人或企业自愿地克制对高工资、高价格的要求；也可以与工会、企业就工资、价格问题通过协商达到协议；还可以直接实行工资—价格管制。直接管制最为有力，但是对经济干扰也最大，如果不是极端恶化的通货膨胀，一般都不会采用。

2. 利润管制

政府以用强制手段对可获得暴利的企业的利润率或利润额实行限制措施。利润管制的方法有两个：一个是管制利润率，但是每个行业的利润率本来就不一样，怎么定合理的利润率是个问题，同时这还会鼓励到那些本身就管理水平低、成本高、利润低的企业；另一个方法是对超额利润征比较高的所得税，这无疑同样会伤害那些通过提高效率、降低成本来获得超额利润的先进企业。

3. 物价管制

政府通过立法程序，规定物价上涨率的限度，或是将物价水平冻结在一个既定的水平上。但是这种管制往往会导致商品紧缺，扩大需求缺口，加剧通货膨胀。

(三)货币改革

在出现严重的通货膨胀时，一般物价飞涨，货币大幅贬值，货币体制接近崩溃，政府往往会采取货币改革，比如废除旧货币，发行新货币，并实行相关措施保证新币币值稳定。

【课后习题】

一、名词解释

1. 货币需求　2. 实际货币需求　3. 名义货币需求
4. 货币供给量　5. 基础货币　6. 货币乘数
7. 货币均衡　8. 通货膨胀　9. CPI
10. PPI　11. 国民生产总值平减指数　12. 需求拉上型通货膨胀
13. 成本推进型通货膨胀

二、问答题

1. 试阐述货币需求理论。
2. 试比较费雪方程式和剑桥方程式。
3. 试阐述凯恩斯货币需求理论的缺陷及发展。
4. 试比较凯恩斯货币需求理论与弗里德曼的货币需求理论。
5. 试总结分析货币需求的影响因素。
6. 试根据货币供给模型总结分析货币供给的影响因素。
7. 试阐述通货膨胀的衡量尺度。
8. 试阐述通货膨胀的类型。
9. 试阐述通货膨胀形成的原因。
10. 试阐述通货膨胀的效应。
11. 试阐述通货膨胀的治理对策。

第十四章　货币政策

【学习目标】

1. 理解货币政策目标的具体内容。
2. 理解并掌握货币政策工具的具体内容及应用效果。
3. 理解并掌握货币政策传导机制的过程及中间目标的选择。
4. 理解其他影响货币政策效果的因素。

【思政目标】

货币政策，作为国家宏观经济调控的重要工具，不仅引领着经济发展的航向，更是人民福祉提升的重要推手。近年来，我国中央银行灵活运用降准、降息、再贷款等多种货币政策工具，有效调节市场流动性，降低了企业和个人的融资成本，为实体经济注入了强劲动力。这一系列政策措施，不仅促进了经济运行总体平稳、稳中有进，延续回升向好态势，更直接惠及了千家万户。从支持小微企业创新成长，到助力乡村振兴战略实施；从促进消费升级，到改善居民住房条件，货币政策如同细雨般滋润着经济发展的每一寸土地，让发展的成果更加公平地惠及全体人民。这种以人民为中心的发展理念，彰显了我国社会主义制度的优越性，也让我们深切感受到，祖国的繁荣昌盛与每个人的幸福生活息息相关。因此，我们有理由为国家的进步和成就感到自豪，更加坚定了为实现中华民族伟大复兴的中国梦贡献自己力量的信心和决心。

2024年第二季度中国货币政策执行报告摘要

第一节　货币政策概述

货币政策在一国的宏观经济政策中居于十分重要的地位，它的变化会引起总需求和总供给的变化、一般物价水平的变化、经济增长速度和经济结构的变化、国际收支平衡的变化等等，所以它是现代市场经济国家最重要的宏观经济调控手段之一。货币政策除了影响宏观经济，还会对货币资金的价格——利率产生重要影响，进而影响到金融市场。

一、货币政策的界定

货币政策就是中央银行为实现其特定的经济目标而采用的各种控制和调节货币供应量及利率，进而影响宏观经济的方针和措施的总和。中央银行在国家法律授权的范围内独立地或在中央政府领导下制定货币政策，并运用其拥有的货币发行特权和各种政策手段，利用其领导和管理全国金融机构的特殊地位，组织货币政策的实施。

货币政策包括：货币政策目标、实现目标的政策工具、监测和控制目标实现的各种操作指标和中介指标、政策传递机制和政策效果等基本内容。这些基本内容紧密联系，构成一个国家货币政策的有机整体。在制定和实施货币政策时，必须对这一有机整体进行统筹考虑。

二、货币政策目标

中央银行实施货币政策，希望能够达到的最终目标由四个具体的目标构成：物价稳定、充分就业、经济增长、国际收支平衡，与宏观经济政策的目标是一致的。因为，货币政策是宏观经济政策的一部分，货币政策和财政政策共同构成宏观经济政策。

（一）物价稳定

物价稳定指一般物价水平在短期内没有显著的或急剧的波动。一般物价水平在短期内没有显著的或急剧的波动，有利于营造一个稳定发展的宏观经济环境。上一章已经详细论述了物价波动对宏观经济及金融市场的影响，因此，抑制通货膨胀，保持价格稳定和币值稳定就是货币政策的首要目标。

20 世纪 70 年代以后，世界各国通货膨胀日益严重，成为经济上的普遍问题，很多国家都把稳定物价、抑制通货膨胀作为货币政策的主要目标。如欧盟在创立欧洲中央银行体系时，就在章程中把物价稳定设定为该体系的基本目标，欧盟的其他经济政策只有在不与“物价稳定”这个目标相冲突时，才会获得支持。

（二）充分就业

充分就业指有能力并愿意参加工作的人，都能在较合理的条件下，随时找到适当的工作。有能力而且愿意工作的人想找工作都能找到工作，那就排除了两种失业情况。一种是有工作能力但不愿意工作，这种失业叫作自愿失业；另一种就是摩擦性失业，是短期内劳动力供求失调难以避免而造成的失业。这两种失业，不管是在什么情况下都是不可避免的。只有出现了劳动者有工作能力，而且愿意接受现行的工资水平和工资条件，但仍然找不到工作时，才统计为经济上的失业。失业率，就是用这些失业的人数比上愿意就业的劳动力人数。

充分就业并不要求失业率为 0。由于别的因素影响，现在社会要增加生产，没有空余劳动力，也限制了经济的发展。当然失业率过高，那是资源的浪费，而且会产生很多社会问题，成本也很高。一般，经济学家认为 4%左右的失业率是合理的。但是现在有些经济学家认为 4%太低了，因为它引起了加速的通货膨胀，所以认为应该在 6%左右。到底失业率控制在多少合适是有争议的。中央银行在制定货币政策时，到底以多少失业率为充分就业的判断标准，只有各国自己根据不同的国情来判断制定了。

（三）经济增长

经济增长指的是一国国内生产总值(GDP)的增长。经济增长在通常情况下是与就业率成同向变动的，就业率高，经济增长就快。

经济增长的目的是为了增强国家实力，提高人民生活水平。但是经济增长通常都会伴随一些社会问题,像环境污染等。这些靠破坏生态平衡所取得的经济增长不能算真正的经济增长,因此现在提出绿色 GDP 这个指标。

另外价格上涨也会引起国内生产总值的增加,这也不表示经济在增长。因此,在衡量经济增长时,一般都是用剔除掉价格因素以后的国内生产总值增长率。

作为宏观经济目标的经济增长应是长期稳定的增长。过度追求短期的高速甚至超高速增长可能导致经济比例的严重失调和经济的剧烈波动。一般各国都将能够有效利用自己资源的经济增长速度视为最优水平,如果速度低于最优水平会导致资源的浪费,高于最优水平会导致通货膨胀和资源的破坏。

(四)国际收支平衡

国际收支平衡,指的是一个国家对其他国家的全部货币收入和货币支出相抵,略有顺差或逆差。之所以说,国际收支平衡是略有顺差或逆差,主要是因为要想做到在国际收入和国际支出上完全相等几乎是不可能的事。很多人认为在国际收支中,逆差大了肯定是不好的,事实上顺差大了也不好,巨额的国际收支顺差会给本国带来很大的通货膨胀压力。

因此,一个国家经济最优状态就是内外都同时达到均衡,这个外部均衡指的就是国际收支平衡。

(五)货币政策目标之间的冲突

尽管货币政策的目标有四个,但是对任何一个国家的中央银行而言,都只可能从这四个目标中选取一个或两个作为目标,而不可能同时兼顾。因为这四个目标之间的关系比较复杂,甚至是有矛盾的。

最明显的就是物价稳定与充分就业之间的矛盾。著名的菲利普斯曲线就反映了通货膨胀与失业率的反向变动关系,高就业是以通货膨胀为代价的。另外,经济增长与国际收支平衡之间也有矛盾。经济迅速增长,就业增加,收入水平提高,显然进口商品需求的增长会快于出口贸易的增长,会导致国际收支状况恶化,出现逆差。要消除逆差,必须压缩国内总需求,又会抑制经济增长,使得失业增加。

主要经济体货币政策目标

所以,一个国家在制定货币政策的时候,只能根据本国的情况,在一定时间内选择一个或两个目标作为货币政策的主要目标,牺牲掉其他目标。随着经济形势的发展变化再调整货币政策目标。

第二节　货币政策工具

中央银行确定了自己的货币政策目标之后,就要选择合适的货币政策工具来实现它的政策目标。货币政策工具是中央银行为了实现货币政策的最终目标而采取的措施和手段,它包括一般性货币政策工具和选择性货币政策工具两类。

一、一般性货币政策工具

一般性货币政策工具是对货币供给总量或信用总量进行调节和控制的政策工具,主要包括:法定存款准备金政策、再贴现政策和公开市场业务,这是最传统的三大货币政策工具,也有人把它叫作中央银行的三大法宝。之所以把这三种政策工具叫作一般性货币政策工具,是因为它们对金融活动的影响是普遍的、总体的,针对的是整体经济,而不是个别部门或个别企业,并没有特殊的针对性和选择性。

(一)法定存款准备金政策

1. 定义

法定存款准备金政策是指在国家法律所赋予的权力范围内,通过规定或调整商业银行交存中央银行的存款准备金率,控制商业银行的信用创造能力,间接地调节社会货币供应量的活动。

存款准备金制度建立之初并不是作为中央银行货币政策的调节工具而设立,而是为了保持商业银行的清偿力而设立,它的目的是保持商业银行资产的流动性,避免挤兑现象的发生,保证存款人的利益以及银行本身的安全。一直到1935年,美联储首次获得了改变法定存款准备金率的权力,存款准备金制度才真正成为中央银行货币政策的重要工具。发展到现在,它已经成为中央银行控制货币供给的一项重要工具了。

2. 作用

在货币供给模型中,法定存款准备金率直接作用于货币乘数,只要中央银行提高存款准备金率,商业银行的贷款规模就会相应地缩小,货币乘数也会成倍地缩小,货币供应量相应地也会成倍地缩小。只要中央银行降低存款准备金率,商业银行就会扩大贷款规模,货币乘数就会成倍地扩大,相应地货币供应量也会成倍地扩大。当经济过热的时候,中央银行希望商业银行能收缩贷款规模,希望能使货币供应量减少,可以提高存款准备金率。当经济紧缩,商业银行惜贷的时候,中央银行可以降低存款准备金率来刺激商业银行扩大贷款规模,增加社会上的货币供应量。

所以,存款准备金率成为中央银行调节货币供应量的一个非常重要而且是非常强有力的经济手段,它的威力巨大,对货币供应量的影响是非常巨大的。因此,它并不适宜随时调整,也不适宜大幅度调整。而且,它的调整对商业银行的冲击也比较大,一般商业银行留的超额准备金比较少,只要存款准备金率稍微提高一点点,就很有可能把商业银行的超额准备金全部占用掉,甚至还不够,一些资金周转不足的商业银行被迫要大量抛售有价证券,来弥补存款准备金的不足,会使许多商业银行处于资金周转困难的境地。

3. 评价

法定存款准备金政策作为一种货币政策工具,其优点在于它对所有存款货币银行的影响是平等的,对货币供给量具有极强的影响力,力度大,速度快,效果明显。

但是,它作为一种货币政策工具,也有一定的局限性。其一,对经济的振动太大。由于整个银行存款规模巨大,法定存款准备金率的轻微变动将会带来法定存款准备金量的巨大变动。通过货币乘数的放大作用,将对货币供给总量产生巨大的影响,甚至可能带来经济的强烈振荡。其二,法定准备金率的提高,可能使超额准备率较低的银行立即陷入流动性困境。为了减少这种冲击力,中央银行将被迫通过公开市场业务或贴现窗口向急需流动性的银行提供流动性支持。由于法定存款准备金政策对经济的极大冲击力,因而中央银行使用时一般都比较慎重。

4. 法定存款准备金率的调整及其世界范围内的降低趋势

法定存款准备金率的适时调整,是该政策工具发挥作用的基本方式。我国在1984年开始实施存款准备金制度时,规定的存款准备金率为3档:企业存款20%;农村存款25%;储蓄存款40%。由于比例过高,且存款的流动性越强准备金率越低,并不合理,于是1985年改为统一的10%。此后为了配合紧缩性货币政策的实施,1987年上调为12%,1988年9月再上调为13%。1989年进一步规定各专业银行需在13%的法定准备金之外,再缴存5%的备付金。过高的准备率导致一方面商业银行向中央银行缴存过高的准备金,另一方面中央银行又向商业银行提供过多的信用贷款，不利于商业银行的自主经营和中央银行的间接调控。1998 年 3 月，对存款准备金制度进行改革，合并了法定存款准备金和备付金账户，并将法定准备金率下调为 8%。同时调低了存款准备金利率，并收回一部分贷款，以抵销由于存款准备金率大幅下调对货币供给量的影响。2003 年我国执行的法定存款准备金率为 7%。2004 年我国开始实行差别存款准备金制度。

20 世纪 90 年代以来，世界许多国家中央银行降低了它们的法定存款准备金率。美联储分别于 1990 年 12 月和 1992 年 4 月将定期存款的法定准备金率调至为 0%，并将可签发支票存款的法定存款准备金率从 12%降至 10%。加拿大 1992 年也把 2 年以上期限存款的法定存款准备金率调至为 0%。瑞士、新西兰、澳大利亚的中央银行也采取了类似的措施。其基本原因在于为增强商业银行竞争力的考虑。

许多国家商业银行存入中央银行的存款准备金一般是无息的。这种无息的准备金存款相当于对商业银行征收一种赋税。因而，当法定准备金率过高时，将削弱这些金融机构与其他不缴存款准备金的金融机构的竞争能力。因此，国外有人建议中央银行应该对金融机构的存款准备金支付利息。

我国商业银行存入中央银行的存款准备金是有息的。在 1996 年 8 月至 1998 年 3 月存款准备金制度改革以前，准备金利率略低于中央银行贷款利率和金融机构 1 年期贷款利率，略高于居民 1 年期定期存款利率。由于发放商业贷款具有信用风险，而存在中央银行却没有信用风险，因此，过高的存款准备金利率不利于鼓励商业银行主动发放贷款，而促使其将大量的资金存在中央银行获取利差收益，从而不利于扩张性货币政策的实施。为此，中央银行于 1998 年 3 月 25 日将准备金利率调整为与居民 1 年期定期存款利率相同。1998 年 7 月 1 日进一步将准备金利率调整为低于居民 1 年期定期存款利率和金融机构同期贷款利率，以利于鼓励商业银行发放贷款。

从对我国存款准备金利率调整及其对银行经营活动的影响分析可见，由于银行对企业的贷款存在信用风险，而在中央银行的准备金存款无信用风险，如中央银行按照市场利率支付存款准备金利息，将导致银行“惜贷”而把资金大量存入中央银行，从而不利于中央银行货币政策的有效实施。更好的做法是按照低于市场存款利率的水平支付银行存款准备金利息。这既考虑了商业银行的利益，又不至于鼓励其“惜贷”。

(二)再贴现政策

1. 定义

中央银行通过制定或调整再贴现利率来干预和影响市场利率及货币市场的供应和需求，从而调节市场货币供应量的一种金融手段。

再贴现政策是由历史上较早出现的再贴现业务发展而来的。早期的再贴现业务是一种纯粹的信用业务。商业银行通过将其持有的未到期的商业票据拿到中央银行办理再贴现，以获得一定的资金，解决暂时的资金短缺问题。随着中央银行职能的不断完善和调节宏观经济作用的日益加强，再贴现业务逐步演化为一种调节货币供给总量的货币政策工具。

2. 作用

(1)再贴现率的升降会影响货币供给量。

再贴现率的升降会影响商业银行等存款货币机构的准备金和资金成本，从而影响它们的贷款量和货币供给量。

当再贴现率提高时，商业银行等存款货币机构从中央银行贴现窗口借款的成本上升，因而将减少其贴现贷款，而相应地多持有点超额准备金，导致货币乘数减少。如果准备金不足，商业银行还必须收缩对客户的贷款和投资规模，从而也就缩减了市场的货币供应量，随着市场货币量的缩减，银根紧缩，市场利率也相应上升，社会对货币的需求也相应减少。

与此相反，当中央银行降低再贴现利率时，商业银行向中央银行借款或贴现的资金成本降低，借款比较容易，这就会增加向中央银行的借款或贴现，商业银行可以少持有超额准备金，从而货币乘数增加。商业银行在放款有利可图时也会扩大对客户的贷款和投资规模，从而导致市场货币供应量增加，市场利率相应降低，社会对货币的需求也会相应增加。

因此，中央银行通过调整再贴现率间接地干预了商业银行的融资政策，使其改变放款和投资活动，可以影响或干预商业银行的准备金及市场银根松紧。

(2)再贴现政策对调整信贷结构有一定效果。

中央银行通过再贴现政策不仅能够影响货币供给总量的增减，而且还可以调整信贷结构，使之与产业政策相适应。其方法有两种：一是中央银行可以规定再贴现票据的种类，决定何种票据具有再贴现资格，从而影响商业银行的资金投向；二是对再贴现的票据实行差别再贴现率，如中央银行对再贴现票据按国家政策进行分组，对各组票据制定不同的再贴现率，从而影响各种再贴现票据的再贴现数量，使货币供给结构与中央银行的政策意图相符合。

(3)有告示作用，从而影响公众预期。

当再贴现率提高时，意味着中央银行将实行较为紧缩的货币政策，反之则意味着中央银行将实行较为宽松的货币政策。这对于引导公众预期具有重要作用。

比如说中央银行提高再贴现率，那表示中央银行认为现在经济过热，有紧缩的意思，其他经济主体就根据这个信号来调整自己的行动与计划，企业准备增加投资的，这个时候就要思考一下，国家要收缩信贷，这个时候扩大投资合不合适？

3. 评价

再贴现政策最大的优点是中央银行可利用它来履行最后贷款人的职责，并在一定程度上体现中央银行的政策意图，既可以调节货币总量，又可以调节信贷结构。但它同样存在着一定局限性。

(1)告示效应是相对的，并不能准确反映中央银行货币政策的意图。如果市场利率相对于再贴现率正在上升，则再贴现贷款将增加。这时即使中央银行并无紧缩意图，但为了控制再贴现贷款规模和调节基础货币的结构，它也会提高再贴现率以使其保持与市场利率变动一致。但这可能被公众误认为是中央银行正在转向紧缩性货币政策的信号。这时，告示效应带来的可能并非有助于中央银行货币政策意向的正确表示。更好的办法可能是直接向公众宣布中央银行的货币政策意图。

(2)可能导致市场利率出现较大波动。当中央银行把再贴现率定在一个特定水平上时，市场利率与再贴现率中间的利差将随市场利率的变化而发生较大的波动。这些波动可能导致再贴现贷款规模乃至货币供给量发生非政策意图的较大波动。

(3)中央银行没有完全的主动权。中央银行能够调整再贴现率，但不能强迫商业银行借款或不借款。当中央银行提高再贴现率时，如果企业找商业银行融资愿意出的利率更高，商业银行还是会找中央银行贴现。另外，商业银行还可以同业拆借，通过别的渠道来融资，不一定非要找中央银行借款。当经济很不景气，中央银行降低再贴现率，但是商业银行认为资金贷放出去很不安全的时候，它还是不会增加信贷规模，也不会增加向中央银行的借款，毕竟再贴现率影响的只是资金的成本，而商业银行要综合考虑收益与成本，再决定要不要向中央银行借款，以及到底借多少。

(4)不能经常反复变动，缺乏灵活性。再贴现率是金融市场上的基准利率，它的变动会引起市场其他利率的变动。因此，中央银行如果经常性地调整再贴现率的话，会引起市场利率的经常性波动，使企业或商业银行的经济行为比较混乱。这个货币政策工具与存款准备金政策工具一样，不能频繁地、大幅度地使用。

(三)公开市场业务

公开市场业务是指中央银行在金融市场买进或卖出有价证券，以改变基础货币，进而影响货币供给量和利率，实现货币政策目标的一种政策措施。

1. 作用

(1)调控存款货币银行准备金和货币供给量。

中央银行通过公开市场业务这个活动也可以达到扩张和收缩信用，调节货币供应量的目的。当中央银行认为要扩大货币供应量的时候，它可以在金融市场上买进有价证券，相当于向社会投放了一笔基础货币。当中央银行认为要紧缩货币供应量的时候，它可以在金融市场卖出有价证券，收回一部分货币。货币回笼，自然会引起信用规模的收缩和货币供应量的减少。

(2)影响利率水平和利率结构。

中央银行的公开市场业务除了能投放资金或使资金回笼外，还可以影响证券价格与市场利率，从而影响经济活动。

当经济过热的时候，中央银行紧缩货币供应量，是在证券市场上大量抛售有价证券，使资金回笼。这个时候，由于中央银行大量抛售有价证券，会使得证券的价格下跌，市场利率上升。一方面证券价格下跌，会抑制由于经济过热而给证券市场造成的泡沫；另一方面利率上升，会抑制投资过热和消费过热的势头。同时，商业银行准备金会减少，货币供给减少，影响利率上升。

此外，中央银行在公开市场买卖不同期限的有价证券，可直接改变市场对不同期限证券的供求平衡状况，从而使利率结构发生变化。

2. 优点

公开市场操作作为中央银行重要的货币政策工具之一，具有明显的优越性。

(1)公开市场业务的主动权完全在中央银行，其操作规模大小完全受中央银行自己控制，而不像再贴现贷款规模不完全受中央银行控制。

(2)公开市场业务可以灵活精巧地进行，用较小的规模和步骤进行操作，以较为准确地达到政策目标，不会像存款准备金政策那样对经济产生过于猛烈的冲击。

(3)公开市场业务可以进行经常性、连续性的操作，具有较强的伸缩性，是中央银行进行日常性调节的较为理想的工具。

(4)公开市场业务具有极强的可逆转性，当中央银行在公开市场操作中发现错误时，可立即逆向使用该工具，以纠正其错误。而其他货币政策工具则不能迅速地逆转。

(5)公开市场业务可迅速地操作。当中央银行决定要改变银行储备和基础货币时，只要向公开市场交易商发出购买或出售的指令，交易便可很快执行。

正是由于公开市场业务存在着许多优点，它已成为大多数国家中央银行经常使用的货币政策工具。

3. 局限性

(1)公开市场操作较为细微，技术性较强，政策意图的告示作用较弱。

(2)需要以较为发达的有价证券市场为前提。如果市场发育程度不够，交易工具太少等都将制约公开市场业务的效果。

只有一个国家金融市场发达，证券种类，特别是债券种类齐全，而且达到一定规模，中央银行才能进行公开市场业务。否则，中央银行是巧妇难为无米之炊，空有实力，没有可以买卖的有价证券，也是无法进行公开市场业务的。

我国中央银行的人民币公开市场业务于1996年4月9日正式启动。由于中国人民银行的资产中缺乏可作为公开市场操作的有价证券，公开市场业务主要采用国债回购方式进行交易。由于中国人民银行资产结构的限制和可供操作的工具单一，特别是短期国债的缺乏等原因都制约了公开市场操作的规模和效应。

二、选择性货币政策工具

选择性货币政策工具，是指中央银行针对某些特殊的经济领域或特殊用途的信贷而采用的信用调节工具。一般性货币政策工具是针对整体经济的，选择性货币政策工具正好相反，它不是针对整体经济的，而是针对个别部门、企业或特殊用途的信贷而采用的政策工具。这些政策工具都可以影响商业银行体系的资金运用方向以及利率。

选择性货币政策工具包括三类：间接信用控制工具、直接信用控制工具和道义劝导。

(一)间接信用控制工具

这类货币政策工具是通过市场供求关系或资产组合的调整途径来控制信用规模的。

1. 优惠利率

中央银行对国家重点发展的经济部门和行业，制定较低的贴现率或贷款利率，作为鼓励这些部门增加投资，扩大生产的措施，目的是促进国民经济产业结构和产品结构的调整。

优惠利率主要配合国民经济产业政策使用。如对急需发展的基础产业、能源产业、新技术、新材料的生产，出口创汇企业和产品的生产等，制定较低的优惠利率，提供资金方面的支持。它的实施方式有两种：调低贷款率或贴现率。

发展中国家这个工具用得比较多。我们国家专门有政策性银行给这些行业提供优惠信贷。

2. 证券市场信用控制

证券市场信用控制，是指中央银行对购买有价证券的贷款规定法定保证金比率，目的在于限制用借款购买有价证券的比重。它是对证券市场的贷款量实施控制的一项特殊措施，在美国货币政策史上最早出现。

中央银行规定保证金限额的目的，一方面是为了控制证券市场的信贷资金的需求，稳定证券市场价格；另一方面则是为了调节信贷供给结构，通过限制大量资金流入证券市场，使较多的资金用于生产和流通领域。我国改革开放以来，证券市场从无到有，发展迅速，但也出现了大量信贷资金流入股市、债市和期货市场，导致证券市场过热，出现金融资产泡沫的不良运行状况。为解决该问题，我国实行了证券业和银行业分业经营的管理体制，采取一系列措施限制信贷资金流入股市，限制证券经纪公司向客户透支炒股等，对于我国金融市场的稳定，抑制金融泡沫，避免金融危机发挥了重要作用。

3. 消费信用控制

消费信用控制，是指中央银行根据需求状况和货币流通状况，对消费者信贷量进行控制，来抑制过度的消费需求或刺激过低的消费需求增长。这里中央银行对消费者信贷量的控制，主要针对的是不动产以外的耐用消费品的消费信贷与分期付款，目的在于影响消费者对耐用消费品有支付能力的需求。

在消费过度膨胀时，可对消费信用采取一些必要的处理措施。如：①规定分期购买耐用消费品首期付款的最低限额，这一方面降低了该类商品信贷的最高贷款额，另一方面则限制了那些缺乏现金支付首期付款的消费；②规定消费信贷的最长期限，从而提高每期还款金额，限制平均收入水平和目前收入水平较低的人群的消费；③规定可用消费信贷购买的耐用消费品种类，也就限制了消费信贷的规模。该类措施在消费膨胀时能够有效地控制消费信用的膨胀，许多国家在严重通货膨胀时期都采用过。相反，在经济衰退、消费萎缩时，则应放宽甚至取消这些限制措施，以提高消费者对耐用消费品的购买能力，刺激消费的回升。

4. 不动产信用控制

不动产信用控制，是指中央银行对商业银行等金融机构向客户提供不动产抵押贷款的管理措施。主要是规定贷款的最高限额、贷款的最长期限和第 1 次付现的最低金额等。采取这些措施的目的主要在于限制房地产投机，抑制房地产泡沫。美国在第二次世界大战和朝鲜战争时期，为了确保经济资源的合理利用，特设置 W 规则限制消费信用，X 规则限制不动产信用。

如果提高最低的首期付现的话，相当于提高了这类贷款的门槛，很多人付不起这个最低的首期，就必须再等等才能进行消费，就控制了这种贷款的规模。

最高贷款限额与最高偿还期限也是这样，如果最高贷款限额比较少，则能够贷的金额变少，很多人会资金不够；最高的偿还期限比较短的话，也是在限制这类贷款的规模。

（二）直接信用控制工具

中央银行直接以行政命令的方式，对银行放款或接受存款的数量进行控制。

1. 贷款量的最高限额

中央银行直接规定商业银行的最高贷款数额。这种方法在西方用得比较少，一般只在发生了战争或严重的经济危机等情况下，中央银行才会使用这种行政控制手段。但是在资金供给相对紧张的大多数发展中国家相当广泛地被采用，它也是我国计划经济时期和从计划经济向市场经济转轨初期主要的信用控制手段。

我国直到 1998 年 1 月 1 日，中国人民银行才取消对国有商业银行的贷款规模限额控制，只对国有商业银行按年(季)下达贷款增量的指导性计划，实行“计划指导、自求平衡、比例管理、间接调控”的信贷资金管理体制。中央银行对货币供给总量的控制转变为通过对基础货币的调控来实现。

2. 存款利率的最高限额

美国著名的“Q 条例”就是规定存款利率上限。一方面存款利率高，会诱使商业银行从事一些高风险的贷款活动；另一方面存款利率高，会使银行经营的成本变高。

这些行政手段，中央银行都只能在比较特殊的时候使用。如果在平常使用，会损害金融体系的效率。受到管制的银行只会想方设法来规避这些管制，像美国就最先创立了大额可转让存单，来规避“Q 条例”的行政干预政策。

(三)道义劝导

中央银行利用其地位和权威,对商业银行和其他金融机构经常以发出书面通告、指示或口头通知,甚至与金融机构负责人面谈等形式向商业银行通报经济形势,劝其遵守金融法规,自动采取相应措施,配合中央银行货币政策的实施。比如,在地产与股票市场投机风气比较盛行的时候,中央银行可能劝告商业银行缩减这类信贷。

我国近些年实施的非常规货币政策工具

这种工具的优点是比较灵活,没有任何成本。但是缺点就是没有法律约束力,效果如何,就要看商业银行与中央银行的合作关系了。不过由于中央银行是商业银行的最后贷款人和经营活动的监督者,所以一般还是有效果的。

第三节　货币政策传导机制

一、货币政策传导机制的界定

货币政策的传导机制,指货币管理当局确定货币政策目标之后,从选用一定的货币政策工具进行操作,到其实现最终目标之间,所经过的各种中间环节所形成的传导途径与作用机理。

货币政策工具的使用,使货币数量发生变动,并对金融市场上的利率产生影响,同时对股票价格或债券价格也会产生影响;由于利率或股票价格、债券价格的变化,企业家的投资热情和个人的消费欲望及真实支出就会改变;当投资和消费发生变化后,国民生产总值自然会发生相应的变化。这个过程就是货币政策的传导过程。如图 14—1 所示。

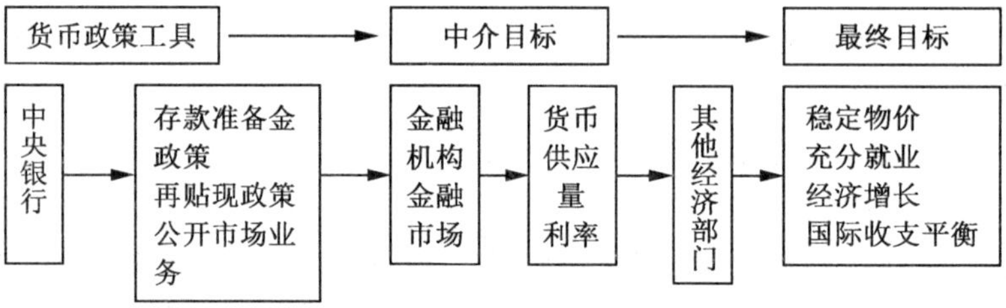

图 14—1　货币政策传导过程

二、凯恩斯学派与货币学派的货币政策传导机制之争

(一)凯恩斯学派的货币政策传导机制理论

货币政策工具$\rightarrow Ms\uparrow\rightarrow i\downarrow\rightarrow I\uparrow\rightarrow Ad\uparrow\rightarrow Y\uparrow$

基本思路:通过货币供给 M 的增减影响利率 r,利率的变化则通过资本边际效益的影响使投资 I 以乘数方式增减,而投资的增减会进而影响总支出 E 和总收入 Y。

(二)货币学派的货币政策传导机制理论

货币政策工具$\rightarrow Ms\uparrow\rightarrow E\uparrow\rightarrow I\uparrow\rightarrow Y\uparrow$　　(E:居民的实际支出)

货币需求有内在稳定性,货币供给变化会因货币需求不变而影响公众支出,公众支出增加会拉动企业投资。

凯恩斯学派强调利率的作用,认为货币供应量增加后,必须通过影响到利率,才能影响到投资与经济产出;而货币学派认为货币供应量增加后,银行会增加信贷,直接导致消费支出与投资支出都增加,会使总支出增加,而不是通过利率间接地影响投资和收入。

三、货币政策传导机制中的中介目标与操作目标

从货币政策工具的实施到达到货币政策目标,要经历好几个阶段,所花费的时间比较长,一般需要 9 个月到 1 年的时间。为了及时测定和控制货币政策的实施进度,使它朝着正确的方向发展,保证货币政策最终目标的实现,需要对中间的这些过程进行控制。如果等到最终目标发生变化,才发现政策工具用得有问题,为时已晚,所以,中央银行就这些中间过程设置目标,可以在短期内就进行检测,随时可以进行调整,以保证整个过程前进的方向与程度与目标一致。

这些介于中间的目标即中间目标,包括中介目标和操作目标。

操作目标指货币政策工具变动所直接影响的变量,它会随着工具变量的改变而迅速改变。由于它直接受货币政策工具变动影响,所以中央银行对它的控制力非常强,而且它离货币政策工具非常近,因此还有一个名称,又叫作近期指标。

中介目标指介于操作目标和最终目标之间的金融变量,既随操作目标变量的改变而改变,又能影响最终目标的变化。中介目标是由操作目标来影响,中央银行对它的控制能力要弱些,它离货币政策的最终目标近,但是离货币政策工具远,因此也叫作远期指标。

(一)中间目标的选择标准

经济中受到货币政策工具影响而且能够同时影响到货币政策最终目标的变量非常多,中间这些目标挑选得好能够确保货币政策传导过程按照中央银行设想前进,挑选得不好容易导致货币政策传导过程出错,最后形成的对货币政策最终目标的影响与中央银行设想的不一致,对宏观经济造成不利的影响。

一般认为操作目标和中介目标的选取要符合三个标准。

1. 可控性

可控性即是否易于为货币当局所控制。通常要求中间指标与所能适用的货币政策工具之间要有密切的、稳定的和统计数量上的联系。如果中央银行无法控制这些变量,也就谈不上用它来调节和控制最终目标。

2. 可测性

中央银行选择的控制变量,要能迅速而准确地获得有关数据资料,而且有明确的定义便于观察、分析和监测。如果选取的变量不具备可测性,中央银行就不方便检测自己的工具运用情况,无法及时做出调整,失去了选取中间目标的意义。

3. 相关性

相关性,指的是中间目标与最终目标的相关性,中央银行选择的中间目标,必须与货币政策最终目标有密切的相关性,通过对中间目标的控制和调节,能够促使货币政策最终目标的实现。

(二)曾经使用过的操作目标与中介目标

我们把操作目标与中介目标也加入货币政策的传导过程,重新来看一下货币政策传导的过程,如图 14—2 所示。

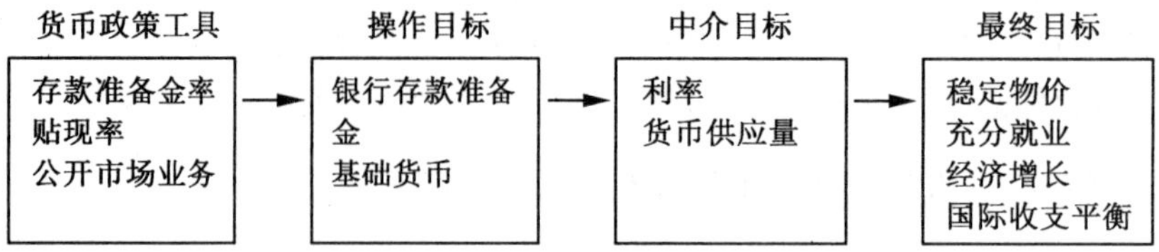

图 14—2 操作目标与中介目标

1. 操作目标

一般,各个国家经常采用的操作目标主要有存款准备金和基础货币。

(1)存款准备金。

存款准备金,作为操作目标,首先,它很好地满足了可测性的要求。其次也满足相关性要求。商业银行的存款准备金增加,意味着可贷资金减少,信贷规模缩小,货币供应量就会减少,在经济过度繁荣阶段,能抑制通货膨胀。但是这个指标的可控性不够理想。应该说存款准备金是具有可控性的。法定的存款准备金率由中央银行决定,但是商业银行超额准备金是由商业银行自己决定,中央银行比较难以准确控制。每家商业银行愿意持有多少超额准备金,由商业银行自己根据自己的业务情况、财务情况以及对经济形势的判断来决定的。

(2)基础货币。

基础货币作为操作目标,首先一样有很好的可测性,其次也满足相关性要求,基础货币直接影响着货币供应量,货币供应量就是在基础货币的基础上乘以一个货币乘数。最后它的可控性优于准备金。虽然商业银行对准备金的可控性不够理想,但是准备金加上现金构成的基础货币完全来自中央银行的货币发行,因此中央银行对基础货币的可控性反而更优。

2. 中介目标

(1)利率。

这是凯恩斯学派所推崇的货币政策中介目标。在 20 世纪 70 年代以前各国中央银行基本上都是将利率作为中介目标的。

利率的优点很明显。首先,利率的可控性强,中央银行可以直接控制再贴现率,还可以通过公开市场业务或再贴现政策,调节市场利率;其次,利率的可测性强,中央银行随时都可以观察到市场利率的水平及结构,很容易搜集这些数据资料并进行分析;另外,它的相关性也强,利率总是随着社会经济的发展状况而变化,是经济的晴雨表,它直接影响着企业资金的成本,影响企业生产与投资决策。

但是,利率作为中介目标也有自己的问题。因为利率既是一个政策目标,也是一个经济内生变量。当经济过热的时候,中央银行趋向于采用紧缩的货币政策,使得市场利率提高,以抑制过热的投资需求和消费需求。同时,在经济过热的时候,人们都有扩张投资的欲望,都需求资金,本身就会推动资金的价格,利率上升。因此,政策效果和非政策效果混在一起,中央银行不好判断货币政策是否奏效,有时候容易误诊。

(2)货币供应量。

货币供应量是以弗里德曼为首的现代货币主义者所推崇的中介目标。20 世纪 70 年代以后,各国中央银行纷纷将中介目标由利率改为货币供应量。

首先,货币供应量的可测性很好。它随时都反映在中央银行和商业银行的资产负债表中,可以很方便地进行测量与数量分析。

其次，它的可控性也不错。货币供应量由通货，也就是流通中的现金，和各种存款货币构成。现金是中央银行发行并进入流通领域的，可控性是最强的。各种存款货币是由商业银行的信用创造产生的，中央银行可以通过控制基础货币，以及影响货币乘数来间接地进行控制。

最后，它的相关性也不错。一定时期的货币供应量代表着当时社会的购买力，直接影响着货币政策目标的实现。可以说，货币供应量与货币政策最终目标之间存在着密切的相关性。

但是，货币供应量作为中介目标也有不理想的因素。首先遇到的困难就是确定哪种口径的货币供给量作为中介指标：是 M1，还是 M2？尤其是现在的金融创新——第三方支付的出现，越发模糊了货币层次。其次就是中央银行对货币供应量并不是完全控制的，货币供应量虽然主要受中央银行政策的影响，但它还受商业银行与非金融机构主体的影响。尤其是到了 20 世纪 80 年代以后，由于金融创新、金融管制放松和全球金融市场一体化，使得基础货币的扩张系数，即货币乘数失去了稳定性，中央银行对货币供应量的控制就更不如以前了。

总的来说，对于中间目标的选择，目前学术界与实践界都没有统一的看法。除了以上介绍的主要目标外，还有学者提出汇率、托宾 q 值、房地产价格等其他指标。至今为止，这仍然是一个值得研究的问题。

第四节　货币政策效果的其他影响因素

就算中央银行对经济形势判断正确，也选择了正确的货币政策工具，但是依然有其他的因素会影响货币政策的效果。

一、货币政策的时滞

所谓货币政策的时滞，指货币政策从制定到最终目标的实现必须经过一段时间。它是影响货币政策效果的重要因素。

一般来讲，货币政策的时滞可以分为三类。

（一）认识时滞

认识时滞指从需要采取货币政策行动的经济形势的出现，到中央银行认识到必须采取行动所需要的时间。

（二）决策时滞

决策时滞指中央银行认识到必须采取行动到实际采取行动的时间。

认识时滞与决策时滞统称为货币政策的内在时滞。内在时滞取决于中央银行对经济形势的判断能力和它制定政策的效率等因素。只要中央银行对经济活动能够准确地掌握，对今后的形势做出正确的预测，并且迅速针对经济形势做出反应，就可以减少内在时滞。

（三）货币政策的外在时滞

货币政策的外在时滞指中央银行采取货币政策措施到对经济活动发生影响取得效果的时间。

外在时滞需要的时间比较长，主要由客观的金融和经济情形决定，受经济结构以及各经济主体行为的影响比较大。而且这些因素不稳定，也不容易预测，所以外在时滞的时间长短是很难掌握的。

二、合理预期因素的影响

社会经济单位和个人根据货币政策工具的变化对未来经济形势进行预测，并对经济形势的变化做出反应。这可能会使货币政策的效果大打折扣。

如图 14—3，比如当社会上失业率过高的时候，公众就会预测中央银行会实行扩张性的货币政策来增加就业，增加产出。这个时候，公众已经预测到扩张性政策会使总需求曲线向右移，使价格水平提高。工人就会要求加工资，以保证价格水平上升后自己的实际工资水平不变。企业由于成本变高，总供给曲线也会相应地左移，总需求与总供给重新达到平衡。产出水平保持不变，价格水平增加。因此，这个扩张性的政策，最后只能使价格水平提高，而无法增加产出，也无法增加就业水平。政策效果大打折扣。

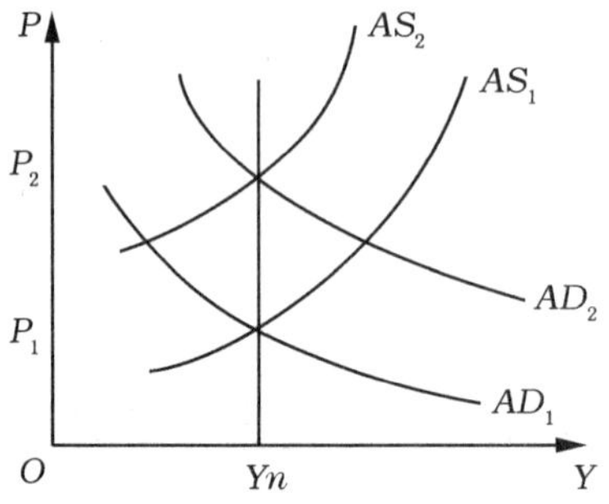

图 14—3 合理预期因素的影响

【课后习题】

一、名词解释

1. 货币政策
2. 货币政策目标
3. 物价稳定
4. 充分就业
5. 经济增长
6. 国际收支平衡
7. 货币政策工具
8. 法定存款准备金政策
9. 再贴现政策
10. 公开市场业务
11. 一般性货币政策工具
12. 选择性货币政策工具
13. 道义劝导
14. 货币政策传导机制
15. 操作目标
16. 中介目标

二、问答题

1. 试阐述货币政策目标的具体内容。
2. 试分析货币政策目标之间的冲突。
3. 试阐述中央银行三大法宝的具体内容，并予以评价。
4. 试阐述中央银行选择性货币政策工具。
5. 试阐述货币政策传导机制。
6. 试阐述货币政策效果的影响因素。

第十五章　金融创新、金融危机与金融监管

【学习目标】

1. 理解金融创新的概念，掌握金融创新的理论基础。
2. 掌握金融创新的内容，理解金融创新的影响。
3. 理解并掌握金融危机理论。
4. 理解并掌握金融监管的概念、原则、模式和内容。

【思政目标】

在金融领域，风险与危机如影随形，是每一位从业者乃至普通民众都需时刻保持警惕的议题。习近平总书记在省部级主要领导干部推动金融高质量发展专题研讨班上的重要讲话中，特别强调了金融风险防控的重要性，这不仅是对金融工作提出的明确要求，更是对我们每一个青年学生的深刻警醒和教育。

着力防范化解金融风险

金融风险可能源于市场波动、信用违约、操作失误、政策变动等多个方面，一旦失控，不仅会对金融机构造成重创，更可能引发连锁反应，危及整个经济体系的稳定。因此，我们必须树立强烈的风险意识，深刻理解金融风险的复杂性和危害性。

第一节　金融创新

一、金融创新的概念

创新概念是由美籍奥地利著名经济学家熊彼特提出的，熊彼特于1912年在其成名作《经济发展理论》中对创新下了定义，认为创新是指新的生产函数的建立，也就是企业家对企业要素实行新的组合。当时指新的产品的生产、新技术或新的生产方法的应用、新的市场开辟、原材料新供应来源的发现和掌握、新的生产组织方式的实行等。

金融创新正是循着这一思路提出的，认为金融创新是变更现有的金融体制和增加新的金融工具，以获取现有的金融体制和金融工具所无法取得的潜在的利润，它是一个为盈利动机推

动、缓慢进行、持续不断的发展过程。

（一）宏观层面的金融创新

宏观层面的金融创新将金融创新与金融史上的重大历史变革等同起来，认为整个金融业的发展史就是一部不断创新的历史，金融业的每项重大发展都离不开金融创新。

从这个层面上理解金融创新有如下特点。第一，金融创新的时间跨度长，将整个货币信用的发展史视为金融创新史，金融发展史上的每一次重大突破都视为金融创新。第二，金融创新涉及的范围相当广泛，不仅包括金融技术的创新，金融市场的创新，金融服务、产品的创新，金融企业组织和管理方式的创新，金融服务业结构上的创新，而且还包括现代银行业产生以来有关银行业务、银行支付和清算体系、银行的资产负债管理乃至金融机构、金融市场、金融体系、国际货币制度等方面的历次变革。

（二）中观层面的金融创新

中观层面的金融创新是指 20 世纪 50 年代末、60 年代初以后，金融机构特别是银行中介功能的变化，它可以分为技术创新、产品创新以及制度创新。技术创新是指制造新产品时，采用新的生产要素或重新组合要素、生产方法、管理系统的过程。产品创新是指产品的供给方生产比传统产品性能更好、质量更优的新产品的过程。制度创新则是指一个系统的形成和功能发生了变化，而使系统效率有所提高的过程。从这个层面上，可将金融创新定义为，政府或金融当局和金融机构为适应经济环境的变化和在金融过程中的内部矛盾运动，防止或转移经营风险和降低成本，为更好地实现流动性、安全性和盈利性目标而逐步改变金融中介功能，创造和组合一个新的高效率的资金营运方式或营运体系的过程。

（三）微观层面的金融创新

微观层面的金融创新仅指金融工具的创新。大致可分为以下四种类型。第一，信用创新型，如用短期信用来实现中期信用，以及分散投资者独家承担贷款风险的票据发行便利等；第二，风险转移创新型，它包括能在各经济机构之间相互转移金融工具内在风险的各种创新工具，如货币互换、利率互换等；第三，增加流动创新型，它包括能使原有的金融工具提高流动性的创新金融工具，如资产证券化等；第四，股权创造创新型，它包括使债权变为股权的各种创新金融工具，如附有股权认购书的债券等。

二、金融创新的理论基础

（一）西尔柏的约束诱导型金融创新理论

美国著名的经济和金融学家威廉·L. 西尔柏在 1983 年 5 月发表了《金融创新的发展》一文，详述了金融创新的动因。他认为金融创新是追求利润最大化的微观金融组织，为消除或减轻外部对其产生的金融压制而采取的“自卫”行为。西尔柏认为，金融压制来自两个方面，其一是外部约束，主要是政府等监管机构的管制；其二是内部约束，即金融企业制定的利润目标、增长率、资产比率等。这两个方面的金融压制，特别是外部条件发生变化而产生金融压制时，实行最优化管理和追求利润最大化的金融企业将会从机会成本角度和金融企业管理角度来寻求最大限度的金融创新。

西尔柏的理论利用微观经济学原理，从企业行为分析入手，主要侧重于金融企业与市场拓展相关联的金融工具创新和金融交易创新，解释金融企业的“逆境创新”，而对与金融企业相关的市场创新，以及由于宏观经济环境变化而引发的金融创新皆不适应。而事实上金融创新并非金融企业的孤立行为，金融创新是经济活动在金融领域内各种要素重新组合的反映。要使各种创新稳定下来，实现规范化、合理化，还需要制度创新作保障，而制度创新并不是指完善原来的制度，而是一种在市场规避型创新之前，顺应金融体系发展的客观需要，从无到有地形成新的制度内容乃至整体的制度体系。要求政府放弃以往对金融过程过多干预的政策，转而实施一种较为宽松的制度。如果说金融市场创新是对制度安排的规避，那么紧随其后的制度创新则是对市场创新的宽容和放纵。这是一种自发行为和自觉安排之间的辩证关系。

（二）凯恩的规避型金融创新理论

这一理论是由美国经济学家凯恩（E. J. Kane）于 1984 年提出来的。所谓规避，就是指对各种规章制度的限制性措施实行回避。规避创新就是指回避各种金融管制的行为。它意味着当外在市场力量和市场机制与机构内在要求相结合，回避各种金融控制和规章制度时就产生了金融创新行为。实际上，规避已经被认为是合法的了。由此，凯恩设计了一个制定规章制度的框架，在这个框架中，制定经济规章制度的程序和被管制人规避的过程是相互适用和相互作用的，通过这样一个互动过程，形成了比较成熟的和切实可行的规章制度。对金融的控制和因此产生的规避行为是以辩证形式出现的，从金融机构和政府的决策角度看，则可认为是自由与管制的博弈。为了获得最大化的利润，金融企业在运行过程中会通过创新来逃避政府的管制，但当金融创新危及金融制度稳定时，政府又会加强管制，这种管制将导致新的一轮创新。因此，金融制度的静态均衡几乎是不存在的，管制和规避引起的创新总是不断交替，形成一个动态的博弈过程。

凯恩的理论比西尔柏的理论涵盖更广泛，更重视外部环境对金融创新的影响，他不仅考虑了市场创新的起因，而且还研究了制度创新过程以及二者的动态过程，把市场创新和制度创新看作是相对独立的经济力量与政治力量不断斗争的过程和结果。但规避理论似乎太绝对和抽象化地把规避和创新逻辑地联系在一起，与现实有一定差距，这主要表现为凯恩内心所设想的制度创新总是向管制型发展，而现实却是制度创新一直主要向以自由放任为基调的市场创新退让。

（三）希克斯和尼汉斯的交易成本创新理论

希克斯（J. R. Hicks）和尼汉斯（J. Niehans）提出的金融创新理论的基本命题为“金融创新的支配因素是降低交易成本”。这个命题有两层含义：降低交易成本是金融创新的首要动机，交易成本的高低决定金融业务和金融工具是否具有实际意义；金融创新实质上是对科技进步导致交易成本降低的反应。希克斯把交易成本和货币需求与金融创新联系起来考虑，认为交易成本是作用于货币需求的一个重要因素，不同的需求产生对不同类型金融工具的要求，交易成本高低使经济个体对需求预期发生变化；交易成本降低的发展趋势使货币向更为高级的形式演变和发展，产生新的交换媒介、新的金融工具；不断降低交易成本就会刺激金融创新，改善金融服务。交易成本理论把金融创新的源泉完全归因于金融微观经济结构变化引起的交易成本下降，这未免太简单化了。因为金融交易成本的下降并非完全由科技进步引起，还有其他诸如竞争、外部经济环境的变化等因素。

（四）制度学派的金融创新理论

制度学派对金融创新的研究较多，以戴维斯（S. Davies）、诺斯（North）、沃利斯（Wallis）等为代表。这种金融创新理论认为，作为制度创新的一部分，金融创新是一种与经济制度互为影响、互为因果的制度变革。基于这种观点，金融体系的任何因制度改革的变动都可视为金融创新。因此，政府行为的变化会引起金融制度的变迁，如政府要求金融稳定和防止收入分配不均等而采取的金融改革，虽然是以建立新的规章制度为明显特征，但这种制度变化本身并非“金融压制”，而是含有创新的成分。比如1919年美国联邦储蓄体系和1934年存款保险制度的建立，它们都是作为政府当局稳定金融体系而采取的有力措施，它们虽然是金融管制的一部分，但也可以认为是金融制度创新行为——金融监管制度创新。

三、金融创新的内容

金融创新的内容包括金融制度创新、金融组织机构创新、金融管理创新、金融市场创新和金融工具创新。

（一）金融制度创新

金融制度创新是指作为金融管理法律、法规的改变以及这种变革所引起的金融经营环境与经营内容上的创新，包括金融组织制度的创新与金融监督制度的创新。有效的金融制度是金融有序高效运行的保证，是一国金融竞争力的核心所在。金融制度创新就是为了适应金融效率提高的要求而进行的变革和创新。

从创新的主体来看，金融制度创新可以分为需求诱导型创新和供给主导型创新。需求诱导型创新是指单位创新主体（如金融企业）在给定的约束条件下，为确立预期能导致自身利润最大化的制度安排和权利界定而自发组织和实施自下而上的制度创新，它以产权界定清晰和自主决策为制度条件。供给主导型创新是指金融当局通过直接和间接的手段自上而下组织实施的创新，它以大量的公共产权和集权型决策体制为制度条件。在世界范围内，20世纪30年代以前，金融制度创新是商业银行在利益的导向下自主进行的需求诱导型创新。政府行为主要是适应市场发展，对新出现的金融机构、金融产品及金融交易规则并不积极参与，仅仅以法律或制度形式等方法加以确认。30年代以后，市场固有的缺陷导致市场无法产生出规范竞争、限制垄断的制度安排，“市场失灵”的存在客观上要求政府行为来干预经济金融运行，弥补市场机制的不足。尤其是当市场有可能损害政府利益时，政府为了自身的利益，实现自身效益最大化，就会介入市场。实施规范市场的各种制度安排，强制性地推行经济制度的变迁。这一期间，由政府来主导的供给主导型创新更为显著。

从创新内容来看，它主要包括金融交易制度创新、金融组织制度创新（单个金融组织创新和金融组织结构或体系的创新）以及金融保障制度创新等。金融交易制度创新即围绕着金融交易运作方式进行的制度创新。创造新的金融交易载体，改变金融交易流程，增加金融交易的形式，启动新的金融交易资源，乃至建立具有针对不同交易对象与工具而又具有新特征的金融交易空间（新类型的交易市场）等，都可以看作是金融交易制度创新的内容。金融组织制度创新是围绕着金融组织方式包括其结构优化的目的而进行的创新。单个金融组织的创新是为适应竞争所引致的金融业务创新而出现的，由于各国的金融制度中金融组织的设置及分工不同，金融组织创新的内容与形式也不一致。金融保障制度创新则指围绕着保障社会金融活动按照特定的交易、组织制度安全和高效运行而进行的制度创新。金融保障制度包括各种旨在保障一般金融交易活动公平、顺利地进行，提高金融运行效率特别是维护金融秩序、防范金融风险、保护金融当事人权益的金融法律、规章与政策干预准则。其中的核心部分是金融监管制度。金融监管制度创新的重点在于在鼓励金融组织、金融市场创新的基础上，实行保护性管制和预防性管制，而不是一般性的压制；在于适时适当监管，而不是时时事事监管。一定的金融监管及其他保障性制度均有其特定的适用背景。当背景条件发生变化，以及出现新的风险因素时，金融保障制度本身必须进行相应的调整乃至创新。

（二）金融技术创新

金融技术创新是指伴随着科学技术和管理技术的发展，为了降低金融交易成本，提高金融交易效率而在金融交易手段、交易方法和物质条件方面发生的变化与革新。科学技术是第一生产力，金融技术创新可以为金融效率提高提供物质保证，从更深层次上促进金融生产力的提高。正是由于科技，尤其是电子计算机技术在金融交易中的广泛应用，才使得金融制度与金融工具发生了深刻的变化，促进了金融服务业生产效率的提高。

（三）金融产品和服务创新

金融产品和服务创新指金融交易载体发生的变革与创新。金融产品和服务创新是金融供求双方要求日益多样化、金融交易制度与金融技术创新的必然结果。一方面，通过金融产品和服务的创新最大限度地动员和分配了可支配的金融资源，将实体经济的成果反映在金融经济上，满足社会经济发展对金融资源的需要；另一方面，金融产品和服务创新适应了社会财富不断增长背景下，金融交易者对金融产品多样化的需要和金融风险管理的需要。金融产品和服务创新从金融供求两个方面改善了金融资源的分配状况，调整完善了金融结构，提高了金融效率。

四、金融创新对货币及其供求的影响

金融创新使货币的定义和货币层次的划分更加复杂，同时对货币的需求与供给也产生了较大的影响。

（一）金融创新对货币定义和货币量层次划分的影响

从整个货币发展的历程来看，一般认为货币经历了实物货币、金属货币、信用货币等多种形式。金融创新的日新月异使得理论界对货币的定义变得日益困难。由于金融产品不断创新，金融产品日益增多，不同流动性的金融创新产品在不同程度上充当了商品交换的媒介，成了事实上的货币。金融创新使货币的外延越来越广泛，所以对货币的界定越发复杂。

金融创新，特别是大量金融业务创新后，涌现了许多新型账户，这些账户的出现使传统货币供给层次划分出现混乱，例如 NOW、ATS、MMDA 等新型账户都具有开具支票的功能，类似于活期存款，理应划入 M1，但这些账户余额又大部分放在投资性储蓄账户上，实际上它应属于 M2。由于类似的金融创新，各国对货币供给层次的划分不断进行修改。英国已有 8 个货币供给指标，从 1970 年到 1984 年间修改货币定义 9 次之多。美国在 1971—1984 年间共修改货币定义 7 次，货币供给指标发展到目前的 M1、M2、M3、L 和 Debt5 个。尽管频繁修改，金融创新带来的难题并未完全解决，如电子账户、多功能信用卡和网络支付账户等对应的货币层次，尤其是第三方支付出现带来的类似余额宝账户对应的货币层次，各国中央银行目前尚无明确答案。所以金融创新使得对与货币的定义和货币层次划分更加难以界定，从而直接影响到货币流通速度的分析与测定。

（二）金融创新对货币需求的影响

首先，金融创新降低了货币需求总量，改变了广义货币结构。由于金融创新，使得相当多的金融产品流动性出现变化，可以充当货币使用，导致货币需求总量下降，广义的货币结构也出现了变化。

其次，金融创新降低了货币需求的稳定性。金融创新产生了一系列既有流动性又有收益性的金融工具，货币与其他金融工具之间的替代性增强，人们持有货币的动机发生变化，导致货币需求结构发生变化，使得货币需求的决定因素变得复杂和不稳定。稳定性高的交易货币需求比重下降，而稳定性差的投机性货币需求比重上升，从而使得货币需求函数的稳定性下降。

（三）金融创新对货币供给的影响

金融创新对货币供给模型产生了深刻的影响，随着金融工具种类的不断丰富，无论是流通中的现金、各类存款等流动性不同的货币供给都发生了较大的变化。

首先，金融创新扩大了货币供给主体。货币供给除了中央银行、商业银行之外，更多的非银行金融机构也参与其中。供给主体增加，货币供给将受到更多经济主体行为影响，货币政策的效果也就受到更多因素的干扰。

其次，金融创新增强了金融机构货币创造的能力。随着电子技术与计算机网络技术的日益成熟，经济体之间的借贷、消费、转账等将无一不是通过网络进行结算，支票和现金结算将逐步减少，现金漏损率会出现明显下降。同时，金融创新使得替代性金融资产大幅度增加，导致定期存款比率和超额准备金率都会出现下降，货币乘数增加，从而影响信用创造与货币供应量。

最后，金融创新部分地削弱了中央银行控制货币供给的能力与货币政策的效果。金融创新通过扩大货币供给主体，影响货币乘数，使得中央银行控制货币供给与信用创造的力度在一定程度上被削弱，使得货币供给的内生性增加。

五、金融创新与金融风险

金融创新存在着危机和风险，尤其是道德风险的存在和失控是金融创新的毒药。金融创新的道德风险是金融机构及其从业人员为追求自身利益最大化，使创新脱离了道德的轨迹，造成道德风险，进而危害投资人和金融机构的利益。近些年，由于追求竞争优势和利润最大化，各国均放宽金融管制，允许混业经营等，导致金融创新得到了无节制的发展，使得道德风险不断积累，最终导致金融危机。

（一）金融创新以规避制度监管为目的，使金融风险失去有效制度控制

金融风险首先源自于制度管制缺失。按照制度经济学观点，人是制度化的人，没有好的制度环境，好人也会变坏人。金融创新的动因之一就是通过创新突破旧制度的限制，规避各种金融控制和管理。金融创新和金融监管是相互博弈均衡的过程。纵观 2007 年美国次贷危机，根源之一在于现有金融机构通过金融创新，形成了一个完全不同于传统金融体系的“影子银行”体系，通过一系列金融产品和市场的创新突破了旧有的金融监管体系，以获得最大利润。

对金融监管的规避使金融风险时有发生。如利用监管制度的滞后性以及法律真空地带，滥用金融创新或恶意金融创新等。

（二）金融创新引发的金融风险转移，导致系统风险

金融创新的另一大动因是规避金融风险，因此相当多的金融创新产品是以转移金融风险为创新目的。虽然对单个交易主体来说规避了风险，但是风险却被转移到了其他更多交易主体上，尤其当金融交易者可以将自己的金融风险转移给其他人时，为了利润最大化，他们会接受更高的风险交易，从而导致风险积聚。当交易主体都想转移同一方向的风险时，系统风险就会爆发，给金融体系造成严重危害。

（三）金融创新打破了旧有信用体系，增加金融风险

金融产品创新还有一个动因就是竞争，金融机构为了保持竞争优势，创造出令人眼花缭乱的金融创新产品，这些产品的复杂性、链条的间接性、预期的不确定性以及信息的不对称性，导致了

信用的脆弱性和无效性。同时，大量的金融创新使得各种金融机构原有的分工限制日益模糊，职责难以区分和控制，不受旧的信用体系的约束，增加了金融风险，也给金融监管带来难题。

第二节　金融危机

一、金融危机的概念

《新帕尔格雷夫经济学大辞典》将金融危机定义为“全部或部分金融指标——短期利率、汇率、资产（证券、房地产、土地）价格、商业破产数和金融机构倒闭数——的急剧、短暂的和超周期的恶化”。可以说金融危机很难准确定义，因此学界普遍地从金融危机的表现来描述它，当金融体系出现严重困难乃至崩溃，表现出绝大部分金融指标的急剧恶化、各种金融资产价格暴跌、金融机构陷入困境并大量破产，同时对实体经济的运行产生极其不利的影响时，就认为金融危机产生了。根据 IMF 在《世界经济展望 1998》中的分类，金融危机大致可以分为四大类：货币危机、银行危机、外债危机和系统性危机。

金融危机与经济危机

二、货币危机

货币危机一般是指固定汇率制度下，市场参与者对一国的货币失去信心，通过外汇市场进行大量抛售等操作促使该国汇率制度崩溃、外汇市场持续动荡的危机。货币危机在 20 世纪比较常见，特别是 20 世纪末，国际金融危机频频发生，先后肆虐于西欧（1992—1993 年）、墨西哥（1994—1995 年）、东亚（1997—1998 年）、俄罗斯（1998 年）、巴西（1999 年）、土耳其（2001 年）、阿根廷（2001—2002 年）等国家或地区。

第二次世界大战后，大部分国家实施的都是钉住美元的汇率制度，在非常被动的情况下（如在经济基本面恶化的情况下，或者在遭遇强大的投机攻击情况下），由于外汇储备或货币政策的限制，被迫对本国的汇率制度进行调整，转而实行浮动汇率制，导致市场对该国货币失去信心，货币急剧贬值，市场持续动荡，同时还会导致国内其他金融市场动荡。20 世纪末大多数遭受危机侵袭的国家几乎走过了同样的道路：固定汇率—经济快速增长—币值高估—财政赤字不断增加、国际收支持续恶化—货币贬值、金融危机、经济直至社会危机—全面衰退—被迫作休克性调整，最后接踵而来的是一个十分痛苦漫长的恢复期。

（一）第一代货币危机理论

第一代货币危机模型的代表人物是保罗·克鲁格曼（Paul Krugman）、罗伯特·P. 弗勒德（Robert P. Flood）和彼得·M. 加伯（Peter M. Garber）。克鲁格曼在其 1979 年发表的《国际收支危机模型》（A Model of Balance-of-Payments Crises）一文中所构造的模型是关于货币危机的最早的理论模型，弗勒德和加伯则在 1984 年发表《崩溃的汇率制度：一些线性例子》（Collapsing Exchange-Rate Regimes：Some Linear Examples）一文，对克鲁格曼提出的模型加以扩展与简化。这两篇文献是第一代货币危机理论的代表作品。

第一代货币危机理论假定政府为解决赤字问题会不顾外汇储备无限制地发行纸币，央行为维持固定汇率制会无限制抛出外汇直至消耗殆尽。该理论的基础在于当经济的内部均衡与外部均衡发生冲突时，政府为维持内部均衡而采取的特定政策必然会导致外部均衡丧失，这一丧失的累积将持续消耗政府外汇，在临界点时，投机者的冲击将导致货币危机。

该理论认为一国的经济基本面决定了货币对外价值稳定与否，决定了货币危机是否会爆发、何时爆发。当一国的外汇储备不足以支撑其固定汇率长期稳定时，该国储备是可耗尽的，政府在内部均衡与外部均衡发生冲突时，政府为维持内部均衡而干预外汇市场的必然结果是外汇影子汇率与目标汇率发生持续的偏差，而这为外汇投机者提供了牟取暴利的机会。在储备减少到某一个临界点，投资者出于规避资本损失（或是获得资本收益）的考虑，会向该国货币发起投机冲击。由于一国的外汇储备是可耗尽的，政府所剩余的外汇储备在极短的一段时间内将被投机者全部购入，政府被迫放弃固定汇率制，货币危机就此爆发。事实上，由于投机者的冲击，政府被迫放弃固定汇率制的时间将早于政府主动放弃的时间，因此，社会成本会更大。

第一代货币危机理论表明，投机冲击和汇率崩溃是微观投资者在经济基本面和汇率制度间存在矛盾下的理性选择的结果，并非所谓的非道德行为。这一代理论解释 20 世纪 70 年代末、80 年代初的“拉美”式货币危机最有说服力，对 1998 年以来俄罗斯与巴西由财政问题引发的货币波动同样适用。

（二）第二代货币危机理论

第二代货币危机理论的主流代表人物是莫里斯·奥布斯特菲尔德（Maurice Obstfeld）、吉拉尔多·埃斯基韦尔（Gerardo Esquivel）和菲利配·拉雷恩（Felipe larrain）。

1992 年英镑危机发生，当时英国不仅拥有大量的外汇储备，其财政赤字也并未出现与其稳定汇率不和谐的情况，第一代货币危机理论无法对其作出合理解释，经济学家开始从经济基本面没有出现持续恶化这一角度解释危机，并探讨货币危机爆发的可能性，这就是第二代货币危机理论。

这一代理论有两个重要的假定：(1)在该理论中，政府是主动的行为主体，最大化其目标函数，汇率制度的放弃是央行在“维持”和“放弃”之间权衡之后作出的选择，不一定是储备耗尽之后的结果。政府出于一定的原因需要保卫固定汇率制，也会因某种原因弃守固定汇率制。当公众预期或怀疑政府将弃守固定汇率制时，保卫固定汇率制的成本将会大大增加。(2)引入博弈。在动态博弈过程中，央行和市场投资者的收益函数相互包含，双方均根据对方的行为或有关对方的信息不断修正自己的行为选择，而自身的这种修正又将影响对方的行为，因此经济可能存在一个循环过程，出现“多重均衡”。其特点在于自我实现的危机存在的可能性，即一国经济基本面可能比较好，但是其中某些经济变量并不是很理想，由于种种原因，公众发生观点、理念、信心上的偏差，公众信心不足通过市场机制扩散，导致市场共振，危机自动实现。

该理论认为，一国政府在制定经济政策时有多重目标，经济政策的多重目标导致了多重均衡。因此政府有捍卫汇率稳定的动机，也有放弃汇率稳定的动机。在外汇市场上有中央银行和众多的投资者，双方根据对方的行为和掌握的对方的信息，不断修正自己的行为选择。当政府的愿望与公众的预期偏离越大，维持固定汇率制的成本越高。因此，当公众产生不利于政府的预期时，投机者的行为将导致公众丧失信心从而使政府对固定汇率制的保卫失败，危机将提前到来。该理论认为，从这一角度而言，投机者的行为是不公正的，特别是对东道国的公众来说。

这代理论的主流还是重视经济基本面的情况，认为如果一国经济基本面的情况比较好，公众的预期就不会发生大的偏差，可以避免危机的发生。此外，另有少数学者认为货币危机可能根本不受经济基本面的影响，受冲击国家所出现的宏观经济的种种问题是投机行为带来的结果而非投机行为的原因。总的说来，这类文献对危机的解释一般从两个角度出发，这就是通常所说的羊群行为和传染效应。

概括起来，第二代货币危机理论注重危机的“自我实现”性质，该理论认为仅仅依靠稳健的国内经济政策是不足以抵御货币危机的，固定汇率制的先天不足使其易受投机冲击，选择固定汇率制，必须配之以资本管制或限制资本市场交易。

（三）第三代货币危机理论

1997 年下半年爆发的东南亚货币危机引起了学术界的关注。卡明斯基（Kaminsky）认为就其本质而言，这并非一场“新”危机，原有的理论成果具有说服力。而另一些学者，例如克鲁格曼则认为这次货币危机在传染的广度与深度、转移及国际收支平衡等方面与以往的货币危机均有显著的区别，原有的货币危机理论解释力不足，应有所突破。第三代货币危机理论因此产生。

克鲁格曼认为，第一代与第二代货币危机理论都忽视了一个重要现象：在发展中国家，普遍存在着道德风险问题。普遍的道德风险归因于政府对企业和金融机构的隐性担保，以及政府同这些企业和机构的裙带关系。从而导致了在经济发展过程中的投资膨胀和不谨慎，大量资金流向股票和房地产市场，形成了金融过度，导致了经济泡沫。泡沫破裂或行将破裂所致的资金外逃，将引发货币危机。

克鲁格曼在他的第三代货币危机理论中强调以下几个方面。

（1）克鲁格曼在东南亚金融危机发生以后发表的一系列文章中，提出了金融过度的概念，这一概念主要是针对金融中介机构而言的。在金融机构无法进入国际市场时，过度的投资需求并不导致大规模的过度投资，而是市场利率的升高。当金融机构可以自由进出国际金融市场时，金融中介机构的道德冒险会转化成为证券金融资产和房地产的过度积累，这就是金融过度。金融过度加剧了一国金融体系的脆弱性，当外部条件合适时，将导致泡沫破裂，发生危机。

（2）亲缘政治的存在增加了金融过度的程度。这些国家表面上健康的财政状况实际上有大量的隐含赤字存在：政府对与政客们有裙带关系的银行、企业提供各种隐性担保，增加了金融中介机构和企业道德冒险的可能性，它们的不良资产就反映政府的隐性财政赤字。东南亚国家持续了几十年的亲缘政治使国家经济在 20 世纪 90 年代大规模的对外借款中处于一种金融崩溃的风险之中，这种风险来自他们采用的准固定汇率贬值的可能性。

（3）类似于东南亚的货币危机其关键在于企业，由于销售疲软、利息升高和本币贬值，企业的资产负债表出现财务困难，这种困难限制了企业的投资行为。企业的资产负债表出现的财务困难还包括了由前期资本流入所带来的实际汇率变化的影响。这一分析表面看是论述货币贬值对企业乃至整个实体经济的影响，实际上，在危机爆发前投资者的行为函数里可能已经包含了对这种变化的预期，这就加强了他们抛售本币的决心，这也是一种自我实现的现象。

1997年亚洲金融危机

（4）金融体系在货币危机中发生崩溃并非由于先前投资行为失误，而是由于金融体系的脆弱性。导致金融体系可能发生崩溃的因素有：高债务因素、低边际进口倾向和相对出口而言大规模的外币债务。

三、银行危机

银行不能如期偿付债务，或迫使政府出面，提供大规模援助，以避免违约现象的发生，一家银行的危机发展到一定程度，可能波及其他银行，从而引起整个银行系统的危机。

(一)经济周期论

费雪是最早对市场经济条件下金融危机进行系统性研究的经济学家。1933 年,他分析了 1837 年和 1873 年发生在美国的大萧条以及始于 1929 年的全球性经济危机。他认为:银行危机与宏观经济周期紧密相关,过度负债和通货紧缩现象是金融动荡的根本原因:债台高筑引发实际经济下滑,为使经济恢复平衡,债务积累到一定程度就有必要进行清偿;而清偿债务势必导致货币负债的收缩并减缓货币流通速度,从而促使物价、产量和市场信心轮番下降,破产和失业增加。因此,银行危机很大程度上源于经济基础的周期性恶化。

(二)货币政策失误论

弗里德曼通过对 1929—1933 年大危机中银行业恐慌的原因分析,得出了货币政策失误导致银行危机的结论。他认为,物价和产出量是由货币数量决定的,而货币数量取决于货币供给与货币需求。货币需求由于货币乘数相对稳定而成为一个稳定的函数,因而货币数量主要取决于货币供给,而货币供给变动受控于货币政策。因此,货币政策决定物价和产出量。货币政策通过作用于实业界而最终影响银行业。货币政策的失误可以使一些小规模的、局部的金融问题演化为剧烈的、全面的金融动荡。正是美联储在 1929—1933 年错误地执行了紧缩型货币政策,最终导致了这场史无前例的银行危机和经济危机。

(三)金融不稳定假说

海曼·明斯基(Hyman P. Minsky)对金融内在脆弱性进行了系统分析,提出了“金融不稳定假说”。他将市场上的借款者分为三类:第一类是“套期保值”型借款者。这类借款者的预期收入不仅在总量上超过债务额,而且在每一时期内,其现金流入都大于到期债务本息。第二类是“投机型”借款者。这类借款者的预期收入在总量上超过债务额,但在借款后的前一段时期内,其现金流入小于到期债务本息,而在这段时期后的每一时期内,其现金流入大于到期债务本息。第三类是高风险型借款者。这类借款者在每一时期内,其现金流入都小于到期债务本息,只在最后一期,其收入才足以偿还所有债务本息。因而他们不断地借新债还旧债,把“后加入者的入伙费充作先来者的投资收益”,以致债务累积越来越多,潜伏的危机越来越大。

在一个经济周期开始时,大多数借款者属于“套期保值”型借款者,当经济从扩张转向收缩时,借款者的盈利能力缩小,逐渐转变成“投机型” 借款者和高风险型借款者,金融风险增大。因而金融体系具有内在的不稳定性,经济发展周期和经济危机不是由外来冲击或是失败性宏观经济政策导致的,而是经济自身发展必经之路。

(四)银行体系关键论

托宾(Tobin)1981 年提出银行体系关键论,其核心思想是:银行体系在金融危机中起着关键作用。在企业过度负债的经济状态下,经济、金融扩张中积累起来的风险增大并显露出来,银行可能遭受损失,所以银行为了控制风险,必然提高利率减少贷款。银行的这种行为会使企业投资减少,或引起企业破产,从而直接影响经济发展,或者使企业被迫出售资产以清偿债务,造成资产价格急剧下降。这种状况会引起极大的连锁反应,震动也极强烈,使本来已经脆弱的金融体系崩溃更快。托宾认为,在债务—通货紧缩的条件下,“债务人财富的边际支出倾向往往高于负债人”,因为在通货紧缩—货币升值的状况下,债务人不仅出售的资产贬值,而且拥有的资产也贬值。在债务人预期物价继续走低的情况下,变卖资产还债的倾向必然提前。

(五)“金融恐慌”论

戴蒙德(Diamond)和获伯威格(Dybvig)认为银行体系脆弱性主要源于存款者对流动性要求的不确定性以及银行的资产较之负债缺乏流动性之间的矛盾 。他们在 1983 年提出了银行挤兑理论(又称 D—D 模型)。其基本思想是:银行的重要功能是将存款人的不具流动性的资产转化为流动性的资产,以短贷长,实现资产增值。在正常情况下,依据大数定理,所有存款者不会在同一时间取款。但当经济中发生某些突发事件(如银行破产或经济丑闻),就会发生银行挤兑。查理(Chari)和贾甘纳森(Jagannathan)进一步指出,一些原本不打算取款的人一旦发现取款队伍变长,也会加入挤兑的队伍,发生金融恐慌。

(六)"道德风险"论

麦金农(Mekinnon)认为,由于存款保险制度的存在,以及政府和金融监管部门在关键时候扮演"最后贷款人"的角色,一方面会使银行产生道德风险,从事具有更高风险的投资,增加了存款人受损害的可能性;另一方面,存款者也会不对银行实施监督。世界银行和 IMF 对 65 个国家在 1981—1994 年间发生的银行危机做的计量测试也表明,在设有存款保险制度的国家,发生危机的概率要高于没有设立存款保险制度的国家。

四、外债危机

一国内的支付系统严重混乱,不能按期偿付所欠外债,不管是主权债还是私人债等,即发生了外债危机。

(一)"债务—通货紧缩"理论

欧文·费雪的"债务—通货紧缩"理论的核心思想是:企业在经济上升时期为追逐利润"过度负债",当经济陷入衰退时,企业盈利能力减弱,逐渐丧失清偿能力,引起连锁反应,导致货币紧缩,形成恶性循环,金融危机就此爆发。其传导机制是:企业为清偿债务廉价销售商品—企业存款减少、货币流通速度降低—总体物价水平下降—企业净值减少、债务负担加重、盈利能力下降—企业破产、工人失业—人们丧失信心、悲观情绪弥漫—人们追求更多的货币储藏、积蓄—名义利率下降、实际利率上升—资金盈余者不愿贷出、资金短缺者不愿借入—通货紧缩。

(二)"资产价格下降论"

沃尔芬森的资产价格下降理论的核心思想是:由于债务人的过度负债,在银行不愿提供贷款或减少贷款的情况下,被迫降价出售资产,就会造成资产价格的急剧下降。由此产生两方面的效应:一是资产负债率提高,二是使债务人拥有的财富减少。两者都削弱了债务人的负债承受力,增加了其债务负担。债务欠得越多,资产降价变卖就越多,资产降价变卖越多,资产就越贬值,债务负担就越重。

(三)"综合性国际债务"理论

苏特(Suter)从经济周期角度提出的综合性国家债务理论认为:随着经济的繁荣,国际借贷规模扩张,中心国家(通常是资本充裕的发达国家)的资本为追求更高回报流向资本不足的边缘国家(通常是发展中国家),边缘国家的投资外债增多;债务的大量积累导致债务国偿债负担加重,当经济周期进入低谷时,边缘国家赖以还债的初级产品出口的收入下降导致其逐渐丧失偿债能力,最终爆发债务危机。

五、系统性金融危机

系统性金融危机目前尚未形成广为接受的、统一的定义。由于与其他经济社会部门相比,金融体系发生系统性风险的可能性高、危害大,此点在 2007 年次贷危机中表现明显,因此当前对系统性金融危机的研究已不限于金融风险传染性和金融脆弱性,以及个别金融机构失败的负外部性对金融系统的影响,而更侧重于金融市场中所产生的系统性冲击及其引致的金融系统整体功能的丧失。

在我国实践中，比较被接受的一种界定是：系统性金融危机是指主要的金融领域都出现严重混乱，如货币危机、银行业危机、外债危机的同时或相继发生，并波及整个金融体系乃至整个经济体系的危机，危机的出现并非单个因素引起，而是在金融体系中长期酝酿和积累的系统性矛盾的集中爆发。

系统性金融危机具有以下特点。

一是全局性。系统性金融风险威胁的是金融市场、金融体系以及宏观经济，而非一两个金融机构的稳定性。

二是传染性。它非常容易从一个市场传染到多个市场，使整个金融经济体系呈现出脆弱性。

三是内生性。金融结构与制度扭曲是系统性风险最直接的根源，如高杠杆率、期限错配、货币错配、监管宽松等。

四是或然性。系统性金融风险的触发及传染大多具有或然性，当局较难甄别风险会在什么时候、在哪个领域触发，又通过何种渠道进行传染等。

第三节 金融监管

在整个市场经济体系中，金融业是一个竞争最激烈，同时风险又最高的领域，只要金融领域出了问题，就会给一国整个经济造成重大影响，这是其他任何行业所无法比拟的。最明显的例子就是 1997 年的亚洲金融危机与 2007 年的次贷危机。因此，各国都非常重视通过中央银行对金融活动进行严厉的监管，目的就是保障金融体系安全运行。

一、金融监管的定义

金融监管是金融监督与金融管理的复合称谓。从词义上讲，金融监督是指金融主管当局对金融机构实施全面的、经常性的检查和督促，并以此促使金融机构依法稳健地经营，安全可靠和健康地发展。金融管理是指金融主管当局依法对金融机构及其经营活动实行的领导、组织、协调和控制等一系列的活动。金融监管有狭义和广义之分。狭义的金融监管是指中央银行或其他金融监管当局依据国家法律规定对整个金融业（包括金融机构和金融业务）实施的监督管理。广义的金融监管在上述含义之外，还包括了金融机构的内部控制和稽核、同业自律性组织的监管、社会中介组织的监管等内容，即四位一体的“大监管”。

中央银行金融监管的目标是维护金融业的安全与稳定并保护存款人与投资人的利益。金融监管的对象包括了整个国家的金融体系，除了银行体系之外，还包括非银行体系，除了包括有组织的金融机构，还包括民间的无组织的信用活动，像城市中的典当行业、融资租赁等。我们平常听到了解到的任何与资金融资相关的活动都属于中央银行的监管对象，包括外汇、黄金、证券、保险、信托、典当、融资租赁等等。

二、金融监管的原则

（一）依法监管原则

金融监管首先要有法可依；其次是有法必依。金融监管是中央银行在法律授权的范围内行使职责，所以首先要有监管的法律依据，其次是必须严格按照法律规定进行监管。

（二）合理性原则

金融监管的法律法规一般都会落后于金融实践，在监管法规缺失的情况下，监管机构拥有自由裁量权。但是为了防止出现滥用的情况，要求监管机构的监管行为具有合理性。

（三）协调性原则

众多的金融市场与金融机构往往属于不同的监管机构监管，不同金融监管主体之间需要协调，同一主体的不同部门要协调，否则会大大降低监管的效率，提高监管的成本。

（四）效率原则

金融监管的目标是维护金融业的稳定，但是不能以损害金融业效率为代价。金融监管既要维护金融业的稳定，又要注意保持金融业的效率。同时，金融监管行为本身也要提高效率。

三、金融监管模式

（一）统一监管模式

典型的统一监管模式指对不同的金融行业、金融机构和金融业务均由一个统一的监管机构负责监管，这个监管主体可以是中央银行或其他机构。

统一监管模式的优势明显：第一，成本优势。统一监管可节约技术和人力的投入，更重要的是可大大降低信息成本，改善信息质量，获得规模效益。第二，改善监管环境。表现在两方面：首先，提供统一的监管制度，避免由于多重监管者的监管水平、强度不同，使被监管者面临不同的监管制度约束。其次，避免被监管者对多重机构重复监管及不一致性无所适从。第三，适应性强。金融业务创新日新月异，统一监管模式可迅速适应新业务，避免监管真空，降低新的系统性风险。同时也可减少多重监管制度对金融创新的阻碍。

统一监管模式的缺点也很明显：缺乏竞争性，容易导致官僚主义。因此，要求监管主体必须建立一个能够使其潜在优势（规模经济等）得以最大化的内部结构，同时要防止潜在的风险。

（二）分业监管模式

分业监管模式是在银行、证券和保险三个业务领域内分别设立一个专职的监管机构，负责各行业的审慎监管和业务监管。

分业监管模式的优点：第一，专业监管机构负责不同的监管领域，具有专业化优势，职责明确，分工细致，有利于达到监管目标，可提高监管效率。第二，具有竞争优势。尽管监管对象不同，但不同机构之间存在竞争压力。

分业监管模式的缺点是：第一，多重监管机构之间难于协调，可能引起“监管套利行为”，即被监管对象有空可钻，逃避监管。若设立多重目标或不透明的目标，容易产生分歧，使被监管对象难于理解和服从。第二，从整体上看，分业监管各个机构庞大，监管成本较高，规模不经济。

（三）不完全统一监管模式

这是在金融业混业经营体制下，对完全统一和完全分业监管的一种改进型模式。这种模式可按监管机构不完全统一和监管目标不完全统一划分。具体形式有牵头监管和“双峰式”监管模式。

牵头监管即在多重监管主体之间建立及时磋商和协调机制，特别指定一个牵头监管机构负责不同监管主体之间的协调工作。

“双峰式”监管模式，是指根据监管目标设立两类监管机构，一类负责对所有金融机构进行审慎监管，控制金融体系的系统性风险。另一类机构是对不同金融业务经营进行监管。

巴西是较典型的牵头监管模式。国家货币委员会是牵头监管者，负责协调中央银行、证券和外汇管理委员会、私营保险监理署和补充养老金秘书局分别对商业银行、证券公司和保险公司进行监管。

澳大利亚是“双峰式”监管模式的典型。澳大利亚历史上由中央银行负责银行业的审慎监管。自1998年开始不完全统一监管模式的改革。新成立的澳大利亚审慎监管局负责所有金融机构的审慎监管，负责对证券业、银行业和保险业的业务经营监管。

不完全监管模式的优势是：第一，与统一监管模式相比，一是在一定程度上保持了监管机构之间的竞争与制约作用；二是各监管主体在其监管领域内保持了监管规则的一致性，既可发挥各个机构的优势，还可将多重机构的不利最小化。与完全分业监管模式相比，这种模式降低了多重监管机构之间互相协调的成本和难度。同时，对审慎监管和业务监管分别进行，避免出现监管真空或交叉及重复监管。第二，具有分业监管模式的优点。其最大优势是通过牵头监管机构的定期磋商协调，相互交换信息和密切配合，降低监管成本，提高监管效率。

到目前为止，没有一个“最理想监管模式”可在全球适用。必须承认不同国家现行的监管体制都存在不同程度的问题，而且最适宜的监管体制及结构也并非固定不变的。

四、金融监管的内容

中央银行或货币管理当局对金融业的监管包括对商业银行及非银行金融机构和金融市场的监管。具体监管内容主要有三个方面，即市场准入的监管、市场运作过程的监管、市场退出的监管。

（一）市场准入监管

所有国家对银行等金融机构的监管都是从市场准入开始，各个国家的金融监管当局一般都参与金融机构的审批过程，拥有金融机构设立的最后批准权限。

（二）市场运作监管

金融机构经批准开业后，中央银行还要对金融机构的运作过程进行有效监管，以便更好地实现监控目标的要求，包括资本充足、流动性、业务经营、风险性等各方面。

（三）市场退出监管

金融机构市场退出的原因和方式可以分为两类：主动退出与被动退出。主动退出是指金融机构因分立、合并或者出现公司章程规定的事由需要解散，因此而退出市场的。其主要特点是“主动地自行要求解散”。被动退出则是指由于法定的理由，如由法院宣布破产或因严重违规、资不抵债等原因而遭关闭，中央银行将金融机构依法关闭，取消其经营金融业务的资格，金融机构因此而退出市场。

【课后习题】

一、名词解释

1. 金融创新　　2. 金融危机　　3. 货币危机

4. 银行危机　　5. 外债危机　　6. 金融监管

7. 牵头监管　　8. 双峰式监管